本书受到云南省哲学社会科学
学术著作出版专项经费资助

国家社科基金特别委托项目（15@ZH001）阶段性成果
国家社科基金青年项目（12CGJ005）阶段性成果
2015年云南省优秀哲社出版基金资助项目

交融与内聚：
越南文化流变的多维透视

杨 健 著

中国社会科学出版社

图书在版编目(CIP)数据

交融与内聚：越南文化流变的多维透视/杨健著.—北京：中国社会科学出版社，2017.3

ISBN 978-7-5161-9873-5

Ⅰ.①交… Ⅱ.①杨… Ⅲ.①中越关系—文化交流—研究 Ⅳ.①G125②G133.35

中国版本图书馆 CIP 数据核字（2017）第 031388 号

出 版 人	赵剑英
选题策划	吴丽平
责任编辑	刘 芳
责任校对	郝阳洋
责任印制	李寡寡

出　　版	中国社会科学出版社
社　　址	北京鼓楼西大街甲 158 号
邮　　编	100720
网　　址	http://www.csspw.cn
发 行 部	010-84083685
门 市 部	010-84029450
经　　销	新华书店及其他书店
印　　刷	北京明恒达印务有限公司
装　　订	廊坊市广阳区广增装订厂
版　　次	2017 年 3 月第 1 版
印　　次	2017 年 3 月第 1 次印刷
开　　本	710×1000　1/16
印　　张	21.25
插　　页	2
字　　数	364 千字
定　　价	89.00 元

凡购买中国社会科学出版社图书，如有质量问题请与本社营销中心联系调换
电话：010-84083683
版权所有　侵权必究

序 一

杨健的《交融与内聚：越南文化流变的多维透视》一书即将出版，她请我作序，我欣然接受了。这不仅是由于我对她的这部著作完成的情况较为熟悉，还在于近年来我在完成《东南亚重大历史问题研究——从原始社会到19世纪初东南亚的历史和文化》一书时，一直非常关注国内学者在越南历史和文化研究方面取得的新进展。因此，在出版之际，对于国内学者的越南文化研究，对杨健的这部著作，以及对越南、东南亚国家文化流变中的交融与内聚的研究，我都愿意谈谈自己的一些看法。

近些年来在中国学者对东南亚国别文化的研究中，我认为对越南历史文化尤其是对越南传统文化、古代文化的研究占有一个非常突出的地位。仅2000年以来的15年间，有关越南历史和文化的中文著作就不下30种。而且，其中大部分是2006年以后出版的。在这些著作中，从宏观上全面介绍和研究越南文化的比较多，有张加祥、俞培玲的《越南文化》（文化艺术出版社2001年版），孙衍峰等的《越南文化概论》（世界图书出版广东有限公司2014年版），林明华的《越南语言文化漫谈》（世界图书出版广东有限公司2014年版），罗长山的《越南传统文化与民间文学》（云南人民出版社2000年版），刘志强的《中越文化交流史论》（商务印书馆2013年版），谭志词的《中越语言文化关系》（世界图书出版广东有限公司2014年版）。这些著作论述的越南文化涉及面广，反映了中国学者在宏观上对越南文化研究的深化，对越南文化以及涉及中越文化交流的一些具体问题的看法都不乏新意。研究越南文化史上的重大问题和重要制度的著作有徐方宇的《越南雄王信仰研究》（世界图书出版广东有限公司2014年版)、陈文的《越南科举制度研究》(商务印书馆2015年版)以及刘志强的《占婆与马来世界的文化交流》(社会科学文献出版社2013年版)。这几部青年学者的著作资料丰富,充分吸收了国内外学者的相关研究成果,并且又有自己的创见,是在学术上有相当深度的自成一体之作。还有一些著作,虽然不是研究越南文化的专著,但是,都有相当的篇幅或者章节专门探讨越南文化,例如戴可来、于向东的《越南历史与现状研究》(香港社会科学出版社2006年版),梁志明等的《古代东南亚历史与文化研究》(昆仑出版社2006年版)、《多元交汇共生——东南亚文明之路》(人民出版社2011年版)和《源远流长的多元复合——东南亚历史发展纵横》(世界图书出版广东有限公司2014年版)。有的则是深入探讨越南文化中的某些方面,例如《东方著名哲学家评传·越南卷》(于向东等主编,山东人民出版社2000年版)是国内研究越南古代著名哲学家唯一的著作。何成轩的《儒学南传史》(北京大学出版社2000年版)探讨儒学在越南的发展演变。严明的《东亚汉诗研究》(中国书籍出版社2013年版)研究越南古代汉诗的特点。王焰安、慧贤编著的《南禅宗海外传播史》(暨南大学出版社2013年版)则梳理了中国的南禅宗在越南的传播史。至于研究越南古代文学和古代文献的著作,就更多,例如于在照的《越南文学史》(军事谊文出版社2001年版)和《越南文学与中国文学之比较研究》(世界图书出版广东有限公司2014年版)、刘志强的《越南古典文学"四大名著"》(世界图书出版公司2010年版)、赵玉兰的《〈金云翘传〉翻译与研究》(北京大学出版社2013年版)、任明华的《越南汉文小说研究》(上海古籍出版社2010年版)、刘玉珺的《越南汉喃古籍的文献学研究》(中华书局2007年版)和王小盾的《从敦煌学到域外汉文献研究》(商务印书馆2013年版)。

根据我对近十年国内外越南文化研究的了解,在研究成果的数量上,中国学者仅次于越南学者,而在学术水平和质量上,我认为越南学者、中国学者、日本学者和西方学者各有千秋。差别主要还是在各方学者的成果以不同的文字出版。在这方面,西方学者大多以英文出版,无疑在国际范围的传播和影响上占有很大的优势。中国学者以及出版界在这方面远远落在后面,应当做出更大的努力。另外,与对越南文化研究取得的成就相比，中国学者对东南亚其他国家文化的研究，未免瞠乎其后，需要向中国的越南研究"看齐"，迎头赶上。

在对越南文化研究作了一番回顾后，把杨健的这部《交融与内聚：越南文化流变的多维透视》放在近十年来中国学者对越南文化研究的大格局中，可以认为它是近年来中国学者对越南文化研究取得巨大进展中的一项颇有特色的成果。杨健的这部著作是在她的博士学位论文的基础上完成的。在她的博士学位论文《融合中的发展——越南文化演变研究》2013年通过论文答辩后，杨健有机会去越南国家大学胡志明人文社会科学大学进修，对论文做了修改、充实、提高，聚焦于越南文化流变中的交融与内聚，使得问题意识更加明显，主题更为突出；在内容上也有所扩展，涵盖了越南史前时期到当代社会主义时期的文化。这部著作运用了历史学和文化学的方法，对越南文化流变做了有广度、有深度的探讨，涉及深受中国文化影响的越南儒教（儒学）、佛教、道教等传统思想在历史流变中的交融与内聚，近现代越南文化与西方文化的碰撞中的断裂与转型，对近现代越南特有的宗教信仰的产生与演变以及西方文化影响下越南近现代艺术形式的转型做了专题探讨，也涉及文化艺术层面的文学、传统陶瓷艺术、建筑雕刻艺术和表演艺术等越南传统文学艺术与外来文化的交流、交融，内容相当充实，展现了对越南文化流变的多维透视。

当然，越南文化流变中的交融与内聚是个相当复杂的问题，拓展、提升和深化研究还有很大的空间。就杨健现在的这部著作而言，我感到更多的还是着力于对越南文化流变的历史发展和从文学艺术的各个方面进行考察。从整体上进一步深化对越南文化流变中交融与内聚的分析来看，对"交融与内聚"的学理阐述还大有展开的空间，"结语"中所提出的民族文化影响下的越南国民性格中的行为方式、心理结构、浪漫而又乐观的生活态度和交融中内聚的文化思维，也还可以展开论述。

其实，文化流变中的交融与内聚不仅是越南文化研究中的课题，也是东南亚各国文化流变中都存在和需要研究的问题。由于各自历史发展的特点和地理上处于东西方交汇处，东南亚各国的文化都有自身的特点，同时又深受外来文化的影响，其文化流变过程都有"交融与内聚"的问题。但是，不同东南亚国家的文化流变过程中的"交融与内聚"的途径、方式和内容又有很大的不同，从而使得东南亚各国的文化呈现不同的风貌和特点。因此，对东南亚各国文化流变过程中的"交融与内聚"进行全面、深入的研究，是富有学术价值和现实意义的课题。杨健的这部著作在这方面的尝试和提出的问题，对于深化对越南文化的认识，对于推进对其他东南亚国家的文化尤其是文化流变中的交融与内聚的研究，都不无裨益。

贺圣达

2016年3月25日

于春城昆明

序　二

终于见到了杨健博士的最终书稿，为她感到高兴。

阅读书稿时，杨健博士求学的身影不断在我的脑海里浮现。她本科学的专业是越南语，以后在机关从事越南语文字和口语的翻译，她好学上进，在职期间刻苦读完了世界史研究生，获硕士学位。

杨健一心向学，痴心不改，几经周折，云南大学录取她在我这儿读博。考上博士，自然高兴，高兴不久，她就感到了"压力山大"。她原先主要学的是语言，现在要读世界史的博士，专业跨度大，困难可想而知。杨健没有退缩，而是加倍努力。读博期间，杨健坚持不懈，终成正果。

这3年多来，杨健除了大量阅读学术文献外，还不断与我探讨她今后的发展方向和学术定位。根据她的知识结构和兴趣爱好，我们最终把方向定在了对越南文化史的研究上。

越南是我国的邻邦，历史上与我国有着非常密切的联系，特别是文化方面，可以说，越南与中国的联系是极为密切的，不管研不研究越南文化，人们都会在越南文化中看到中国传统文化的影子。由于特殊的地理和历史文化联系，加之越南传统文化的记载主要保存在汉字和喃字文献中，因此，中国学术界对越南文化史的研究还是有一些基础的。但是，中国学者过去对越南文化史的研究主要集中在传统文化领域，研究比较分散，缺乏系统的梳理。另外，虽然越南和中国有着非常密切的关系，其传统文化深受中国文化的影响，但是，由于其独特的历史经历，越南近现代文化又呈现出非常鲜明的特色。随着时间的推移，这种特色越来越明显。对于这一特色，中国学者过去却涉足不多。

通过对国内外学术研究动态的梳理，杨健决定把对越南文化历史演变的研究，作为其博士学位论文的撰写方向，这一决定很符合她本人的实际。尽管法国殖民统治以后，越南发生的文化变化特别是文字方面发生的根本性变化，使越南学者在利用汉字文献和喃字文献方面面临着更多的困难，但是，出于对本国文化的热爱和民族自尊，越南还是不断有人对其本国文化进行研究，出版了大量的论著。而中国学术界对越南学者主要用拉丁越文发表出版的这些论著研究得并不多。对越南语言的熟悉使杨健在掌握文献资料方面具有了得天独厚的优势。

通过艰苦的阅读、分析和撰写，杨健终于完成了她的博士学位论文《融合中的发展——越南文化演变研究》，并顺利地通过了答辩。

此后，杨健一直想把她的博士学位论文整理出版，但是，由于刚刚调入高校，专业教学工作十分繁重，更由于自感还需进一步修改完善，这部博士学位论文就一直拖着，没有能够公开出版问世。不过，杨健博士并没有刀枪入库、马放南山，而是一直在对她的这部论文也即书稿加以修改和补充，现在这部书稿终于出现在我们的面前。书名改为《交融与内聚：越南文化流变的多维透视》，似更贴切。

作为对其博士学位论文和现在这部书稿都仔细阅读过的她的导师，我看得出来，杨健对她的博士学位论文进行了进一步的深化与修改，许多地方做了较大的改动，补充了很多新的资料，在分析论述方面也更加完善。读者读到的这部书，是一部比她之前的博士学位论文更为成熟的研究成果。作者除了利用了相当丰富的中外文献资料和参考了大量中外学者的研究成果之外，对许多问题提出了自己的见解。比如，对于越南文化的发展历史如何进行分期，过去我国学术界并没有统一的标准和看法，杨健根据其掌握的资料，对越南文化发展史进行了自己的分析。我认为，其对越南文化史的分期，符合越南历史发展的实际。又比如，对于中国学者和一些外国学者早就予以否定但在越南却一直延续至今的"雄王"祭祀或崇拜，杨健也提出了自己的看法。我相信，从事越南历史特别是越南文化史研究的学者，一定会从这部书中读出惊喜，获得收益！

正如许多青年学者甚至资深学人都不可避免的那样，这部书也还存在着一些问题，比如书中支撑某些结论性论断的资料还需要进一步丰富，对有些问题的论述还不够深入等。但是，这些应该容她在今后的研究中继续努力。目前我们读到的这部专著，是杨健博士这么多年心血的凝聚。祝贺她！

何 平
2016年3月28日
于春城昆明

目　录

绪　论 …………………………………………………………………（1）
　一　选题由来与意义 …………………………………………………（1）
　二　研究现状 …………………………………………………………（2）
　　（一）国外研究现状 ………………………………………………（3）
　　（二）国内研究现状 ………………………………………………（14）
　三　研究思路 …………………………………………………………（23）
　四　相关概念的界定 …………………………………………………（25）
　　（一）越南地区和国名的演变 ……………………………………（25）
　　（二）文化 …………………………………………………………（27）

第一章　越南文化形成与演变的背景 ……………………………（29）
　第一节　越南的自然地理环境对文化产生的影响 …………………（30）
　　一　自然地理环境与越南文化根基的形成 ………………………（31）
　　二　自然地理环境对越南文化多样性与多元化的影响 …………（32）
　　三　自然地理环境对越南文化差异性的影响 ……………………（33）
　第二节　越南的主体民族与语言 ……………………………………（35）
　　一　越南主体民族的由来与发展 …………………………………（36）
　　二　关于越南语语言系属观点的争论 ……………………………（36）
　　三　导致越语系属出现争论的历史因素解析 ……………………（39）
　　　（一）越语与汉语的深刻接触与变化 …………………………（39）
　　　（二）越语语音与文字的分离与统一 …………………………（41）
　　四　合理化地看待越语语言系属 …………………………………（42）
　第三节　越南文化的历史分期 ………………………………………（44）

第二章　越南史前文化
　　——古越人本地文化特征的形成……………………（47）
第一节　史前本地文化特征形成的环境与土壤…………（47）
　　一　东南亚地区和东南亚文化区域的界定……………（47）
　　二　东南亚史前文化的本地特征………………………（49）
第二节　越南史前石器时代的文化演变……………………（51）
　　一　从旧石器走向新石器文化的和平文化……………（51）
　　二　新石器文化早期的北山文化………………………（53）
　　三　越南新石器文化中后期的演变……………………（56）
　　四　越南新石器晚期形成的文化特征…………………（58）
第三节　金石并用时代向铁器时代发展的文化与国家
　　　　　前形态的萌芽……………………………………（60）
　　一　越南中南部的沙荧文化……………………………（60）
　　二　越南东南部同奈文化的发展演变…………………（63）
　　三　越南西南部的奥埃青铜与铁器文化的发展与演变…（67）
　　四　越南北方的金石文化与东山青铜文化……………（71）
　　　（一）越南北方金石时代的文化发展………………（71）
　　　（二）青铜时代的鼎盛——东山文化………………（72）

第三章　越南传统文化的形成
　　——与中国传统文化的深刻交融和内聚……………（90）
第一节　越南传统文化形成时期的历史变迁……………（91）
　　一　北属时期……………………………………………（91）
　　二　丁、黎建国初期……………………………………（93）
　　三　李、陈兴盛时期……………………………………（94）
　　四　胡、黎、莫、郑、阮分治时期和西山王朝………（97）
　　五　阮朝时期……………………………………………（100）
第二节　儒学的传播演变与越南传统文化………………（102）
　　一　儒学在越南的开始与传播…………………………（102）
　　二　儒学在越南的流变与越化…………………………（105）

（一）儒、佛、道三教并举时的儒学发展…………………（105）
　　（二）儒学在越南的发展与其"独尊"地位………………（107）
　　（三）儒学在越南的流变与衰微…………………………（110）
　三　儒学的越化特征………………………………………………（112）
　　（一）越南民间心理认知的核心问题对
　　　　　儒学教义理解的影响……………………………（113）
　　（二）在史前文化沉淀中透视儒学教义
　　　　　在越南的变化……………………………………（116）
　四　儒学对越南传统文化形成与演变的影响……………………（119）
　　（一）促进了越南民族意识的完善，民族精神
　　　　　的提升……………………………………………（119）
　　（二）促进了国家的独立统一和中央王权的巩固………（120）
　　（三）促进了教育和科举选士制度的发展和完善………（121）
　　（四）儒家思想渗透到越南文化的方方面面……………（123）
第三节　越南古代佛教的发展演变……………………………………（125）
　一　佛教在越南地区的传入与发展初期…………………………（125）
　　（一）关于佛教出现在越南的史料分析…………………（125）
　　（二）佛教初入越南的途径与内容………………………（129）
　　（三）交州安南佛教的发展………………………………（130）
　二　佛教在越南的鼎盛……………………………………………（132）
　三　越南传统佛教的衰落与复兴…………………………………（135）
　　（一）15—16世纪佛教的衰微……………………………（135）
　　（二）16—19世纪末佛教的复兴…………………………（136）
　四　越南古代佛教发展演变的特点………………………………（138）
第四节　道教与越南民间文化…………………………………………（141）
　一　道教在越南封建社会的传播和兴衰…………………………（141）
　二　道教对越南传统文化的影响…………………………………（144）
　　（一）道教对民间信仰的影响……………………………（144）
　　（二）道教对越南本土宗教产生的影响…………………（147）
　　（三）道教对行为文化方面的影响………………………（149）
　　（四）道教思想对文学艺术的影响………………………（152）

第五节　越南古代文学的丰富与演变……………………（153）
　一　越南汉字文学作品的开端………………………………（153）
　　（一）北属时期的安南汉字文学作品……………………（154）
　　（二）独立初期的僧侣诗词………………………………（156）
　　（三）立国初期君王将士之诗文…………………………（158）
　二　越南传统文学的发展期…………………………………（159）
　　（一）汉字诗歌的繁荣……………………………………（160）
　　（二）越南汉字赋文的成熟与发展………………………（162）
　　（三）汉字文学体裁的丰富和完善………………………（164）
　　（四）喃字的产生以及喃字文学的出现…………………（166）
　三　越南传统文学的繁荣与鼎盛……………………………（166）
　　（一）汉字和喃字文学的共同繁荣………………………（166）
　　（二）喃字文学的鼎盛……………………………………（171）
　四　越南传统文学的发展演变特点与意义…………………（179）
　　（一）文学创作载体——文字的演变……………………（179）
　　（二）借鉴、交融与改写…………………………………（180）
　　（三）民间文学的活跃性…………………………………（180）

第六节　越南传统陶瓷艺术的审美变迁与发展…………（181）
　一　汉越式陶瓷艺术的产生…………………………………（181）
　二　李陈时期陶瓷的创造与发展……………………………（182）
　三　黎阮时期的越南青花与彩绘……………………………（184）
　四　越南陶瓷与世界陶瓷市场的交流和对话………………（185）

第七节　越南传统建筑雕刻艺术的类型与变迁…………（188）
　一　村社建筑的空间与特点…………………………………（188）
　二　古代佛教建筑的特点与演变……………………………（191）
　　（一）越南佛教建筑总体的特点…………………………（191）
　　（二）越南佛教建筑的演变………………………………（192）
　三　皇城建筑与雕刻艺术的演变……………………………（195）

第八节　越南传统表演艺术的产生与发展………………（200）
　一　越南传统戏曲和民间歌舞的产生与繁荣………………（201）
　二　越南古代宫廷音乐的演变………………………………（204）

  三 水上木偶剧的出现与发展……………………………（208）

第四章 近现代越南文化的断裂转型
  ——东西方文化的碰撞与融合……………………………（213）

 第一节 越南近现代文化转型的历史背景……………………（213）
  一 法属印度支那时期………………………………………（213）
  二 南北差异加剧时期………………………………………（216）
  三 革新开放前的社会主义范式选择时期…………………（218）
  四 社会主义建设时期………………………………………（219）
 第二节 从形式到内容的巨变
  ——越南文字与文学的转型………………………………（220）
  一 从方块文字到拉丁化拼音文字的转型…………………（220）
   （一）早期赴越南的欧洲传教士与
     拉丁化拼音文字的出现………………………………（220）
   （二）拉丁化拼音文字系统的完善…………………………（222）
   （三）拉丁化拼音文字的推广………………………………（223）
   （四）使用拉丁化拼音文字的历史影响与意义…………（228）
  二 新闻出版的新生与发展…………………………………（229）
  三 越南现当代文学形式与主题思想的变化………………（232）
   （一）告别汉喃古典文学，迈向拉丁化越南语文学……（232）
   （二）拉丁化越南语文学的发展与成熟……………………（234）
   （三）拉丁化越南语文学作品的繁荣与多元化…………（243）
 第三节 近现代越南宗教信仰的产生与演变…………………（246）
  一 天主教和佛教在越南的传播与变化……………………（246）
  二 越南本土宗教的产生与发展……………………………（248）
   （一）越南本土宗教产生和发展的原因……………………（249）
   （二）高台教的产生与发展…………………………………（250）
   （三）和好教的产生与发展…………………………………（252）
  三 越南现代宗教信仰概况…………………………………（253）
  四 近现代越南宗教变化体现的文化内涵与意义…………（255）
   （一）交融性大于创造性……………………………………（255）
   （二）强烈的民族精神和积极的入世精神………………（255）

第四节　越南近现代艺术形式的转型……………………（256）
　一　西方文化对越南现代美术产生的影响………………（256）
　　（一）印度支那美术高等专科学校推动了越南
　　　　　现代美术的产生………………………………（256）
　　（二）在法国文化影响下产生的越南美术派别………（257）
　　（三）越南现代美术风格的演变…………………………（259）
　二　西方建筑艺术对越南近现代建筑审美产生的影响……（260）
　　（一）法式建筑风格的出现………………………………（260）
　　（二）法式建筑在越南的繁荣与"越化"现象…………（262）
　　（三）城市建筑风格的变迁………………………………（264）
　三　从越南电影的发展变化中解读越南民族心理的变迁……（266）
　　（一）早期越南电影与革命英雄情结……………………（266）
　　（二）西方影像中的越南形象与
　　　　　越南本土电影的萎缩…………………………（267）
　　（三）越南电影的崛起与民族文化心理的混杂…………（268）
　四　越南传统舞台艺术在现代社会的生命力………………（273）

第五节　胡志明思想与越南社会主义文化…………………（276）
　一　胡志明思想的形成与发展………………………………（276）
　二　胡志明思想对越南选择社会主义文化范式的影响………（278）
　三　胡志明思想对越南民族思维与价值观体系
　　　形成的影响………………………………………………（279）
　　（一）对越南传统文化的继承与认可……………………（280）
　　（二）对"以民为本"的阐释维系着当代越南民众对社会
　　　　　主义价值体系的信心…………………………（281）
　　（三）"多元融合"的思维方式成为越南民族价值观体系
　　　　　的建构途径………………………………………（282）

第六节　越南社会主义文化建设的方向与趋势……………（283）
　一　把"人的完善"视为文化建设的出发点与落脚点，
　　　凸显"人"在文化建设中的主体地位…………………（284）
　二　积极建构国家历史与文化体系，全面打造越南
　　　民族本色文化………………………………………（287）

三 弘扬爱国主义和时代精神,建构社会主义道德
　　核心价值体系……………………………………（289）
四 政治、经济和文化协调统一,把"全民性
　　文化运动"视为加强文化建设的有效途径………（291）

结　语………………………………………………………（296）

主要参考文献………………………………………………（306）

后　记………………………………………………………（320）

绪　　论

一　选题由来与意义

越南社会主义共和国位于中南半岛东部，东南临南中国海，海岸线长3260多公里。北与我国广西和云南为邻，陆地边境线1347公里。国土面积为329556平方公里。人口8900多万，54个民族，京族（也称为越族）是其主体民族，约占总人口的90%。越南不仅是东南亚重要的国家，也是中国在该地区的重要邻邦。从历史上看，自公元前3世纪，秦汉在越南北部地区置郡，该地区就被置于中国封建王朝管辖之下，汉、三国东吴、隋、唐等多个封建王朝均在此地设置了郡县。由于距中央政权偏远，该地总是由中国封建势力利用当地的贵族势力进行统治，其间暴发数次其欲脱离封建中央统治的反抗和起事，并建立了昙花一现的割据政权，在此期间汉文化传播到越北地区并与其本土文化发生了交流与融合，这一点是毋庸置疑的。

968年，丁部领建立"大瞿越"国，越南至此建立了独立的封建国家。然而，越南在长达近千年的封建时期，直至19世纪末由法国殖民统辖之前，除了几次短暂的战争外，与中国始终都保持着一种特殊的藩属关系，甚至一直采用汉字作为官方和书面文字，可以说越南的传统文化深受中华文化的浸染。因此在中越两国历代汉文史籍中，都保存着大量关于该地区与国家的文字记载，这为越南传统文化的研究提供了丰富的文献资料。

20世纪以后，法国殖民势力入侵，越南废除汉字转而推广拉丁化拼音文字，越南文化发生了剧烈的变化，这也让中国对越南的研究失去了最坚实的根基，中国的越南学研究暂时暗淡了下来。20世纪70年代末期，中越关系骤然恶化。为什么"同志加兄弟"的中越两国会反目为仇？此时，越南相关研究，特别是外交政策的研究急剧升温。90年代以来，中越关系正常化，越南加入东盟。随着中国与东盟合作框架的不断完善，中越两国的全面合作也持续深入。近年来，随着南海问题方面的磨擦，影响中越两国关系的暗礁时隐时现。

其中，文化问题是研究越南历史、政治、经济、外交和军事都要涉及并且需要认真探讨的一个论题。可以说研究越南文化对了解越南，推进越南研究，把握其民族思维特点和文化心理，洞察中越关系中隐藏的暗礁，深化中越人民传统友谊具有非常重要的学术意义和现实价值。

文化研究对社会、政治、经济和权力关系的高度自省及批判精神是十分有益的，因此，文化建设在社会主义建设中具有十分重要的地位。建设什么样的文化和怎样建设社会主义文化的问题，历来是经济文化落后国家在取得无产阶级政权后，从事社会主义建设的伟大事业中所必须解决的重要问题。中越两国国土相连、国情相似，政治制度相同，传统文化同源，文化传承面临一些相似的问题和挑战，应对的方式和建设的模式可以互为比较与借鉴。相信对越南文化流变的研究，也可以从"类我形象"的角度思考我国传统文化的传承与创新能力的实践。

此外，本书还尝试从越南文化流变入手，理解越南民族思维方式及其性格特点形成与文化的关联。不同的历史文化是客观存在的，一个民族如何评价、发扬或改造自己国家在历史上已形成的文化，是作为创造历史和文化主体的一种认知和努力。深入了解越南的历史文化，从而了解其民族思维及性格特点，可以辨别其喜好与禁忌，充分尊重其独立与自强。同时，也便于寻找中越文化中的相似点与互通性，增进亲切感，不断深化中越人民传统友谊，进一步推进多层面全方位的中越合作，促进两国经贸和民间往来。另外，从表面上来看，越南曾经是中国封建王朝的郡县，而且使用汉字达2000年之久，深受中国儒家文明影响。然而就儒家文化圈内的国家而言，受影响最深的是越南，如今隔阂最深的也莫过于越南。对其文化流变作出全面深入的分析及探讨，有利于我们把握越南民族的心理结构和认识特点，了解越南民族对中国形象的认识与情感，洞察中越民族在思维意识层面存在的差异，消除隔阂，巩固和稳定中越友好往来。

二 研究现状

文化问题是研究越南相关学术问题均会涉及的一个论题，因此在国内外有关越南的各类著述中都有相关文献资料可供参考。研究文化除了实地的田野调查外，很大程度上要依靠对文献资料的收集与分析。但是由于越南文字发展进程出现过断裂的特殊性，国内外的学者在这一领域的研究，不同程度上都存在着一定的难度，有时甚至会出现盲区。对于汉字和喃字史料，即使是越南本国的学者尚存在阅读上的障碍，更何况是对欧美学者。因此对于国外学者而言，对于越南传统文化的研究存在明显的薄弱点，比如对越南古代学术思想和文学作品的研究。而对于国内一部分东南亚研究学者来说，尽管使用中文史料没有什么障碍，但是对越南1945年后的拉丁化越文字和喃字文献资料也存在问题。为此，要深入地研究越南的文化问题，必须先要克服语言上的障碍。这是中国越南学研究学者面临的困难，同时也是一个契机。近年来，中国大量的越南文化研究人员都呈现出精通越南语的特点。目前，关于越南文化的研究成果大多集中在越南本国内，中国次之，其他国家学者也有一部分著作出版。下面笔者对所掌握的情况做一个大体的介绍。

（一）国外研究现状

国外学者，尤其是越南本国学者广泛地涉猎于越南历史、文化、语言、文学和艺术等领域，涉及越南文化研究的著作较丰硕，部分专著理论性强，涉及面广，多种学科交叉，引用汉、法、英、俄、日等多种文字资料，为笔者的写作提供了大量的资料。但是越南学者出于国家和民族认同的需要，对于某些民族历史与文化现象有不客观或夸耀的成份，需要读者以辩证唯物主义历史观的观点加以甄别。根据已获得的资料以及这些资料相互引证的情况看来，下列学者及其著述，基本上可以代表研究越南文化问题的学术水平：

1. 越南本国学者研究现状

陶维英（Đào Duy Anh）是越南著名的史学家、语言学家和文化学家，精通汉语和法语，对越南历史、语言、文化研究、宗教和民间文学研究有较深的造诣，代表作有《越南文化史纲》[1]《文化和语言文学研

---

[1] Đào Duy Anh, *Việt Nam văn hóa sử cương*, Hà Nội: Nxb Văn Hóa Thông Tin, 2006.（[越]陶维英：《越南文化史纲》，文化通信出版社2006年版。）

究》（论文集）[1]和《从起源到19世纪的越南历史》[2]等。有学者将其代表作《越南文化史纲》视为越南文化学研究的开篇之作。[3]书中，陶维英将越南文化发展的历史总体上分为经济生活篇、社会政治生活篇和科技知识生活篇三个部分进行论述。研究的时间段在19世纪以前。在经济生活篇内论证了越南的农业、工业、商业、农村生活、城镇、交通、税收和货币的发展历史。在社会政治生活篇里谈到了家族、村社、国家、救济、风俗、信仰和祭祀文化的发展。在科技知识生活篇，先后对越南的儒学、佛学、老子学说、教育、语言、文学、艺术、科学、方术等文化现象进行了分别论述。

潘继炳（Phan Kế Bính）是出生于20世纪初的一位越南学者，曾参加越南的维新运动，是一位优秀的编辑与翻译家，精通汉语，代表作有《越南风俗》[4]和《越汉文考》。在《越南风俗》一书中，潘继炳分三大部分，非常详细地列举了越南社会风俗文化，涵盖了家族风俗，如供奉祖先、皇神[5]、殡葬、忌日、四时节气、嫁娶、求嗣、收养等；村社风俗，包括事神、祭祀、入籍、祈求平安仪式、寺庙、文祠、继后、公馆[6]、众生庵[7]、职员[8]、乡饮[9]、宴馈[10]、登科、选举、乡税、征兵、杂役、村社

---

[1] Đào Duy Anh, *Nghiên cứu văn hóa và ngữ văn*, Trịnh Bá Đĩnh tuyển chọn, Hà Nội: Nxb Giáo Dục, 2005.（[越]陶维英：《文化和语言文学研究》，郑播挺编选，教育出版社2005年版。）

[2] Đào Duy Anh, *Lịch sử Việt Nam từ nguồn gốc đến thế kỷ XIX* (2 tập), Hà Nội: Nxb Thông Tin, 2002.（[越]陶维英：《从起源到19世纪的越南历史》（上、下册），文化通信出版社2002年版。）

[3] Nguyễn Chí Bền chủ biên, *Văn Hóa Học*, Nxb Viện văn hóa-Thông Tin, Hà Nội: 2007, tr.7.（[越]阮志本：《文化学》，文化通信出版社2007年版，第7页。）

[4] Phan Kế Bình, *Việt Nam Phong Tục*, Hà Nội: Nxb Văn Hóa thông tin, 2005.（[越]潘继炳：《越南风俗》，文化通信出版社2005年出版。）

[5] 同上书，第33页，"皇神"指越南封建王朝时期，如果有谁入朝为官，皇帝会对其父母进行册封，册封时用一张黄色圣旨，被册封的家庭就将其放在桌上，焚烧敬神，备宴款待乡亲的风俗。

[6] 同上书，第147页，"公馆"指的是在每个村社都会有一个让过往的人休息住宿的地方。

[7] 同上书，第149页，"众生庵"指的是在每个村社墓地旁都会有一个房子，供奉那些没有家属祭扫的亡灵。

[8] 同上书，第157页，"职员"指的是在村社中承担着一定责任和权力的人员。

[9] 同上书，第163页，"乡饮"指的是在村社中有祭祀和集会时组织的吃喝聚会。

[10] 同上书，第167页，"宴馈"指的是在村社中宴请长辈，馈赠乡邻以求官职位次。

学堂、乡规、夫妻离异、财经、义仓[1]、妇女会[2]、四级会[3]、百艺会、巡丁和梆子手[4]等；社会风俗，描述了皇帝、老师、官吏、主客、住客、儒学、佛教、道教、家稣教[5]、科举、武艺、养蚕业、手工业、贸易、医药、占卜、地理、算命、相术、巫师、语言、饮食、服饰、居住、发式、黑齿、吸老烟[6]、盲人说唱、歌妓、嘲剧等诸多方面，内容十分丰富。该书已再版多次，成为了解越南传统风俗文化必读的一本经典之作。

阮克堪（Nguyễn Khắc Kham）出生于1910年，20世纪60年代担任联合国教科文组织越南政府秘书，他出版了《越南文化概况》[7]一书，主要是从文化交流的角度来论述越南文化的形成和发展。该书简要介绍越南的地理环境与历史进程后，把越南文化的发展大体分为4个章节来论述：一是越南文化与中国文化的交流与融合；二是越南文化与印度文化的交流与融合；三是越南文化与南亚文化的交流与融合；四是越南文化与西方文化的交流与融合。

潘玉（Phan Ngọc）是越南著名的语言学家、翻译家和文化学家，通晓汉语、英语、法语、德语、希腊语、意大利语和俄语，在文化学方面的代表作有《越南文化本色》[8]《越南文化：一种了解的新方式》[9]和

---

[1] Phan Kế Bình, *Việt Nam Phong Tục*, Hà Nội: Nxb Văn Hóa thông tin, 2005. （[越]潘继炳：《越南风俗》，文化通信出版社2005年出版。第221页），"义仓"指的是为了防止自然灾害而存储的谷仓。

[2] 同上书，第228页，"妇女会"指的是村社里50岁以上的妇女，或是一些寡妇聚会的组织和地方。

[3] 同上书，第230页，"四级会"指的是在村社里一二十人一组，组成的不同目的的互相帮助的组织。有买卖会、孝会、喜会等类别。

[4] 同上书，第239页，"梆子手"指的是为全村服务的人，哪家有什么事都要其去通知相告。

[5] 同上书，第281页，是从泰国传入的一种宗教。

[6] 同上书，第450页，"吸老烟"指的是将一种名为"相思草"的植物叶片晒干后吸食，可以防瘴气。

[7] Nguyễn Khắc Kham, *An Introduction to Vietnamese Culture*, Tokyo: The Centre for East Asian Cultural Studies, printed by Tokyo Press CO.LTD., 1967.

[8] Phan Ngọc, *Bản sắc văn hóa Việt Nam*, Hà Nội: Nxb Văn Học. 2002. （[越]潘玉：《越南文化本色》，文学出版社2002年版。）

[9] Phan Ngọc, *Văn hóa Việt Nam, cách tiếp cận mới*, Hà Nội: Nxb Văn Học. 2004. （[越]潘玉：《越南文化：一种了解的新方式》，文学出版社2004年版。）

《了解金云翘传中的阮攸风格》[1]。在《越南文化本色》一书中，潘玉先生试图从比较文化的角度，致力于向读者提供一种了解、把握越南文化本色的方法和途径。潘玉指出要了解越南文化，最重要的是要明白越南人是坚持"祖国论"的人，即国家胜于一切，而且用"祖国论"来解释越南文化的问题。这说的其实就是越南的民族精神。在谈到对中国文化的接收上，潘氏言："越南人只是为了保卫民族主权从而接受中国文化中必须接收的一部分，而不是奴隶式的模仿，尽管从表面上来看很难说不是机械的学习。"[2]潘玉在《越南文化本色》一书中极力渲染了越南民族文化的质朴性、实践性和合理性，宣扬越南民族文化的本色更符合时代审美，从而激发民族自豪感，加强文化归属感。

陈国旺（Trần Quốc Vượng）是越南著名的历史学家与文化学家，有400多篇论文在国内外学术刊物上发表，研究领域涉及考古、历史、文学、民间文化和文化艺术方面，代表作品有《越南文化基础》[3]《越南文化：探寻与沉思》[4]《越南——文化视角》，在越南境外出版社出版的代表作品有《越南考古学》（日语）、《越南文化的一些方面》（英语）、《越南民间故事与历史》和《轻松走进越南的过去》等。《越南文化基础》是陈国旺主编的一本越南文化专著，在越南多所著名高校作为教材使用。在书中，陈国旺将越南文化的发展演变划分为：史前时期的越南文化、公元初期的越南文化、自主时期的越南文化、1858—1945年的越南文化和1945年以后的越南文化几个阶段。同时，陈国旺先生非常注重越南文化北、中、南部地区的相似与区别，并据此将越南划分为6个文化区域：西北文化区、越北文化区、北部土州文化区、中部文化区、西原文化区和南部文化区。陈国旺认为，由于越南的地理位置，因此越南有一个特殊的文化和政治地位，这为越南文化接触和接收不同的文化创造了条件，其中包括来自中国大陆、印度的，也有来自西方甚至

---

[1]　Phan Ngọc, *Tìm hiểu phong cách Nguyễn Du trong Truyện Kiều*, Hà Nội: Nxb Văn Học, 2001.（[越]潘玉：《了解金云翘传中的阮攸风格》，文学出版社2001年版。）

[2]　同上书，第43页。

[3]　Trần Quốc Vượng, *Cơ Sở văn hóa Việt Nam*, Hà Nôi: Nxb Giáo dục, 2008.（[越]陈国旺：《越南文化基础》，教育出版社2008年版。）

[4]　Trần Quốc Vượng, *Văn hoá Việt Nam, tìm tòi và suy ngẫm*, Hà Nội: Nxb Văn hóa dân tộc,2000.（[越]陈国旺：《越南文化：探寻与沉思》，民族文化出版社2000年版。）

遥远的太平洋彼岸的文化。在谈到文化发展时，陈国旺指出，以前越南认为文化是独立于经济之外的领域，因此认为文化是不会产生实际利益的。但是随着世界上很多国家的发展和强大，越南人也开始意识到了文化的作用。

丁家庆（Đinh Gia Khánh）是越南著名的文学家和文化学家，曾任越南国家社会科学和人文中心的高级专家，同时他也是越南民间文化研究院的创始人。他在文化研究方面的代表作是《在东南亚文化背景下的越南民间文化》[1]和《越南民间文化和越南社会的发展》[2]。其中，《在东南亚文化背景下的越南民间文化》一书经常被列为研究越南文化的推荐书。该书试图从越南原始文化的起源说起，突出越南文化进程中的东南亚文化背景和因素，强调越南民间文化与政治上层文化的不同之处，挖掘越南文化中独特的文化因子。

陈玉添（Trần Ngọc Thêm），1988年毕业于俄罗斯圣彼得堡大学，获语言学博士学位，1998年因其作品《越南文化基础》[3]一书破格评为教授。1999年获得俄罗斯科学翰林院外国院士称号。近期又出版了《找寻越南文化本色》[4]《文化学理论与应用》[5]《西南部越南人文化》[6]等文化专著。陈玉添在书中将越南文化的基础定位为三个层次：第一层即越南文化是产生于南亚与东南亚文化基础上的。此后，经过了多个世纪，越南文化发展并与其他文化区发生密切的交流，最主要的是与中国的交流，这时形成了越南文化的第二个层次。近几个世纪以来，越南文化发

---

[1] Đinh Gia Khánh, *Văn hoá dân gian Việt Nam trong bối cảnh Đông Nam Á*, Hà Nội: Nxb Khoa học xã hội,1993.（[越]丁家庆：《在东南亚文化背景下的越南民间文化》，社会科学出版社1993年版。）

[2] Đinh Gia Khánh, *Văn hoá dân gian Việt Nam với sự phát triển của xã hội Việt Nam*,Hà Nội: Nxb Khoa học xã hội,1995.（[越]丁家庆：《越南民间文化和越南社会的发展》，社会科学出版社1995年版。）

[3] Trần Ngọc Thêm, *Cơ Sở Văn Hóa Việt Nam*.Nxb Giáo dục, Hà Nội,1999.（[越]陈玉添：《越南文化基础》，教育出版社1999年版。）

[4] Trần Ngọc Thêm, *Tìm về bản sắc văn hóa Việt Nam*, TP.Hồ Chí Mình: Nxb Tổng hợp, 2004.（[越]陈玉添：《找寻越南文化本色》，综合出版社2004年版。）

[5] Trần Ngọc Thêm, *Những vấn đề văn hóa lý luận và ứng dụng*, TP.Hồ Chì Minh: Nxb Văn hóa- Văn nghệ, 2013.（[越]陈玉添：《文化学理论与应用》，文化文艺出版社2013年版。）

[6] Trần Ngọc Thêm, *Văn hóa người Việt vùng Tây Nam Bộ*,TP.Hồ Chì Minh: Nxb Văn hóa- Văn nghệ, 2013.（[越]陈玉添：《西南部越南人文化》，文化文艺出版社2013年版。）

生猛烈的转型，然后走进了与西方文化日益加强交流的第三个层次。[1]
此外，陈玉添认为，由于越南处在一个人类文化传播交流的十字路口，因此越南文化也持续在文化圈的交流与碰撞中生存与发展，其中与之交流最深刻的当属汉文化。但他强调，这是一种双向的交流。一是秦汉前，在很多方面是古代东南亚文化（包括扬子江即长江以南）向上至华北地区（黄河流域）。二是秦汉以后，文化交流方向逆转，从北向南，越南接收的影响是：在物质方面是冶铁与铁器、武器、造纸技术和一些中药等；在精神文化领域是汉字、儒学、政权的组织形式和法律等；在宗教艺术方面主要是道教，从印度经中国传入越南的佛教也使越南佛教带有自身的特点。中国的史书也对越南人，特别是其上层社会的精神生活产生了重大影响。一些风俗习惯也逐渐深入人心，落地生根。[2]陈玉添谈道，在西方文化的冲击下，中国文明开始衰退，越南文化中的一些特点才有机会开始发挥作用，虽然越南也在与世界不断融合，但一些中国文化的要素，已经永远成了越南传统文化中的一部分（汉越词、儒学和道教的一些传统）。但在承认中华文化对越南文化影响的同时，陈玉添仍然十分强调越南文化的"本色"及其与中国传统文化的不同，强化越南文化发展的背景是古代东南亚文化，力求拉近与东南亚文化的趋同性。书中陈玉添用相当的篇幅说明中国文化与越南文化的区别，表现出强烈的突出越南文化本色的倾向。

黄工柏（Huỳnh Công Bá）是顺化师范大学历史学教授，著有《越南文化史》[3]和《越南文化基础》[4]等多本专著。其中，《越南文化史》论述了从史前文化延续到2008年社会主义文化建设时期的越南文化史，具有较高的概括性。黄工柏教授将越南文化的历史进程划分为：越南史前文化，国家建立初期的越南文化以及文化区域的初步形成，北属时期与中国、印度接触交流的越南文化，越南传统文化发展时期和当代越南文

---

[1] Trần Ngọc Thêm, *Cơ Sở Văn Hóa Việt Nam*, Hà Nội: Nxb Giáo dục, 1999, tr.314.（[越]陈玉添：《越南文化基础》，教育出版社1999年版，第314页。）

[2] 同上书，第318页。

[3] Huỳnh Công Bá, *Lịch sử Văn Hóa Việt Nam*, Húe: Nxb Thuận Hóa, 2008.（[越]黄工柏：《越南文化历史》，顺化出版社2008年版。）

[4] Huỳnh Công Bá, *Cơ Sở Văn Hoá Việt Nam*,Húe: Nxb Thuận Hóa, 2005.（[越]黄工柏：《越南文化基础》，顺化出版社2005年版。）

化。该书着眼于广义的文化概念，内容覆盖面较广，图片丰富，史料充实，是少见的关于越南文化整体研究的学术性专著。但由于受篇幅和结构的影响，该书更偏向于历史叙事，缺乏对越南文化整体性本质及特征的论述与概括。

2. 研究越南文化的其他国家学者

除了越南本国以外，其他国家与地区也设有一些亚洲或东南亚研究中心，其中一些学者也出版了一些关于越南文化的研究，研究方向大多集中在考古学、历史学、语言学、民族学、人类学和政治学等方面。法国和日本学者对越南语言和考古学方面的研究起步较早，成果颇丰，但由于笔者不通晓法语和日语，因此不敢妄自加以评述。目前只能从中越学者研究中引证的文献资料中获知一二，希望在将来的研究中能通过努力，弥补这一遗漏。美国、英国、俄罗斯、日本和新加坡等国学者对越南的政治、经济、军事、文化等方面有所研究。笔者以现有条件，搜集到部分外国学者涉及越南文化的英文论著、论文和译著，兹介绍如下。

对越南青铜文化进行研究的外国学者有奥地利人类学与民族学家弗朗茨·黑格尔（Fraz Heger），其于1902年发表《东南亚古代金属鼓》，[1]其中有大量内容涉及越南东山铜鼓，此为世界上全面研究越南铜鼓文化第一本权威著作，对后世越南东山铜鼓文化研究具有巨大影响。随着法国远东博古研究学院在越南的设立，欧洲学者特别是法国学者从事了大量的考古研究，大量学术论文发表在《远东博古学院集刊》上。其中，海涅·革尔登（R.H.Geldern）将在清化省东山县东山村考古发现的文化遗迹命名为东山文化，但是他认为东山文化源起西方。另外，法国学者V.戈鹭波（V.Goloubew）发表《北圻和北中圻的铜器时代》，认为东山铜鼓的铸造技术源自中国；而瑞典人高·本汉（Klas Berhard Johannes Karlgren）发表有《早期东山文化的年代》，也认为东山艺术与中国有着相当深刻的亲缘关系。美国学者埃玛·邦克（Emma Bunker）撰有《滇文化与东山文化的关系》论文，将比黑格尔I型更古老的铜鼓命名为"先黑格尔I型"铜鼓，此提法后被铜鼓文化研究学者广泛采用。[2]

此外，20世纪以来日本学者对越南东山文化的研究也日益深入。

---

[1] ［奥］弗朗茨·黑格尔：《东南亚古代金属鼓》，石钟健等译，上海古籍出版社2004年版。
[2] 李昆声等：《中国与东南亚的古代铜鼓》，云南美术出版社2009年版，第12页。

其中，松本信广发表《印度支那的文化》（1934）、《古代印度支那稻作民族宗教思想的研究：从古代铜鼓花纹所见》（1965），小林知发表《法属印度支那东京平地的古文化》（1936），原田淑人发表《关于铜鼓的制作年代的研究》（1937），山本达郎教授发表《泰、云南省及东京地区出土的几种青铜器》（1939），近森正发表《关于云南的东山文化的问题》（1959）和《试论东山青铜文化的起源问题》（1962），西村昌也发表《关于红河三角洲的古城址Lung Khe遗址的新认识与诸问题》（2001）等。此外，著名铜鼓专家白鸟芳郎也对云南铜鼓与东南亚地区铜鼓文化的比较做出了深入的研究。今村启尔发表了《黑格尔I型铜鼓的两个系列》（1992），该文将中国的石寨山型铜鼓和越南的东山铜鼓科学地划分为同一种类型下的两个亚型，这一学术观点影响巨大。[1]

越战以后，由于美国在越南战场的失利，国内反战思潮以及战后思考的兴起，很多美国学者都逐渐重视对越南的研究。美国学者尼尔·詹梅尔森（Neil Jamieson）就对越南文化与思维意识特点进行了研究。前南越驻美国大使裴艳（Bùi Diệm）在评论起他时，称："他是美国人中少有的、了解越南和越南文化的人。如果美国有多一些尼尔·詹梅尔森，也许在越南战争很多错误是可以避免的。"尼尔·詹梅尔森关于越南研究的代表作是《了解越南》。[2]在书中，尼尔·詹梅尔森将全书分为7个部分来论述。一是越南人是怎样看世界的，包含了越南的生态环境与历史、人民、传统观点、价值观及组成、传统制度的成功与失败。二是越南与西方的对抗（1858—1930），详细论述了西方对越南的侵占和越南文化的骚动（1908—1932）。三是越南现代文化早期，从"阴"向"阳"性文化特征的转变（1932—1939），这一部分作者选取了文学对现实世界的挑战、新诗、个人主义、小说、殖民主义等文化现象进行论述。四是殖民主义的结束，为建设现代国家两种模式的竞争（1940—1954），在这一部分，尼尔·詹梅尔森讨论了1939—1945年争论的政治状况，又谈到了1940—1944年的文学与社会、1945年的八月革命、西贡的分离、反共产主义行动、越南南北两极形成等政治现象。五是论述

---

[1]　关于日本学者对越南铜鼓文化的研究情况参见李昆声等《中国与东南亚的古代铜鼓》，云南美术出版社2009年版，第13—18页。

[2]　Neil Jamieson, *Understanding Vietnam*, California: University of California Press, 1995.

了现代社会中的"阴"与"阳",重点说到了战时越南人的反应、南北方思想意识和价值观的基础与变化。六是越南文化与社会的传承与转变(1968—1975),主要论述的是越南北方面临胜利时城市和社会文化的发展。七是越南战后呈现出来的另一种循环,主要指的是"阴"文化思维的胜利。尼尔·詹梅尔森把越南传统文化中的"阴阳"思维,作为越南战争时代社会、政治、战争与文化现象的原因所在,用文学作品、名人思想和实际的政治事件来说明"阴阳"文化的斗争存在于越南社会生活的方方面面,而最终,具有保持稳定、和谐,不赞同"个人主义"以及"急速"发展的"阴"文化思维的势力占据上风。尼尔·詹梅尔森揭示了美国在越南战争中的错误根源,即美国忽略了越南社会本质及文化心态与西方社会及价值观的对抗。

赛谬耳·L.波布金(Samuel L.Popkin)著有《理智的农民:越南农村的政治经济学》[1]一书。赛谬耳·L.波布金教授于1966—1970年在越南做了5年的田野调查,这段时间调查所得的材料为该书的写作打下了一定的基础。之后,作者又在哈佛大学提供的福特基金和亚洲社会科学东南亚发展咨询委员会的资助下进行了两次长期的实地调查。他没有去研究美国对越南的侵略,事实上,他花费了大量的时间研究村社等地方政策,他认为如果不理解一个国家文化和民族意识生成的根源,就不可能理解当代这个国家的行为与政治联盟。作者将全书分为6个章节对越南的村社政治、经济和文化进行了论述:一是"理智的农民:道德经济和政治经济";二是"农民社会的政治经济:经济、庇护者与食客的关系";三是"殖民社会前的越南:殖民前的村社、村社与国家、宗教信仰与政治";四是"社团主义与殖民主义:安南与东京、印度支那";五是"从封建时期带来的宗教信仰:天主教、高台教与和好教";六是"农民运动与集体活动:道德经济与革命、政治经济与革命、政治企业家"。此书论述真实客观,具有较高的学术性,对越南文化中最有代表性的村社文化进行研究,具有较高的参考价值。

肖恩·金斯雷·玛拉尼(Shaun Kingsley Malarney)受到美国多所大学和科研机构的研究基金支持,1990—1998年多次在越南进行了田野调查,

---

[1] Samuel L.Popkin, *The Rational Peasant:the Political Economy of Rural Society in Vietnam*, Berkeley and Los Angeles: University of California Press, 1979.

并查询了大量法国殖民统治时期的文化资料，其关于越南文化方面的代表作为《越南的文化、宗教仪式和改革》。[1]全书分为7个章节，一是"土地革命：社会和空间的再定义"；二是"文化和道德的定义"；三是"对伤亡的定义"；四是"丧葬仪式的再构"；五是"怎样结婚？婚姻与婚礼的改革结果"；六是"纪念战争英烈的仪式"；七是"胡志明是我们的精神引领吗？再谈牺牲和妇女的农村角色"；最后为结语部分"在世界变化中的道德和含义"。这是一本关于越南文化与行为仪式变迁研究的专著，特别关注越南北方共产党是怎样对文化进行改革的。作者试图通过历史学、人类学和文化理论三种角度来论述越南的文化改革。很多学者更多地关注土地改革与合作社运动，可是肖恩·金斯雷·玛拉尼认为，1945年以后越南政府就试图以官方的思想意识来重构越南社会与文化，文化与社会行为的变迁更具有研究价值。他以河内南面清治区纪念英烈的仪式入手，观察研究政府政策对人民的影响，不仅就接受政策内容而言，还就人们面对这一政策的态度进行研究。他认为，改革不是在真空中进行的，一个国家的改革要处理好民众的价值观与态度的变化。通过详细的分析，作者试图说明越南人民保持的价值观是什么，他们是怎样使村社文化保持生机，等等。本书突出了越南在面对新的政治、经济和文化改革时文化心理与价值观的变迁。总的来说，是从一种独特的角度来诠释文化研究的尝试，对越南文化研究的方法具有借鉴意义。

D.R.萨德寨（D.R.SarDesai）是美国加利福利亚大学的历史学教授。1975年，南越政府失败后，越南有很多难民乘船逃离越南来到美国，其中有很多人认为西方对于越南的报道是有偏见的，他们建议萨德寨写一部比较客观的历史。此事激发了他对越南的研究兴趣。萨德寨在对历史研究的基础上，在几个越南学者的支持下，更好地了解了越南政府在农业政策方面的成功与失败，最终成就了他的论著《越南：为了民族意识的抗争》。[2]该书试图从历史学的角度来论述越南战争的起因与结果，并且认为越南在传统的华越宗藩关系之后又经历了法国殖民统治，民族主义思想已经成为越南历史进程中一个循环的主题。他认为，在越南，民族主义而非共产主义是与法国、美国和中国抗争的力

---

[1] Shaun Kingsley Malarney, *Culture ,Ritual and Revolution in Vietnam*, Honolulu: University of Hawai'i Press, 2002.
[2] D.R.SarDesai, *Vietnam:The Struggle for National Identity*, Colorado: Westview Press,Inc.,1992.

量源泉。该书还有一部分是研究战后越南的重建，政府的重构，越南占领柬埔寨，联合国对其采取制裁，以及越南与世界几个大国关系的变化。该书对研究越南的历史、文化和国际关系都具有很重要的参考价值。

安娜·克劳福特（Ann Crawford）的丈夫是一名驻越的美国军官，安娜随丈夫在越南居住了两年，在此期间，她以作家与记者的身份做了大量的实地调查，并收集了很多资料，最后出版了《越南风俗与文化》[1]一书。作者称，越南在和平时期是亚洲的天堂，有着美丽的景色和友好的人民。该书简单介绍了越南的历史背景，重点论述了越南的文化与风俗习惯，同时也介绍了那一时期越南与美国的关系。从文化与风俗研究的角度来说，该书具备详尽的一面，涉及越南的地理环境和各少数民族的习惯等。作者认为，不同的宗教、教育制度和各种各样的风俗习惯在越南人的生活中扮演着重要的角色。法国的殖民统治对越南的宗教和教育制度产生了很大的影响，这种影响甚至表现在一些饮食习惯、社会心理和发型方面。同时，该书也在越南东方式的艺术上花费了较多笔墨，着重论述了绘画、建筑风格、雕塑、音乐，另外还谈到了越南的民间文学与传奇故事，对越南的语言、风俗、节日和娱乐等文化现象也做了论述，对越南文化的研究具有一定的参考价值。

白石昌也是日本早稻田大学亚洲太平洋研究中心教授，主要研究方向为越南的革新政策、政治经济制度以及民族运动，其主要论著有《越南政治、经济制度研究》[2]《越南——革命与建设之间》《越南民族运动与日本和亚洲》《越南革新政策的新展开》《越南经济——21世纪的新展开》《越南的对外关系——21世纪的挑战》等。其中，《越南政治、经济制度研究》是一本专门针对越南的国家政治、法律、经济、社会和农村制度以及机构进行论述的著作。该书分别对越南的国会、司法制度、公务员制度、行政改革、国家财政制度和农村行政制度等各种制度进行论述。在写作过程中，白石昌也参照各机关、组织的法律法规文件，从法制的角度来把握其组织系统和运行体系的特征。当然，由于一

---

[1] Ann Crawford, *Coustoms and Culture of Vietnam*, Tokyo: the Charles E.Tuttle Co.Inc.of Rutland, 1966.
[2] [日]白石昌也：《越南政治、经济制度研究》，毕世鸿译，云南大学出版社2006年版。

些特殊原因，也存在难以掌握相关法律法规的情况，另外也由于篇幅的限制，各章论述重点的设置和论述的方式也不尽相同。但总的来说，这仍然是一本难得的对越南制度文化进行深入研究的论著，具有重要的学术意义。

此外，较有代表性的论文主要有：艾希力·卡拉特斯（Ashley Carruthers）的《越南的民族意识、移居渴望和音乐影视文化》，[1]论文视角新颖，对当代越南文化现象的研究具有较好的启发意义。该论文主要是从传媒文化角度入手讨论了1986年越南革新开放后的越南文化。作者主要论述了越南本土改革后的文化心理变迁，与移居海外的越侨们新生的传媒文化，尤其是在音乐影视方面的文化成就，进而对两种文化产生的碰撞与融合做出了评论。约翰·亚当姆斯（John Adams）和南希·韩柯克（Nancy Hancock）的《越南传统的土地与经济状态》，[2]认为："越南村社是一个小型的，关系亲密的，以农业为根本的社会。其中，家庭和家族占有重要的地位。但是，从某种程度上讲，对外的开放度要更高，与南亚严格的等级制度相比，越南的社会要更关注公平平等。虽然不能称为富足，但生活水平也远远超出生存水平。在法国到来之前，越南已经有了一套机构的发展，证明着社会的进步。当西方世界打破这里的宁静时，这种社会制度还有生命力。面对西方的直接干涉，越南作出了迅速的消极反应。面对巨大的障碍，仍然具有生命力的越南文化是其民族与生活方式内在力量与潜能的最好证明。"

（二）国内研究现状

中国学者对越南文化的研究较为广泛，但散见于有关越南学研究的各种专著和论文中，分别涉及越南历史、政治、国际关系、经济和语言学等。而针对越南某种文化现象的研究成果多以论文形式发表，侧重于语言、文学、宗教和民间风俗的探讨。现将国内研究现状分述如下。

中国历史悠久灿烂，史学界也有着研究周边国家历史文化的优良传统，因此，中国历代古籍中保存有丰富的关于越南的记载，为国内外的

---

[1] Ashley Carruthers, "National Identity ,Diasporic Anxiety,and Music Video Culture",Yao Sou Chou,*House of Glass: Culture, Modernity,and the State in Southeast Asia*, Singapore: Institute of Southeast Asian Studies, 2001.

[2] John Adams and Nancy Hancock, "Land and Economy in Traditional Vietnam",*Journal of Southeast Asian Studies*,Vol. 1, No. 2, Sep., 1970.

越南学的研究人员提供了有利的条件，许多越南以及西方学者研究越南历史与文化也必须要参阅中国的古籍。

20世纪50—70年代，中国越南语的教育与培训在北京大学、北京外国语学院、解放军外国语学院和广西民族学院率先发展起来，首批教师多为越南归国华侨，大多仅限于开展一些语言教学工作。这一时期，中国越南研究学者当数北大历史系的越南史专家陈玉龙教授，主要从事越南语言文字、历史文化的教学和研究工作。在他的组织下，一些兼修越南语的历史系学生与北京大学东语系合作翻译了越南社会科学委员会出版的《越南历史》。[1]此外，还有何廷庆翻译的越南学者潘嘉宇著的《越南手工业发展史》。总的来看，那时翻译了一批越南学者的研究成果，为国内越南学研究奠定了坚实的基础。

20世纪70年代末，中越关系变动，两国交恶，中国高校和科研机构加强了越南研究。由于这一时期越南研究的发展与两国关系的紧张有关，因此最初的研究领域集中在"中越关系"和"越南历史"两个方面。代表作有郭明教授的《中越关系演变40年》，在该书中，郭明教授主要依靠大量翔实的史料与数据，论述了中越关系演变的历史进程，指出了导致两国关系变化的背景，对中越关系演变的探寻具有重要的参考价值。[2]在这一时期，国内学者同样翻译了一批越南学者关于史学研究的成果，如阮鸿峰（Nguyễn Hồng Phong）的《越南村社》。《越南村社》一书从民族史和民族学的角度综合研究了越南的村社制度，着重探讨了越南村社在经济、社会、意识形态方面至今尚存的原始公社制度的痕迹，同时也考察了越南在法属时期的社会形态、风俗习惯、宗教信仰等问题。此书尽管尚有资料不足、论证不力等方面的问题，但仍不失为一部对研究越南村社文化具有相当学术价值的著作。[3]此外，还翻译了越南科学委员会组织文新等人编撰的《雄王时代》，[4]书中有极端推进越南建国历史的意图，但是对东山文化时期的物质文化、原始宗教信仰和风俗习惯等还是有很多具体的论述。

---

[1] 越南社会科学委员会编著：《越南历史》，北京大学东语系越南语教研室译，中译本，人民出版社1977年版。
[2] 郭明：《中越关系演变40年》，广西人民出版社1992年版。
[3] ［越］阮鸿峰：《越南村社》，梁红奋译，文庄校，云南省东南亚研究所1983年版。
[4] ［越］文新等：《雄王时代》，梁红奋译，梁志明校，越南科学出版社1976年版。

改革开放后特别是20世纪90年代以来，人文与社会科学研究进入新的历史发展阶段，东南亚地区研究受到进一步重视。随着中越关系的恢复与发展，越南研究迅速升温，研究方向也不再局限于历史与国际关系，开始涉及越南的方方面面，成果丰硕。

贺圣达先生的《东南亚文化发展史》全面、系统地介绍了东南亚地区各国的文化发展，可以说是弥补了中国世界文化史研究中的一个薄弱环节。贺先生将东南亚文化的发展划分为原始文化时期、古代文化孕育期、古代文化成型和发展期以及东南亚文化变化与转型期。其中，每个历史发展阶段中都涉及越南文化的发展，简明扼要地论述了在越南文化发展过程中占主导地位的思想、宗教、文学和艺术等。该书称得上是国内学者对东南亚区域文化研究的高峰，至今无人超越。但由于贺先生认为东南亚是一个多国家和多民族的地区，其文化发展和文化现象纷繁复杂，如果从广义文化的角度来撰写东南亚物质文化、制度文化和精神文化的发展，由于资料缺乏等原因，是极为困难的，[1]因此，该书集中于讨论狭义范围内的东南亚文化发展史。而且该部文化发展史只是从原始时代论述到20世纪40年代，即属于传统文化和近代文化的范畴之内，对当代文化尚无论及，对越南文化的整体性研究应该还有较多可以深入的空间。

郭振铎等的《越南通史》主要论述越南原始社会（略述）和封建社会（详述）两种社会经济形态，上起远古时代下至19世纪末越南成为法国的殖民地止，将两千余年的越南历史系统而翔实地加以阐述。该书力图对越南通史加以钩沉，对治国安邦之经验加以总结，对诸王朝兴衰之教训加以分析，对历代君主政事加以针砭，对各朝代轶事加以掇摭，对诸王朝著名政治家、军事家、学者和农民起义之业绩予以褒贬评述。[2]此外，该书对越南的自然环境、资源、民族、风俗、文字、首都和国名沿革均有阐述，成为国内学者首次对越南历史基本内容进行梳理和社会阶段进行划分的著作，并且也分析了越南古代土地制度和封建社会长期发展迟缓的原因。但由于是属于国别史的专著，主要侧重于历史事件，对越南文化的论述相对零散。

---

[1] 贺圣达：《东南亚文化发展史》，云南人民出版社1996年版，第3页。
[2] 郭振铎等著：《越南通史》，中国人民大学出版社2001年版，第676页。

梁志明先生的《东南亚历史文化与现代化》[1]是关于东南亚历史、文化与现代化研究的论文集，第三编主要是越南历史与文化方面的论文。在《10—14世纪越南封建土地制度初探》一文中，面对越南学者关于私人土地所有制何时出现，有哪些形态，怎样形成和发展争论较多的情况，梁先生认为，如果从时间界限上来说，10—14世纪，主要是李陈时期，越南存在多种土地所有制。[2]在《论越南儒学的源流越南特征和影响》一文中，梁先生指出儒学输入越南的起始时间可上溯至赵佗建南越国时期。而儒学在越南的广泛传播与发展并非"北属时期"，而是越南成为独立自主的封建国家之后，其兴盛发达则要到后黎初年。[3]在论及越南儒学特征时，他认为越南在整个中世纪时期都实行了"儒、佛、道"三者并尊政策；越南儒学的兴盛突出表现为教育与科试的发展，即举办儒释道弟子的考试，并没有"独尊儒学"；儒学深刻影响了越南的民族文化，儒家思想渗透到越南的文学、艺术等方面。[4]

李昆声先生长期对铜鼓文化有着深入的研究，李先生与黄德荣研究员著有《中国与东南亚的古代铜鼓》[5]《中国云南与越南的青铜文明》[6]两本学术专著。李先生以详尽的考古学资料论证了云南万家坝铜鼓为先黑格尔I型铜鼓，而云南的石寨山铜鼓和越南东山铜鼓则属于该类铜鼓影响下的两个支流，石寨山铜鼓是万家坝铜鼓的直接继承者，而越南东山铜鼓也是在万家坝铜鼓文化影响下产生的另一平行支系。此外，蒋廷瑜先生也著有《古代铜鼓通论》，撰有《越人及其后裔的铜鼓文化》等文，对越南东山铜鼓文化也有深入研究。谢崇安教授撰有《滇桂地区与越南北部上古青铜文化及其族群研究》一书，认为："广西与越北地区上古青铜文化，由于与周边民族密切接触和各地移民的渗透，滇、桂和越北的各族群一方面是受到北方内地原汉民族的强烈影响，同时也吸收了一部分其南界的原南亚语族和原南岛语族支系，甚至是少部分印欧

---

[1] 梁志明：《东南亚历史文化与现代化》，香港社会科学出版社2003年版。
[2] 同上书，第177—179页。
[3] 同上书，第188页。
[4] 同上。
[5] 李昆声等：《中国与东南亚的古代铜鼓》，云南美术出版社2009年版。
[6] 李昆声等：《中国云南与越南的青铜文明》，社会科学文献出版社2013年版。

语族的成分。在整个青铜时代，各个族群之间都存在着不同程度的交流。"[1]这些研究较客观地分析了越南史前青铜文化的创造者、族群来源与流变以及文化特征属性等。

民族和语言是一个国家文化发展的主体和载体，何平的《中南半岛民族的渊源与流变》[2]为美国福特基金会资助的亚洲研究基金项目成果。在该项目的资助下，他前往英国的霍尔大学东南亚研究中心进行研究，收集了丰富的资料。该书第四章专门论述了越南越族的渊源与现代越族的形成。文中介绍了国际上民族学者和人类学者对越族归属划分的争议，论述了越族形成的复杂性。何平先生指出，古越人的发源地确实是浙江的宁绍平原一带，但是其迁徙的时间要比所谓楚国灭越国的时间早得多，而且，向外迁徙的主要原因是自然灾害。[3]他还引证了贝尔伍德与莎菲尔的观点，同意原始南岛语民族和马来—波利尼西亚人实际上就是我们所说的古越人的祖先，甚至是广义的马来人和孟高棉语族的共同祖先。因此，今天的越语被一些学者划分为孟高棉语族的语言，这很可能是古代红河三角洲的"印度尼西亚人"中属于孟高棉人先民的那一部分在形成现代越族以后在语言方面的积淀和遗留。[4]此外，从历史上来看，从公元前安阳王南迁到10世纪左右，中国历次向今越南北部地区的大迁徙，使得现代越族的形成和民族文化，与中国的民族和文化有着密切的关系。

范宏贵等人的《越南语言文化探究》[5]一书，从文化语言学的角度论述了中越文化的交流，汉越语词产生的历史背景及其含义的多种演变，越南人使用汉字—喃字—拉丁化拼音文字的发展过程，还论述了汉越词和汉字在越南语中的地位和作用。该书是目前国内越南语语言学研究的一本力作，力求从语言学的角度联系文化现象加以论述，观点新颖，耐人寻味。

---

[1] 谢崇安：《滇桂地区与越南北部上古青铜文化及其族群研究》，民族出版社2010年版，第3页。
[2] 何平：《中南半岛民族的渊源与流变》，民族出版社2006年版。
[3] 同上书，第147页。
[4] 同上书，第149页。
[5] 范宏贵等：《越南语言文化探究》，民族出版社2008年版。

于向东等人主编的《东方著名哲学家评传·越南卷》,[1]其中收录了由于向东、于在照、余富兆、游明谦几位教授以及越南学者对越南自古以来的哲学家及其思想变化做出的详细评述。

何成轩的《儒学南传史》[2]是国内学者论述儒学向岭南及其以南传播的一部力作,其中涉及儒学在越南的传播,以及越南独立后李朝至阮朝时期儒学的兴盛与衰落。金旭东的《越南科举制度简论》是国内较早探讨越南科举制度的专著。[3]近年来陈文以博士学位论文为基础,出版了《越南科举制度研究》,深入探析了越南科举制度的发展演变、衰落的原因及影响。

祁广谋的《越语文化语言学》[4]认为,一个民族的语言具有其特定的生成背景和发展轨迹,反映出该民族在特定的地理环境和物质条件下所形成的心理取向、思维联想、审美观念特征以及该民族所创造出来的物质文明和精神文明。因此,作者以越南语及其与越南社会文化的关系为研究对象,从越南语的文字、语义、语法、修辞等方面入手,揭示越南语系统所体现的越南民族丰富多彩的社会文化现象,另外又以社会文化为视角,探讨越南语语言文字及其使用规律,从社会文化的变迁去寻求其语言变化的动因。作者从民族语言的角度出发,阐述语言中反映出来的文化现象,透过语言表象看文化本质,视野广阔,对越南文化的研究具有很好的启迪作用。

刘玉珺的《越南汉喃古籍的文献学研究》一书,从中越文化比较研究的角度,从传播、抄写刊印、记录分类、文献特色等方面对越南汉喃古籍进行全面深入的研究,填补了中越文化交流史和域外文献学方面的空白。[5]作者以充实的资料和周详的论证,总结了越南古籍编撰的特点,分析了越南汉籍产生的途径,越南汉字文学作为中越两国文化交流纽带的意义。该书在喃字古籍的研究领域达到了一定高度,同时,也为从事越南研究,特别是文化研究的学者提供了丰富的古籍文献资料名录。

于在照的《越南文学史》从雄王时代的口头文学一直谈到越南20世

---

[1] 于向东等主编:《东方著名哲学家评传·越南卷》,山东人民出版社2000年版。
[2] 何成轩:《儒学南传史》,北京大学出版社2000年版。
[3] 金旭东:《越南科举制度简论》,云南社会科学院出版社1972年版。
[4] 祁广谋:《越语文化语言学》,解放军外语音像出版社2006年版。
[5] 刘玉珺:《越南汉喃古籍的文献学研究》,中华书局2007年版。

纪的现代文学，该书较为全面地论述了越南文学史的历史发展阶段及特点，对研究越南文学具有非常重要的参考价值。[1]近期，于在照老师还在对越南文学研究多年的积累上出版了《越南文学与中国文学之比较研究》，[2]分阶段地对中越文学发展的特点进行了比较。

余富兆等人的《20世纪越南文学发展研究》是由余老师主持的国家社科基金项目的研究成果整理而成，论述了近现代越南文学的发展特点，探索了这一时期越南文学的流派及代表作家作品和特点。[3]

除了上述从各种视角论述越南文化现象的著作以外，国内学者对越南文化整体进行介绍的书籍有3部：

张加祥、俞培玲的《越南文化》。[4]张先生为新华社高级记者，曾四次常驻越南，时间达16年之久，因此该书汇集了翔实的一手资料，内容较为丰富，这是国内首部描述越南文化概况的著作，可为越南文化研究提供多方面视角。但由于该书是世界各国文化概览系列的丛书之一，因此流于普及性的常识介绍，严格地说，不能够称为越南文化研究的学术性专著。

罗长山先生的《越南传统文化与民间文学》。这本书实系由罗先生在杂志上公开发表的研究越南传统文化和民间文学的作品集编而成。全集共分十八编，分别为：越南人的神灵崇拜与信仰；越南人的祖先崇拜；越南人的传统节日和庆祝活动；越南人的姓名与字号和称呼与尊称；越南人的嫁娶习俗及夫妇之道；越南命理习俗和民间禁忌；越南传统的民间古典艺术；越南传统的民间娱乐文化；越南人的传统春节；越南民俗文化四题；越南的民间风味美食；越南传统服饰文化四题；越南古代的神话和传说；越南传统情歌和佳话；越南著名古典诗人及其代表作；越南古代儒家六部重要著述；越南科举及其三教考试；越南的喃字文化。[5]该书涉及越南文化的很多方面，语言朴实，内容丰富，可读性较强，成为研究越南传统文化的经典之作。但是罗先生谦虚地自评说，该书实际上并不是一部严格意义上的纯学术专著，而仅仅是一部在不同

---

[1] 于在照：《越南文学史》，军事谊文出版社2001年版。
[2] 于在照：《越南文学与中国文学之比较研究》，世界图书出版广东有限公司2014年版。
[3] 余富兆等：《20世纪越南文学发展研究》，世界图书出版广东有限公司2014年版。
[4] 张加祥等：《越南文化》，文化艺术出版社2001年版。
[5] 罗长山：《越南传统文化与民间文学》，云南人民出版社2000年版。

专题中通俗和学术各有侧重,在总体上则既带学术性又带通俗性的综合型文集。[1]该书侧重于评述越南民间文化,为其他从事越南文化研究的学者留下了较大的空间。

此外,还值得一提的是孙衍峰教授等人用越南语编撰的《越南文化概论》[2]教材,引用了大量越南学者对民族文化的论述。该教材涉及越南民族的吃、穿、住、行等方方面面,内容十分丰富,对越南文化研究人员具有很好的启迪作用。但因旨在为越南语专业学生提供了解语言对象国文化的概况,大多直接使用或引用越南语表述,内容仅限于概括性的介绍。2014年,孙老师等人将该教材经过整理和充实,以同名《越南文化概论》[3]再版,内容得到明显的加强与丰富。但可能囿于教材编写的初衷,新版本仍然没有深入探讨越南文化的流变及其不同历史阶段的特点。

由于广义的文化是一个宽泛的概念,涉及物质、行为、精神、制度等各个方面,自20世纪90年代以来,国内研究越南文化现象的论文成果就更加丰硕,类型也多种多样,这里不能一一细述,现选择在各个文化层面较有代表性的几篇论文,兹分述如下。

物质文化层面有:熊煜《谈越南的陶瓷艺术》详细地介绍了越南陶器出现和发展的历程,并对其陶瓷艺术特点作出了评论。[4]《越南古代服饰风貌试描》[5]是罗长山先生对越南学者吴德盛《越南各民族传统服饰》第一章"历代服饰风貌试描"的摘译文稿。吴德盛先生是越南人文与社会科学研究中心越南民间文化研究院院长,是越南著名的民俗学家。《越南各民族传统服饰》是越南近年来系统研究传统文化的重要学术成果之一。谢群芳《越南饮食俗语蕴涵的社会文化》[6]从越南有关饮食的俗语切入,论述了越南的饮食结构、饮食理念以及其中蕴藏的社会文化。

制度文化方面有:黄敏《科举制度在越南的嬗变及其对越南文化的积极影响》论述了越南科举制度的产生、发展、鼎盛、衰落和完结的

---

[1] 罗长山:《越南传统文化与民间文学》,云南人民出版社2000年版,第7页。
[2] 孙衍峰等:《越南文化概论》,世界图书出版广东有限公司2010年越南语版。
[3] 孙衍峰等:《越南文化概论》,世界图书出版广东有限公司2014年版。
[4] 熊煜:《谈越南的陶瓷艺术》,《中外工艺美术》2003年第1期。
[5] [越]吴德盛:《越南古代服饰风貌试描》,罗长山摘译,《民族艺术》1995年第4期。
[6] 谢群芳:《越南饮食俗语蕴涵的社会文化》,《东南亚研究》2007年第2期。

历史过程,并从其产生的积极影响来肯定科举制度的历史作用。[1]陈文《越南黎朝时期的社学和私塾——兼论中国古代基层教育制度对越南的影响》依据相关的越南文献,详细论述了黎朝时期,越南的社学和私塾的办学形式、教师聘任、学生来源与去向以及教学内容等问题,从中分析中国古代教育制度对越南的影响。[2]

精神文化方面有:余富兆《越南当代文学创作中的民间精神》,论文认为,越南当代文学创作中的民间精神,在很大程度上是一批作家鉴于社会转型期意识形态对民间利益的忽视而故意采取一种民众立场,以达到对民间利益曲折的伸张和维护,其对社会的精神关怀是显而易见的。[3]石宝洁《越南高台教及其文化内涵初探》,通过对高台教的基本教理、教义的分析,揭示了越南文化融合力及创造力薄弱的特征,同时通过对高台教产生背景的分析,提示了越南民族渴望国家强大的文化心态。[4]孙衍峰《儒家思想在越南的变异》指出,儒家思想很早就传入越南并在越南不断发展,对越南古代的政治、经济制度、社会礼仪规范、民间的风俗习惯都产生了巨大的影响。[5]但是,儒家思想传到越南后,并不像人们一直认为的那样毫不走样。与中国相比,越南人对"忠""孝"观念和妇女地位问题的认识存在明显差异。这些差异是儒家思想在越南的变异,也是越南文化特色的体现。于向东的《越南思想和哲学发展史研究之我见》,将越南思想史的发展过程划分为越南先民原始思维阶段、越南民族思维体系形成阶段、越南封建意识形态发展阶段以及越南传统思想与西方思想观念融合创新阶段。[6]同时他指出,越南思想史发展深受中国思想史发展演变的影响,越南民族的思维和思想发展具有开放性和包容性,比较注重形象思维、实用性而相对缺乏抽象思维、思辨性。谭志词的《十八世纪岭南与越南的佛教交流》认为,17、18世

---

[1] 黄敏:《科举制度在越南的嬗变及其对越南文化的积极影响》,《解放军外国语学院学报》2003年第6期。
[2] 陈文:《越南黎朝时期的社学和私塾——兼论中国古代基层教育制度对越南的影响》,《东南亚研究》2007年第5期。
[3] 余富兆:《越南当代文学创作中的民间精神》,《解放军外国语学院学报》2011年第1期。
[4] 石宝洁:《越南高台教及其文化内涵初探》,《东南亚研究》2001年第3期。
[5] 孙衍峰:《儒家思想在越南的变异》,《解放军外国语学院学报》2005年第4期。
[6] 于向东:《越南思想和哲学发展史研究之我见》,《郑州大学学报》(哲学社会科学版)2001年第3期。

纪是岭南与越南佛教交流史上的一个高潮期，不仅体现为大量的岭南禅师赴越南弘扬佛法，为越南佛教的复兴和发展奠定人才基础，还体现为越南禅师之北上岭南习禅、取法和越南对中国佛教典籍的输入和刊印。这种南来北往的民间禅学交流，促进了岭南文化在海外的传播和影响，也对越南民族文化的发展起到了积极的推动作用。[1]

综上所述，国外关于越南文化研究的专著多集中在越南学者身上，但这些专著一方面由于挖掘本民族文化特色以培育民族认同、国家文化认同和爱国主义为需要，另一方面由于对中文史料掌握和理解的不足，对于影响越南文化发展的因素以及其民族文化的本质特点，缺乏客观的评价。此外，从学术研究史完整性的角度而言，还有较多可深入的研究空间。而在中国，可以说经过几代学者的艰辛努力，越南文化研究取得了长足的进步，硕果累累，但细细分析下来，其中仍然存在着薄弱环节。首先，大部分从事越南文化研究的学者都将研究目标集中于语言、文学和儒学思想领域等某种狭义的文化范围，缺乏对越南文化整体性和流变性特征的把握。关于越南文化的研究也散见于各种越南学研究的著作内，宏观性地论述越南文化发展流变的学术性专著鲜见。其次，学术研究成果多侧重于心态文化层面，涉及制度文化、行为文化和物质文化层面的成果较少。最后，国内学术研究大多关注越南传统文化，而对近现代文化的演变论述较少，特别是涉及当代越南社会主义文化建设方面的专著几乎没有。

三　研究思路

本书名为《交融与内聚：越南文化的多维透视》，内容涉及历史学与文化学等跨学科研究，因此笔者努力将历史学与文化学的研究方法有机地结合起来。一方面，运用历史学的文献分析和实证方法展开研究，梳理越南文化演变的发展脉络；另一方面，运用文化分类的理论来组织不同历史阶段里不同文化维度的具体论述，在各个历史空间中，又重点选择从最具代表性的物质、心态、制度和行为文化维度进行论述。

文化研究具有跨学科的性质。与传统的人文社会学科，如文学、历史学、人类学、政治学和经济学不同的是，文化研究从一开始就强调其

---

[1] 谭志词：《十八世纪岭南与越南的佛教交流》，《世界宗教研究》2007年第3期。

学科疆域和方法的不确定性，并以此为其学术探索的一个前题。斯图亚特·霍尔认为，"文化研究不是一个事物，从来就不是"[1]。托尼·本内特则指出，"文化研究是一个方便的称谓，指的是一组相当宽泛的不同理论与政治的立场"。当然这并不是说文化研究带有随意性，所以笔者也力求在研读文献的基础上借鉴社会学、人类学、民族学、国际关系学和传播学等的理论与方法，分步骤、分专题、有重点地进行研究，以突出文化研究与其他相关学科研究成果的有机、科学的结合，致力于在论述文化现象的同时，审视越南文化与政治制度、国家权力、外交思路和国民性格之间的互动与关联。

此外，本书大量收集和运用国内外与越南文化研究相关的越、汉、英文文献资料，进行全面客观的文本考察，注重史论结合，言必有据。历史学科的基本要求也是从史料出发，尤其强调要尽可能掌握第一手资料；同时运用新史学中强调的"要依据一定的理论对史料进行分析、归纳和总结"。从文化研究的方法论上来看，本书也更加贴近以文本解读和阐释为主导的人文学科。本着文本解读和史论结合的基本要求，本书结合唯物史观和文化研究方法论，把越南史前文化、传统文化、近代文化与现代文化的发展演变作为线索贯穿全书，使越南文化流变的论述具有延展性和客观性。在每个文化发展的历史阶段对有代表性的文化现象的演变进行多维角度的分析和归纳，总结出越南文化处于多元文化对话与竞合中的特质，寻找越南文化与中西方文化交融的原因，探寻其文化内聚力与其国家及民族发展之间的关系。

本书仍然坚持将心态文化作为影响越南文化流变最重要的核心加以论述。本选题力求在前人丰硕的研究成果上加强分析与论述，说明某个文化维度的流变特点及影响。物质文化与行为文化是文化的外显模式，是文化特色的表征，内容比较庞杂，资料又比较零散，把握起来有一定的难度。笔者在写作中努力把握物质文化和行为文化现象的主线条，避免论述流于表面化，成为仅仅是风土特产的介绍性文字，力求对引发其物质文化和行为文化流变原因的挖掘。

本书致力于总结提炼越南主流文化历史演变进程中所呈现的规律与

---

[1] Stuart Hall,"Introduction", Simon During ed., *The Culrural Studies Reader*,London: Routledge, 1993, p.3-4.转引自陆扬《文化研究概论》，复旦大学出版社2008年版，第40页。

特色，抓住影响越南主流文化发展的内源和外源因素，把越南文化的演变历程划分为三大历史阶段，全面梳理了从史前到当代，越南主流文化产生、发展、繁荣、断裂、转型、融合的演变进程。将越南主流文化流变进程中呈现的整体特征归纳为：一是抗争与交融；二是断裂与延续；三是斑驳与统一；四是内聚与本土化，并逐一进行论证。"多元文化的对话与竞合"是用来概括越南民族文化流变最恰当的语句，因受其自然环境与历史因素的影响，越南文化始终在几种文明圈的影响下与其他文化展开交流、博弈、融合并得到发展。

另外，本书着力突出民族文化研究与国民心理结构之间的联系，突出民族文化与其民族精神、社会制度和国民心理结构特征的联系，剖析民族文化演变对越南政治、军事和外交等方面，在历史与现实中所起到的重要作用。

四 相关概念的界定

（一）越南地区和国名的演变

在汉字史料或是国内外相关著作中对越南地区或国名的称呼，并不统一。由于越南地理范畴变化幅度较大，国名的沿革较多，学者们在引证和论述"越南"时名称也各不相同。为了使本书对"越南"概念的界定相对准确，引证清晰，笔者对历史上涵盖越南地区，或以国名出现的称谓做了一个简单的梳理。

1.象郡：公元前214年（秦始皇三十三年），秦置桂林、南海、象郡三郡。象郡包括现在越南北部部分地区。

2.南越割据政权：公元前207年，秦亡，其边吏南海尉赵佗"即击桂林、象郡、自立为南越武王"[1]。赵佗吞并了越南北部的瓯雒部落，统治势力到达现越南北部地区。

3.交趾、九真和日南：公元前112年，南越割据政权内部发生内讧，不愿对汉称臣，发动叛乱。公元前111年，汉武帝平南越，遂分其地为九郡：儋耳、珠崖、南海、合浦、苍梧、郁林、交趾（今越南河内一带）、九真（今越南清化、义安一带）、日南（今越南广平一带）。

---

[1] （汉）司马迁：《史记》，岳麓书社2004年韩兆琦评注本，第1543页。

4.林邑（环王、占城、占婆）：东汉献帝"初平之乱"之间建国，[1]象林县功曹之子区连，起义称王，建立了林邑国。8世纪中叶以后，在中国历史上不再见林邑一名，以环王而代之。806年，唐讨伐环王，环王败北，迁其国至占城。982年，前黎朝国王黎桓发兵南侵占城，占城王逃往南方。989年，占族人在平定推尊制氏为王，定都佛逝。1000年，占城国国势强盛。1096年，越南李朝发兵侵略占城土地。至17世纪末叶，占城国历年遭到越南各朝蚕食，终于亡国。越南的地理范畴扩大至现芽庄以北的地区。

5.交州：三国孙吴时期，新置新昌、武平、九德三郡，合前交趾、九真、日南三郡共六郡，统辖于交州。

6.安南：679年（唐高宗调露元年）在该地设安南都护府，越南称安南始于此。该名称使用时间较长，直至1431年，中国明朝还命黎利权署安南并封黎利为安南国王。在法属印度支那时期也将越南地区称为"安南"，越南人称为"安南人"，越南语称为"安南语"。

7.大瞿越（大越、大虞和广南）：968年，安南封建豪族丁部领削平国内十二使君，统一越南北部地区，建国号为"大瞿越"国，越南独立始于此。此后，越南陆续经历了丁朝、前黎朝、李朝、陈朝、胡朝、南北朝、郑阮纷争时期（含西山农民起义建立的西山朝）和阮朝等封建王朝。10世纪，李圣宗时改国号为"大越"。1399年，陈朝宰相胡季犛独掌朝政，建国号"大虞"。1418年黎利起兵反明，称帝，复改国号为"大越"。1702年，郑阮时期的阮福凋遣使求封号，被清康熙帝拒绝，阮氏只好自己称王，历史上被称为"广南国"。

8.越南：1804年，阮朝皇帝阮福映向清仁宗请求封号与国名"南越"。清仁宗诏谕，认为原所求"南越"国名不妥，更名为"越南"，封阮福映为"越南国王"。

9."法属印度支那联邦"下的南、北、中三圻：1874年，越南与法国缔结第二次西贡条约，越南承认受法国监督。1885年中法正式签订《天津条约》，承认了法国是越南的保护国。法国对越南采取"分而治之"的政策，将越南分为南、北、中"三圻"，实行不同的政治制度。南圻为"交趾支那"是法国的殖民地，中圻安南是法国保护下的阮氏王国，

---

[1] 郭振铎等：《越南通史》，中国人民大学出版社2001年版，第168页。

北圻东京在1887年后也是法国统治下的殖民地。

10.越南共和国和越南民主共和国：1945年，越南八月革命胜利，9月2日越南民主共和国宣告成立，俗称北越社会主义政权。第二次世界大战后，法国以战胜国的身份重返越南，八年抗法战争爆发，1954年7月，北方在以胡志明为首的抗战联合政府的领导下获得解放，又恢复了越南民主共和国的国名。法国殖民者刚刚离开，美国政府就在越南南方扶持了以吴庭艳为首的傀儡政权，国名定为越南共和国，俗称吴庭艳南越政权。

11.越南社会主义共和国：1975年越南南方完全解放，南北统一，决定将越南民主共和国改名为越南社会主义共和国，该国名一直沿用至今。

本书论题中"越南文化"指的是在上述地区及国名演变进程中所涉及地理范畴内的，越南国家主流文化的发展及演变状况。

（二）文化

既为"越南文化流变的多维透视"，我们有必要先界定一下这里的"文化"指的是什么。在《辞海》中，文化被区分为广义和狭义的两种。广义的文化指人类社会实践过程中所获得的物质、精神的生产能力和创造的物质、精神财富的总和；狭义的文化指精神生产能力和精神产品，包括一切社会意识形式、自然科学、技术科学、社会意识形态。[1]

美国社会学家戴维·波普诺认为："文化是一个群体或社会所共同具有的价值观和意义体系，它包括这些价值和意义在物质形态上的具体化……文化由三个主要要因素组成：（1）符号、意义和价值观；（2）规范；（3）物质文化。"[2] 黑格尔曾把文化评价为"是人类创造的第二自然"，可见在广义文化观中，与文化相对应的是自然界，即不属于人类劳动创造的事物就不属于文化范畴。广义的文化概念看似包罗万象，纷繁复杂，实际上还是有序的。

美国文化人类学家克罗伯和克拉克洪在《文化、概念和定义的批评考察》一文中谈道："文化是由外显的和内隐的行为模式构成；这种行为模式通过象征符号而获得传递；文化代表了人类群体的显著成就，包括它们在人造器物中的体现；但文化的核心部分是传统的（即历史地获

---

[1] 《辞海》，上海辞书出版社2010年版，第1975页。
[2] [美]戴维·波普诺：《社会学（上）》，刘云德、王戈译，辽宁人民出版社1987年版，第137页。

得和选择）观念；尤其是它所带来的价值观；文化体系一方面可以看作是活动的产物，另一方面则是进一步活动的决定因素。"可见，狭义文化观的核心是"精神产品"和"社会意识"，与它相对应的是"物质产品"和"社会现实"，即物质产品和社会现实中的经济与政治不属于狭义文化研究的范畴。

实际上，还有一种中性的文化观，1871年，英国人类学家和文化学家泰勒谈道，文化"是包括全部的知识、信仰、艺术、道德、法律、风俗以及作为社会成员的人所掌握和接受的任何其他的才能和习惯的复合体"[1]。这个关于"文化"的定义解构了文化高高在上的优越性，将其定义为从物质到非物质的一种集合体，但仍然肯定了精神文化的核心作用。这一观点影响很大，在文化史的研究方面具有开先河的作用。可见，中性文化观虽然肯定文化包含物质层面，但是强调文化的核心观念仍然是精神文化，突出强调与人的精神相关的创造物及其表现形式。

从以上对"文化"含义的各种定义来看，无论"广义文化""狭义文化"还是"中性的文化观"，区别仅在于涉及范围的大小，而相同的一点在于"人类劳动产生和创造的精神产品无疑是文化中的重要层面"。因此，笔者认为，无论是物质与精神文化两分说，物质、精神和制度三层说，还是物态、制度、行为与心态文化四层说，[2]都有其各自的道理，而最终某种"文化"研究概念范围的确定应是由研究者的学科、内容和目的而定。

基于以上分析，本书的研究对象更倾向于中性的文化概念，但基本上仍突出精神文化在影响越南文化发展演变中的核心地位，分析物态文化层与其他层面文化的相互影响和相互作用，从中挖掘那些积淀于其中的民族思维特点与文化心理。因为"对于每个个体的人而言，他或她总是处于一种或多种文化之中，具有一种或多种文化立场，所以他或她对世界大事的任何反应和评判都有其文化的背景或'文化基因'"[3]。

---

[1] ［英］爱德华·泰勒：《原始文化》，连树声译，上海文艺出版社1992年版，第1页。
[2] 张岱年等主编：《中国文化概论》，北京师范大学出版2003年版，第2—3页。
[3] 潘一禾：《文化与国际关系》，浙江大学出版社2005年版，第3页。

第一章

越南文化形成与演变的背景

文化在一个国家与民族发展史上占有不可忽略的地位，美国社会学家丹尼尔·帕特里克·莫伊尼汉就认为，"对于一个社会的成功起决定作用的，是文化，而不是政治"[1]。无独有偶，俄国文化学者科冈也说，"文化决定一个民族的真正心灵和外貌，其他的一切——政治体制、国家机构、经济成分、生产方式等——仅仅是名片而已"[2]。文化研究具有跨学科性质，主要表现在它同文学、社会学、人类学、历史学和传播学等学科之间具有千丝万缕的联系，因此，对越南文化流变的研究是了解越南最重要的途径之一。本书论述越南文化流变历程，研究涉及广泛的文化的多维空间。

一般认为，广义的文化概念包含物质文化层，主要是指人类加工制造的生产、生活的器具及其相关的技术；行为文化层，指的是人们在社会交往中约定俗成的行为模式，它是一种社会的、集体的习惯和风俗；制度文化层，表现为人们在社会实践中确立的规范自身行为和调节相互关系的准则；心态文化层，指人们的社会心理和社会的意识形态，包括人们的思想、信念、价值观、心态以及由此而产生的文学艺术作品，这是文化的核心部分，也是文化的精华部分，特别是那些作为意识形态的哲学、文学、艺术、宗教等，具有较强的独立性。这样说起来，要研究这样无边无际的"越南文化现象"显然不是本书所能胜任的，因此本书的越南文化研究是基于中性的文化概念，但基本上仍突出心态文化层在影响越南文化发展演变中的核心地位，分析心态文化层与其他层面文化

---

[1] 转引自[美]塞缪尔·亨廷顿等主编《文化的重要作用——价值观如何影响人类进步》，程克雄译，新华出版社2002年版，第3页。
[2] 转引自潘一禾《文化与国际关系》，浙江大学出版社2005年版，第19页。

的相互影响和相互作用，从中挖掘那些影响其民族思维和心理模式形成的文化特色。本研究并没有涵盖越南所有文化现象的细枝末节，而是选择每个历史时期各个文化层面演变进程中最能体现越南民族特色的文化维度加以分析，从而以一个动态过程来阐释越南文化的传承、发展与演变，解析当代越南文化呈现的本质特征。

"一个社会的文化是我们从过去继承的惯例和规范（和信任）的累积结构，它构成我们的现在并影响我们的未来。"[1]了解把握文化的演变进程，更有利于深入理解一个国家民族精神、思维、心理与文化本质特征的形成原因与发展走向。事实上，文化确实不能简单地理解为一幅幅图画和一张张照片的集合体，即文化不是凝固的和静止的。相反，它是一个生生不息的运动过程，始终呈动态、演变和发展的状态。

第一节 越南的自然地理环境对文化产生的影响

文化是由人类创造出来的物质和精神财富的有机系统，它是人类在实践活动中创造和积累出来的，也是人类与自然和社会环境相互适应和改造的结果。如果说人类是文化创造中不可或缺的主体，那么地理环境则是文化形成的重要背景和客体。地理环境可分为自然环境（或自然地理环境）、经济环境（或经济地理环境）和社会文化环境。这三种地理环境在地域上和结构上又是互相重叠、相互联系的，从而构成统一的地理环境。[2]我们把影响文化产生和发展的这些因素统称为历史地理生态环境，主要包括两个方面：自然地理环境和人文地理环境（经济和社会文化环境）。因此，对于某个国家的文化而言，它不可能是瞬间造就的，而是经历了人民主动创造的一个连续过程，从而深深地打下了该地区或国家历史、社会和生产力发展的烙印。可以说，如果把越南文化的形成与演变视为一条发展的曲线，那么自然地理环境、经济基础（经济地理环境）和历史进程（社会文化环境）就应该是影响这条曲线变化的重要坐标参数。

---

[1]　D. C. Nonth, *Understanding the Process Economic Change*, Princeton: Princeton University Press, 2005.
[2]　陈传康：《中国大百科全书·地理学卷》，中国大百科全书出版社1990年版，第64页。

一　自然地理环境与越南文化根基的形成

在人类产生之前，地理环境就已经存在，不过那时只有自然环境。在人类产生之后，完全单纯的自然环境就不再存在，因为人类的活动总会或多或少地改变自然环境。但在漫长的人类社会发展历程中，直至近代，人们对自然的影响仍然是极其有限的，所以我们还是可以把地理环境主要视为自然环境，并且把自然地理环境作为影响民族文化形成和演变的重要因素之一。

越南全部国土都位于北回归线以南、北纬8°—23°，绝大部分地区属于热带季风气候。全国气候呈现日照充足、降水量丰富的特点，除高山地区外，年平均气温可达22℃—27℃。越南是一个河渠密布的国家，在32万多平方公里的国土上就有2860条长度在10公里以上的河流，每平方公里土地上就有1.5公里的河流，沿海岸线每20公里就有一个河流的入海口。[1] 湄公河和红河是越南最大的两条水系。红河发源于云南省，以西北—东南走向流经越南，流量达到700—28000立方米/秒。湄公河发源于青藏高原，流经老挝、泰国、柬埔寨，最后进入越南，主要是由前江、后江等一共9个支流组成，总流量每年达到14000亿立方米，最终从越南南部地区汇入南海。总体看来，越南河流长度短、坡度大并且流量不均匀，汛期流量可以占到每年总量的70%—80%。在雨季，经常会出现洪涝灾害。但正因为这样，每逢汛期到来后，河流就会在入海口形成大量的冲积层，淤泥冲积层在越南形成了富饶的700万公顷的农业耕地。因此，越南东部沿海河流入海口处多为泥沙冲积平原。北部的红河平原，在地质史上，曾是一个下沉的多山的海湾，后被红河泥沙冲积成平原，面积约为15000平方公里。红河平原较低平，从海拔10—15米逐步降至与海平面持平。南部的湄公河（九龙江）平原，主要由前江、后江和同塔梅平原三部分组成，面积约为40000平方公里，地势同样低而平，由于每年在入海口不断涌现大量冲积层，南部平原仍旧向西南方向以每年60—80米的速度推进。红河平原与湄公河平原是越南最富饶的地区，也是越南稻作文化产生的摇篮。

---

[1] Tổng cục du lịch Việt Nam, *Non nước Việt Nam*, Nxb Trung tâm công nghệ thông tin du lịch, năm 2007, tr.9.（《越南国家》，旅游通信工艺中心出版社2007年版，第9页。）

潮湿高温的气候、良好的水利资源和肥沃的冲积层平原使越南较早出现了稻作文化的特征，考古学发现，早在从旧石器时代过渡到新石器时代的和平文化时期越南就出现了稻谷种植痕迹，而到了青铜时代在东山文化遗址中就已经发现了石锄等农具以及水稻种植的遗迹，表明这一地区是世界上稻作文明诞生的摇篮之一。越南有农业谚语道："求天、靠天、感恩上天"，"寄望于天、寄望于地、盼风盼雨、昼昼夜夜"，都充分体现了稻作农业文明下人们对自然地理环境的依赖与尊重。正是适宜的温度、日照、降雨量和湿度，为越南稻作农业的发展创造了极好的天然条件。稳定充盈的稻米产量，使得其主体民族——京族选择了定居农耕的稻作文化生活方式，配合渔猎方式，使生产力逐步发展，人口不断繁衍增长。越南许多地方可以一年种植水稻三季。越南素有"一根扁担挑着两筐稻谷"的美誉，"一根扁担"是指越南中部的狭长地带，"两筐稻谷"就是指红河平原和湄公河平原这两个著名的"粮仓"。

稻作文化的形成是越南其他文化特征形成的根基。在稻作文化的基础上又产生了东南亚地区特有的村社文化。在社会生产力发展较为缓慢的原始社会，水稻种植对灌溉系统的要求较高，因此统一协调人员共同进行灌溉水利的修建和维护，成为村社组织形成的原动力，广大的村社组织普遍成为越南社会长期以来的基本组织方式。

二 自然地理环境对越南文化多样性与多元化的影响

越南位于东南亚地区的中心位置，中南半岛东部，北与我国广西、云南接壤，西与老挝、柬埔寨交界，东、南和西南临南中国海，与东南亚的海岛国家马来西亚、印度尼西亚和菲律宾隔海相望。可以说越南是连接东亚陆地、东南亚海岛和南亚地区的一个桥梁和交叉路口。这是影响越南文化多元化最重要的地理特点。这样的地理环境，使越南自远古时期开始，就成为人类和动物迁移，经济、政治和文化交流、碰撞和融合的一个十字路口，从而造就了自然资源、人种、语言和文化特征具有复杂性与多样性的特点。

据人类学家研究，两万年前，在中南半岛包括越南，普遍分布的是尼格利陀人和美拉尼西亚人，他们属于澳大利亚人种。那时的中南半岛和印度尼西亚、菲律宾群岛是相连的，人种也是类似的。距今1万年前，从中国华南地区迁移的南方蒙古利亚人种与东南亚海岛和半岛地区的尼格利陀人和美拉尼西亚人不断融合，在距今5000年前，形成一种新的人种：印度尼西亚人（也称原始马来人），广泛地分布于东南亚地区。以后，随着一批批来自中国的北方蒙古利亚人种不断向南迁移，和与中国较接近地区的印度尼西亚人再次融合，距今4000年前，在中国华南地区和中南半岛的北部形成一批新的民族群体，这些民族群体就是中国史书上记载的百越民族。越南京族的形成与古代百越民族群体中的瓯越和雒越有着密切的关系。在这些人种迁移和融合的过程中，形成了越南众多的民族及多元的民族文化，越南全国54个民族可分为三个语系：南亚语系、马来—波利尼西亚语系和汉藏语系，有10个民族有自己的文字，许多民族有着与其国家主体民族——京族同样悠久的历史，如芒族、泰族、岱依族、侬族、高棉族和占族等，这些少数民族因其鲜明的文化特征和独特的风俗习惯，为越南丰富多彩的民族文化抹上了浓重的一笔。

此外，越南东南濒南海，西南临暹罗湾，海岸线曲折绵长，总长为3260公里，多优良港口，如海防、岘港、金兰湾、胡志明市等。沿海地区的越南人从史前阶段就开始接触海洋，随着生产力的逐渐发展也建立起一定程度的海洋文明，这些地区逐渐成为越南发展最快的地区，既有肥沃的稻作平原，又有绵长的海岸线，所以全国有60余个大中城市，总人口的50%以上集中在沿海地区。这造就了越南民族文化中不仅具备稻作文明吃苦耐劳的特点，也蕴藏着海洋文明中开放、外向和富于冒险等的文化因子，文化呈现多样性。

同时，越南位于亚洲中印两大文明圈的交接地区，特殊的地理环境使得越南文化深受汉文化和印度文化的影响。近代以来，同样是由于地缘优势，越南又成为法国殖民者在中南半岛的统治中心，并且陆续受到美国、日本、中国、苏联等国家政治、经济与文化的强烈影响。不同时期来自不同国家、地区的影响以及国际格局的震荡，使越南文化呈现出色彩斑斓的多元化特性。

三 自然地理环境对越南文化差异性的影响

从地图上看，越南地形呈狭长的"S"形，从北向南直线距离为1650公里，两头宽，中间细，北部最宽的地方有600公里，南部为400公里，最窄的地方（广平省）仅为50公里，国土明显地分为北、中、南3个地区。狭长的国土横跨15个纬度，南北气候差异明显，以北纬16°20′为分界线，以南明显为热带气候，炎热潮湿，每年有100天为雨季，全年降雨量平均为2400毫米，空气湿度达到80%左右。以北受季风影响较大，有明显的雨季和旱季区分，雨季高温易洪涝，旱季降水明显减少，气温有所下降。越南整个地势由西北向东南倾斜，山地和高原占全国总面积的3/4，多集中在北部和西北部地区。北部边境地区海拔稍高，多为海拔2000米左右的高山、盆地和陡坡。西北部黄连山的主峰潘士邦峰高达3143米，不仅是越南最高峰，也是中南半岛第一高峰，被称为"越南的屋脊"。中西部地区分布有部分长山山脉，形成了著名的红色高原——西原地区，高原上森林密布，草原辽阔，森林面积约占高原总面积的2/5。

在生产力很低的情况下，地理障碍对人的活动，特别是交通运输的影响要比现在大得多，有时往往能完全隔绝不同地区。于是，不同的自然地理环境与物质条件，使越南南北东西和中部的人们形成了不同的生活方式与思想观念。越南大体可分为6个不同的文化区。

红河北岸山区直至义安地区被称为西北文化区。这里被山脉、溪流分割得较为零散，土地相对贫瘠，相邻山区交流不畅，居民较少，少数民族众多，有20多个少数民族，其中，泰族、芒族为主要居民。一些居民在盆地或谷地从事水田种植，另一些在山腰从事梯田种植水稻。当地泰族歌谣对此描述道：舍族人跟着火生活；泰族人跟着水生活；赫蒙族跟着雾生活。

越北文化区不仅包含了6个行政省：高平、北干、太原、凉山、宣光、河江，还包含了富寿省、永福省、北江省和广宁省的一部分山区。气候呈现出从热带向亚热带转变的特点，受东北季风影响最大。这一地区的主要居民是岱依族和侬族，其他还有瑶族、赫蒙族和彝族。岱依族和侬族同属于百越瓯雒支，名称自1世纪就已经出现，并与京族的祖先——雒越结盟，这一地区的发展与越南历史发展联系十分紧密。岱依族在近代时还创制了岱依喃字系统。

北部红河文化区包含了红河、太平河和马河三角州地区，居民主要是京族，他们以村社的形式聚居在一起。这是一块富饶的土地，是史前东山文化和古代越南"大越"时期文化的摇篮，在很多方面都取得了很大的成就。随着历史上越南北方政权疆域的不断扩张，京族大量迁移到越南南部，因此，这里也成为越南南部和中南部文化形成的源头。

中部文化区指的是广平省和平顺省沿海的一个狭长地带，由于气候恶劣，土地贫瘠，人们的饮食主要以海洋食物为主，并且喜欢吃辣，特别是就着咸鱼。在京族到这里生活之前，这里曾是占婆古国旧址，因此传承和保留了深受印度文化影响的占人文化。

西原文化区位于长山山脉的东面，主要包含着嘉来、昆嵩、得乐和林同4个省。这里有20多个操孟高棉语和南岛语的少数民族在这里居住。这里也是越南最具特色的锣钲乐器文化和长歌的发源地，是越南文化中不可缺少的一个组成部分。

南部文化区位于奈河和九龙江（湄公河在越南南部的名称）流域，同样分为旱季和雨季，河渠密布，从北部和中部南迁的京族和占族，以及从中国大陆迁移而去的华人在这片热土上拓荒、开发和耕种，与当地的高棉人不断融合，形成了别具特色的南部文化区。南部居民住宅喜欢沿着河渠水道而建，饮食结构中富含水产。近代，因其最早与西方文化接触，受法、美文化影响深刻，生活方式较为西化，居民性情豪放，思想开放，宗教信仰多样。

特有的自然地理环境对越南人的感情方式、思维特点、谋生手段和应对自然、社会以及处理人际关系的方法都产生了很大的影响，对越南文化的形成和演变发挥着持久的影响力。

第二节 越南的主体民族与语言

文化是由人类创造产生的，一个国家的主体民族就是其国家文化创造的主体，在其民族文化的演变进程中是一个至关重要的主体因素。而语言与文字是文化的重要载体，可以说要研究一个国家的文化，语言和文字是必须涉及的一个方面。只有把这个国家的主体民族和语言的来龙去脉搞清楚，其文化演变与发展的许多重要问题才能迎刃而解。

一 越南主体民族的由来与发展

越南的主体民族为京族，京族也称越族，国内外学术界普遍认为，越南京族的形成与古代百越民族群体中的瓯越和雒越有着密切的关系。百越民族是亚洲南部一个古老的民族群体，分布区北至北纬32°，南到北纬16°，西至东经94°，东到东经124°，其北与中原华夏文化相连，西北以巴蜀荆楚为界，西方以印度为邻，东临大海，南接中南半岛，整个分布呈半月形。从现代国家的地域观点看，主要是中国的江苏、浙江、江西、福建、广东、广西、云南、贵州诸省区和越南、老挝、泰国、缅甸等国；从历史的地域观念看，它们却具有共同的自然环境。[1]著名的东南亚学者陈序经也曾说："整个越南半岛或中南半岛包括了缅甸、暹罗、老挝、越南、柬埔寨以至马来半岛的种族主要来自这些地方的北部，这也就是说来自中国的西南。"[2]日本著名的人类学家白鸟芳郎也指出，"中国南部和西部的各个民族的问题，是民族学中最为重要的问题……这个问题是了解东南亚及其邻国历史和文化的关键"[3]。越南史学家陶维英也谈道："在旧石器时代，今天京族居住之地住着美拉尼西亚人，随后来的印度尼西亚人将之同化，到新石器时代，蒙古人种来到并与之融合。所以，美拉尼西亚人或印度尼西亚人不是京族的原始先民，如果将这种人与目前的京人作一比较，我们便知道这种人并不是我们的直接祖先，尽管这种人种因素曾参与我们的人种构成。"[4]综合以上论述看来，尽管美拉尼西亚人和印度尼西亚人是这一地区更早的居民，可后来百越支系即已与蒙古利亚人种融合的瓯越和雒越部落与当地的印度尼西亚人再次融合后形成了京族，并且蒙古利亚人种在融合过程中所占比例较大，因此，现代京族的形体特征要更偏向于蒙古利亚人种特征。

二 关于越南语语言系属观点的争论

最初对越南语（以下简称越语）的系属做出深入研究的是欧洲学者，观点随着研究的深入而处于变化中。1838年，英国地理学家泰北特（J.L.Taberd）在其编撰的词典中认为，越语是汉语的方言或者汉藏语

---

[1] 王光远、李晓斌：《百越民族发展演变史》，民族出版社2007年版，第2页。
[2] 陈序经：《陈序经东南亚古史研究合集》，海天出版社1992年版，第560页。
[3] 转引自贺圣达《东南亚文化发展史》，云南人民出版社1995年版，第33页。
[4] ［越］陶维英：《越南古代史》，刘统文、子钺译，商务印书馆1976出版，第30页。

系的一个分支。[1]1924年，法国学者伯叙吕斯基（Przyluski）把越语正式列入南亚语系中。20世纪初，法国著名汉学家马伯乐（H. Maspero）认为越语属于泰语支，越语是孟高棉语、泰语以及一种未知的方言混合后，同时又借用了相当多的汉语词汇而形成的语言。他认为：一是越语里虽然有孟高棉语言的词汇，但是也有泰语的词汇，所以如果只根据词汇标准就不能确定越语的系属；二是从类型学的角度来看，越语的类型更接近泰语，因为都没有缀（前缀、中缀、后缀），而孟高棉语言的特点就是前缀、中缀和后缀派生词的结构；三是越语和泰语都有声调，孟高棉语则没有。1942年，美国学者本尼迪克（Paul K. Benedict）认为，越语和孟高棉语属于东南亚原始南方语言（Proto-Austric Languages）。越语"似乎代表了南方语系语言中古老的东北'停泊站'，在很早的时候受到泰语因素，包括古泰语（以及汉语）声调系统的强烈影响"[2]。1980年，美国康奈尔大学的迪福乐教授认为，"表面看来，像越语这样单音节有声调的语言，与印度的蒙达语族这类多音节无声调的诸语言之间没有太多的共同点，但最近的研究证实了这个语系的底层共同性"。他在越芒语和高棉语等12支南亚语支中，"对一些有选择的词汇进行比较研究，可以知道这些语言是有共同来源的，历史比较表明，这十二个语支大约是在公元前二千年到一千年才分开的"[3]。

20世纪初，陶维英先生认为越语系属汉藏语系，但随着越南国内语言学者的研究深入，现代越语言学者逐渐倾向于认为越语系属南亚语系。赞同该观点的有越语言学家阮文利（Nguyễn Văn Lợi）和武春装（Võ Xuân Trang），分别出版了两本关于"鲁克（Rục）语"的专著，[4]都谈到越语属南亚语系下的越芒语支。书中提到，1世纪之前，越语属于前越芒语，在1—2世纪时，库特语（Chứt）、阿里姆语

---

[1] Nguyễn Tài Cẩn, *Giáo trình lịch sử ngữ âm tiếng Việt*: Hà Nội, Nhà xb Giáo Dục, 1997, tr.7-9. （［越］阮才谨：《越语语音史》，教育出版社1997年版，第7—9页）。

[2] Paul Benedict, "Thai, Kadai, and Indonesian: A New Alignment in Southeast Asia"，转引自何平《中南半岛民族的渊源与流变》，民族出版社2006年版，第136页。

[3] 颜其香等：《中国孟高棉语族语言与南亚语系》，中央民族大学出版社1995年版，第66页。

[4] Nguyễn Văn Lợi, *Tiếng Rục*, Hà Nội: Nhà xb Khoa Học Xã Hội, 1993. （［越］阮文利：《鲁克语》，社会科学出版社1993年版。）Võ Xuân Trang, *Người Rục ở Việt Nam*, Hà Nội: Nxb Văn Hoá Dân Tộc, 1998. （武春装：《越南的鲁克语》，民族文化出版1998年版）。

（Arem）和麻愣语（Mã liềng）等几支越南少数民族语言才从前越芒语中分化出来，形成现在不同于越语单音节词，而以双音节词为主的特征。此外，还有越语研究学院的阮文才教授（Nguyễn Văn Tài）对将近1000个越语词汇与30种越南方言语音做了比较，发现了越语音中底层因子属于越芒语支的特点。[1] 语言学家阮才谨指出了越语与孟高棉语的密切联系，他发现越语有前缀、中缀和后缀出现过的痕迹。此外，著名文化学者陈国旺（Trần Quốc Vượng）也认为：越语与汉语分属于两个不同的语系，北属的一千年也是越语向音节化和声调化转化的一千年。[2]

　　从以上观点的发展历程思考，如果仅从语言学本身来看，越语系属产生争论主要集中于声调系统的存在、词汇构成的复杂性和语法特点三方面。我们注意到，汉语和几种东南亚语言都被称为孤立型语言，越语或许可以说是最纯正的孤立型语言。因为在这些语言中，音节的界限与语素的界限大体一致，这些语言不太严谨地被称为"单音节语言"[3]。汉语和越语均有声调，而且越语词汇中存在着一个博大的汉越音系统，基本上常用的汉字都有一个相对应的汉越音。但是，在大批汉字输入越南之前，虽然没有出现文字的佐证，越南民族的口语交流无疑是存在的。如果将越语与南亚语系中孟高棉语支的很多民族语言的基本核心词汇[4]做比较后，可以发现它们有较高的相似性。一些学者也已从语音发展的历史层面来说明现在越语与孟高棉语出现差异的原因。1953年，法国语言学家奥德里古尔（André-Georges Haudricourt）认为，越语与孟高棉语为同源关系。一是从词汇的角度来看，越语中与孟高棉语关系词的对应，与泰语相比，数量要多得多，而且都属于基本核心词汇。而与泰语对应的关系词则属于文化词汇范畴，应为借词。这说明越语与孟高

---

[1] Nguyễn Văn Tài, *Ngữ âm tiếng Mường qua các phương ngôn*, Luận án Phó tiến sĩ Ngôn ngữ học, Hà Nội, Viện Ngôn Ngữ Học, UBKHXH Việt Nam. 1982.（[越]阮文才：《在方言中的芒语语音》，语言学博士学位论文，越南社会科学大学语言学院，1982年）。

[2] Trần Quốc Vượng, *Cơ Sở Văn Hóa Việt Nam*, Hà Nội: Nxb Giáo dục, 2008, tr57.（[越]陈国旺：《文化基础》，教育出版社2008年版，第57页）。

[3] [英]R.H.罗宾斯：《普通语言学导论》，申小龙等译，复旦大学出版社2008年版，第423页。

[4] 笔者按：斯瓦迪士（M. Swadesh）1952年曾从印欧语言中挑选出人类语言中最稳定的200个词，用这些词的音义的比对来说明其亲属关系。现为语言学和民族学界普遍认定的基本核心词标准。

棉语为同源关系,而与泰傣语为接触关系。二是从类型学的角度来说,他认为越语可能曾经有前缀、中缀、后缀,但是后来脱落。[1]三是从声调的角度来说,古代越语也跟孟高棉语言一样没有声调,但是后来因为声母系统和韵尾系统发生变化,通过韵尾的发展过程,越语出现三个声调。在声母系统发生变化后,三个声调发展成现在的六个声调系统。简单地说即"锐—重"声调来自古代的喉塞音,"问—跌"声调来自古代的摩擦音,"平—玄"声调来自元音韵尾。[2]

我国著名语言学家王力先生也认为汉语不可能是越语的亲属。[3]我国民族学家颜其香和周植志认为,越语应属于南亚语系。他们通过民族语言学的比较,发现我国属南亚语系的几个其他民族如佤族、布朗族、德昂族这几个民族在地理、政治、经济、文化等方面,与越南京族没有发生什么直接的关系,但是他们的语言词汇与越语词汇相比较,其相同、相近的词所占百分率却大大高于在地理上邻近越南的壮语和泰语。同时,越语与南亚语系语言还有一些对应规律,因此他们指出,"虽然我们对越语还缺乏研究,但仅根据以上的比较来看,我们认为越语与南亚语系语言有发生学上的关系"[4]。

三 导致越语系属出现争论的历史因素解析

有比较才有鉴别。仅从语言研究的角度来说,只是立足于一种语言,恐怕很难真正认清这种语言的特点,而从民族历史研究的角度来说,也只是局限于个别民族发展的轨迹。所以采用历史比较语言学的方法,从其民族的起源梳理影响越语发展的重要因素,寻找语言演变的线索及相互联系,是解析越语系属恰当的途径。

(一)越语与汉语的深刻接触与变化

没有哪一种语言在任何一个时期是固定不变的,正是语言变体和词汇变化逐渐形成了语言分化的历史阶段。概括地讲,越语语音的发展演变分为五个历史阶段:前越芒语阶段(公元前);古越芒语阶段

---

[1] [越]严翠恒(Nghiêm Thuy Hằng):《越语音系及其与汉语的对应关系》,博士学位论文,北京大学,2006年。
[2] [法]米歇尔·奥弗里斯:《越芒语声调的起源》,高永奇译,《南开语言学刊》2005年第1期。
[3] 王力:《汉越语研究》,载《龙虫并雕斋文集》,中华书局1980年版,第706页。
[4] 颜其香等:《中国孟高棉语族语言与南亚语系》,中央民族大学出版社1995年版,第104页。

（1—9世纪）；越芒语阶段（9—14世纪）；[1]独立越语阶段（14—19世纪）；拉丁化越语拼读阶段（19世纪以后）。除了第一个历史阶段以外，越语的每一个发展阶段都与汉语有着异常深刻的接触。

首先，古越芒语阶段是越南当地语言在与汉语的不断接触中产生分化，出现单音节现象，最终形成越语的时期。产生这种变化的原因有两种：外部影响和内部变化。10世纪独立之前，越南时断时续地从属于中国封建中央集权统治长达千余年，语言与汉语发生了深刻的接触。通过政治和文化上的统治手段，汉语对古越芒语产生了深刻的影响。东汉时期就有"岭南华风，始于二守"，三国时期，太守士燮治理交州40余年，《大越史记全书》记有"我国通诗书、习礼乐，为文献之邦，自士王始"。汉朝是汉语进入越南的第一次高潮时期。678年，唐朝设安南都护府，开始传播儒学，汉字以书面形式在越南得以广泛传播。为了方便，越南人民通过越语语音将汉语音越化后，形成了一套汉越音系统和书面语词汇，我们称之为汉越词。此外，杂居在平原地区的前越芒语族与汉藏语族人民之间因为有着经济和婚姻等方面的交往，开始时应是出现过双语现象的。但随着长时间的深层接触，汉语语音对越语的语音规律逐渐产生了根本性的影响，前越芒语逐渐演变为以单音节为特征的古越芒语。并且，随着元音、擦音和闭塞音韵尾的变化，古越芒语出现了3个声调。只有一部分居住在特别偏远山区的前越芒语语族，由于交通闭塞，没有受到太多汉语的影响，从中分化剥离出来，形成以双音节为特征的民族语言，这就是操库特语、阿里姆语和麻愣语的几支越南少数民族。

其次，越语是在汉语的影响下逐渐完善声调和语言体系的。研究表明，声调现象是会逐渐缓慢地传播的。汉语是最早出现声调的语言之一，4000年前，声调现象逐渐影响到了泰语，而后又传播到了小部分南亚语族。从越语发展史上看，越芒语阶段是越语形成和发展过程中非常重要的一个阶段，越语对汉语的接触由被动的、外部的更多地转向有意识的、内化的吸收。而这一时期也是越南建国并经历了李、陈、胡3个越南历史上最鼎盛的封建王朝，政治、经济和文化也随着民族的强大而需巩固。为了维护封建王朝统治的稳定性，越南主动学习中国语言与文

---

[1] *Giai Đoạn Tiếng Việt Mường cổ.*（《古越芒语阶段、越芒语阶段》，http://ngonnguinet/index.phP?P=302。）

化。形成于9世纪末的汉越音系统随着越南统治阶级的需求,日益深入推广到人民生活当中。越芒语随之经历一个更加彻底的单音节化,浊音声母清化,松紧对立消失,为了避免同音语素过多和相似而影响交际,原来的音高也随之产生变化,越语的声调系统完善为6个声调。同时,随着民族意识不断加强,京族自己创造的文字喃字逐步完善民族语言,越语从越芒语中剥离开来形成一支独立的语言文字系统。

最后,汉越音系统丰富充实了越语的词汇系统。至今,汉越音系统在拉丁化的越语中仍然占有不可或缺的地位,大部分汉字都有一个越语音对应。由于与越语有机的结合,汉越词在越语中获得了强大的生命力,汉越音系统成为保存最完整最系统的中古汉语音系。陶维英曾就越语的基础谈道,尽管现代越南国语字为拉丁字母,但是从词汇的借用来说,从汉语借用的词汇超过法语,因为越语与汉语一样都为单音节词,因此越语的源头在汉语。[1]甚至,越南的一些固有词,由于汉越音系统的深入,发生了很大的转变。约25%的汉越词完全越化。[2]有的词汇由于借用时间较长,或是借用时意义与语音发生了较大变化,很难辨别其词汇的来源。据语言学家统计,通常在1000年之内,有20%的固有词被借词取代。越南自公元前3世纪至19世纪末,深受汉文化浸染,可以说深刻接触达2000余年,一些越语固有词被汉语取代是必然的。越语与汉语的接触已经深入到方方面面,很多关于政治、经济和文化层面的越语词汇是必须借用汉越词来表达的,而找不到纯越语词的表达方式。如果把汉越词从越语中去除,越语有可能会因词汇不足而无法运转。

(二)越语语音与文字的分离与统一

对于影响越语系属判断的还有一个重要历史因素是:越语语音与文字近2000年没有得到统一,直到20世纪初正式采用了拉丁化的拼音文字作为书面文字后才解决了语音与文字分离的问题。此外,在口语和文字两个语言系统里,所使用的词汇也大有不同。王力先生指出,"汉越语只在文言文里占优势,尤其在科举时代;至于在日常口语里,汉越语是

---

[1] Đào Duy Anh, *Nghiên Cứu Văn hóa và ngữ văn*, Trịnh Bá Đĩnh tuyển chọn,Hà Nôi:Nxb Giáo Dục, 2005. tr27.([越]陶维英:《文化和语言文学研究》,郑播挺选编,教育出版社2005年版,第27页。)

[2] Nguyễn Hữu Quỳnh, *Ngữ pháp tiếng Việt*,Hà Nội:Nxb Từ Điển Bách Khoa Việt Nam, 2001,tr9. ([越]阮友琼:《越南语语法》,越南百科词典出版社2001年版,第9页。)

没有什么势力的。同意义的两个字，其中往往有一个是汉越语，用于文言，另一个是泰语或孟高棉语或来历不明的字，用于白话"。这样的特殊情况给选取判断越语系属的关系词对应时造成了较大的干扰。

越语语音出现的时间应远远早于其文字产生的时间，也就是说从秦朝在越南北部设置郡县之前，当地就已经有了相互交流的前越芒语语音，但是还没有通用的文字，输入的汉字自然成为中国和越南当地统治阶层通行的官方文字工具，而本地的底层居民又不可能普遍得到汉语教育的机会，因此仍然保持着通行的民间口语。也正是由于语音与文字的分离，为传诵政令和阅读文学作品带来了极大的困难，汉越音应运而生，汉越词是越南人在将语音与汉字结合的历史进程中，非常特殊的一个借用现象，即用越化的汉越音来读汉字，而仍使用汉字的形体作为书面载体。13世纪，随着越南民族意识的不断增强，越南人民才根据语音结合汉字的形，用形声、假借和会意等方法创造了本民族的文字——喃字。虽然可以用越语的语音演读，但喃字仍采用汉字的形来组合，为区别于汉字，其造形十分烦琐，真正普及推广具有很大的难度。所以即使有了本民族的文字后，越语口语与文字分离的状态仍然没有得到彻底解决。其间，汉字仍然是越语发展中重要的书面载体。19世纪初，随着欧洲传教士根据越语语音，用拉丁字母将其拼音化，越语语音与文字才得到统一。此后，汉语对越语的影响逐渐减少，法语、英语、日语，甚至俄语对越语的发展也陆续产生过一定的影响。现代越语中，法语借词和英语借词也较多，但这些影响还不足以干扰到越语系属的判定。

四 合理化地看待越语语言系属

19世纪欧洲历史比较语言学成功地论证了印欧语系诸语言的亲属关系，并以谱系树为基本模式推动了其他语系的假设与论证，世界的主要语系如阿尔泰语系、汉藏语系、南亚语系、南岛语系等都是在类比印欧语系谱系树模式的基础上提出来的。但以此为参照物，来判定越语的系属问题，始终存在着一些难以解决的问题。

对此，陈保亚教授提出，"谱系树模式面临的根本困难就是怎样区分同源关系和接触关系"。笔者认为，仅就越语与汉语的语言接触而言，陈氏按"语言接触无界有阶性"将接触深度分为同源或联盟是合理的。语言的任何结构层面都可以受到接触的冲击，划不出哪些层面是不受影响的界限，区别只是越是核心的结构和核心的词受到的冲击越小，时间越晚，呈现出不同的"阶"，这是一种语言接触的机制。在没有弄清接触机制的情况下，提出区分同源关系还是接触关系的各种标准都只是假设。[1]那么完全按照陈氏的语言联盟模式来看待越语系属，是否更为恰当呢？笔者选取了斯瓦迪士的207个核心词，按照陈氏"有阶"标准，将其分为两个阶，对越语与汉语的亲属关系做了认真比对后发现，在第一阶100个核心词中，越语与汉语对应关系词仅为5个，分别是：动物（động vật）、核（hạt）、花（hoa）、头（đầu）、肝（gan），所占比例为5%；第二阶100个核心词中越语与汉语对应关系词为6个：分别为斗（đấu）、近（gần）、冻（lạnh）、湖（hồ）、雪（tuyết）、冰（băng）、冷（lạnh），所占比例也仅为6%，但因"冻"和"冷"这两个词在越南词汇中使用的场合基本一致，词语选取的普适性不强，该比例可视为5%。但如前所述，越语与孟高棉语在核心词汇对应关系词的比例远远高于这个数字。然而，如果跳出核心词的范围，"各种研究材料显示，现代越语约60%的词汇为汉越词，在政治、经济、法律等很多领域这一比例高达70%—80%"[2]。相比之下，汉语与越语核心关系词较少，且从第1阶与第2阶关系词分布的比例基本相同，不存在明显上升或下降的趋势。也就是说按照"语言联盟理论"，清晰地判断越语与汉语是为同源还是联盟模式仍然存在一定困难。

笔者认为，如果真的存在与生物谱系相似的"语言谱系树"，那么汉语于越语而言，犹如榕树上生长的根，根即树，树即根，缺少了汉越词的越语便不是现在我们看见的越语。但是，列宁曾说，任何比喻都仅仅是使比喻的事物形象化，而不能完全准确地表达所比喻的事物的本质。因此，语言谱系与生物谱系之间，只能是概念上的类比，而不能把

---

[1] 笔者按：陈保亚教授在关于接触机制的判断上，提出了"无界有阶"理论，即以斯瓦迪士的200个核心词汇作为比对词，前100个核心为第1阶，后100个为第2阶，按"同构音近"为标准判定借词和关系词。把2个阶的借关系词相比较，第2阶关系词多并且上升为接触关系，呈下降（少数平直）为同源；第1阶关系词数量少呈上升（少数平直）为接触关系，下降显著为同源关系。参见陈保亚《论语言接触与语言联盟——汉越（侗台）语源关系的解释》，语文出版社1996年版。

[2] Hoàng Văn Hành, *Từ Điển Từ Vựng Tiếng Việt Thường Dùng*, Hà Nội: Nxb Khoa Học xã Hội, tr.5.（［越］黄文行：《常用汉越词素词典》，社会科学出版社1991年版，第5页。）

它们当作性质相同的事物对待，更不能将二者混为一谈。越语与汉语即使没有产生发生学上的关系，但汉语深层地影响了越语的语音发展规律则是肯定的。同时，越化了的汉越音有的替代了固有的越语词，有的与其他越语词结合诞生了新的词汇，还有的完全变音变义地成为越语固有词汇。另外，由于汉语借词在越语中扎根深，范围广，随着时间的推移，越语仍然较容易从汉语中借用新生词汇，从这个意义上来说，汉语对其的影响是不会消失的，但也决不可能完全改变这种语言。实际上，越语也没有因为借用过多的汉语而消亡，而是有机地越化了汉语而获得了空前的繁荣和发展。

此外，语言与种族有本质上的区别，二者之间并不存在必然的因果关系。一些学者却抹杀了这一点，他们把语言的谱系与人类学中具有生物意义的种族视为一说。因此，如果一味地强调越语系属南亚语系，宣扬京族非同源于汉族，从而否定越南民族与中国南方民族之间千丝万缕的深层联系，不承认中越两国之间民族、语言和文化上那种异常深刻的接触与融合，是违背历史，也是没有科学理论依据的。相反，合理地认定越语的语言系属只会越发客观地加深对越南国家、民族及其文化发展演变的了解与把握。

第三节　越南文化的历史分期

文化带有历史性，因此文化空间不仅与领土有关，而且还包含各个时代在其领土上生活的人及其活动。文化发展的过程有时平缓，有时顺利，有时曲折，有时起伏。文化任何时候都与历史和社会的进步息息相关，因此在谈到文化时不可避免地要谈到历史环境因素。

目前，越南历史与文化学界关于越南文化分期的观点共有以下几种。文化学家丁嘉庆提出，越南文化发展分为五个时期：一是史前时期；二是历史开端时期；三是北属时期；四是大越时期；五是近现代时期。文化学家陈玉添把越南文化发展划分为三个阶段。第一是本地文化阶段，该阶段分为两个时期：一个是史前时期；另一个是文郎—瓯雒时期。第二是与中华文化交流的文化阶段，该阶段的文化又分为北属时期的文化和大越文化。第三阶段是与西方文化交流的阶段，该阶段的文化又分为大南文化和现代文化。文化学家陈国旺将越南文化分为五个阶段：一是史前和历史开端阶段；二是公元初期的文化；三是越南自主时期的文化；四是从1858年到1945年的文化；五是越南从1945年到现在的文化。历史学家黄工柏1993年提出将越南文化史划分为六个阶段：一是原始时期；二是建国时期（文郎—瓯雒）；三是北属时期；四是大越时期（10—19世纪）；五是法属时期（1862—1945年）；六是现代文化时期（1945年至今）。史学家黄荣提出的越南的文化分期可按5个时段来划分：一是文郎—瓯雒文化和雄王建国时期（公元前176年）；二是北属时期（公元前179—938年）；三是大越文化时期（10—19世纪）；四是西方殖民时期（1884—1975年）；五是社会主义文化建设时期（1976年至今）。

综合分析以上观点，划分产生的主要分歧首先在越南的文郎—瓯雒时期，即传说中的"雄王"建国时期是应该包含在史前文化阶段，还是应该另外独立为一个民族文明的历史开端阶段。其次是所谓"北属时期"是否应独立出来作为一个文化发展阶段。最后怎样看待1945年越南独立以来，南北统一，进行社会主义文化建设的这一历史阶段。

笔者认为，对越南文化发展演变进程划分阶段，应充分考虑到越南历史进程的鲜明特色。纵览越南历史，由于越南地缘位置的特殊性与重要性，这一地区和国家在历史进程中经常成为各种政治和文化势力的交集地带。越南的历史进程具有鲜明的几个特点。第一，战争连绵不断，激发了强烈的民族主义精神。即便是抛开越南地区臣属于中国千余年间与中国封建中央集权政府的抗争不计，还有10世纪越南建立独立的封建国家后，与中国、占婆、扶南、真腊、泰国和老挝之间的领土争夺，连绵不断的"北抗南进"战争；近代以来为取得民族独立，10年抗法、8年抗美和入侵柬埔寨的战争，越南时断时续地延续了11个世纪的战争。可以说越南民族是世界上少有的经历了如此多战争的民族。残酷的战争激发了越南民族强烈激昂的民族主义精神，越南的历史进程就是用民族主义书写的战争史。第二，大国因素对越南历史与文化的发展演变产生了较大影响。虽然从地图上看，越南并不算是一个很大的国家，但由于地缘政治的特殊性，越南始终与世界上很多大国，如中国、印度、法国、日本、美国和苏联等国在政治、文化和贸易往来上萌发了联系，大国因素在越南历史与文化演变中产生了至关重要的影响。第三，中国华南地区以及东南亚相邻国家历史与文化对越南产生了较大影响。局部文化空间是大于领土空间的，对于共同生活在东南亚地区的民族来说，越南与中国华南和东南亚地区一些相邻的国家之间始终有着密切的关系，历史与文化的发展经常有重叠和融合的部分。

  基于以上特点，本书将越南文化的历史发展分为三个阶段。第一阶段：越南史前文化——古越人本地文化特征的形成。这一阶段充分体现了史前东南亚文化的统一性。这个阶段可包含越南北、中、南部的旧石器文化、新石器文化时期与青铜文化和铁器文化时期，其中青铜文化和铁器文化时期就包含着东山文化时期。第二阶段：越南传统文化的形成——与中国传统文化的深刻交融。这个阶段可包含"北属时期——汉文化的输入与同化""丁朝时期——民族意识的萌芽""李陈时期——越南传统文化的形成初期""胡黎时期——越南民族精神的再次崛起""阮朝时期——东西方文化在越南的接触与碰撞"。在这一阶段还并行包含了越南中部与南部地区与印度传统文化的接触与交流。第三阶段：越南从传统到近现代文化的断层与转型——东西方文明的碰撞与竞合，这个阶段包含"法属印度支那时期""南北文化范式冲突时期""革新开放前的社会主义文化范式选择时期""当代社会主义文化建设时期"。

第二章

越南史前文化
——古越人本地文化特征的形成

第一节 史前本地文化特征形成的环境与土壤

越南的史前文化丰富、灿烂和辉煌，从北到南，从旧石器过渡到新石器的和平文化，新石器时代的北山文化，然后到金石并用时代的冯原（Phùng Nguyên）文化，最后到青铜时代的东山（Đông Sơn）文化、沙荧（Sa Huỳnh）文化、同奈（Đồng Nai）文化和奥埃（Óc Eo）文化，无论哪个时期，越南史前文化都体现出东南亚本地史前文化的典型特征。反之，也正因为深深地植根于东南亚地区本地文化的肥沃土壤中，在与强盛的中华文明和印度文明的接触中，越南文化才始终没有完全丧失其特有的本土文化底色，呈现出既具有民族特色又深受外来文化影响特质的文化交融与内聚的现象。

一 东南亚地区和东南亚文化区域的界定

越南史前文化带着浓重的东南亚本地文化特征，那么"东南亚"这一地理区域究竟划定为哪一区域，而其史前文化具有什么样的统一特征呢？事实上，1943年，英国蒙巴顿将军率盟军登陆建立东南亚盟军司令部后，"东南亚"一词作为地理名称才得以推广。1962年，在马来西亚首都吉隆坡市召开的东南亚地理学家会议上，学者们同意采取"东南亚"（Southeast Asia）作为这一地区的地理名称。而早在公元前2世纪，希腊地理学家托勒密将东南亚地区称为"恒河外印度"，所以后来欧美国家都沿袭用之。西方国家习惯性地将东南亚地区称之为"远印度""外印度"或"东印度群岛"。19世纪末20世纪初，法国将越南、老挝和柬埔寨三个殖民地也合称为法属印度支那，意为在印度与中国之间的殖民地。而在我国，多以东、西、南洋等来称呼这一地区。明朝张燮所著《东西洋考》中，就以今天文莱（渤泥）为界，将渤泥以东称为"东洋"，渤泥以西称为"西洋"。15世纪初，明成祖朱棣派郑和出使南海诸国七次，由于航行所经历的地方均在文莱以西，故称"郑和下西洋"。因东南亚是指亚洲的东南部地区，其又位于中国南面，远隔重洋，故在中国古籍中也称之为"南海"。到清朝初年，开始有"南洋""东南洋"称呼。清中叶以来，中国都以"南洋"统称东南亚地区。而越南学术界则普遍认为东南亚地区包含了越南、老挝、柬埔寨、泰国、缅甸、马来西亚、印度尼西亚、菲律宾和文莱，此外还包括了现在中国的华南地区，向西延伸到印度的阿萨姆地区，东边至菲律宾群岛，南边至印尼群岛，北边到长江南岸地区。[1]如果把这个地理范围与我国历史上的百越民族的活动范围做一个比对，我们发现，除了东南亚海岛地区外，越南关于东南亚的界定与中国古代百越民族群体分布的区域有很多重合。事实上，由于自然地理环境的相似性，民族的同源性，中国的华南地区与东南亚各国在民族与文化上确实有着密切的渊源关系。著名华裔美国考古学家张光直先生认为，新石器时代早期中国南方与东南亚实际上属于同一文化区域。[2]为了使本书中"东南亚"地区的界定清晰，避免将历史环境变化中的地区概念与目前世界和国家行政区划下的区域概念混淆，下文中提及的"东南亚"均指当代东南亚各国覆盖的区域，不包含中国的华南地区。而"古代东南亚"则是指文化学和民族学概念下包含当代东南亚、中国华南地区及印度阿萨姆地区的广大地区。

---

[1]　Đinh Gia Khánh, *Văn hoá dân gian Việt Nam trong bối cảnh Đông Nam Á*, Hà Nội: Nxb Khoa Học xã Hội, 1993, tr.39.（［越］丁家庆：《在东南亚背景下的越南民间文化》，社会科学出版社1993年版，第39页。）

[2]　张光直：《中国南部史前文化》，载《中央研究院历史语言研究所集刊》1970年第42卷第一分册，转引自贺圣达《东南亚文化发展史》，云南人民出版社1995年版，第44页。

二 东南亚史前文化的本地特征

所谓古代东南亚地区史前文化的本地特征，主要是指那些以器物文化为表征的史前文化特征，它蕴含和反映了该地区原始居民丰富的物质、精神与制度文化的存在。人类早期物质生产和精神活动是交织在一起的，这正如马克思所指出的，"思想、观念、意识的生产最初是直接与人们的物质活动，与人们的物质交往，与现实生活的语言交织在一起的。观念、思维、人们的精神交往在这里还是人们物质关系的直接产物"。[1]因此，关于古越人史前文化特征的论述本书主要集中在不同时期物质文化的表现、发展和演变上，即从旧石器的打制石器到新石器的磨制石器，继而又到陶器的制作，然后进入金石并用，最终到史前文化之集大成者——铜鼓的制作等。原始社会器物的样式从简单到复杂，从粗糙到精致，反映出东南亚史前精神、行为文化从低级到高级、从单纯到丰富的逐步发展规律。

G.赛代斯曾经对古代东南亚地区史前文化的特征作了精辟的概括："从物质文化方面看，有水稻田的耕作，黄牛和水牛的驯养，金属的初步使用和航海技术；社会结构方面，妇女和以母系为世系的作用占有重要地位，以及因灌溉耕作的需要而产生的组织；宗教方面，万物有灵论、祖先崇拜和土地神、修建在高地上的祭祀场所、石瓮葬和石冢葬；从神话方面来看，'皆为宇宙二元论，其中高山对大海，飞翼对水族，居住在山区的人则与沿海的相对'。"[2]此外，在住宅建筑方面，高脚屋即干栏式建筑是古代东南亚史前最早出现的建筑。

如果从时间出现的先后顺序来看，古代东南亚地区史前文化特征首先表现为具有典型亚洲特色的以砍砸器和刮削器为主的旧石器文化。古代东南亚地区的自然环境优越，成为世界较早产生了人类的地区之一，该地区社会生产力非常落后，但由于较容易获得食物，因此旧石器时代的居民并没有使用如同非洲和欧洲居民制作的峰利石斧，而是使用同中国南

---

[1] 《马克思恩格斯全集》第1卷，人民出版社1976年版，第30页。
[2] [法] G.赛代斯：《东南亚的印度化国家》，蔡华、杨保筠译，商务印书馆2008年版，第25页。

方的打制石器类似的石器,劳动工具呈现出形体较小、形状简单的特点。

其次,是具有相对复杂的物质和精神生活的和平文化,即一种新石器时代晚期共同文化的遗存。关于和平文化的形成与发展在下一节内容会详细展开,这里不再赘述。这一时期,古代东南亚地区居民的选择能力和审美能力明显加强,并且有了更为复杂的物质和精神生活,产生了磨制石器和绳纹陶器,原始农业产生。由于明显受到华南较为先进的文化因素的影响,中南半岛石器文化迅速发展并领先于海岛地区。

最后,是古代东南亚的铜器文化。如果说该地区史前文化特征主要体现在器物的发展上,那么产生于原始社会末期的东山铜鼓文化则是将物质与精神,甚至制度与行为文化都较高地融为一体的一种文化,体现了本地居民的思想、观念和精神活动。另外,铜鼓展现了部落、权力与部落中具有典型意义的图景或生活场景,是原始社会组织和行为文化的一种艺术体现。

除了上述较有代表性的器皿文化特征外,古代东南亚地区史前文化还延展出其他较为明显的文化特征。稻作业的产生与发展,是其史前文化的典型特征,同时也是对这一地区各国历史发展产生影响的文化因素之一,可以说稻作业是古代东南亚各国跨入农业文明的一个标志。有学者认为,东南亚和华南地区是世界最早发展农业的地区。苏联植物学家瓦维洛夫提出东南亚是世界上8个最早的作物栽培中心之一。美国地理学家卡尔·索尔在《农业的起源和传播》一书中则提出了全世界的农业都起源于东南亚,但他所说的东南亚也包括了中国的华南地区。1955年,美国著名学者拉尔夫·林顿指出,"除西亚之外,第二个完全独立地栽培植物和驯养动物的中心产生在东南亚(古代东南亚)"[1]。事实上,人工栽培稻起源于印度阿萨姆—中南半岛北部—中国云南这一弧形生态区,已经成为国际学术界比较一致的意见。[2]稻作业发展迅速的地方,如红河、湄公河、湄南河、伊洛瓦底江以及爪哇和苏门答腊地区,陆续成为东南亚最早产生国家形态的地区,是东南亚各国经济与文化发展最迅速的地区。

---

[1] [美]拉尔夫·林顿:《文化树》,何道宽译,重庆出版社1989年版,第30—31页。
[2] 贺圣达:《东南亚文化发展史》,云南人民出版社1995年版,第50页。

第二节 越南史前石器时代的文化演变

一 从旧石器走向新石器文化的和平文化

越南的山韦（Sơn Vi）遗迹表明，旧石器时代后期，原始人类已经广泛分布于越南北部地区了，他们居住在山洞里，懂得使用非常粗糙的打制石具。此后，东南亚中南半岛以越南的和平文化为代表，较为典型地表现了该地区从旧石器向新石器时代的过渡。

1926年，法国考古学家M.科拉尼（M.Colani）在越南和平省首先发现了大量的史前文化器物，经过长期的科考鉴定，认为该遗址出土的使用原始技术打制的器具具有一些明显的共同特征，具体体现在：常为单面打制石锤、横剖面似三角形的器具、圆石板、短斧及杏仁形器物工具，并有少量的骨器。1932年1月30日，首届远东史前史大会在河内召开，很多考古学家在会上一致通过并承认了"和平文化"术语的界定。此后，学者们把东南亚各地具有类似特点的文化现象，都称为和平文化。除了越南北部地区的120多个遗址，和平文化在东南亚半岛和海岛地区均有分布。

和平石器主要取材于天然石块，一般是河流里体积较小的鹅卵石，打磨使之成为石槌、圆状器或击石，并作为工具使用。也有将鹅卵石的一面打制成锋利面，成为刮削器和类似于短斧的工具。总体来说，这些石器打制得还很粗糙且笨拙，大体分为四类：第一类是单面打制石器，石器大部分还保留着天然石材的原型，利用刮削技术使砾石成为杏仁形、三角形、碟形和方形，这是最具和平石器特征的一种类型；第二类是砍砸型的短斧；第三类是有使用的痕迹但没有刮削等的加工痕迹，如击石、石杵、石臼；第四类是刃部磨制石器，这种石器与北山文化相比其所占比例较小，中间还掺杂着刃部加以磨光的石器和全部加以磨光的石器，但数量极少。可见在和平文化时期，磨制石器还并不普遍。另外，从石器所呈现的特征来看，山韦文化时期的打制石器特征在和平时期仍然有所表现，这也从某种程度上反映了两种文化的联系和渊源。

此外，科拉尼在14个和平文化遗址中发掘了253件工艺较为简单的骨制和牛角制工具，与同时期的石器数量相比，其所占比例很小。总之，和平文化晚期出现的磨制石器（距今约8800—7600年）晚于中国南方最早的磨制石器（距今约10000年），和平文化中的绳纹陶器也晚于华南地区的早期陶器（距今9000—8000年），而和平文化的磨制石器和绳纹陶器的制作技术和形状，都类似于后者。这又反映出晚期的和平文化已明显受到华南较为先进的文化因素的影响。[1]而在越南学术界，尽管有人谈到了和平文化晚期陶器的存在，但直到现在还没有统一的意见。[2]

古代东南亚是世界上最早开始农业生产的地区。在距今17000年的索姆寨洞（Hang Xóm Trại）找到了一些谷粒、米糠皮和烧过的稻谷粒；在距今11000年的耸蟾洞（Hang Sũng Sàm）和平文化遗址，居民已经知道种植豆类和葫芦瓜等植物，成为原始农业的萌芽。[3]拉尔夫·林顿也曾指出，"在（古代）东南亚的山区里，开发出了另一类型的农业经济。山里人最早栽培的作物是薯类和稻谷"[4]。红河流域上游盆地的自然环境非常适合农业的产生，因此这里不仅仅成为新石器革命的摇篮，而且也成为原始居民开发平原的跳板。原始农业的产生可以说不仅仅是史前史时期一场重要的革命，也使原始氏族居民物质和精神生活发生完全改变。一些美国科学家的研究表明，（古代）东南亚的和平居民已经懂得种植水稻。最初的稻种是从一种野生水稻转化来的，生长周期70—250天，直立或倾斜，可以在水中也可以在旱地生长，高度75—150厘米，在水中可以长到2米或3米。由于和平居民是最早种植水稻的民族之一，因此也有人将这种水稻称为亚洲稻。越南历史学家自豪地将和平文化认定为："在热带森林的采集经济基础上，和平部落已经跨出了具有重大意义的一步：创造了农业文明……东南亚地区是最早农业文明产生的中心之

---

[1] 张光直：《中国南部史前文化》，载《中央研究院历史语言研究集刊》1970年第42卷第一分册，转引自贺圣达《东南亚文化发展史》，云南人民出版社1995年版，第44页。

[2] Phạm Văn Đấu, *Những nền văn hóa khảo cổ tiêu biểu ở Việt Nam*, Hà Nội: Nxb Văn Hóa-Thông tin, 2006, tr.31-41.（[越] 范文斗等：《越南的考古学代表》，文化通信出版社2006年版，第31—41页。）

[3] Huỳnh Công Bá, *Lịch sử Văn Hóa Việt Nam*, Húe: Nxb Thuận Hóa, 2008, tr.81.（[越] 黄工柏：《越南文化史》，顺化出版社2008年版。）

[4] 转引自贺圣达《东南亚文化发展史》，云南人民出版社1995年版，第49页。

一。"[1]

原始农业的产生不仅仅改变了生产力的发展,还引发了社会劳动组织的变化。由于原始农业的产生,和平居民的生活开始逐渐稳定,一个山洞或石崖就是一个家庭,或者是有血缘关系的群体,即带有稳定性的氏族社会开始形成。由于当地雨水较多,大部分和平居民居住的地点都选择在山洞或是山区的石崖下,因此和平文化遗址最具代表性的是山洞类型和山崖类型,露天类型较少。其中,山洞类型的占据2/3,而在山崖下生活的只占近1/3。大多数山洞比盆地平面高出10—20米,并且接近河流堤岸。

在和平文化的墓葬里,发现有石器和穿孔贝饰,有的尸骨上还涂有赤铁矿的粉末;有的墓葬内的石杵上,也染有赤铁矿粉末混合水、树汁等,用以象征生命活动和血液。这些观念的产生,反映了对永生的希望,成为原始宗教和信仰产生的基础。

二 新石器文化早期的北山文化

从距今7000年前开始,越南北部又出现了具有明显古代东南亚本地文化特征的北山史前文化,考古学家称其为东南亚史前新石器文化早期代表。北山文化是在越南最早发现并开展科考的史前文化遗迹,1906年,法国地质学者H. 曼苏伊(H.Mansuy)发现了越南北部的谅山省的审夸洞(Hang Thẩm Khoác)。1921—1925年,曼苏伊又与科拉尼陆续发现了带有明显北山文化遗址特征的43个山洞,获取了大量的考古资料。科拉尼还对和平与北山文化遗址做了大量的科考和对比工作,确定了北山文化作为新石器文化早期代表的地位。

如果与和平文化相比,北山文化分布得更为集中和狭小,主要集中在北山的南面、西南面及边缘部分,大约1500平方米的地域内,北山居民仍然生活在山洞里,并且也选择常年有河流系统存在的地区,他们居住的地方被称为北山喀斯特高原,这里约有400—500米的海拔,呈现出溶洞、河流、坍陷漏斗或陷塘等喀斯特典型地貌特征。北山文化层平均

---

[1] Phan Huy Lê, *Lịch sử Việt Nam*, Hà Nội: NXB ĐHGD, 1991, tr.20. ([越]潘辉黎:《越南历史》,越南国家大学出版社1991年版,第20页。)

有1—1.5米，发现有粗糙的打制石器与许多刃部磨光的打制石器、陶器、兽骨器以及经过磨制或未经磨制的鱼骨针、石灰黏土、软体动物的壳、动物骨骼、植物遗迹、灶的遗迹和墓葬等。

北山文化以磨制石器为其突出的文化特征，北山的磨制石器可分为5类：打制石器；有刃部磨制石斧；北山型石器；表面略加磨光的圆型石器；薄片式磨制石器。其中，前三类所占比例是最高的，也是北山石器文化的代表。打制石器同样包括碟形、杏仁形、三角形、日字形和方形，打制石器的某些特征明显是继承了和平石器的某些特点。磨制工具的技术比起和平文化时期有了较大的进步。北山文化独立存在最重要的一个标志是北山有刃石斧的存在，它成为推动这一时期农业发展的重要生产工具。从越南国家博物馆收藏的307件北山有刃石斧来看，它们大多是先小心地进行打制，在这个基础上再进行磨制，这个比例占91.9%，而使用天然石头直接磨制的只占8.1%。从某种程度上来说，北山居民已经基本掌握和运用磨制技术了。所谓北山型痕迹，指的是在一些较小长的或是扁薄的磨制石器上，其一面或是两面上会有一些顺着石头纹理凿出的凹陷凿痕，由于它们普遍地存在于北山石器中，因此也被称为北山型痕迹。北山有刃石斧的尺寸平均都很小，长约为7厘米，宽为3厘米，而北山居民只是很巧妙地在刃部磨制加工，但这一点就使得北山石器区别于和平打制石器，北山文化是世界上普遍使用有刃石斧较早的的文化遗迹。[1]与此同时，有刃石器的出现，在砍伐树木、开荒和种植方面有极大的促进作用，有刃磨制石器使北山文化成为东南亚史前技术革命的摇篮。同时，越南梯形有肩石斧也是中国南方、中南半岛、印度东北部的典型样式，与中南半岛南部和海岛地区的尖刃无肩石斧的样式不同。

除了磨制石器以外，北山居民还有一项重要的成就是制作陶器。这一文化的陶器有的是圆底广口，主要用来盛放粮食，有的是用来舂物的陶罐，还有的陶罐边缘上有孔，器身上装饰着阴刻的纹饰。北山人烧制陶器的温度不高，但是已经知道将沙子混入黏土中，以防止其在煅烧的过程中开裂，并且已经懂得为陶器添加花纹了。尽管如此，北山陶

---

[1] Huỳnh Công Bá, *Lịch sử Văn Hóa Việt Nam*, Húe: Nxb Thuận Hóa, 2008, tr.92.（［越］黄工柏：《越南文化史》，顺化出版社2008年版，第92页。）

器只是越南陶器文化的初始阶段，它呈现出原料粗、壁厚、黑色、陶胚里还添加有软体动物的壳等特点，有席篾纹、绳纹和方格纹等简单装饰花纹，陶器上的阴刻纹饰与中国北方陶器上的不同，但与中国南方的相似。此外，陶器的出现也证明了北山居民农业的发展和生活的改变。

北山居民的经济生活仍然是以采集和渔猎类型的经济为主，但是与和平文化的居民相比，有了新的发展。从遗迹里出土了一些草本和木本植物，如各类橄榄、咖啡、茶、麻、板栗等的花粉，表明他们从草地、溪流、森林获取了丰富的食物。尽管已经被炭化，但在北山文化遗层里最常见的就是各类环口螺、河贝子、田螺和珠蚌科软体动物，而且已经不仅仅是淡水的，还有海水生的软体动物。渔猎经济已在北山居民的生活中占有重要的地位。

北山居民的精神生活体现在对周围世界的认识，比如在其墓葬中出现了不同的埋葬姿势，并且已经有随葬石器。他们已经具有比较明显的审美意识，会在石头和黏土上刻画图案。在谅山省的平家街（Phố Bình Gia）出土的一块石头上就有当地居民有意识地、谨慎地按照艺术思维来刻画的均衡的平行凹线条。在迎则洞（Hang Nghinh Tắc）也发现了一些有艺术线条的器物。值得注意的是一些用黏土制成的器物，表面硬、光滑并呈黄色（长10厘米、最宽为4厘米、厚度0.7厘米），在其中的一面刻有多组不同的划痕，有可能那是北山人点数使用的。在那哥（Nà Ca）的一块石器上有刻有人脸的图形，并且颈、下额、唇、鼻刻画得比较清楚。当然，在文化遗层里也发现了北山居民用贝壳和螺等磨制打眼后串起来的装饰品。

虽然北山文化的石器工艺是在和平打制石器的基础上出现的，但中间过渡和变化过程很短，基本上可以说由打制石器直接转变成磨制石器。因此，有一些学者猜疑北山文化受到了外来文化的影响。由于北山石器文化所发现的范围被局限于沿海地区，所以人们猜疑传入磨制石器技术的人是来自海路。荷兰学者亨德里克·凯恩（Hendrik Kern），根据语言学而认为他们是从亚洲大陆经过亚洲东南地区来到南洋群岛的。法国学者L.芬诺则认为他们原来是在印度，后来受到亚利安人的逼迫，离开了印度来到印度支那,[1]他们可能曾经跟美拉尼西亚人杂居长的时间。关于北山文化的居民是什么样的人种,人们在和平找到了属于美拉尼西亚人种与印度尼西亚人种的遗骸(头骨);在北山,人们找到了十余件头骨,其中6件属于美拉尼西亚种,8件属印度尼西亚种,1件是蒙古种和印度尼西亚种的混血,1件类似澳洲人种;在多笔(Đa Bút)所发现的遗骸都是属于美拉尼西亚人种。[2]这些复杂的遗骸证明,在这一时期,越南北部就已经是许多人种相接触的地方,但可以看得出来,当时仍然是美拉尼西亚和印度尼西亚人种占优势,也就是说从外面传入石器磨制技术的人可能是印度尼西亚种,他们带来了石器的磨制技术,并把这种技术发展到一个相当高的程度。但是后期随着蒙古利亚人种的大量迁入,印度尼西亚人种的特征被逐渐同化,而这种同化正如我们现在所看到的那样深刻,从外形上看,现代越南人更倾向蒙古利亚人种的特征。

三 越南新石器文化中后期的演变

在跨入新石器文化后,由于佛兰德里海侵(Flandrian transgression),越南的很多冲积平原开始形成,早期新石器文化的主人们开始向越南海边和低矮地区迁移,这样就形成了影响现在越南文化区分布的几个平原和沿海的中后期新石器的文化遗址:位于广宁沿海的梭侬怒文化(音译,Soi Nhụ)、位于海防沿海的改白奥文化(音译,Cái Bèo)、位于清化沿海的多笔文化(Đa Bút)、位于义安沿海的琼文文化(Quỳnh Văn)和保愈文化(音译,Bàu Dũ),居民都生活在面积相对较小的越南北部及中北部平原和沿海,以农业、渔猎和采集为生。这一系列文化遗迹被称为后和平—北山文化,属于新石器中期文化,不仅具备与和平文化和北山文化相同的一些特色,还带有明显的地域特色。

梭侬怒文化出土的石器包含石锄、石斧、石臼、石杵,制作工艺仍然很粗糙,大多还是采用天然石头,并且有一面保持原型,延续着北山型石斧的部分特征。改白奥文化遗址位于海防的吉婆岛,这里的居民使用鹅卵石、沙岩、玉石、石英、硅土来制造工具,磨制工具已经相当

---

[1] [越]陶维英:《越南古代史》,刘统文、子钺译,商务印书馆1976年版,第137页。
[2] 同上书,第19页。

丰富，其中四角石斧和有肩石斧所占比例已达67.6%。从现开发的考古文化层来看，改白奥文化是继承了前下龙文化而向下龙文化过渡的一个时期。多笔文化在很长的一段时间里都被视为北山文化的露天类型，但通过对其7个文化遗迹的科考后发现其通常分布于沿河盆地的土丘或海边的沙洲，虽然具备北山石器的特点，但是多笔的石斧比北山石器更为进步，对石斧双刃都进行加工，而且尺寸和形状比和平石器要大得多，包括石斧、石锄、凿子、石锯、石刀、石锥等。这里还出土了大量的陶片，陶器壁厚、圆底、口直或敞口，颜色为深棕色，虽然烧制的水平还不是很高，但比北山时期有进步。

义安省琼留县的琼文文化遗址距今约5000年，与其他的新石器文化相比，它的独特之处主要在于这是一个由许多螺蚌外壳形成的岛丘，集中分布在琼留沿海地区。通过几千年由当地居民丢弃的螺蚌壳堆积成的岛丘，有上万平方米的面积。从10个地点出土的779件石器中可以看出，琼文石斧制作上基本没有磨制的痕迹，磨制的只有3件，占0.39%，而采用打制技术的石器约占32%。虽然琼文文化的磨制技术发展较慢，但是考古学家仍然把琼文文化归入了新石器中期，主要是因为这里的陶器发展得非常迅速。至今已经出土了20000片各类琼文文化的陶片。其中85%的是属于尖底，10%的属于圆底，5%的是印有编织纹的圆底。[1]尽管是3种类别，但是都是烹饪使用的用具，质地粗，体积尺寸较大，有的瓮瓶颈和开口处还打有孔。琼文制陶的技术主要是手工，陶土中混有一些颗粒大的沙土。虽然还不懂得使用陶盘，但陶器外面包裹着一层黏土的泥浆，因此陶器表面相对光滑和均匀。

与琼文文化相似的还有保愈文化，保愈文化位于广南省的成山县，周围有两条江交汇：三鳍和永安。因此该地被分割成很多洼地，这里有很多地名带有"塘"（"bàu"在越南语为池塘的意思）字。保愈文化也有一些由螺蚌外壳堆积形成的岛丘。石器制作带有很多和平文化的特点，制作石器采用河中的鹅卵石，有时也使用石英和一些石片，最具代表性的石器是短斧，它成为目前我们知道的越南中南部典型的新石器文

---

[1] Hà Văn Tấn(chủ biên), *Khảo cổ học Việt Nam*,Tập I, Hà Nội: Nxb KHXH,1998,tr.199-211.
（［越］何文进主编：《越南考古学》第一集，社会科学出版社1998年版，第199—211页。）

化的代表。

四 越南新石器晚期形成的文化特征

在距今4500年前，越南进入了新石器后期阶段，新石器文化遍布从北到南的平原、沿海与海岛地区。位于河江、宣光、太原和安沛省的越南北部地区分散地存在着新石器晚期文化特征，但是直至目前还未发现任何一个非常集中的文化遗址，只是零星收集到约600件新石器晚期的石器和300片陶器残片以及一些用黏土制作的物品。除此之外，谅山还有梅坡文化遗址（Mai Pha），该遗址发现于1920年，1996年开始进行考古勘探，陆续出土了30000片陶片、123个石器（包括石斧、锛、凿、磨、手镯和耳环）、23件骨器（锥子）和一些精致打磨过的贝壳。与前一时期相比，梅坡的陶器多数属于材质统一的薄壁砖红色陶器，有部分黑色陶器以及一些熏黑的煮饭使用的陶器。它们大多为敞口锅、半圆碗、有耳的盅等，所有的梅坡陶器都装饰有花纹，有的还穿有孔。其中绳纹陶器占很大的比例，其次是刻纹的，在刻纹中有两条或三条平行纹的，通常使用在锅的颈、肩和底上，有时也有动物形状图案。90%的梅坡陶器都会使用土黄色覆盖陶器表面进行装饰。在制作工艺上，梅坡陶器薄、均匀、饱满、刻绘技术精巧。梅坡文化主要分布的地区是在北山文化遗址的东面和东南面，甚至有部分区域是重合的，显示其发源于北山文化，同时，它与旁边的下龙、华麓、保凿和冯原文化都有关系。[1]

在越南东北沿海的下龙湾地区，发现了30多个文化遗址，在这些露天的文化遗址里，文化层由冲击层、沙、陶片和动植物的遗体构成。主要的文化特征体现在石器和陶器上。石器为多种类型的磨制石器：石斧、石锛、石磨、石臼和石器装饰品。石斧出现了横肩、斜肩、有阶斜肩，石锛含有肩石锛和四角石锛。其中梯型斜肩石斧是最具代表性的下龙文化石器，这些石斧都经过仔细的磨制，全身被打磨得光亮，由于采用的石材坚硬，极少被风化。关于下龙文化的起源，一些研究学者已经指出了从和平文化—北山文化—梭依怒文化—改白奥文化—下龙文化的

---

[1] Hà Văn Tấn(chủ biên), *Khảo cổ học Việt Nam*,Tập I, Hà Nội: Nxb KHXH,1998,tr.263-264.（［越］何文进主编：《越南考古学》第一集，社会科学出版社1998年版，第263—264页。）

发展途径。但下龙居民与北方高原山区、红河平原和南方沿海地区以及华南和东南亚其他沿海地区都有过联系与交流。关于下龙居民，被认为其正处于蒙古利亚化过程，但是他们仍然没有完全丧失澳大利亚人种的特征。下龙文化与红河、马河平原之间的联系，推进了古越文明的形成。[1]

1974年，在越南的中北部广平省又确定了一个距今约4000年的新石器晚期的保凿文化（Bàu Tró）遗址，在这里已经发现了26个具有该文化特征的遗址，分散于义安省、河静省、广平省和广治省。其石器大部分为磨制石器，制作技术较高，但是在石器身上还是可以找到砍削的痕迹。90%的石斧为斜肩石斧，而无肩石锛数量超过有肩石锛，一般分为两种类型：梯形和"牛齿"形。石器装饰品不算多，现已发现的有34个样本，包含手镯、挂坠、耳环和戒指，这反映了保凿居民已具备了一定的审美思维和精神生活。陶器多样化，有锅、瓶、瓮、碗、碟、杯等，常见陶器的颜色是红色、灰色和黑色，其中灰色陶器占72.01%，花纹主要以刻划纹为主。值得注意的是有耳陶器、高脚杯等一些独特的陶器形状。保凿居民使用一些黏土制成的长为4—5厘米的土条，然后以"日"字形、"半月"形和圆形粘贴在陶壁上，便于提或捧。从起源上来说，保凿文化的前身是琼文文化，而其又逐渐发展成为金石并用或是铁器初期的沙荧（Sa Huỳnh）文化。

胡海文化（Biển Hồ）是第一个可以确立的在西原高原的新石器后期文化，位于嘉来（Gia Lai）省，居民操马来—波利尼西亚语。胡海文化的石器具有一些突出的特征，首先是火山石（silic）的运用。这种石头即硬又有韧性，可以打磨出锋利的角，也可以打磨出一定的亮度。他们基本掌握了磨制、锯、钻和磨圆的技术，很多石斧、石锛都平衡锋利、角度曲折、全身打磨精致。陶器在胡海文化中也较常见，基本都是土陶，黏土里还混有沙子，他们使用旋转的陶盘来制作陶器，锻烧的温度很高。一种外表为红色的陶器所占比例较高，外形十分丰富，主要有

---

[1] Phạm Văn Đấu, *Những nền văn hóa khảo cổ tiêu biểu ở Việt Nam*, Hà Nội: Nxb Văn Hóa-Thông tin, 2006, tr.154-160.（［越］范文斗等：《越南考古学文化代表》，文化通信出版社2006年版，第154—160页。）

敞口、肚大、底圆的锅；碗则口直，身呈锥形，底低；细腰形的碗，底高。胡海文化的主人是古嘉来人，而后分化为两支：一支留在了西原高原成为了后来的嘉来人（Gia rai），其文化以有肩石斧为主要特征；另一支居住在得乐和林同的，被称为埃黛人（Ê đê），其文化以梯形短斧为主要特征。西原地区可以被视为印支半岛地区的屋檐，胡海文化使其在新石器时代晚期真正地放射出灿烂的光芒。[1]胡海文化和越南其他一些中部地区的前沙荧文化共同演变成了沙荧文化。

越南石器时代文化是以有肩石斧为主要文化表征的。然而，中国南方的百越民族创造的有段石锛和有肩石斧在年代上要早于东南亚发现的这两类石器。"从各地新石器文化中出土的有段石锛来看，在浙、赣、粤、闽等地目前最早发现的距今约5000年左右"，法国学者埃尔蒙·索兰也指出，"有段石锛不是在印度支那产生的，而是在中国大陆的东南部产生的"。新加坡学者邱新民说："我们认为东南亚的方角石锛是从中国大陆趋陆路及海路并行，传遍整个东南亚，东南亚与中国东南沿海地带，构成亚澳地中海文化区。"[2]这条文化传播途径大概也可以解释为什么进入金石并用时代以后，越南中部东南沿海和北部地区成为最早产生青铜文化和贫富分化之地。

第三节　金石并用时代向铁器时代发展的文化与国家前形态的萌芽

一　越南中南部的沙荧文化

位于越南中南部广义省境内的沙荧是在越南和东南亚地区最早发现的青铜器和铁器时代考古遗址之一，1909年，在《远东博古年鉴》中就记载到：在沙荧沙丘，距地表不太深的地方，发现了约有200个瓮的考古遗址。自此以后，很多西方的考古学家就一直对该地进行考察，1934年，科拉尼在石德（Thạch Đức）找到了55个陶瓮，在富康（Phú

---

[1]　Trung tâm nghiên cứu khảo cổ học tại TP.HCM, *Một số vấn đề khảo cổ học ở miền Nam Việt Nam*, Hà Nội: Nxb khoa học xã hội, 1997, tr.338-352.（［越］胡志明市考古研究中心：《越南南方的一些考古学问题》，社会科学出版社1997年版，第338—352页。）

[2]　转引自王介南《中国与东南亚文化交流志》，上海人民出版社1998年版，第11页。

Khương）她又发现了187个陶瓮，还在新龙（Tân Long）发现了3个瓮墓。1935年，科拉尼又在疆夏（Cương Hạ）和古江（Cổ Giang）两个地方发现了2个陶瓮墓。于是沙荧文化遗址的分布范围就扩大到了广平省。20世纪六七十年代，沙荧式的瓮墓模式又在南方的同奈省发现。考古结果显示，从广平省到同奈省，在沿海沙丘、入海口与湖泊附近的丘陵和山腰、沿海的部分岛屿都有沙荧文化遗址。据此，美国学者索尔黑姆（W.C.Solheim II）对沙荧文化进行了研究，并提出了一个概念"沙荧—卡拉奈依陶器复系文化"（Phức hệ gốm Sa Huỳnh-Kalanay），指出除越南中南部以外，还在菲律宾、泰国、马来西亚和印度尼西亚同样存在属于沙荧—卡拉奈依文化类型的陶器文化，创造这种陶器文化的主人是一些南岛语族的居民。[1]但由于沙荧文化中很少发现居民的居住遗址，因此有学者猜测沙荧居民有可能是来自海路。

  沙荧文化居民不仅掌握了青铜器的制作，还懂得使用铁制的工具，可以说铁制工具在沙荧文化中带有普遍性。在这里出土了一些装柄的铁工具，如铁斧、铁锄、铁铲和三角形的铁刀。也就是说沙荧文化的创造者已经进入高级阶段，比越南北方更早地使用铁器。特别是铁锄的问世更是大大促进了农业文明的进步。沙荧人在陶器制作中，已经会把糠磨碎后加入黏土中烧制陶器。此外，在平州（Bình Châu）的陶器上也发现有稻穗形状的花纹，可见当时沙荧文化中稻作文明已发展到一定的程度。

  沙荧文化的陶器文化发展程度较高并且极具特色，最突出的一个特点是使用一种很大的陶瓮作为埋葬死人的棺材。沙荧文化里的陶瓮有着各种各样的尺寸，最大的高有100—130厘米，瓮口直径达50—60厘米，瓮身最宽处达70—80厘米，是越南史前陶器文化史中最大的陶器。陶瓮有很多类型，一般根据样式和盖子可分为蛋形瓮、柱形瓮和球形瓮。制造大形的陶瓮必然要求较高的造形和锻烧技术，而且制造大量成批的大型陶瓮也证明了当时沙荧文化具有较高的陶器工艺技术。此外，还有一些瓶身肩部有弧形突起的陶瓶、深底碗和高脚陶器也是沙荧文化中较有

---

[1] Huỳnh Công Bá, *Lịch sử Văn Hóa Việt Nam*, Húe: Nxb Thuận Hóa, 2008, tr.209.（［越］黄工柏：《越南文化史》，顺化出版社2008年版，第209页。）

代表性的陶器。陶器的装饰花纹也是丰富多样的，但具有独特的风格，最为普遍的是平行纹、锯齿纹、三角纹、绳纹和梳子纹，还有一些使用手指按压而成凹痕纹路的陶器也相当普遍。

装饰品在沙荧文化中也较为常见，如用石头、铜、水晶、铁、银做成的手镯、耳环、挂坠等。其中不得不提到的是两种耳饰，称为三耳耳饰和两兽头耳环。三耳耳饰呈梨形，有两个突起在两侧呈对称状，而下端的突起则与耳垂形成对称。这不仅让人联想起在红河流域较为流行的四耳耳饰，这种梨形三耳耳饰应该是两种文化交融的结果。而另一种两兽头的耳环在前沙荧文化中并没有出现，应该是沙荧居民的创造，这种式样的耳环深受东南亚陆地和海岛地区居民的喜爱，有的学者认为随着一些独特的装饰品的传播，沙荧文化与周围的其他文化区有了更多的交流。

沙荧居民的墓葬方式都是采用陶瓮，陶瓮从某种意义上来说就是棺材。起初，沙荧居民采用火葬形式，然后将骨灰放入陶瓮，也会在里面放入一些随葬品，然后才盖紧用树胶将陶瓮密封，有将多个瓮共同埋葬的，也有单独埋葬的。火葬的方式给研究沙荧居民的人种问题造成了较大的困难，但这样的丧葬形式与使用陶瓮作为丧葬的工具，正是沙荧文化的突出特点。

关于沙荧文化的年代和分期，在越南考古学界和历史学界有着一些不同的看法，但是普遍认为大约是在公元前7世纪到公元1世纪。关于沙荧文化的起源，由于很少发现居民的居住地遗址，有部分西方学者认为这个文化应该不是起源于本地，而来源于外地。[1]

至今，在沙荧文化中仍然极少发现居民的遗骸，因此对创造沙荧文化的居民的来源也很难做出准确的判断。在美祥（Mỹ Tượng）发现了两具儿童的遗骸，由于儿童的身体还没有发育完全，对其做出的判断应该不是很准确。有学者认为"两个孩子很可能属于印度尼西亚人种"。也有学者认为，在广南的平安（Bình Yên）发现的两具遗骸是印度尼西亚人种与其他人种的混种。[2]实际上，越南的青铜与铁器时代是一个人种大

---

[1] 转引自Huỳnh Công Bá, *Lịch sử Văn Hóa Việt Nam*, Húe: Nxb Thuận Hóa, 2008, tr.227。（［越］黄工柏：《越南文化史》，顺化出版社2008年版，第227页。）

[2] 同上书，第228页。

融合的时代,因此,沙荧居民也应该不是单纯的印度尼西亚人种。语言也是类似的情况,在确定其语言系属时会受到很多因素的影响。比如,占族人的语言是属南岛语系的,这一点在4世纪的东安州碑(Đông Yên Châu)中已有记录。沙荧文化里存在很多泰国青铜和铁器时代的文化要素,沙荧文化特征也在以上地区和其他说孟高棉语居民生活的地区出现。并且就沙荧文化遗址分布的地区来看,如果沙荧人—占人是一个正确的逻辑的话,按推理沙荧居民的语言应当也属于南岛语。但沙荧居民的语言不完全是纯正的南岛语,而是一种混杂了南岛语与南亚语(孟高棉语)的语言,只是南岛语素占据了主导作用。[1]

由于生活在海边和河口,沙荧居民有着非常便利的文化、经济交流的途径。在与其他地区居民交流的时候,沙荧居民交换的最多产品是铁器、水晶和陶器。沙荧文化与越南北部、中北部和泰国地区的文化都有陆路上的往来,而海路上则与现菲律宾、印尼、马来西亚地区往来频繁,东山文化的铜鼓也在沙荧有发现。

二 越南东南部同奈文化的发展演变

越南史学家将同奈文化称为同奈复系文化(Phức hệ văn hóa Đồng Nai),是越南东南部地区考古文化遗址的总称,即在同奈河附近流域,包括西宁、同标、平阳、平福、巴地—头顿、一部分的林同、平顺、龙安和胡志明市,同时还包括了称为福亲、老龟岛、铁桥等的一些地方。这里是冲积土质,地形相对平坦,海拔为100—200米。1878—1879年,卡斯帕(P.Caspar)和朱甘特(M.Jugant)在西贡地区收集了很多打磨光滑的石斧,甚至还有青铜斧。此后,很多远东科学院的考古学者们在以上地区陆陆续续发掘了一些制作精细的石器、青铜器和陶器。1975年,在福和发现了46个陶瓮墓,其中还盛放有很多的陶器、石器、铜器、铁器和一些装饰品,也有沙荧文化中较有代表性的三耳耳饰和两兽头耳环。随着不同地点的考古发现涌现,可以说东南部地区已经成为越南铁

---

[1] Phạm Văn Đấu, *Những nền văn hóa khảo cổ tiêu biểu ở Việt Nam*, Nxb Văn hóa Thông tin, Hà Nội, 2006, tr.288-291.([越]范文斗等:《越南的考古学代表》,文化通信出版社2006年版,第288—291页。)

器时代一个很大的文化中心。[1]

同奈复系文化区域搜集到了大量的石器,可以说与越南北部和中北部同时期的冯原和扪丘文化相比,这里的文化考古遗址层也要更厚一些。在制作生产工具时,主要是采用磨制,到了青铜及铁器时代,与越南北方相比,较少采用钻的技术,在装饰品的制作工艺中,锯的技术基本消失了,主要是通过削切造形。石器造型上,同奈文化有着丰富的石器造型,如有肩、无肩和四角石斧、磨盘、尖的凿子、大的锄头和锹,其中占最大比例的是有肩石斧,所占比例超过69%。值得注意的是一种在沿海地区常见的有阶石斧,在同奈文化中却基本消失,此外一些具有西原和中部史前文化特征的牛齿锛也几乎消失,而类似于泰国南方文化中的梭形、肾形、三角形石锛却更普遍。锄头的尺寸较大,经常长为15厘米,肩部方正,锄刃有单面或双面磨光的。同时还有很多用石头制成的模具,用于制造成批的青铜器皿。此外,还发现类似戈和矛的武器存在,石戈占较大比重,但是有很多不同于越南北方文化的特点。戈似乎是一种近距离作战武器,适宜从不同角度发挥威力。石矛经常与竹和木头一起使用,有些类似于弓弩。说到同奈石器,最具特色的就是石琴的普遍存在。1972年,在平多(Bình Đa)发掘了一部有42声的石琴,这些石块具有相同的颜色、形状和打制工艺,散布于8平方米的面积里,平多石琴距今应为3000—2700年。由于在同奈河流域的多个地方都出土有石琴,可见当地的居民已经掌握了这种乐器的制作与使用技巧。

同奈文化中的陶器大多是用于盛放和煮食食物的器皿,较有特点的是一种广口的炉灶,形似很矮的大口盆,有脚或无脚,不仅可以用于泥泞的地方,也可用于在船上煮食东西。很多广口炉灶还装饰有花纹,炉脚上雕刻有小孔纹、贝壳纹,炉边上绘有凹陷弯曲的鳝鱼纹。同奈陶器常见的装饰花纹有绳纹、刻划纹、成带状或片状的圆点纹饰、方格纹、菱形纹等,在制作一些刻划纹时经常会使用多齿的工具,如贝、砚等。最具特色的还是螺旋形纹饰,刻划纹中有"S"形的水波纹、圆形纹、三

---

[1] Hà Văn Tấn(Chủ biên), *Khảo cổ học Việt Nam*,Tập II, Hà Nội: Nxb Khoa học xã hội, 1999, tr.351-361.([越]何文进主编:《越南考古学》第二集,社会科学出版社1999年版,第351—361页。)

角形纹等，有时还会结合描影和着色来突出纹饰，共有200多种不同的纹饰，主要集中在有脚或高脚陶器上。同奈史前居民的审美思维通过陶器上的装饰花纹得到了充分的体现，虽然与东山的陶器文化相比，其器皿不够精美，但从中可以感受到简单、质朴和实用相结合的审美情趣。

同奈遗址中还发掘了一些雕刻的塑像，其中在弱摄（Dốc Chùa）出土过一尊较有特点的四脚兽青铜像，其高5.7厘米，长6.4厘米，它形似狗，站在一只类似大蜥蜴的动物身上，带有神话传说的风格。考古学者阮唯琵（Nguyễn Duy Tỳ）在发掘时说："如果从其脸部特征来看像猎狗，但是如果从其头顶有折断的痕迹来看又像鹿，但是根据在它骨盆和肚子上的装饰来看又像马。"此外，还有两尊石龟像和一尊青铜龟像，从形态和动作上生动地再现了龟的形神，表现了同奈史前居民带有一些幽默感的艺术视角。

同奈文化中的青铜器与红河和马河流域相比要少得多，但是比沙荧文化的要丰富，大多出现在一些属于同奈复系文化较晚阶段的地区，有铜镖、铜刀、铜矛、铜戈等，在弱摄已经发现了76个制作青铜器的模子，因此这里也被视为同奈文化中生产青铜器的最大"工厂"。在这里还发掘了19把铜矛，矛头呈叶片形或是圆锥形，弧度不太高，横切面为梭形。其中有6个样本，样式似镖，体形上缩小了许多。这里出土的铜斧与铜矛都属于中等尺寸。此外，在同奈文化晚期还找到了许多铁制工具、武器和装饰品，如锄、斧、刀、镰、剑、矛、手镯和戒指。在容嘎无（Giồng Cà Vô）出土了6把铁制的矛，形呈甘蔗叶，中间有突起的弧形装饰，与泰国的敦边碧村（Ban Don Thaphet）的铁矛有相似之处。相对越南北方而言，同奈居民已经掌握了冶铁的技术，因此这一地区铁器的制作和使用更为普遍。公元前1世纪的时候，越南东南部铁器文化的发展达到顶点。铁制武器的出现不仅仅是一种战斗武器的出现，同时铁剑等也成为社会上初生贵族阶层权力的一种象征。

除了使用常见的玉石、玛瑙、陶、青铜、铁、木头、骨头和牛角外，同奈居民还喜欢用水晶、黄金和白银来制造装饰品。同奈文化中的装饰品有一个突出的特征是石头大且粗犷，有一面或两面进行了打磨。在同奈文化晚期地区，如沿海地区的容费（Giồng Phệt）和容嘎无（现属于胡志明市）发现了至少2916个吊坠、476个手镯和耳环，263个耳饰圈状装饰物，切面多为方形、三角形、圆形、半圆形和"D"形，其中"D"形最为普遍。

同奈文化主要有两种墓葬：一种是墓穴，另一种是陶瓮墓。墓穴一般为中等尺寸（1.5米×3米），深度为地表下1—1.8米，墓冢使用石块搭建，墓里铺设有陶片或是小的石块，呈日字形，一般有随葬品，根据贫富状况不一，随葬品的多少也有差异。在安山（An Sơn）的墓冢里，可看见尸体头朝南，仰卧，手脚平放。而在冉容（音译，Rách Rung）的墓冢里发现了3具遗骸，俯卧，头向东，头脚相连，手脚上带有石镯，头上装饰有非常小的石坠。1993—1994年，在容费和容嘎无地区发现了上百个陶瓮墓，其中发现了20多具同奈居民的遗骸，年龄自20岁至65岁不等，其中有26具可确定性别，特征更倾向于蒙古利亚人种，与东山居民和现代京族的特征更相似，但是没有具备明显的印度尼西亚人种的特征。在春禄（Xuân Lộc）一些大的陶瓮墓里随葬品十分精致丰富，一些装饰品采用多种材料制作，有宝石、彩色水晶、青铜、银、金等，表现了同奈史前居民丰富的物质与精神文化。从中也可以看出当时同奈河流域已有阶级分化和贵族阶级的产生。可以说，虽然都是属于陶瓮墓，但是同奈文化中的陶瓮墓与沙荧文化和东山文化中的陶瓮墓是有着明显区别的。[1]

同奈文化的发展演变带有明显的地区特色，但同时也与附近文化区的发展相辅相成，与东山文化交流的痕迹体现在装饰品上半月形状、青铜箭头和铜鼓的出现等。越南东南部可以被视为东山文化与东南亚海岛文化交汇的中心之一。[2]而与沙荧文化的交流则体现在陶瓮墓葬，特别是以顺化地区为代表。同时它还与柬埔寨和泰国史前文化都有着不同程度的交流，比如四角石锛的出现即为明证。此外，弱撮地区还有与中国南方文化的交流，使得这里成为铸造青铜和金属工具、武器、装饰品的中心，同时也有一部分产品与其他地区进行交换。从地质资料来看，越南

---

[1] Hà Văn Tấn Chủ biên, *Khảo cổ học Việt Nam*, Tập II, Hà Nội: Nxb Khoa học xã hội, 1999, tr258.（［越］何文进主编：《越南考古学》第二集，社会科学出版社1999年版，第258页。）

[2] Huỳnh Công Bá, *Lịch sử Văn Hóa Việt Nam*, Húe: Nxb Thuận Hóa, 2008, tr.266.（［越］黄工柏：《越南文化史》，顺化出版社2008年版，第266页。）

东南部地区没有太多矿产来冶铜,但是在这些地区又发现了很多铸铜使用的模子,其与华南地区、泰国东北部的模子很相似。因此很有可能同奈居民在从外国进口冶铜的原料的同时也引进了铸铜的模具技术。越南东南部在公元前1世纪前后,是越南南方最大的文化中心,同奈河流域也成为越南较早的铁器中心。

铁器的普遍使用大大促进和提高了生产力,刺激了人口的增长,带来了贫富的分化、权力的集中、阶级的产生,国家前形态逐渐显露。《后汉书》载:"交趾之南有越裳国。周公居摄六年,制礼作乐,天下和平,越裳以三象重译而献白雉,曰:'道路悠远,山川岨深,音使不通,故重译而朝'。"[1]《安南志略》也有相似记载,"周成王时,越裳氏重九译来贡……越裳即九真,在交趾南"[2]。按地理位置而言,史书所说的越裳国应该就是指在越南中南部经过不同的史前文化类型演变最终出现的一个较早的原始氏族部落联盟。

三 越南西南部的奥埃青铜与铁器文化的发展与演变

奥埃(Óc Eo)文化是九龙江(即湄公河在越南南方的别称)西南部流域到东南部沿海地区之间的的铁器时代文化遗址。1944年,曼雷瑞特(L.Malleret)在越南的西南部进行了考古挖掘,而后将成果集结成4册书,介绍了对这一地区约100个遗址的考察结果。他公布了1311件黄金制作的器物,共重1120克,1062颗玉石装饰物,还有很多用铁、铜制作的器物,此外还有大量的陶器和石器,震惊了学界。之后,奥埃文化被世人所知。

奥埃文化分布在一个相对宽阔和多样的生态环境里,其中又根据文化特征的不同,可将其分为不同的次区域,如龙川(Long Xuyên)四角区,这主要是大的河流交汇地区,集中了一些居民的干栏式建筑、手工场所和祭祀场所。同塔梅(Đồng Tháp Mười)地区,文化遗址规模较小,主要是一些原始宗教建筑和碑铭。西南沿海地区,主要是一些较为低矮的居民高脚屋和石头建筑。缘海林区(Rừng sác-Duyên Hải)是

---

[1] (宋)范晔:《后汉书》,中华书局2010年标点本,第835页。
[2] [越]黎崱:《安南志略》,中华书局2008年武尚清点校本,第12页。

一些宽为200—600米、高为1—3米的土丘,这里也是奥埃文化与同奈和沙荧文化交流融合最多的地区。从前江到金瓯角地区有很多受印度文明影响的、刻有梵文的建筑。总体来说,奥埃文化体现在三方面:一是居住地;二是建筑;三是墓葬。居住地遗址的文化层很厚,周围水利条件优越,建筑采用较重的材料。但是由于越南南方大部分地区过于潮湿,部分地区长期浸泡于水中,史前建筑物很多只能够找到地基部分。从那些认真加工的地基来看,一些较为坚固的建筑普遍是宗教建筑,规模较大,花费了非常大的精力来修建,其中较有代表性的是平青塔(Tháp Bình Thanh)。墓葬方式采用的是火葬和土葬。土葬分两种类型:一种是规模较小的,利用自然地势,埋葬后将墓堆放成土冢;而另一种则规模较大,由多个墓组成,墓穴呈方形、日字形或漏斗形。有些在墓冢上还有建筑,一些建筑上还立有石柱。由于也采用火葬,因此同样存在很难找到遗骸的问题。1984年,在塔丘发现2具奥埃居民的遗骸,通过研究,越南学者黎中卡(Lê Trung Khá)认为这两具遗骸与1944年曼雷瑞特在境登(Cạnh Đen)发现的遗骸相似,都属于印度尼西亚人种。1990年,胡志明市社会科学院又发现了3具这个时期的遗骸,越南学者阮光权认为这些遗骸具有更多的类似于现代越南人的特点,即具有更多的蒙古利亚人种特点。因此,直到现在,关于奥埃文化是由什么人创造的仍然有待更深入的研究。

  陶器在奥埃文化中占有非常重要的位置,本地居民使用转盘来加工陶器,已经可以加工出来器壁较薄和均匀的陶器,一些细节上也会采用手工塑造,样式对称。一般来说可分为两类:细陶和粗陶,制作细陶的材质是经过挑选的黏土,不夹杂其他杂质,经过仔细的滤清后成为细陶黏土,陶衣光滑没有凹痕,呈灰白色和淡黄色,产量较小;而粗陶加入了其他材质,因此一般呈灰色,陶衣厚,光滑度差。当时的陶艺人还制作出来了一些非常符合当地生活环境的陶器样式,比如绑在船上的有绳的陶瓶,有弧形嘴的水壶,各式各样在船上使用的广口炉。陶器上的装饰花纹也是丰富多样,比如有波谱纹、平行的刻划纹、锯齿纹、相互连接的圆形花纹、水波纹、狼齿纹等,花纹布局紧凑并且豪放。陶器的造型也是丰富多样,较有艺术性的有如同鹅头的陶瓶,人形的有嘴壶,还有一片刻有一个坐着弹琴少女的陶瓶碎片。

　　此外，在奥埃文化遗址中还出土了很多与原始宗教信仰相关的塑像，最多的是各类佛像，有站立的、禅坐的、有底坐的等。石佛高的达0.52米，最小的0.13米。铜佛所占比例较小，体形也较小，但仍然体现出佛慈悲、仁厚的神态。用黏土制成的佛像不算太多，一般都是禅坐的姿势。最有代表性的佛像是在塔丘出土的木佛，这是一尊具有历史和艺术价值的佛像。这些丰富和多样化的佛像实际上也就成为奥埃文化（后发展为扶南王国的一部分）日后发展为东南亚佛教发展中心的一个见证。在这里也出土了很多印度教的神像，如用石头、黄金和黏土制作的琳珈柱、湿婆、梵天和毗湿奴像，用沙岩制成的梵天像带有明显的前高棉风格：一个石柱上的神像梵天具有朝向四面的四个面庞，面容清秀，头发卷曲并盘至头顶。从同奈文化发展到奥埃文化，越南南部的造形艺术不断传承和发展，比如在动物雕像上，在胡志明市地区发掘的一个石符就描述了一种神话里的动物，身体和四肢像猪，头像猫，脸像狗。可见当时对造形艺术的现实性的要求并没有完全地束缚艺人的感观和想象力。实际上这也是造形艺术的本质，充分体现了越南南部史前居民艺术思维的发展。对日常人物的塑造相对比较少，目前只找到两个样本，一个是形似奴隶或是乞丐的形象，脸圆、鼻扁、唇厚、头发短并卷曲，他正拖着步子行走，左脚伸向后方，右脚杵着地，手里拿着一个托盘像是在乞讨，身上只裹了很短的一块布，用一根绳系在肚子上，整体呈现出一副贫困痛苦的形象。另一个是在茶荣发掘的舞蹈人像，年代为1世纪。但是有学者认为这个塑像应该是属于希腊的雕像，只是在某个时期交流到越南南部地区。此外，还在嫩作（Nên Chùa）出土大量装饰品，包含了金、银、宝石、玛瑙等制作的手镯、耳环、挂坠、戒指。黄金是奥埃文化中最常见用于制作装饰物的材料，可以做成各种各样的形状，如鸟形、兽形、鱼形等，特别是在这里还发现了一片金箔上用巴利文写了佛教的故事。此外这里还出现了一些与外来文化融合的现象，比如锡器的流行，因此有人把奥埃文化称为锡器文化。关于奥埃文化的起源现在仍然有很多的意见，争论集中在两个基本的问题：从东南部的铁器文化是怎么发展到奥埃文化的；奥埃文化与外来文化，特别是印度文化的关系。研究初期，很多学者认为奥埃文化的主人，或者说大部分的居民是属南岛语系民族，一些西方学者根据出土的很多器物认为其应该起源于印度。但是随着这一地区考古的不断深入，特别是对其早期文化的一些发现，有些越南学者认为奥埃文化有着一条或是多条从南部铁器时代发展演变的路径，它不是仅有一个单一的起源。或者可以说它起源于当地，而受到了其他外来文化，如印度文化的深刻影响，但不论外来文化产生了多么重要的影响，也仅仅是与本地文化发展的一种深刻接触。[1]

奥埃居民的精神文化已经十分丰富，可以从物质文化上得以窥视其多彩的精神世界，比如在这里找到了一些用水晶和合成的金属锡制作的"符"，当地居民相信悬挂符可以抵御雷电、驱魔除邪、促进繁荣昌盛。这种符使用非常普遍，有的上面带有装饰物，有的上面还刻有印章从而确定其所有权，符上的图形题材大多是动物、草木、裸体的人物、丁巴（Đinh Ba，古时的一种武器）、香瓶等。其中牛、丁巴是湿婆神的象征，而海螺象征着毗湿奴神，通过符可以把这些神的生命力给予悬挂的人，或者是将自己置于神的保护之下。在符上的裸体女性形象一般是怀孕妇女，这样的形象被认为可以让土地肥沃，促进动植物的繁衍生长。在九龙江平原，尚存的一些动物或是生殖器的塑像可以证明，在这一时期该地区的居民具有万物崇拜的原始宗教信仰。[2]此外，祭祀亡灵的习俗也是史前居民的一种特色信仰，虽然采用的是火葬的方式，但是南部地区墓穴的中心有用石头或木头建成的方形或斜形空间，里面放有沙子、骨灰和一些随葬品，随葬品大部分是一些刻成各种造形的金饰品，如人、牛、龟、螺、车轮、丁巴、荷花等，有时也放一些宝石在里面，再使用石头和灰泥将其包裹成一个密闭的空间。在这一建筑上再堆放一些大大小小的石块，成为墓冢。

越南南方的土壤与气候非常适合农作物的生长，因此这一地区的稻

---

[1] Phạm Văn Đấu, *Những nền văn hóa khảo cổ tiêu biểu ở Việt Nam*, Hà Nội: Nxb Văn hóa-Thông tin, 2006, tr. 315-317.（［越］范文斗等：《越南的考古学代表》，文化通信出版社2006年版，第315—317页。）

[2] Trung tâm nghiên cứu khảo cổ học tại TP.HCM, *Một số vấn đề khảo cổ học ở miền Nam Việt Nam*, Hà Nội: Nxb Khoa học xã hội,1997, tr.327-329.（［越］胡志明市考古学研究中心：《一些越南南方的考古学问题》，社会科学出版社1997年版，第327—329页。）

作文化发展较快，奥埃居民可以在水田里播种多种水稻，并且增加了梯田和坡地田的种植。史书上对扶南居民就有着一年播种三季的记载。稳定的定居生活造就了居民对私有财产的认可，对居住地的认同逐渐演变为对房产的认同；对灌溉水利系统的开发与修建，也大大促进了个人与村社共同体之间的联系。奥埃居民对越南南部的开发，不仅仅是通过修筑堤坝来治水，也时常采用挖渠开河的方式，这样可以使河流的冲积土较为均匀地堆积，扩大生存的空间。生产能力、社会生存技能和经济与文化的交流使本地的农业共同体慢慢向国家前形态迈进，为扶南王国的形成打下了良好的基础，这里最终成为古代中南半岛南方的第一个国家（扶南）的一部分。

四 越南北方的金石文化与东山青铜文化

（一）越南北方金石时代的文化发展

在越南的北部和中北部地区，发现了上百处金石文化的考古遗迹，形成一个从金石并用到青铜初期再至铁器时代的文化现象，其中最具代表性的发展线路是从冯原（Phùng Nguyên）文化到铜豆（Đồng Đậu）文化、扪丘（Gò Mun）[1]文化，直至东山文化。

1959年，在富寿省林涛县发现了冯原乡文化遗址，此后先后又发现了具备相同文化特征的遗址共52处，统一称为冯原文化，是前东山金属文化类型中考古发现最多的文化遗址。冯原文化居民掌握了较高的石器和陶器制作技巧。陶器常见的有圜底釜，有圈足的瓮、瓶等。到东山文化时期，越南已能制造类型丰富的陶器，包括一些不带提耳的日用储存器、烹饪器（如瓮、瓶、碗、碟、釜）和生产用具（纺锤），但完整保存下来的不多。陶器的原料比较粗糙，黏土、沙和植物互相混杂，烧制温度在500℃—900℃，已普遍运用转轮制造，具备金石并用时期文化的典型特征。居民使用石斧（约占发掘实物的92%）、陶器和部分农具等。冯原晚期，大约公元前2000年至公元前1500年，越南已经出现了青

---

[1] 笔者按：有学者将扪丘文化翻译为幺丘文化，因为Gò在越南语中为山丘的意思，但由于越南语中大部分地名均为汉越音，但在中部和南部有部分地名喜欢使用本地方言称呼，因此找不到准确的汉越音对应，本书对这些地名一般采用音译。

铜器。位于越南红河流域的冯原文化的遗址发掘出一些烧过的谷粒和水稻花粉孢子，稻谷遗存明显，表明当地居民当时已栽培水稻。此外，他们还种植根茎植物和果树，驯养水牛、黄牛、狗、猪和鸡……但总的来说，由于大量石器工具的普遍使用，可见冯原文化还完全处于原始公社时期。

1964年，在越南的永富、富寿、河山平、河北和河内等地前后发现了15个铜豆文化遗址，距今大约3500年，属于青铜时代中期。出土了大量的石器装饰品，如有精细装饰的手镯，圆形的耳环，两头大中间弯曲的挂坠。陶器烧制的温度较高，壁厚，坚硬，大部分呈灰色，纹饰主要是一些平行的如同乐符一样的花纹，装饰艺术经常会配合很多的花纹，布局奔放。这一时期，青铜器已经达到了39%的比例，并且有很丰富的类型，如斧、镖、箭头、鱼钩和锉子等，值得注意的是已经有了制造箭头和石斧的模具。

扪丘文化起始于3000年前，后期步入青铜文化。该文化遗址最早是在1961年的富寿省发现的，目前已发现具有此文化特征的27个遗址，分布在与冯原文化和铜豆文化的同一地区。扪丘文化中的石器在数量和类型上大幅下降，甚至在石器装饰品方面也出现了明显的衰落。陶器烧制温度较高，有时接近于粗瓷，装饰花纹有三角形、日字形和方格，在一些陶器上面开始出现一些动物形状的花纹，如鸟和鱼。在扪丘文化时期，冶金技术非常发达，青铜工具占据明显优势。青铜工具包括箭头、鱼钩、矛、锉等，值得注意的是有刃铜斧和镰刀的出现，此外这时的青铜已经可以制造成手镯和其他装饰品了。

（二）青铜时代的鼎盛——东山文化

1.氏族部落联盟的成熟与国家前形态的萌芽

从1924年起，考古学家在越南北部清化省的东山县，发现了96个东山文化遗址，分散于越南北部和中北部地区的红河、马河和嘎河流域。它是继前东山文化形态的一个更高的发展阶段，时间大约是从公元前1000年到公元前后。在东山文化期间，石器发现不多，数量和类型上都大大减少，石器大部分为装饰品。而陶器却相当发达，类型和样式多样化，带有明显的实用主义，主要为粗陶，煅烧温度高，花纹单调，通常为绳纹陶，颜色有淡红色、灰色和黑色等。与石器文化相反，东山铜器文化技艺精巧，呈现出灿烂辉煌的状态。目前出土的东山铜器有56种，类型丰富，包括生产、生活用具和兵器、乐器、艺术塑像及装饰品。由于青铜技术的不断提高，东山晚期出现了铁器，现已发现16个东山文化遗址内有冶铁行业遗存，并且出土了一些铁制工具，如锄头、锹和箭头等，因此，有学者将东山文化列入了铁器文化初期。笔者认为，东山文化应视为从鼎盛的青铜文化步入铁器时代的转化阶段，这也是越南北部国家前形态的萌芽阶段，具体原因如下：

（1）阶级的萌芽

此时，越南中北部地区的居民已经掌握制造和使用青铜器的技术，并且知道种植水稻、驯养家畜和一定的农业灌溉技术，配合采集和渔猎经济，为越南史前文化深深地扎下了稻作农业文明的根基。特别是通过上述冯原、铜豆和扪丘三个金石并用文化阶段早期的积淀，青铜工具的生产技术日益提高，逐渐替代了石器生产工具的地位，生产工具的改进，大大提高了生产力，剩余产品日益丰富，逐渐出现了社会阶层的贫富分化，一些社会矛盾引发了暴力现象的出现，这成为国家前形态或者说类似国家组织的部落联盟出现的一个重要前提。

从考古资料来看，比如在嘎乡（Làng Cả，现越池—富寿境内）的东山文化遗址就发现了307个穷人的墓葬（无陪葬品），占墓葬总数的84.1%，有一两样陪葬品的墓葬达到10.1%，有11—15样陪葬品的墓葬占1.8%，陪葬品达到16件以上的占1%，其中有一个墓葬陪葬品高达22件。而到了清化省的绍阳（Thiếu Dương）墓葬群中有115个属于东山文化的墓葬，其中就只有两个墓葬没有陪葬品，53个墓里有陶器陪葬，两个有5—20件陪葬品，有4个墓有30件陪葬品，有1个墓甚至达到了36件陪葬品。可见，距今约2000余年前，越南社会分化和冲突现象就已经发生。[1]这一时期"与冯原时期相比，武器（在出土器皿）中所占比例迅速增加，荣光（Vinh Quang）63.5%、嘎乡64.1%、东山50.5%、绍阳57.8%，总的

---

[1] Huỳnh Công Bá, *Lịch sử Văn Hóa Việt Nam*, Húe: Nxb Thuận Hóa, 2008, tr.174.（［越］黄工柏：《越南文化史》，顺化出版社2008年版，第174页。）

来看，武器在出土器皿中所占比例在50%以上"[1]。可见越南红河流域的氏族部落出现了贫富和社会阶层分化，社会冲突日益明显，这样的社会环境就为当地居民，或者说有着同样语言和文化风俗的氏族部落联合起来，建立一个强大统一的部落联盟提供了前提，国家前形态开始萌芽。同时，稻作文明的发展，要求氏族居民们组织起来团结一心搞好灌溉水利的建设，水利工程对集体性的需要从某种程度上来说也促进了国家前形态的产生。

（2）母系氏族制度的解体和村社制度的萌芽

生产力的迅速发展引发了对婚姻家庭制度和社会等一系列的影响。在文典地区发现的一尊男性的石刻，性别特征就已经表现得非常清楚，表明当时已经开始了由母系氏族向父系氏族制度转变的趋势。越南重要的民间口传文学作品《山精和水精》中记有"世世以父传子，曰父道"的故事内容，这反映了父系制度下的婚姻形式。这些民间口传文学是在大约15世纪时才收集于《岭南摭怪》当中，因此对传说中所描述的历史时代定位较模糊，事件往往与神怪相联，不能句句采信。但"崇古太甚者以一切传说为信史，疑古过勇者视一切传说为虚构，皆失之偏颇，不得其真"[2]。所以笔者结合当地考古资料推测，既然已经出现了贫富分化，可见当时已有父系氏族的萌芽出现，但定然母系氏族制度并未完全解体，因《后汉书》载："骆越之民，无嫁娶礼法，各因淫好，无适对匹，不识父子之姓，夫妇之道。"[3]可见东山时期，雒越[4]部落母系氏族的残余仍然普遍存在，并在一些风俗习惯中留下了深深的烙印。

东山氏族部落联盟是一种建立在村社制度或公田制上的族长剥削制度。随着生产力的逐渐提升，原始氏族社会分化成了两个基本阶级：一是统治者和管理者，是剥削阶级，还维系着有血缘联系的宗族制度；二是形成了以核心家庭为组织形式的农民阶层。随着个体家庭的发展，氏

---

[1] Trương Hữu Quýnh, *Đại Cương Lịch Sử Việt Nam*, tập I, Hà Nội: Nxb Giáo Dục Việt Nam, 2011, tr.45.（［越］张友炯：《越南历史大纲》第一册，教育出版社2011年版，第45页。）

[2] 何成轩：《儒学南传史》，北京大学出版社2000年版，第16页。

[3] （宋）范晔：《后汉书》卷76，中华书局2010年标点本，第719页。

[4] 笔者按："骆"与"雒"和"貉"实为同音异形字，在不同的史料中采用不同的字形。越南史料多采用"雒"。本书若非引文原文，均采用"雒"。

族公社开始逐渐解体，让位于农村公社，农村公社是原始公社解体时期的一个过渡形式，东山社会时期居民点的考古文化层非常厚，这正是农业定居村社生活遗留下来的痕迹。在古老的村社里，独立的家庭必须联合在一起共同开荒种植水稻，每个农村公社都有一块单独的区域，包括已经开发出来的土地、荒地、森林、河流和池塘，都属于农村公社的资源，公社全体成员都有权享用，但是对于已经开垦出来的土地，公社成员将其按年限分为份地来耕种。而开荒、修缮水利设施和其他公益劳动都由全公社成员来合作完成，当然这都是在农村公社的组织下完成。每个家庭就是一个独立的经济体和生产单位，但是公社成员间的相互帮助成了一个得以长期保存的传统。这形成了农村公社与氏族社会长期结合的一种形式，这种特点使得公社成员之间的联系更为紧密，也正是由于这种共同利益的存在，国家前形态开始萌芽。东山氏族部落联盟时期的社会可以说是村社与氏族公社残余的一种结合形式，这种社会组织的特点长远地影响了村社成员间联系的紧密性，也正是在村社间特殊紧密的联合下，国家雏形开始萌芽。

（3）越南北部国家前形态的出现

关于雄王时代的传说。在混沌初期，大部分民族都创造出一些神话传说来寻找自己民族的起源，国家的产生与形成。有学者也认为，"尽管是传说，但它们也不是凭空而来的，而是古代某些史实的反映，是一种'史影'"[1]。所以尽管关于雄王的传说不可以作为历史事实，但是这至少表现了越南北部地区史前居民的一种想象、创造与思维。俄罗斯历史学家P.V.波日内（P.V.Pozner）认为："雒越人以'雄'的名称存在是一个历史事件，关于雒龙君与泾阳王的传说反映了前古越人的部落对居住地的一种口传史学。"[2]黎朝时期，越南史学家吴士连在《大越史记全书》中将这一历史时期称为"鸿庞纪"，引用了神话传说《鸿庞传》中关于雄王建国的故事："泾阳王讳禄续，神龙氏之后也。壬戌，元年，初炎帝神农氏三世孙帝明，生帝宜。既而南巡至五岭，接得婺女，

---

[1] 何成轩：《儒学南传史》，北京大学出版社2000年版，第16页。
[2] Trần Ngọc Thêm, *Cơ sở văn hóa Việt Nam*, T.P.HCM: Nxb Giáo dục, 1999, tr.41.（［越］陈玉添：《越南文化基础》，教育出版社1999年版，第41页。）

生王。王圣智聪明，帝明奇之，欲使嗣位。王固让其兄，不敢奉命。帝明于是立帝宜为嗣，治北方；封王为泾阳王，治南方，号赤鬼国。王娶洞庭君女曰神龙，生貉龙君。貉龙君娶帝来女曰妪姬，一胎生百男。一日，貉龙君谓妪姬曰：'我是龙种，你是仙种，难自久居。今有百子，分五十子从母归山，五十子从父归南海。'此后，貉龙君封其长子为文郎国王，称为雄王。雄王定都峰州（永安省白鹤县境内），置文臣曰貉侯，武将称貉将，太子称官郎，公主为媚娘，各小官叫蒲政。"但是吴士连自己也指出，"外纪中所记载的均源于野史"，也就是说吴氏也认为"鸿庞纪"并非正史。到19世纪的阮朝时期，雄王时代的传说再一次被《钦定越史纲目》记载，《钦定越史纲目》被认为是越南封建时代带有总结性质的最为完整的一部官修通史。因此文郎国与雄王时代的说法被大多数越南民众接受。

　　法属时期，在继承一些传统观念的基础上，著名的历史学家陈重金在《越南史略》中指出："君王凡20易，而从壬戌年（公元前2879年）计起至癸卯年（公元前258年），共2622年。若取长补短平均计算，每位君王在位约150年，虽系上古时人，也难有这么多人如此长寿。观此足可知道，鸿庞时代之事，不一定是确实可信的。"[1]那个时期的一些史学家否认了雄王时代存在的学说。法国学者也是持这种观点的代表，这种观点一直持续到法属时期结束。可见，将关于民族起源的神话传说采入正史，以疑传疑，只是越南在国家和民族认同意识出现后，试图将对民族起源的想象化身为史实的一种努力。

　　20世纪50—60年代，一些越南的史学家们开始对雄王问题重新展开研究。到1970年，越南的考古科研工作者将研究成果集合成著作，将考古资料与雄王时代的问题结合起来。实际上使关于雄王的口传神话史走向对史前文化的考古研究，这也正是越南历史思维从神本走向人本的文化演变。但由于某些观点受到雒越沙文民族主义的影响，出现了极端推进雄王建国时代的妄言，直到现在越南学术界还是不能够十分客观地考证雄王时代的存在。

　　雄王的称谓是怎样来的呢？如上所述，直至14世纪，越南还没有出

---

[1]　[越] 陈重金：《越南通史》，戴可来译，商务印书馆1992年版，第15页。

现任何关于"雄王"的文字记载,因此对于史前交趾地区是否存在"雄王时代"的史实需从中国史书的相关记载出发进行考证。

中国史料中与"雄王"相关的记载主要有以下几种:一是《交州外域记》中记为:"交趾昔未有郡县之时,土地有雒田,其田从潮水上下,民垦食其田,因名为雒民。设雒王雒侯,主诸郡县,县乡为雒将,雒将铜印青绶。"二是《史记》中转引《广州记》中上述记载,此外还有"且南方卑湿,蛮夷中间,其东闽越千人众号称王,其西欧、骆裸国亦称王"[1]。三是史籍《太平寰宇记》转引《南越志》与上述内容相似但将"雒王"记为"雄王"的记载:"交趾……人称其地曰雄地,其民为雄民,旧有君长曰雄王。其佐曰雄侯,其地分封名雄将。"[2]

史前时期,越南缺乏一套与古越语音相匹配的文字系统。从公元前后至10世纪又北属中国封建王朝,不仅长期使用汉字作为书面文字,史书也是14世纪后才由越南封建儒士参照中国史书体例编撰而成。因此,越南最早关于"雄王"称谓的史籍《越史略》用汉字载:"至周庄王时,嘉宁部以幻术服诸部落自称碓王,都于文郎,号文郎国,以淳质为俗,结绳为政传十八世皆称碓王,越勾践常遣使来谕,碓王拒之。周末为蜀王子泮所逐而代之,泮筑城于越裳,号安阳王,竟不与周通。"[3]而后,《大越史记全书》载:"雄王貉龙君之子也,雄王之立也,建国号文郎国,置相曰貉侯,将曰貉将。"

关于"雄王"称谓的考证,于向东教授曾非常详尽地列举了国内外的几种主流看法,[4]同时进一步分析了"雒"讹为"雄"的主要原因:"一是传抄书写之误,中国古代文献中'雒''雄'二字多混写,清人孙诒让《墨子间诂》云:'隶书雄字或作碓,与雒相似,故雒讹为

---

[1] (汉)司马迁:《史记》,岳麓书社2010年韩兆琦评注版,第1543页。
[2] (宋)乐史:《太平寰宇记》,中华书局2007标点本,第3225页。
[3] [越]佚名:《越史略·国初沿革》,商务印书馆1936年董文渊校对本,第1页。
[4] 参见于向东、刘俊涛《"雄王"、"雒王"称谓之辩管见》,《东南亚研究》2009年第5期。关于"雄王"与"雒王"的几种看法是:"一是本来的称谓为'雒王',后讹为'雄王',而论误说又可分为因字形相近所致和有意改写或主动选择接受;二是本来称谓就是'雄王',其来自古越南语'首领''酋长'之意,无所谓正误问题(代表为越南学者陈国旺、范德阳);三是以'雄王'称谓为正,与交趾地区'厥所惟雄'的习俗有关,后来讹为'雒王'(中国学者刘瑞)。"

雄。'从训诂说，'雒''雄'二字篆体形相似，意义有相近之处。所以，'雒''雄'之异写，见于古代典籍者较多。二是有意改写，《越甸幽灵集》《岭南摭怪》和《大越史记全书》中，'雄王'均未作'雒王'，'雒侯、雒将'均作'雒'，未有作'雄'者。所以，采用'雄王'称谓是越南古代学者为了满足民族自尊意识的需要而改写，也是其民族自豪感的表现，因为无论越语还是汉语，雄的读音和字义都会让人感到更雄壮，充满豪气。"[1]

在史料和前人研究的基础之上，笔者认为：一是，"雒"与"骆"混写是从古代百越民族对某个事物名称的音译而来，"雒"音或为族群姓氏或图腾名称，如鸟或种植的稻米"lúa"，但既为音译便可采用同音异形的字，无需太纠结于其字形的不同。二是，"雒""雄""碓"三字因字形相似而混写，且因汉字字体由于不同书写体例习惯不同，在传抄史籍的过程中"混写讹传"。三是，"雄王"称谓在越南因民族源起构建的需要而出现，并得以流传，现已成为一种民间信仰。究其原因如下："雄"与"雒"的汉字混写，为"雄王""雒越"族建国提供了史料支撑；"雄"字的越语为"Hùng"，与百越支后裔民族部落首领的发音近似，这为"雄王"称谓存活于史前口传神话中找到了可能性；"雄王"不是以史实，而是以一种民间信仰的方式得以存活。民间信仰不需要百分之百正确的学术理论支撑，民间信仰与民族意识、民间记忆、国家导向以及风俗习惯等多方面有密切关系。总之，"雄王"称谓实来自于"雒（骆）王"，即"雒王"为本，"雄王"因流变而生。

无疑"雄王时代"在越南历史研究中是一个十分重要而有意义的问题，但鉴于本书只着眼于探讨越南文化流变的进程与特点，因此笔者对"雄王"与东山文化之间的关系仅做出以下几点简短说明：

第一，"雄王"只是越南民族对东山时期雒越部落首领称呼的一种英雄化和史诗化，越南史书中神话叙事"雄王相传十八世"不可尽信，雄王传说应是越南民族对祖先起源追溯的一种美好愿望。越南历史学家陈重金对此就谈道："我国有国史是自13世纪末黎文休的《大越史

---

[1] 戴可来等：《越南早期传说与古代史迹》，载《越南历史与现状研究》，香港社会科学出版社2006年版，第60页。

记》，后吴士连在此基础上重编《大越史记全书》，从鸿庞氏抄录到黎太祖。这只不过是摘抄了一些荒唐的神志鬼怪传说，完全有悖于自然科学……在混沌之初，谁（哪一个民族）都想为自己找一个神仙的源起，好给本民族增加一些光鲜的样貌，我们的史书肯定也是因为这样，所以才抄录道鸿庞氏（雄王）是龙子仙孙。"[1]

第二，虽然越南构建的"雄王时代"并不以此称谓存于史实，但大约公元前1000年至公元2世纪前后，交趾地区确实存在考古学上称为东山文化的时期。这是一个以越南北部红河流域为中心的青铜文化遗址，东山文化的创造者——越族是发源于华南百越，与百濮族群有密切关联的雒越后裔。因此，东山铜鼓不可避免地融合了越、濮族群铜鼓的特征，这样的特征通过民族迁移和交融传播开来，成为古代东南亚地区史前青铜文化时期的典型特征。

第三，东山文化处于原始社会末期的氏族部落联盟形态，母系氏族解体父系制度正在建立，贫富分化加剧，阶级制度正在形成，越、濮族群由于秦军南扩发生大迁移，瓯越和雒越部落间合并联盟，催生了东山时期的国家前形态萌芽。

第四，东山文化时期，所谓"雄王时代"以"蜀王子将兵三万，来讨骆王骆将"而结束，"蜀泮因称安阳王"建国，并修建古螺都城，瓯雒国家雏形萌芽。其实严格意义上的国家向来都不是瞬间形成的，这是一个民族凝聚力加强和社会不断完善的过程，因此部落联盟和国家雏形之间的界限是很难区分的。越南史学家陶维英也指出，"我们不能拘泥于字面就认为雄王（雒王）所辖的地方是一个具有今天含义的国家，那只不过是一个部落联盟而已"[2]。

第五，东山文化是融合了不同支古越人、濮人文化发展而成的，具有明显的越、濮族群文化的同源特征。如果说瓯雒国是越南最早的国家雏形，都城为古螺城（河内附近），那么从这座古城的文化特征应该是

---

[1] Trần Trọng Kim, *Việt Nam Sử Lược*, Nxb Văn Hóa Thông Tin, năm 2002, tr27.（[越]陈重金：《越南史略》，文化通信出版社2002年版，第27页。）

[2] Đào Duy Anh, *Lịch sử Việt Nam từ nguồn gốc đến thế kỷ XIX (2 tập)*, Hà Nội: Nxb Thông Tin, 2002, tr79.（[越]陶维英：《从起源到19世纪的越南历史》（上册），文化通信出版社2002年版，第79页。）

可以看出东山文化的渊源与流变。因此，从文化演变研究的角度出发，对引发这个地区文化交融的各个文化渊源应该更加关注。换言之，瓯雒国的建立实际上表明了雒越、瓯越甚至古蜀国、滇桂地区越、濮民族在迁移和融合过程中的文化交融，东山文化的灿烂辉煌背后吸收融合了某支甚至是几支越、濮族群的文化因子。

2.灿烂的青铜文化

铜鼓不仅是东山文化的重要代表，也可称为古代东南亚地区原始文化的集大成者，因为其不仅反映了该地区史前时代居民的自然和生活环境，还表现了他们的原始观念与信仰。铜鼓集中体现了当地特有的艺术特色，蕴含着丰富灿烂的物质和精神文化的内涵，它反映了古代东南亚地区史前文化所达到的高度，也成为越南引以为荣的传统文化表征之一。

从英国学者R.B.史密斯调查统计的资料来看，在古代东南亚地区发现了130多面属于黑格尔I型的铜鼓，[1]其中在越南出土的最多，在印度尼西亚、泰国、老挝、柬埔寨和马来西亚也有出土。[2]越南玉镂铜鼓就是铜鼓文化的典型产物，具有丰富和典型的花纹。该铜鼓高为63厘米，面直径为87厘米。鼓上刻有多种类型的花纹，几何形花纹、人形和动物形花纹。鼓面花纹有十二晕，大部分晕为几何纹，有六晕是圆圈加接线纹，还有两晕为锯齿纹，有三晕为人形纹和动物纹，最边缘最大的一晕均为鸟纹，全晕共有飞鸟和栖鸟十八只，飞鸟为长喙长尾鸟，而栖鸟为短尾短喙，多数学者认为此为雒越人的图腾形象，即"雒鸟"。而第四晕是鼓面的主晕，包含有"羽人"形象，他们头戴鸟冠，身着羽衣，作边走边舞之状，其手执乐器、武器或羽饰的仪仗，有人手执鸟头状的仪仗。有一对相对持杵舂米，杵之顶饰以鸟羽。鼓面还有正在捶击铜锣的人，铜锣悬于两旁，每排计七个或九个；有房屋的形象，房屋多为有柱的干

---

[1] 笔者按：奥地利学者F.黑格尔在1902年发表《东南亚古代金属鼓》中所说的第一种类型的鼓，即黑格尔I型鼓，是最为古老的鼓。这种鼓的特点是，鼓身由三部分组成，鼓面即鼓的胸部凸出，中间腰部垂，足部外延，鼓底脚部展开似喇叭口。

[2] ［英］R.B.史密斯：《东南亚的黑格尔I型铜鼓表》，载《早期东南亚》，牛津大学出版社1979年版，第509—516页；转引自贺圣达《东南亚文化发展史》，云南人民出版社1995年版，第62页。

栏式建筑，屋顶略弯，两头穿起，并且饰以鸟羽，屋内独柱台上安置有铜鼓。陶维英曾用越芒语族中芒族现存的招魂仪式来比对铜鼓上的图案，发现有三种情节现在还在芒族中存在，如打击成排悬挂在架上的铜锣，铜锣大小不同，各有不同的音节；法师边舞边施法术；一对男女舂米（或是空舂）以助其他人奏乐时打节拍。

铜鼓上最普遍的是太阳纹，太阳能给人和万物带来光和热，万物生长靠太阳，在史前文化阶段，很多民族的原始信仰里都会把太阳当作万能之神来崇拜和祭祀，东山居民也不例外，鼓上的太阳纹就充分表现了他们强烈的太阳崇拜心理。是以稻作业为主的雒越人，对于太阳与水稻的生长的关系，有着虽然还很直观但却非常深刻的感受，因此几乎出土的每面铜鼓都有太阳纹。鸟的形象在铜鼓的纹饰中也是常见的，而且往往占有突出的位置。此外，人形、船形和房形图案上还经常使用与鸟相关的纹饰来装饰，那么鸟在东山铜鼓中究竟是代表了什么呢？陶维英认为："图腾主义不仅在第八晕上的飞鸟形表现出来，而且在鼓面以及鼓身上人和船的化装上都充分地体现出来。"[1]这样看来，这里鸟的形象不仅仅是自然界中某种具体的鸟类，而且显示出从自然主义的具体形式向抽象化的发展，作为图腾崇拜的一种表征，被东山居民用相当高的抽象思维能力将其融汇于日常生活、祭祀之中。羽人是铜鼓上常见的人形图案。所谓羽人，就是用羽毛作装饰的人物，有举弓的、持盾的、手持斧头和矛的，还有跳舞的化装羽人。这些羽人象征着什么，不同的学者对其作出了不同的猜测，也许因为每面铜鼓上记载的场景不一样，所以这些羽人代表和象征的意义就不一样，但是有一点可以肯定的是，这些羽人就是东山居民，他们在参加如招魂、祭神、葬礼、典庆和舞蹈等活动时，会以羽毛装饰自己。船纹和鱼纹在东南亚铜鼓上也是常见的，其他还有一类出现较多的动物纹饰是青蛙，有的是大的背小的，有的是一对，还有的是在生产季节正在交尾。越南学者文新认为，"青蛙也是东南亚居民认为可以呼唤下雨的动物，铜鼓上经常刻画青蛙，也有祭祀青蛙的"。也有一些学者认为，越南铜鼓上表现青蛙嬉戏、交尾的图像，

---

[1]　[越]陶维英：《越南古代史》，刘统文、子钺译，商务印书馆1975年版，第350页。

表达了当时居民渴望万物繁荣昌盛、子孙绵延不断的心理。[1]铜鼓既是军事首领势力的象征，也是人们与神灵、生界与死界沟通的中介。

  史学家们认为在印度支那，特别是在越南，青铜器工艺从一开始的时期，便相当于磨制石器工艺的全盛阶段。制造青铜器的初期，并不会削减石器的使用。但拿青铜器与石器作比较，就会看到青铜器的式样不是由石器的式样演变而来。于是人们推测这些青铜器是由外人传入的。因为目前像这一类青铜器，在西北地区发现的较东部和东南地区为多，于是人们推断青铜器工艺开始传入越南是取道西北而来，即由富有铜矿和锡矿的云南而来。

  1975年在云南楚雄万家坝墓群中出土两面铜鼓，其中一面的年代为公元前690年，这是由生活在云南元江流域的越、濮民族生产的迄今已知最早的铜鼓，而且，从造形看是早于黑格尔I型的铜鼓类型，[2]有学者称其为"先黑格尔I式铜鼓"。中国云南滇中至滇西地区是万家坝型铜鼓的主要分布地，生产和流行年代为春秋早中期至战国晚期时期。越南东山铜鼓的流行年代为战国晚期至东汉初期，在时间上可以和万家坝型铜鼓相衔接。根据铅同位素检测，越南出土的几面万家坝型铜鼓应是在中国云南大理、楚雄生产而直接输出的。越南考古研究中心阮文好教授说："1993年在老街发现2面这种铜鼓，一面太阳纹只有圆饼状突起的光体面而无光芒；一面鼓面太阳纹有8芒。此外在清化省绍化县、河江省永绥县、安沛省文安县也发现这类铜鼓。"[3]越南老街省位于我国云南与越南接壤的边境，从该地一直延伸至马江流域，都是先秦时期古越人的活动区域。除京族外，目前这些地域还广泛居住着百越后裔的少数民族。由此可见，关于云南是世界铜鼓起源地，东山铜鼓受其影响的观点确实是客观的，也已得到许多国家的考古学者的赞同。陶维英也认为："当印度尼西亚种人还处在石器文化时期，而雒越人则由于多少接触了汉文化

---

[1] 潘世雄：《广西铜鼓纹饰的意义》，载《古代铜鼓学术讨论会论文集》，文物出版社1982年版，第186—192页。

[2] 王大道等：《论铜鼓起源于陶釜——兼论最早类型铜鼓》，载《古代铜鼓学术讨论会论文集》，文物出版社1982年版，第31—40页。

[3] 转引自蒋廷瑜《越人及其后裔的铜鼓文化》，载车越乔主编《越文化实勘研究论文集（二）》，科学出版社2008年版，第110页。

的影响，已经发展到铜器文化阶段……战国时代的汉族铜器很可能对雒越铜器文化有着极为深远的影响。"[1]

但就东山铜鼓与云南铜鼓的关系，有以下几点认识，笔者以为不得不查：

首先，越南东山铜鼓制型和纹饰与云南石寨山型铜鼓最为相似，而石寨山型铜鼓就是云南万家坝型铜鼓的直接继承者，按中越两国出土的铜鼓铸成年代先后来判断，东山铜鼓与中国云南万家坝型铜鼓至少是一个文化体系。云南省广南县阿章寨出土的广南鼓属石寨山型铜鼓，"有太阳纹12芒，芒间填斜线，第2—7晕为点纹、勾边雷纹和一层锯齿纹……中部饰4组船纹，每组船上有7—8人，皆裸体、项髻。腰纵分为14格，格中饰羽人对舞和砍牛等图……"[2]如果与前述东山时期玉缕铜鼓相比，很容易看出两者制型与纹饰极其相似。

其次，越南东山铜鼓与云南石寨山型铜鼓在造型上有极高的相似度，但也存在明显的区别。虽同为黑格尔I型铜鼓，但东山铜鼓鼓身为圆筒形腰，如玉缕鼓为面径79厘米、通高63厘米。而云南石寨山型铜鼓如上述广南鼓则面径68.5厘米、足径84厘米、身高46厘米，鼓身呈喇叭形截头圆锥形腰。且东山铜鼓的体型普遍大于石寨山型铜鼓。这些制型上的差异说明越南东山铜鼓并非完全继承中国万家坝型铜鼓而来，因此也有越南学者提出东山铜鼓不是来源于"万家坝型"。但如上述已言，众多的相同点至少说明两者是一个文化体系，而存在明显区别这一点表明铜鼓虽起源于中国云南，但铜鼓是越、濮族群文化共同的文化表征，经过古蜀人、越人和濮人族群部落间频繁深刻的交融后扎根越南北部地区。铜鼓深受当地雒越居民的喜爱，因此他们结合雒越人的审美与生活习惯，创造了许多有当地特色的纹饰，本地特征显著。

最后，通过铅同位素分析，越南东山铜鼓和中国石寨山型铜鼓两类铜鼓的矿料产地并不相同，这说明两者是同源异流的铜鼓类型。融合了云南铜鼓文化特征而得以快速发展的东山铜鼓以精美闻名于世，难怪

---

[1] [越]陶维英：《越南古代史》，刘统文、子钺译，商务印书馆1976年版，第337页。
[2] 蒋廷瑜：《越人及其后裔的铜鼓文化》，载车越乔主编《越文化实勘研究论文集（二）》，科学出版社2008年版，第111页。

有越南学者谈道："东山人民的铸铜技术已经达到了一种让人惊愕的程度，铜鼓、铜塔是那些东山铸铜师傅灵巧双手创造出来的最具代表性的物品。这种无法否认的高度让一些西方学者无法相信东山文化或说东山文化中的冶炼技术是发源于本地。"[1]中国学者蒋廷瑜也认为："百越族群中的雒越人将铜鼓艺术推向高峰，在万家坝鼓的基础上产生了成熟的、形体稳重的、花纹繁缛的石寨山型和东山型铜鼓。"[2]

除了铜鼓以外，东山文化的铜器还有米臼、斧、钺、刀、矛和铜俑。此外还有一些装饰物如耳环、手镯等。另外还有不少容器，其形状如同盛酒器皿的瓶，论其形状及装饰使人们联想到今天芒族妇女经常挂在背上的竹篓。丰富的铜器也反映了东山居民当时已经具备高超的冶铜水平和铸造水平。但当时的东山居民应该很少使用铁制工具。因为，在东山发掘的遗址，从陪葬品来看，大部分尊贵者的坟墓中少见铁制的生产工具。中国史书《史记》曾记载，"高后时，有司请禁南越关市铁器"，越南《大越史记全书》也记载了在赵佗南越国时期"汉禁南越开市铁器"[3]。两书都表明汉曾禁止向南越出售铁器，可见在南越国统治雒越地之前，东山时期虽然冶铜技术高超，但是应还未熟练掌握冶铁技术。

3.其他文化的丰富与发展

（1）稻作文化的发展

东山居民有两种农业耕作方式，一种是山地耕种，另一种是田地耕种。山地耕种多利用山坡的田地，利用雨水或泉水，使用刀耕火种的方式。而田地耕种一般则是利用河边的冲击淤泥形成的土地，我国史书《交州外域记》就有记载："交趾昔未有郡县之时，土地有雒田，其田从潮水上下，民垦食其田，因名为骆民。"陶维英认为这是指雒越人已经会利用潮汐将江水引入农田。他们利用潮水高涨时，引水入田，使草腐烂，使土成泥，潮水降落后，再排除积水。这就是《史记》上说的越

---

[1] Trần Ngọc Thêm, *Cơ sở văn hóa Việt Nam*,TP.HCM, Nxb Giáo dục, 1999, tr.41.（[越]陈玉添：《越南文化基础》，教育出版社1999年版，第41页。）

[2] 蒋廷瑜：《越人及其后裔的铜鼓文化》，载车越乔主编《越文化实勘研究论文集（二）》，科学出版社2008年版，第130页。

[3] [越]吴士连：《大越史记全书·外纪》卷3，日本国宫内文学兼东京大学影印本，明治甲申十七年（1884）。

人的"水耨"方法。中国史学界、民族学界和农业界对此有多种说法，如"鸟田""浮稻田、深水田""山谷田""架田"等，[1]但无论是哪一种说法都可说明当时的居民已经懂得稻田种植的一些技术。而且，此时的居民已经知道使用青铜制作的犁，在东山文化遗址中至少发现了79个青铜犁片。近来又在古螺城发现100多种青铜器，其中有96片犁。[2]这些犁片有着不同的尺寸，形状则有蝶形、三角形、心形等，根据它们的尺寸、形状、构造和磨痕来判断，考古学家们认为这是真正地在拉力下进行耕田犁地的工具。在公元元年前后，使用青铜的犁，运用牲畜的劳动力，这些体现了当时先进的耕种技术。

《岭南摭怪》对越南原始社会末期社会的生产力有记载："国初，民用未足，以木皮为祗，织菅草为席，以米渖为酒，以榔桃棕桐为饮，禽兽鱼鳖为鹹（该字为喃字，意为用水产品做的酱类食物），姜根为盐，刀耕火种，地多糯米，以竹筒炊之。"[3]虽然该书为神话故事集，所载内容不可完全采信，但某些内容在一定程度上确实可被视为一种"史影"。结合东山文化的考古资料来推断，东山时期的农作物主要是水稻，包括粳米和糯米，而当时糯米的种植更普遍，所占比例也较高。铜豆、东进和嘎乡文化遗址的稻谷遗存，谷粒圆而均匀，为典型的糯米谷粒。与此同时，根茎类蔬菜的种植仍然继续发展，值得注意的是古越人此时已经懂得了种桑养蚕，种植棉花，以抽丝纺布。当然，随着青铜制作的鱼钩、箭、镖等工具的产生，渔猎经济和野兽的驯化养殖也在不断发展。东山居民的饮食结构已经形成了以米饭、蔬菜、鱼和肉为主，制作方式有生吃、炭火烤、放在锅或竹节里煮、炖以及蒸等。此时人们已经知道将食物制作成酱，或是制成干饼、干粮。东山居民还有吃槟榔的习惯，在东山遗址已经发现有槟榔核和槟榔的化石。[4]

---

[1] 笔者按：关于国内外学者关于"雒田"的各种分析可参见王柏中《"雒田"问题研究考索》，《中国史研究动态》2012年第3期。

[2] Huỳnh Công Bá:*Lịch sử Văn Hóa Việt Nam*, Húe: Nxb Thuận Hóa,2008,tr.182.（［越］黄工柏：《越南文化史》，顺化出版社2008年版，第182页。）

[3] ［越］武琼：《鸿庞氏传》，载《岭南摭怪等史料三种》，中州古籍出版社1991年戴可来等校点本，第11页。

[4] Trương Hữu Quýnh, *Đại Cương Lịch Sử Việt Nam*, tập I, Hà Nội,Nxb Giáo Dục Việt Nam,2011,tr53.（［越］张友炯：《越南历史大纲》第一册，教育出版社2011年版，第53页。）

（2）造形文化的丰富

东山时期手工业发展迅速，对农业产生了很大的促进作用。石器制作在冯原文化阶段达到了顶峰后逐渐让位于冶金业，石器加工转向了宝石等装饰品的加工上。陶器制作虽然还没有超越粗陶的制作，但是制作水平有了明显提高，普遍使用旋转的轮盘来制作陶器，陶器表面平滑，纹饰更多样化。在东山文化的绍阳、越进等遗址出土的陶器和陶片中，纹饰极为丰富多彩，达57种之多，计有席纹、蜂窝形纹、双螺旋纹、方格纹、斜格纹、双橄榄形纹、波浪纹、连环形纹、锯齿纹、双S形纹、云雷纹以及各种组合纹饰。印纹陶的纹饰直接或间接地源于生活，有的是摹拟竹、麻、芦苇等植物的编织物图案，有的是某些自然现象的写照，有的则是图腾崇拜的图纹再现。

越南这一时期印纹陶的迅速发展与华南地区的陶器文化有着必然的联系。华南地区东南沿海的陶器文化，距今3500年到2500年属兴盛时期，其遗址遍布长江以南的两广、浙江、福建、江西、江苏、安徽、湖南以及台湾地区，在时间上较越南东山文化时期印纹陶文化兴盛的时期早了1000年到500年。从制作、造型和纹饰上来说，东山地区出土的几何印纹陶也有"方格纹、菱形凸菱纹、席纹、菱形回字纹、曲折纹、云雷纹、圆圈纹、叶脉纹等，与华南各地出土的陶纹饰接近"[1]。这些情况都说明，至少到3000多年前，中国南方兴盛发达的几何印纹陶，就已经传播到了东南亚，给当地制陶业带来了很大的影响。[2]但是越南当地的印纹陶仍然有其浓厚的地方色彩，其中花瓣纹、叶状纹、树形纹等都是模仿当地的植物特征，在华南地区的印纹陶中就没有。

东山居民的房屋一般为低矮的干栏式建筑，屋顶是船形，房屋还没有出现墙壁，上楼的楼梯置于屋前。居住的楼房前还有附楼，也是低矮的干栏式建筑。在每个村社里还有一个大的建筑，也是船形屋顶，一般用来祭神、接待客人和开会等。这些房屋的形状都被刻在了东山铜鼓的表面。

---

[1] 王介南：《中国与东南亚文化交流史》，《中华文化通志》第10典，上海人民出版社1998年版，第14页。

[2] 彭适凡：《中国南方古代印纹陶》，转引自贺圣达《东南亚文化发展史》，云南人民出版社1995年版，第56页。

(3) 服饰文化的出现

东山时期，男性普遍穿着遮羞布，而女性就身着筒裙和围裙，裙子一般到膝盖，有一些场合还会增加衬裙。贵族妇女会穿着包括胸衣在内的衣裙，在腰上系一根绳做装饰。下面的筒裙用一块到脚的垂布做装饰，衬裙在肚前和臀后都有日字形的花纹修饰。到了节日的时候，除了日常的服装，他们还有一些很独特的用树叶和羽毛扎成的礼服裙或羽帽，在帽前还要再添上几枝羽毛增加高度。东山居民非常喜欢使用装饰品，男女都戴耳环和手镯。此外，他们还喜欢挂坠和戒指，多用黄色、绿色和多彩的石头制作，还有一些是用青铜、陶土做的。男女都剪发或束发，如果剪发的则头发一般留到齐肩，束发的就会在颈窝处束发，也有一些会在头顶上束起高髻，还有一些妇女会将头发编成发辫长长地留在后背。无论男女都会用一条长头巾围在头顶或是额头上，有的还会在头后垂下一部分头巾，一些贵族还会在发束外用头巾拧成尖形来包覆住头发。

(4) 行为文化的出现

《岭南摭怪·鸿庞氏传》中记载有越南原始社会末期关于生产和婚配的风俗："子之初生也，以蕉叶卧之。人之终也，以杵舂之，令邻人闻得来相救。未有槟榔，男女嫁娶，以盐封为先，然后杀牛羊以成礼，以糯饭入房中，相食悉，然后交通。"[1]但当时还是存在一些母系氏族的残余，比如一女嫁兄弟俩，男子入赘，或是已经结婚的妇女还是会回母家生孩子并且住一段时间。

如果有人去世，公社里首先是敲打石臼告诉大家来帮忙料理后事，会有一些表达思念、祈求的仪式。死人一般是葬在墓穴、瓦罐或是挖空树心的树干中。有时也会出现火葬，然后将骨灰装入瓦罐。在安阳王时期，瓯雒人会用一根树干雕刻成船形棺材，而后小心将其漆成黑色。根据家庭的情况随葬品的多少也有所不同。此外瓯雒居民还有一些其他的风俗习惯，比如纹身、染黑齿、在婚嫁中有以拿槟榔盘和水瓶作为重要仪器的交接仪式。"民文身，效吴越之俗，柳诗云'共来百越文身

---

[1] [越]武琼：《鸿庞氏传》，载《岭南摭怪等史料三种》，中州古籍出版社1991年戴可来等校点本，第11页。

地'"[1]，可见也有中国史书记载了百越民族特有的"断发文身"习俗。

（5）原始宗教信仰与民间神话的产生与发展

原始宗教的产生，以神灵观念为标志。而神灵观念的出现表明人已经从客体中分离出来，开始意识到自身的存在，有了自我意识。在东山时期，原始宗教信仰较为盛行，自然崇拜、图腾崇拜、祖先崇拜、生殖崇拜成了最主要的信仰。比如崇拜太阳、水稻、鸟和其他动物以及男女生殖器等。原始宗教信仰还扩大到对天神和人神的崇拜，特别是对那些对民族、部落和村社集体有功的，在生活、劳动和战场上的英雄，都会加以虚构的故事情节美化从而进行崇拜和供奉。东山居民为了感恩神灵和祖先会举行祭祀活动，在这一时期已经出现了巫师和术士用一些巫术来迎合和支配居民的信仰，随着社会阶级的分化，统治者也学会了使用神权来提高世俗权力的威信。

东山时期的居民开始关心人类的起源和对自然界的探索，在神话传说里经常会出现关于天地、山河、森林、草木、虫鱼鸟兽等的传说来集中表现探究万物起源的思考。这类神话体现了原始宗教信仰的沉淀，比如在关于雄王传说里提到的"昔貉龙君娶妪姬，生一胞百卵"即蕴藏着对鸟的崇拜，在《伞圆山传》神话里提到的一些带有法术性质的现象如："雄王请试法术，山精乃指山，山崩，出入石中无所碍。水精以水喷空，化为云雨。"[2]神话里假托山精与水精因迎娶雄王女儿媚娘而引发的对立，其实反映的也是人类与洪水等自然灾害的斗争，而山精与媚娘的结合与占胜水精，可以说还反映了山区与平原居民的部落联盟，是人战胜洪水的象征。还有值得一提的是，这一时期的神话经常体现出一种阴阳既对立又融合的思想，山精与水精就体现了天与地、山与河之间的对立与统一。有时东山居民还把人类的作用加入神话传说中，经过再塑造，使各类神灵和自然的力量拟人化，转化成为宗教信仰中的人神，比如像"女巨人女娲的阴户就足有三亩那么大，而男巨人四象的阳根也足足有十四竿子那么长"[3]，这样夸张的文学语言描述体现了当地居民史前

---

[1]　[越]黎崱：《安南志略》，中华书局2008年武尚清点校本，第41页。
[2]　[越]武琼：《鸿庞氏传》，载《岭南摭怪等史料三种》，中州古籍出版社1991年戴可来等校点本，第36页。
[3]　罗长山：《越南传统文化与民间文学》，云南人民出版社2004年版，第185页。

的生殖崇拜。而《幡竿的传说》则述说了人类利用水稻、红薯、玉米、竹子、剑麻、蒜头和榕树叶子等农作物和植物，战胜魔鬼的神话故事，生动地表现了当地原始农业文化的特色，歌颂了越南民族的勤劳、勇敢与智慧，充分体现了稻作文化史前居民丰富的精神世界。

东山时期，已经有一些简单的音乐和乐器，如铜鼓、皮鼓、锣钲、乐钟、笛、号角、笙、云板、喇叭、木琴。歌舞主要还是在宗教信仰仪式上的一些歌舞，男女的情歌对唱，劳动中的歌谣等。舞蹈有空手的，有手持道具、乐器或是武器跳舞的，也有化装为羽人起舞的，充分体现了东山居民的审美思想和情感发展。

东山文化体现了其与各种文化的交融，在西北面，有晋宁文化；在北方与长沙文化接触；在南面与沙荧文化交流。在文化交流基础上形成的东山文化呈现出一种共同的文化基因，表现在劳动工具、生活器皿、武器、乐器、装饰物和雕刻的花纹等方面存在共同性，最集大成者仍然是东山铜鼓。出土的器物有铜鼓、青铜武器和容器，以及陶器、磨光石器和装饰品等，并有中国汉代的铜镜和铜钱。考古学家在东山文化遗址的大量发现向世人呈现了一个久远的时代，这一遗址的能动性和规模足可以显示出这个地区是各种文明接触、融合的交叉点。

总之，东山居民无论在物质、精神方面都已经形成了一种越南史前文化的萌芽，带有显著的本地特征即古代东南亚地区史前文化特征。可以称其为红河下游文化，这是一种具备一定生产力的稻作文化，是以东山文化为代表的一种史前文化，一种灿烂的还有待更深一步研究的神秘的青铜文化。越南史前社会是以部落联盟为基本组织结构的国家前形态，这也是一种同源于华南越、濮民族的史前文化，是带有稻作农业思维方式，带有对生殖繁衍的渴望，一种原始、质朴、简单、平等、和谐的古代东南亚地区史前文化。这为越南进入封建时期后的文化发展打下了坚实的物质和精神基础，同时也使越南史前文化不至于被强大的中华或印度文明完全同化。可以说，史前文化为越南文化的演变打下了厚重的底色，使其在交融与内聚的进程中保持了明显的古代东南亚地区文化的本地特征。

第三章

越南传统文化的形成
——与中国传统文化的深刻交融和内聚

越南史前文化在其现代国土范围内分为北、中、南三个较为灿烂的文化区：东山文化、沙萤文化和奥埃文化并行地发展着。在受到中国和印度文明圈的影响后，本地古代东南亚文化特征与之相互融合，三个史前文化区逐步形成了现代越南别具特色的亚文化区。

奥埃文化位于南部九龙江区域，该地区经历了几个世纪的发展后成为扶南王国的一部分，这是一个强烈受印度文化影响的国家，而后演变为真腊（真腊的一部分又发展成为吴哥王朝，最后成为今日的柬埔寨）。这里的本地原始居民主要为高棉人，而该高棉文化区在16世纪时才加入越南国家版图。因此，实际上在8—16世纪之间，这个区域的文化发展很少出现在关于越南的历史文献中。

在中部的沙萤文化和同奈文化遗址上，产生了古代东南亚的另一个国家——占婆，这也是一个受印度文化影响较深的国家。1471年，占婆古国被越南强大的封建王朝黎朝攻占。1693年越南南方阮氏政权再次攻打占城，占婆灭亡。占婆国的主体民族——占人，就演变成为越南现在的一支少数民族——占族，而占婆文化也就成为越南多民族国家文化宝藏里的一部分，但并非越南传统文化的主流。

基于以上原因，本研究论述的是越南主流文化的演变，京族是该文化的创造者，因此关于越南中部和南部古代文化对越南传统文化产生的影响，不再以专门章节论述，而占婆文化、高棉文化或印度文化对京族传统文化某些文化层面产生的重要影响，会在后续有关章节提及。

北部地区的史前东山文化是越南传统文化形成和演变的重要基色。在东山文化分布的越北地区从北属中国封建王朝（公元前214年）起，至丁部领建国越南独立（968）长达千余年。再从李朝建立（1009）至阮朝灭亡（1858），再近千年。在这漫长的两千余年时间里，在与中国长期且异常深刻的接触中，越南传统文化逐渐吸纳和融合了中国传统文化的养分，形成了一种文化特色——深受中华文明浸染，但又对华始终保持着抗争和防范意识——"交融与内聚"。本章着重阐述的是最能代表越南传统文化的多维现象，从其演变进程、规律阐述其文化特色的流变。

第一节　越南传统文化形成时期的历史变迁

一　北属时期

公元前214年，秦朝兼并天下，略定杨越，置桂林、南海、象郡。[1]公元前207年，秦亡，原秦朝南海尉赵佗"以兵威边，财物赂遗闽越、西瓯、骆，役属焉，东西万馀里"[2]，自立为王，南越割据政权始于此。之后，赵佗率领将卒和大批中原移民戍边，竭力将这些谪戍安置在广漠的岭南与越人杂处，但保持原来本地氏族贵族以及雒将的制度，并保持了当地的一些法律、风俗和习惯，稳定了原象郡地区的统治。

公元前111年，汉武帝平南越，在华南地区置九郡，每个郡设置太守和都尉，并设交趾次使统管，交趾次使驻地麋灵（相当于越南安浪与富寿之间的地区），其中交趾（今越南河内一带）、九真（今越南清化、义安一带）、日南（今越南广平一带）大致相当于今越南北部和中部偏北区。其他的六郡为儋耳、珠崖（海南）、南海、合浦（广东）、郁林、苍梧（今广西）。汉进一步使用以"越人首领来管辖越人"的方法，一些雒将演变成了县级官吏，同时一些流放的罪臣和汉民移居交趾与瓯雒居民杂居，随着汉朝封建郡县制度的逐步建立，汉文化的影响日渐深入。

---

[1]　（汉）司马迁：《史记》，岳麓书社2010年韩兆琦评注本，第1543页。该书评注曰，象郡：秦郡名，郡治临尘，今广西崇左县。
[2]　同上书，第1543页。

东汉时期，中央政府从政治、经济和文化各方面加强对郡县的统治。34年，苏定出任交趾太守，没有采用上任士光太守的做法，欲废除"以越治越"的旧法，完全使用汉朝法律来管束交趾居民与雒将，这就触动到很大一批越人贵族的利益。40—43年，仍留有原始氏族社会残余势力的交趾地区爆发二征夫人起事，后汉书道："建武十六年，交趾女子征侧及其妹征贰反，攻郡。征侧者，麓冷县雒将之女也。嫁为朱人诗索妻，甚雄勇。交趾太守苏定以法绳之，侧忿，故反。"[1]虽究其根源，这是封建制和奴隶制两种生产关系与经济制度的较量，但汉朝在平定了二征夫人起事后，将交趾郡下设县，并废除了可以世袭的雒将制度，由汉朝官僚直接管辖县级单位。从此之后，交趾、九真、日南三郡地区由原始氏族社会末期或奴隶社会萌芽状态，开始转向封建社会，这成为越南历史与文化演变进程中一个重大转折。

东汉末年，中国出现三国鼎立的局面。三国孙吴在交州新置新昌、武平、九德三郡，合前共六郡，统辖于交州。此后，中国进入了南北朝时期（420—581），交州地区相继从属于吴、魏、秦、宋、齐、梁。当时中原战乱不断。一些华南地区的贵族与官僚都纷纷来到交州避难，如士燮、陶璜、杜援等，都是全家乃至亲戚好友共同迁居交州。大批汉儒涌入交州，儒学文化随着中原对交州地区的政治统治与文化交流进一步深入越南北部地区。美国学者尼尔·詹梅尔森就谈道："红河三角洲和北部平原的居民迅速汉化，当然在这一区域的汉人及少数民族也被当地的风俗习惯影响，汉越文化基因混合产生了一个新的'汉越文化单元'。700年来，这一地区被称为交州，属于中国的一个省，但是还是保持着一种独特的本地意识。"[2]

602年，隋朝再次统辖交州地区，废州置郡，郡下设县。622年，唐朝改交州为安南总管府，下设10个州，由设在广州的岭南节度使管辖。679年，改设安南都护府，都护府设在宋平（现在的越南河内地区），下辖12个州59个县，包含现我国两广地区南部和越南北部地区，后为了应对该地区的农民运动，又增设了以安南本地贵族为主的节度使，府下设

---

[1] （宋）范晔：《后汉书》卷86，中华书局2010年标点本，第836页。
[2] Neil Jamieson, *Understanding Vietnam,* California: University of California Press, 1995, p.8.

州，州下设县，县下设乡和社。唐末五代十国时，中国内地大乱，各地豪绅割据自立，安南以其本地贵族为主体的节度使也兴起了独立自主运动。

汉朝和唐朝是中国封建朝代中较为兴盛的时期，中华文化与世界文化空前融合、繁荣。这一时期，中国已经建立了完善的封建官吏制度，确立了儒、释、道合流的政策思想，佛教的各主要宗派大多在此期形成或成熟，汉赋唐诗达到中国古代诗赋文学的一个巅峰。近1000年的北属时期，越南北部地区长期处于兴盛的汉唐盛世，难免受到中华文化的强烈影响，汉唐语音和汉字传入该地区后，对越南主体民族的语言与文字产生了无法磨灭的影响。汉字自此成为越南封建政权官方文字，持续使用近两千年，直到19世纪末期，越南才开始了废除汉字的运动。

二　丁、黎建国初期

安南地区的自主独立运动经过了激烈的推进过程：907—930年，曲氏建立地方自主政权时期；931—938年，杨廷艺和矫公羡建立地方自主政权时期；939年，吴权起兵，自立为王，首次建立起独立于中国之外的地方割据政权。但吴朝统治时间很短，特别是在945年，安南地区各地豪绅兴起十二使君之乱，各据州郡，建立自治政权。十二使君之乱，酿成长达二十余年的混乱局面，使安南地区经济衰退，文化惨遭浩劫，百姓万劫难逃，整个社会陷入混乱之中。

其间，丁部领暗中观察，在诸使君常年战争耗尽人力和财力之际，他采取怀柔、联盟和军事降服的手段，基本完成了安南的统一。968年，丁部领自称"大胜明皇帝"，定都华闾（现越南的宁平省），仿照中国起宫殿、制朝仪、置百官、立社稷、设六军、肇新都、筑城凿池，发行新钱币"太平通宝"，建国号"大瞿越"。

丁部领对建国初期的国力认真考虑后，认为只有和宋朝搞好关系才会对国家生存有利，因此三次遣使赴宋请求册封。宋朝承认其为"列藩"。封丁部领为"交趾郡王"。宋太祖时，中越之间开始确立了宗藩关系。越南著名史学家黎文休对此赞扬道："丁先皇以武力起家，但其外交政策可谓识时务者。"意指当时宋朝建朝不久，实力雄厚，如果越不以玉帛交往,那宋朝必然还之以干戈,而且败将吴日庆又肯定会引占军进城,使越腹背受敌。因此请求宋朝册封,实在是一个审时度势的外交家之举。自此,"北迎南拒,北抗南进"一直是越南在扩张版图期间始终奉行的外交思维。由于独立政权的建立,这段时期也是越南民族主义大幅提升的时期,但是为了建立起一套完善的封建统治体系,"大瞿越"仍然非常注意学习模仿中国封建统治的制度文化。

979年,丁部领为内祗侯所弑,十道将军黎桓趁机与朝臣勾结,立丁部领小儿丁睿为傀儡,后又废丁睿,自立为帝,丁亡黎立。此黎朝自980年至1009年,越南历史上称为前黎朝。这段时间越南与中国宋朝发生过多次战争,其中包括著名的白藤江战役,这次战役的胜利大大鼓舞了越南民族独立的决心。但黎桓仍然与宋朝修好纳贡,宋朝也封其为南平王。前黎朝多次发兵侵略占婆和老挝。1005年黎桓去世,众子争夺王位,相互混战。黎龙铤继位,但其为政暴虐,民不聊生,1009年,其病死后,左亲卫殿前指挥使李公蕴趁机夺权,建立李朝。

三 李、陈兴盛时期

1010—1225年的李朝是越南较强大的中央集权王朝,共历215年。这时的越南尚未建立本民族通用的文字系统,汉字仍是通行的书面文字,所以儒学与汉字在越南社会广泛流行。"汉文化此时期在越南已浸渍甚深,为其自立之后成为东亚'汉文化圈'国家中的重要一员打下基础,同时也规定了越南自立之后思想和文化史发展的一些基本特征。"[1]开国皇帝李公蕴即位后,为加强中央集权的封建统治,把都城从华闾迁回大罗,并以梦中看见有一条龙自此地升起而称其为升龙城,也就是现在越南河内。李公蕴之所以将李朝都城自华闾迁至升龙,因"华闾是一个山地间的盆地,周边山地险要,适合建国初期防御的需求。现在我国已经稳定,而且需要一个发展的京城,京城必须是一个国家经济和文化的中心,而华闾地势已经不满足以上的要求。同时,升龙位于平原,是国家的中心位置,水路陆路交通便利,有充分的条件可以成为一个强盛国家的政

---

[1] [越]明峥:《越南史略》,范宏科、吕谷译,生活·读书·新知三联书店1958年版,第73页。

治、经济和文化中心"。[1]升龙迁都一事反映了越南国家封建中央集权的要求，同时也表明了越南维护国家和民族独立的精神与愿望。1054年，李圣宗改国名为"大越"。

李朝继续采用"南进北抗"的政策，对外不断用兵。1075年，本着"先发制人"的主张，李朝军队在李常杰太尉的指挥下，北上攻打中国的钦州和廉州（现广西钦州和合浦），甚至打到邕州（今广西南宁市）。后因惧怕宋朝军队南下，当宋军反攻至白藤江时双方长期对峙，最后议和，李朝继续向宋朝纳贡。而后李朝向南先后占领占婆的三个州（现广平省和广治省北部）。

13世纪初期，越南爆发连绵不断的农民起义，李朝衰败。李朝末年，大将陈守度借"平叛"有功，独揽大权，后又策划其侄儿（8岁）娶皇女李昭皇（7岁），直接摄政，李朝亡。因害怕李氏家族复辟，陈皇强迫全国李姓人均改为阮姓，建立陈朝。

陈朝进一步加强封建中央集权统治，改革租税政策，恢复农业生产，国力逐渐强盛。1257年，元朝军队南进越南，陈朝军队在皇室宗亲陈国峻大将的带领下，陆续取得过几次抗元斗争的胜利，特别是1288年的白藤江大捷，大大增强了越南民族的自信心。陈朝继续向南扩张，但1371年，复兴的占婆王又指挥占婆军队3次攻破升龙京城，掳掠财富和人口而还。1390年，陈朝军队复败占军。李陈时期，越南成为东南亚地区最强盛的国家，民族主义精神空前高涨。

越南传统文化在这一时期得到空前发展。李朝非常注重封建制度的完善，开始编撰和整理各种治国的规定和官僚制度。1042年，李太宗颁布《刑书》，这是越南历史上第一部成文的法典，之前虽有一些成文的法律规定，但只是一些零散的规定，带有随意性，没有统一标准。《刑书》的出台是越南法律制度上的一件大事。陈朝时期，还出现了太上皇禅位制度，即皇帝让位于太子，称太上皇，父子两皇共同治理国家的特殊政治制度。1230年，陈太宗又颁行了《国朝刑律》，1341年陈裕宗颁行《刑律书》。这些都预示着一个封建国家的国家机

---

[1] Huỳnh Công Bá, *Lịch sử Văn Hóa Việt Nam*, Húe: Nxb Thuận Hóa, 2008, tr.439. （［越］黄工柏：《越南文化史》，顺化出版社2008年版，第439页。）

器组织向正规化迈进。李陈时期，义务兵役制已经出现，有户口登记和选兵制度。各个乡社的人丁，从18岁到20岁，叫做皇男，成为军事储备力量；从20岁到60岁，称为大皇男，必须要服兵役，而且要登记人数以便需要时及时调动。有战事时，国家要根据登记人数来选士兵。没有战争时，则轮番回家种田或是在军队服役。这是一种特殊的"寓兵于农"的政策，在李陈时期形成并成熟。为训练将士习军法，陈国峻编写了《兵家调理要略》，在京都还成立了专门培养贵族习武的武堂。

随着独立封建国家的建立与发展，越南需要建设一个正规的历史体系。李朝时期开始设置专门官吏记载发生过的历史事件，编撰国史。此外也有了专门从事记载天文、气象、地理、水文等工作的人。在这样的基础上，陈朝也设立了"国史院"专门编撰国史，平时主要记录下皇帝周围发生的事件和一些活动。在一些实录集的基础上，再编撰出各朝的正史。越南编史的第一人是杜善，而后是陈进，其作品《越志》后来被黎文休补充完善后成为30卷的《大越史记》。《大越史记》包含自赵武帝（赵佗）到李昭皇时期的历史。黎文休编撰史书的优点是不相信一些荒唐的神话传说，因此舍弃了安阳王之前的神话传说，但遗憾的是《大越史记》已散逸。此外，黎崱撰写了《安南志略》，由于他有一段时间定居中国汉阳，参考了很多中国的史料，全面阐述了越南的历史、地理、物产、风俗、制度，尤其是越南同中国的关系，是一部陈朝时期越南百科全书式的史书。但陈朝末年占婆一度复兴，占王制逢峨率军于1388年攻陷升龙，大肆焚掠，致使李陈两朝文字作品留存下来的较少。

李朝200余年，陈朝150年，这一时期越南民族独立意识明显高涨，经济发展迅速，政治制度逐步完善。13世纪末至14世纪初，借鉴汉字"六书"构词法，越南民族开始创造本民族的文字，力求使越南语语音和文字结合起来，喃字出现。李陈时期还开创了佛教派别"竹林禅宗"，文学、建筑、雕刻和表演艺术都出现了明显的民族特色。李陈时期是越南传统文化中发展最灿烂的时期，因此越南史书也称其为"升龙文化，大越文明"。

四 胡、黎、莫、郑、阮分治时期和西山王朝

陈朝末年政治腐败，天灾连绵，社会矛盾激化，全国爆发大规模的农民大起义。陈朝外戚胡季犛逐步篡权。1400年，胡季犛废除陈朝皇帝，取而代之，建立胡朝，改国号为"大虞"，着手进行一系列的政治、经济、文化和教育改革。胡季犛非常重视对国音喃字的推广使用，试图以喃字完全取代汉字。他将《书经》中的《无逸篇》译成喃字，作为皇族学习的教材，还规定朝廷中所有的敕令和诏书都必须使用喃字。当时，文人们也竞相争用喃字吟诗作赋。但由于胡的改革没能及时解决越南社会面临的危机，严重触犯了贵族、官僚和一些大地主阶层的利益，引发了陈氏皇室余党的不满。陈氏皇室向中国明朝政府请求援助，明成祖以扶陈为由派遣军队入越，明军迅速占领河内，并直接在义安俘获胡季犛，1407年，胡朝灭亡。自此，越南北部复为中国封建王朝统辖，明朝取消了越南"大虞"的国号，再次将其北部改称交趾郡。越南清化以南则交由陈氏贵族控制，直至1413年。其间，越南农民起义连绵不断。1418年。由大地主黎利领导的蓝山起义规模巨大，明朝与越南议和，1427年，越南再次获得独立。1428年黎利即位于升龙，国号"大越"，史称黎朝。

明朝在越南北部地区设郡县治理达20年。20年的时间在一个国家的历史发展进程中是非常短的一个瞬间，但对于一个已经获得过独立的国家和民族，这个时期对越南文化流变产生了巨大的影响，短暂的亡国经历再次激发了越南人对"北国"强烈的恐惧和防备心理，而亡国、建国的经历也大大激发了越南人的民族主义精神。

黎利虽然是农民起义起家，但实为地主阶级的代表，政权稳定后仍然极力模仿学习中国明朝的封建中央集权制度，因此黎朝也成为越南历史上中央集权程度较高的封建王朝。黎朝制定了严厉的典章制度，黎圣宗在1483年时，搜集了各朝的法律文本，合成100卷本，定名为《天南舆下集》，并参考唐朝的法律和越南各朝法律，编撰了一部法典，名为《国朝刑律》，也被称为《鸿德律》，这也是越南古代唯一留存下来的一部法典。黎朝加强了对手工业行会的组织，国内商业发展迅速，国家

逐渐强大。但是由于害怕对外开放会导致外国再次窥视越南，因此黎朝实行限制和严格管理对外贸易的政策。

1470年，黎朝大举进攻占城，将越南领土扩张到广南地区。1479年又侵占了今越南西北地区。16世纪初，由于连年对外开战，国内社会矛盾激化，黎朝由盛转衰，末期几个皇帝均昏庸无能，威睦帝被人民称为"鬼帝"，而相翼帝则被称为"猪帝"，全国各地都爆发了农民起义。1516年，陈高在越东北地区揭竿而起，3次攻打升龙，并占领了升龙，自立为王。黎朝集结军队反扑，将陈高军赶至谅山。此后，农民起义仍然源源不断，国内封建势力拉帮结派，为了稳定国内局面，黎召宗请大臣莫登庸平息战乱。莫绞杀了农民起义，战功显赫，威信上升，趁机揽权，立黎宫皇为傀儡，追杀黎召宗。1527年，莫逼迫黎宫皇让位，取而代之，建立莫朝。

莫氏刚刚掌握政权，各个对立的封建集团就在光复正统朝代的口号下纷纷起兵。由于莫氏建朝背景复杂，很担心"人心怀古，长久生变"，因此主张一切都维持黎朝原制。为了发展经济，莫朝注意堤坝工作和垦荒，莫登庸在官田制和三保田制的基础上恢复了均田制。但因将禄田扩大到了军队的士官，从某种程度上来说缩小了均田政策的影响。但不管怎样，莫朝的土地政策还是有助于恢复农业生产。到了莫登营执政时期（1530—1540），由于其性格宽厚朴实，坚持法度，少杂役，减赋税，因此人民生活很快得到了稳定。越南历史学家潘辉注评曰，"国内称其为治平"。相比黎朝，莫朝对工商业的政策要放松一些，铸造钱币"明德通宝"，注意维持商业秩序，为贸易往来创造了较好的商业环境。莫朝时期较为突出的手工业有纺织、瓷器、木器、石雕等，在原料采购和半成品加工行业出现了行会组织。在制造行业雇用人工的现象已经较为明显。手工业的发展大大刺激了商业，形成了地方性的市场系统。于是城市、乡镇和农村的集市逐渐普遍起来，这里还云集了日本、中国和荷兰的商人。

1533年，黎朝旧将阮淦起兵，在南方立黎召宗的小儿子黎维宁为帝，史称"后黎朝"。从此，以清化为界，莫氏统治北部，称"北朝"；黎氏控制南边（自清化到广南），也称"南朝"，越南出现了南北朝纷争的局面。莫黎混战约半个世纪，血流成河，尸骨遍野。1592年，后黎朝大将郑松北上攻下升龙，莫朝灭亡。郑松仍携黎氏皇帝为傀儡，自己则在北方掌权。这样，南北内战刚刚结束，郑氏就与南方顺化阮淦的独生子阮潢势力再次形成对峙局面。郑阮相争又从1627年起延续了近半个世纪，直到1672年，郑阮战事不分胜负，遂以争江为界，再将越南分为南北两部分，争江以北叫做外堂，属于郑氏王朝，而争江以南叫做内堂，属于阮氏王朝。郑氏在北方称郑主，令黎氏傀儡封自己为都元帅总国正尚兵安王，郑主府就在皇宫旁，郑主可世袭并拥有决定一切的权力。在外堂，郑氏将村社里的公田分给军士，实际上均田政策濒临破产。1711年，郑主重新修订均田法规，但并没有得到完全实现，同时大地主的土地所有权又迅速膨胀。农民没有了土地，被迫背井离乡，去南方人烟稀少的地方开垦荒地。这样剧烈的变迁使得北方农民无法专心于农业生产，而且封建政权也不再关心农业生产。因此，北方沿河地带经常遭受洪灾，堤坝破损，长年颗粒无收，饥荒盛行。

而在阮主的内堂，形成了两个明显的垦区：一个是在顺化和广治地区，开始时公田占主要地位，但是在发展过程中，据公为私的现象也越来越严重；另一个是在南部地区，允许将垦荒的土地作为私田，因此在这里私田制占优势。内堂的土地广袤肥沃，农业生产发展十分迅速，很长的一段时间里社会矛盾可以自行化解，人民生活相对稳定。内堂的制糖业发展迅速，尤其是在广南和广义，很多外国商人都赞扬广南冰糖通透、明亮，品质很高。冶铁在各村社都已经普及，主要是用来生产劳动工具。造纸业也在案太、富排、舟溪、大扶等地发展较快，可以生产出各种各样的纸张。钟表业也从西方传入越南南方。手工业和农业的发展，催生了集市的产生，一些大的贸易集市出现在味皇（山南）、清化、边和、嘉定和河仙等地，除了农产品和蔬果外，还有买卖交通工具的，比如牛车、马车、小船。尽管南北双方禁止商品往来，但嘉定大米仍然运至顺广地区再转运到北方销售，而北方的铜器也卖到南方。

1693年，阮主再次破打占城，占婆国灭亡。1733年，柬埔寨内部发生混乱，阮主趁机占领美萩和永隆，而后又侵占了茶荣，越南形成现代的南方疆域。

郑阮对峙时期战争不断，农田荒芜，河堤失修，天灾连绵，到1771年，阮岳、阮惠和阮侣三兄弟在南方归仁省西山地区揭竿而起，掀起了越南历史上最大的一次全国性农民起义——西山起义。起义军与北方郑氏妥协，集中力量先将阮福映赶出了越南大陆，令其被迫流亡到海岛上。1784年，阮福映跑到暹罗求援，暹罗出兵2万，进犯越南，但战败。1786年，阮惠挥军北上，攻克升龙，扶黎昭统为皇帝。但黎无能，西山军撤回顺化后又被郑军复辟作乱。黎只好向清朝求援，清军出兵占领升龙后封黎昭统为"安南国王"。与此同时，阮惠在南方称帝，史称"西山王朝"。

此后，阮惠以黎昭统引清军入越南为由，西山军又打回升龙，与清军进行了多年战争后，自南至北统一了越南。然而西山王朝仍派遣代表到清朝请求册封，阮惠去世后，西山王朝内部分裂。逃亡在外的阮福映得到了法国殖民者的支持，于1787年与法国签定了卖国的《凡尔塞条约》，伺机反扑。

上述朝代更迭频繁，其间与中国明、清的战争再次激发了越南强烈的民族意识。自15世纪后越南各封建王朝均主张使用本民族创造的喃字，出现了大批喃字文学作品，西山王朝甚至已经将喃字运用到了颁发政令之中。此外，对儒学思想的理解也日益出现本地化的趋势，越南对汉文化的吸纳，出现了借鉴、改造和内聚的特点，独立自强的民族意识始终贯穿于这一时期文化发展的进程。

五　阮朝时期

1802年，阮福映在法军的配合下，绞杀了西山王朝，建立了越南最后一个封建王朝——阮朝，国号为嘉龙。1803年，阮福映向清政府请求册封，嘉庆帝封其为"越南国王"，越南国名始于此。1804年，明命帝时改国号为"大南"。阮朝与越南其他历代封建王朝一样，对弱小邻国采取举兵侵略强迫其臣服的政策。1840年，由于对高棉地区的争夺，越南与暹罗发生战争，1847年双方议和，高棉成为越暹两国共同的属国。同时，越、暹两国还为了侵占老挝发生战争，最后阮朝军队打败暹罗军队后，强迫老挝割地赔偿。嘉龙帝为了加强封建专制的稳定性，甚至制定了"四不"令：不设宰相、不设皇后、不取状元、不封外族为王侯爵位。阮朝时期，军队也重新组织，既有义务服役制度，又有专业军队，包括各种兵种，但是装备器材较落后。嘉龙帝还颁布了《皇越律例》，也称为《嘉龙律》，共22册398条，分为6类：吏、户、礼、兵、刑、公律。和《鸿德律》一样，这是一部复杂的法律，规整了社会很多领域的社会关系，从刑事、民事角度制定了众多法律条规，甚至涉及行政、财政、军队以及国际关系，为社会稳定做出了贡献，对维持越南封建社会的传统美德也起到了一定作用。阮朝鼓励农业垦荒、填海和兴修水利，实行重农抑商政策，国家的抑商政策主要表现在由国家掌握外贸独断权，实行闭关自守的政策。同时，阮朝时期自然灾害较多，水利工程建设落后，这些都大大限制了越南经济的发展。

19世纪中叶，国力不强的阮氏王朝，连年对外征战，社会矛盾尖锐，农民起义此起彼伏，阮朝衰弱不堪。1858年，法国和西班牙殖民者炮击岘港，公开武装侵略越南。1862年，在与法军开战四年后，阮朝与法国签定了第一个辱国条约，承认南圻三个省——边和、嘉定和定祥的主权归属法国，越南国内矛盾迅速转化，民族独立矛盾上升为主要矛盾。1862年，越南再次战败，同法国签定了丧权辱国的《西贡条约》。法国殖民者利用阮朝政权的腐败无能，逐步蚕食越南。南圻民众看到政府的软弱，起兵抗法，但终因寡不敌众，义军失利。法国占领了越南南方后，又北进红河地区。1873年，法军占领河内。北部地区虽然有黑旗军助越抗法取得胜利，但阮朝惧怕义军强大后推翻自己的统治，最终还是选择了与法国乞求讲和，1874年与法国签订了第二次《西贡条约》。从此，越南基本上成为了法国的殖民地。1883年、1884年，苟延残喘的顺化阮氏王朝又与法国签订了两次《顺化条约》，阮氏政权名存实亡，越南完全沦为法国殖民地。

与封建王朝投降派态度相反，广大的越南人民自北至南点燃了抗法起义的烽火，勤王运动，香溪、荻林和巴亭起义以及安世农民起义风起云涌，1897年起义最终被镇压，法国开始了在越南全国范围内的殖民统治。

出于剥削而非发展的目的，法国殖民政府将开矿业放在了第一位，其次还发展了一些服务和加工性质的轻工业。法国完全控制了越南的商业市场，使其成为法国商品的销售地和越南土特产的出口市场。1875年，法国在越南成立了印度支那银行，希望可以借此控制越南的农、工、商业活动。实际上资本主义生产方式已经输入越南，但这仅仅只是一种殖民政治下的资本主义生产方式。这一时期的越南经济成为畸型落后的殖民地经济。

总的来说，阮朝是越南最后一个封建王朝，也是越南封建时期最封闭、最专制的一个王朝，在其近三个世纪的封建统治中不断经历各种政治危机，特别是在法国殖民者的侵略下，大片国土沦丧。面对法国殖民主义的侵略，所谓"大南"历史时期的越南传统文化也经历了西方文化的首次冲击，在抵抗殖民侵略的同时，典型的东方农业文化也被迫地或者说不自觉地与西方工业文化开始碰撞与交融。越南民族在捍卫国家与民族独立时对西方文化表现出了强烈的抗争意识，因此这一时期对法国文化的吸收和借鉴仅仅局限于被动的接受与表面上的模仿。

第二节　儒学的传播演变与越南传统文化

从历史的角度来看，儒学在中国周边国家范围内影响深远，因此也有人将"中、日、韩、越、新加坡"等国称为儒家文化圈。虽然这些国家今日文化形态各异，但各具特色的民族文化背后却存在着共同的"亚洲价值"[1]。而在这些国家中，与中国关系悠久，受儒家文化影响深刻，无疑应当首推越南。与日本、朝鲜和新加坡等国家一样，越南也把儒学称为"儒教"，20世纪以前，越南凡博学之士皆为儒学大家，儒学已成为一种类似宗教信仰的思想，融入到越南的民族思维中，可见儒学在越南文化中所占的重要位置。

一　儒学在越南的开始与传播

儒学正是在北属时期时传入越南的，据可资稽考的史料，儒学输入

---

[1]　笔者按，1991年，新加坡国家政府白皮书中解释的"亚洲价值"：国家先于社会，社会先于个人；国之本在于家，国家和社会权力高于个人；和谐要比冲突要更能维持社会的秩序；种族和睦与宗教和睦。

越南的起始时间可上溯至赵佗建南越国时期，即公元前207年至公元111年。[1]很多越南学者也认为中国对越南的统治其实始于赵佗的南越国而非中国秦朝，但无论怎样，赵佗曾为中国秦朝南海尉，南越国实质上仍为中国秦汉时期的一个割据政权，其沿袭秦汉时期政治体制，在越南北部及中北部地设桂林、象郡达百年。赵佗在雒越旧地设"典使"经略郡治，仍让各雒将世袭权位辖治雒民，《大越史记全书》也称赵佗"武功慑乎蚕丛，文教振乎象郡；以诗书而化训国俗，以仁义而固结人心"[2]，显而易见，在这一时期，儒家学说虽还未"独尊"，但已开始传播。111年，汉武帝平南越国，设交趾、九真和日南三郡于越南北部和中部地区，越南自此正式北属中国封建王朝。汉武帝时期，出于政治统治的需要，罢黜百家，独尊儒术，将其作为大一统的思想，儒家思想遂成为中国封建正统文化的核心和重要组成部分。可以说，作为汉文化主流的儒学，其南传也是在南越国达到第一个高潮的。[3]随着中国封建统治秩序的进入，儒学的思想和礼仪就大规模地深入到交趾社会当中。

儒学在越南迅速传播，首先是由于汉朝地方官吏的积极推广。初期，交趾、九真和日南三郡的太守都是由一些汉族儒士担任，如任延、锡光、李善、士燮、虞翻、陶皇、杜慧宗等人，他们都利用儒家学说开展伦理教育，从思想根本上整顿当地社会秩序。《后汉书》载：任延"年十二，为诸生，学于长安，明诗、易、春秋，显名太学，学中号为'任圣童'……诏征为九真太守……九真俗以射猎为业，不知牛耕，民常告籴交趾，每致困乏。延乃令铸作田器，教之垦辟。田畴岁岁开广，百姓充给。又雒越之民无嫁娶礼法，各因淫好，无适对匹，不识父子之性，夫妇之道。延乃移书属县，各使男年二十至五十，女年十五至四十，皆以年齿相配。其贫无礼娉，令长吏以下各省奉禄以赈助之。同时相娶者二千馀人。是岁风雨顺节，谷稼丰衍。其产子者，始知种姓。""初，平帝时，汉中锡光为交趾太守，教导民夷，渐以礼义，化

---

[1] 梁志明：《论越南儒学的源流、特征和影响》，《北京大学学报》（哲学社会科学版）1995年第1期。
[2] ［越］吴士连：《大越史记全书·越鉴通考总论》，日本宫内文学兼东京大学影印本，明治甲申十七年（1884）。
[3] 何成轩：《儒学南传史》，北京大学出版社2000年版，第74页。

声侔于延……岭南华风，始于二守焉。"[1]可见任延与锡光在任职期间，致力于推广中国先进的生产技术，普及汉儒礼仪，开始建学堂教授儒学，礼仪之说在交趾产生了很大的影响。但由于大多数中举之人只能够任县令等下层官吏职务，并且学习儒学的人毕竟只是上层社会的子弟，人数不算太多，因此，儒学在交趾并没有成为广大民众完全接受的显学。

其次，东汉末年，中原大乱，很多士大夫移居交趾，极大地推动了儒学的传播。士燮任交趾太守，在位近四十年，为传播儒家思想做出了不可估量的贡献。越南史学家吴士连对其评价为"我国通诗书，习礼乐，为文献之邦，自士王始。其功德岂特施于当时，而有以远及于后代，岂不盛矣哉"[2]。士燮"体器宽厚，谦虚下士，中国士人往依避难者以百数"，且"交趾士府群既学问优博，又达于从政，处大乱之中，保全一郡，二十余年疆场无事，民不失业，羁旅之徒，皆蒙其庆"……[3]到交趾避难的士人有很多是通晓诗书的名士，如许慈、许靖、刘熙、薛综、程秉等，他们辅佐士燮，并在交趾传授儒学，使儒学在交趾地区得到了进一步的推广。

三国孙权时期，著名儒士虞翻因"性疏直，数有酒失……权积怒非一，遂徙翻交州。虽处罪放，而讲学不倦，门徒常数百人。又为《老子》《论语》《国语》训注，皆传于世"[4]。这为此后交州地区儒学的推广无疑打下了良好的基础。此后，又有杜慧度太守按照儒学的礼仪，禁止民间胡乱祭祀，尽管这为封建政权对民间信仰的一种干涉，并没有起到理想的效果，但是可以看出当时儒学在交州地区推广的广度与深度。当时，该地的士大夫制度已经盛行，贵族们有严格的身份尊卑高低之分。有专门的儒士潜心研究儒学经典，对于婚葬方面的习俗进行注解，方便教化当地居民。[5]从此以后，在交州地区，儒学礼仪被越视为人际交往礼仪当中的一个主要内容。事实上，从某种程度上来讲，儒学礼仪及

---

[1] （宋）范晔：《后汉书》卷76，中华书局2010年标点本，第719—720页。
[2] ［越］吴士连：《大越史记全书·士王纪》，日本宫内文学兼东京大学影印本，明治甲申十七年（1884）。
[3] （晋）陈寿：《三国志》，（宋）裴松之注，崇文书局2010年武传点校本，第533—534页。
[4] 同上书，第589页。
[5] Huỳnh Công Bá, *Lịch sử Văn Hóa Việt Nam*, Húe: Nxb Thuận Hóa, 2008,tr325.（［越］黄工柏：《越南文化史》，顺化出版社2008年版，第325页。）

其哲学思想很早就渗透到越南社会，但只是由于越南人得以学习儒学的人数过少，中举之人更是凤毛麟角，所以此时儒家的主要教义和经典还未完全深入到大部分民众中。平叛"二征起事"后，马援加大了向交趾移民的力度，汉越杂居的状态，极大地影响了越人的生活习惯。随着儒学的日渐传播，中国尊崇的封建道德礼教对越人影响日益加深。

随着中国郡县制度的推行，统治阶层书写官文的需求，以及大量学堂等教育机构的设立，汉字作为儒家文化的载体与儒学经典同时输入越南，更加推动了儒学在越南的传播与发展。

唐朝中国文化发展趋于鼎盛，其间，唐朝赴安南都护府任职的官吏多为饱学之士，如高骈、王福畤等人，此外，还有一些著名的诗人杜审言、沈佺期、刘禹锡和韩偓等。他们都在流寓安南期间大力提倡文教，并推广儒家学说。很多学业优异的越人子弟赴唐朝京都赶考，爱州人姜公辅在唐朝时考中进士而入朝为官。姜以经学起家，官至宰相，对安南地区文教的发展，有很大的鼓舞激励作用，"公复（姜公辅之弟，中进士）、有方（廖有方，中进士，官校书郎）诸人继之而起"，当地儒学大盛。姜公复就曾以"射以观德，乐以和声"表达对儒家射、乐社会功能与意义的基本看法。[1]陈修和先生曾评论安南儒学说："唐朝为吾国历代文治武功，发达最高时期，而越南九真人竟能由科举出身，仕为中央政府之首相，足证当时之交人，已与中原人士，并驾齐驱，毫无轩轾矣。"[2]

二 儒学在越南的流变与越化

（一）儒、佛、道三教并举时的儒学发展

越南初建封建国家时，十分推崇佛教，儒学地位并不高，佛教在李朝达到鼎盛，出现了"百姓大半为僧，国内到处皆寺"的盛况。但是为了加强封建中央集权制度，就必须具备与之相适应的上层建筑，越南李朝的统治者开始思考用什么思想来维护本身的统治，于是"大一统"

---

[1] 何成轩：《儒学南传史》，北京大学出版社2000年版，第176页。
[2] 陈修和：《越南古史及民族文化之研究》，国立云南大学西南文化研究室1943年版，第143页。

的儒学越来越受到重视，李朝采取了一系列振兴儒学的措施，开始推行"儒、释、道"三教并举的政策：11世纪，修文庙，建国子监，实行科举制，并选拔翰林学士；13世纪创立国子院，讲习四书五经。陈朝时期是儒学在越南的重要发展期，到14世纪时，越南儒生阶层成长，甚至成为朝廷重臣，取代了僧侣的地位。

但李陈历代君王在肯定儒学作用的同时，仍然十分推崇佛教和道教的法术。《禅苑集英》记载，李仁宗期间，朝廷议政常有儒士、僧侣和道士。一天，李仁宗突然看见有两只蛤蚧远远地趴在地上叫，遂想试试通玄法师和觉海禅师的法力，就吩咐两人用法力使那两只蛤蚧停止叫唤，结果两人都做到了，李仁宗因此做了一首诗来赞扬他们的法力高强："觉海心似海，通玄道亦玄，神通兼变化，一佛一神仙。"陈太宗在《禅宗指南》书中曾写道："佛教是开启民智和召示生死的工具，而'孔圣'的责任是为后世制定尺度维持平衡，为将来制定一个模式。佛教的教化要通过孔圣才可以流传后世，朕怎么可以不以发扬"孔圣"教义，以推广佛教教化为自己的责任呢？"[1]《禅宗指南》里还指出佛教与儒学有界线与区别，佛教主张"出世，救赎众生和苦海沉沦"，而儒学则主张"修、齐、治、平"，但是两者都有利于人类，而且两者必须要相互依靠，互得益章。佛儒有调和也有区别，也正因为有区别才会有调和。陈太宗就以儒释道调合的思想来"平民治国"。这样看来，儒释道在越南社会都产生了一定的影响，并且这些外来的思想在越南的不同时期产生了不同程度的流变与聚合。

李陈时期由于"三教并尊"的特点，科举考试也是从三者中选拔人才，并不仅仅局限于儒学经典的考试，但是随着儒士阶层的不断壮大，对佛教的抨击也是愈演愈烈。最终陈氏王朝听取了儒士阶层的意见，限制了佛、道力量的发展，陈朝末期，佛教、道教日益衰落。

15世纪，特别是自黎圣宗以后，儒学受到了统治者的高度重视。但就整个社会层面而言，即使是在儒学极盛时期，道教和佛教在越南的影

---

[1] Đinh Gia Khánh, *Văn hoa dân gian Việt Nam trong bối cảnh văn hóa Đông Nam Á*, Hà Nội: Nxb Khoa Học Xã Hội, 1993, tr.126.（［越］丁家庆：《东南亚背景下的越南民间文化》，社会科学出版社1993年版，第126页。）

响也从未消失。升龙很多大的寺庙香火不断，村社里都还建有庙宇，道教的巫术渐渐被本地的民间信仰同化，在社会上以祭祀祖先、庙会和风水之术等形式深入人心。《大南统一志》上记载了黎圣宗"与仙交游"的故事。有一天黎圣宗去参观玉湖寺庙会（民间称为玉姑寺，现位于河内的阮劝街），偶遇一位绝色仙姑，黎圣宗有感而发在墙上题诗两句"松风送碣散俗念，蝶魂梦仙避世事"。黎圣宗跟随仙姑想看看她住在哪里，但是她走在京城南边的时候就突然消失了，黎圣宗非常惊奇，而后就在仙姑消失的地方建了一座楼，这座楼就叫做"望仙楼"，现在这座楼的遗迹还留在河内的南门集市附近。众所周知，黎圣宗是非常推崇儒学的一个皇帝，这个故事却发生在去参加佛寺庙会的路上，遇见的又是一个道教仙姑，这样一来，儒释道都同时现身于一个民间故事，虽然民间传说有虚构的成分，但它还是从某种程度上反映了当时三者并行的的社会现实。即使是在儒学被奉为"金科玉律"的时期，越南的佛教与道教也从未被禁止信奉过，并且一直在社会上维持着不小的影响。

（二）儒学在越南的发展与其"独尊"地位

儒学刚进入越南时，被视为中国封建中央集权用来统治和同化越南民族与文化的工具，因此最初并没有在广大群众中获得支持。当越南封建统治阶级建立起独立的政权后，儒学却以一种被需要的面目出现。封建中央集权制度的建设，需要利用和发展儒学，儒学的科举选拔人才制度也非常适应封建统治者的需求。因此，尽管以佛教为国教，但是1070年，李朝开始建文庙供奉孔子，一些儒士开始担任文吏，修订朝令惯例。儒士逐渐成为封建阶级新的知识分子阶层，这个阶层的出现，大大推动了越南封建中央集权制度的巩固和儒学的推广。1195年，李朝开科举考试选拔官吏，肯定了儒、佛、道在越南的地位。李朝时期，虽然佛教仍然处于鼎盛，但是儒学在巩固中央集权统治的事务中已经发挥着日益重要的作用。陈朝时期，儒士阶层增长较快，他们寻求各种办法来增加儒学在政治与思想方面的影响。此时的文学创作者也逐渐被儒士们取代，如朱文安、黎文休、范师孟和阮诠等。儒学的发展逐渐胜过佛教，儒学清楚地规定了封建社会里的尊卑秩序，越南封建统治阶级非常希望利用儒学来建构一个类似中国封建中央集权的政府统治人民的思想体系。而另一方面，尽管越南统治者已经将佛教推向"入世"的方向，但终究佛教的本质还是宗教学说，主张"出世"和解脱，从长远来看，难以担当统治社会的重任，越南当时需要的是尽快建立一种封建官僚体系来维护集权统治。正因为这样，14世纪陈朝末期，儒学与佛教的冲突就开始显现。当时一些很有名望的儒士，如黎文休、黎括、张汉超、范师孟等，都批评和攻击佛教，甚至批评皇室过于尊崇佛教，耗费过多的国库，建造太多的寺院和佛像，直接影响了人民的生活。儒佛之争越演越烈，只要有机会，儒士们就会进谏，张汉超在为灵济塔写文时，劝告皇帝："释加牟尼以三空修行，圆寂后众生信佛，佛教始迷惑众生。若将天下五分，寺院即占其一分，平日消耗尚未计入。僧侣众多，愚弄信众。长此以往，不变鬼神，不信奸邪者已属罕见，此势终将终了。"[1] 14世纪末，随着陈朝的灭亡，佛教政治地位日益衰减，在政治生活中逐渐让位于儒学，至胡朝，儒学与佛教在政治舞台上的地位完全发生了变化，出现了儒学独尊的状态。

  胡朝开始为儒学的宫廷化和正统化开辟道路，其间越南儒士主要是受宋儒的影响，并且试图去寻找和创新越南的儒学。胡朝君主胡季犛是越南历史上少见的大胆和坚决的改革家，他为了巩固和增强君主集权制度，解决社会和经济矛盾，进行了政治、经济和教育全方位的改革。一是调整对佛教和僧侣的政策。胡废除了僧人佐政，确立了朝廷中儒士的地位。征召僧人入伍，要求僧侣不到50岁的就要还俗，剩余的也要经过考核，熟悉佛教教义的才可以继续做僧人，凡不合格的僧人，勒令还俗。二是完善儒学教育与考试制度，提高儒士地位。其实早在1396年，胡季犛还在任陈朝官吏时，就着力重新整顿科举制度。三是译《书经》中《无逸》篇，用越南语音讲解《诗经》，并撰写《诗义》，普及儒家文化。胡非常看重民族文字喃字的发展，他将《无逸》译成喃字，教授给陈顺宗。同时，又将《诗经》译为喃字，教给陈朝后宫嫔妃。四是亲自撰写《明道》来阐述他对于儒学的观点，试图修正儒学中某些信条，创新越南儒学，实现儒学的本地化。胡潜心于研究中国儒学，在尊儒的

---

[1] Huỳnh Công Bá, *Lịch sử Văn Hóa Việt Nam*, Húe: Nxb Thuận Hóa, 2008, tr461-462.（［越］黄工柏:《越南文化史》，顺化出版社2008年版，第461—462页。）

同时，抬高周公，贬低孔子，诋毁韩愈，批评宋儒，创新见解。《大越史记全书》记载，他在《明道》中道："以周公为先圣，孔子为先师。文庙以周公正坐南面，孔子偏坐西面。"他"以韩愈为盗儒，谓周茂叔、程颢、程颐、杨时、罗仲素、李延平、朱子之徒，学博而才疏，不切事情，而务为剽窃"[1]。胡甚至对《论语》中的一些说法提出了质疑。《明道》不仅仅是一本简单的儒学书籍，而且是一部反映了当时越南统治阶级意志和想法的作品，是越南儒士阶层希望摆脱中国文化影响，试图有选择地接受儒学，实现儒学越南化的著作。力图求异而创新民族文化的思维，影响到了胡朝时期越南传统文化的发展演变。

宋明理学传入越南是在陈朝末期，尤其是在明朝再次统治越南的20年中得到了进一步的传播。黎朝是儒学在越南文化发展历史中最鼎盛的时期。宋明理学影响下的儒学思想在15世纪时深入越南民众生活，特别是黎圣宗在位期间（1460—1487）。具体表现为：第一，独尊儒学，全面推行以儒学为中心的封建秩序。黎圣宗是一个推崇并通晓儒学的君主，他认为："所有事情都是可以加上儒学的帽子。"黎圣宗制定《二十四训条》，作为道德和教礼的基本原则，倡导忠孝节义，规定父子、夫妻、婆媳、男女、师徒、乡党、军民等各方面的关系，并将其推广至村社的教育、节日庆典中，很多儒学的规定还被纳入《洪德法典》。这样，用儒家伦理确定家庭、村社乃至整个社会的等级尊卑关系，敕谕全国军民一律尊照奉行，违者重治，使这些观念深入人心。该时期著名的史学家吴士连在《大越史记全书》的总论中说过，"臣闻周易曰：'有天地，然后有万物，有万物，然后有夫妇，有夫妇，然后有父子，有父子，然后有君臣'此纲常之道所由著也"[2]。第二，振兴教育，提高儒生地位，改革科举考试制度。黎圣宗认为"崇儒重道是第一件大事"，设国子监于京师，并让官员及平民子弟入学，请著名儒士教授儒学。他还改革科举考试制度，立三年大试，定乡试之法，亲自主持廷试，定进士唱名例和荣归例，同时还改革科举考试内容，以周敦颐、

---

[1]　［越］吴士连：《大越史记全书·胡纪》，日本宫内文学兼东京大学影印本，明治甲申十七年（1884）。
[2]　［越］吴士连：《大越史记全书·越鉴通考总论》，日本宫内文学兼东京大学影印本，明治甲申十七年（1884）。

朱熹、程颢、程颐注解的儒学经典作为科考内容。1472年，黎朝规定在会考中包含4场考试：第一场考经义；第二场考诏、制、表；第三场考诗、赋；第四场考文略。为提高儒生威望，在文庙立进士碑，定各府县春、秋二季祭孔之礼。1484年，黎圣宗把从1442年到1481年殿考中进士的士人名字刻在碑上，并放置于文庙。每年建一座石碑，共有9座石碑。进士碑激发了很多儒学士子的进取之心，同时也为越南封建科举制的鼎盛打下了基础。黎圣宗在位38年，开科12次，取士511人，9名状元，超过李朝陈朝开科取士数目的总和。潘辉注评曰："所朝科举之盛，迨于洪德（笔者按：黎圣宗年号）至矣。其取人之广，选人之公，尤非后世所及。"[1]科举考试为黎朝儒士们搭建了一个施展他们能力的舞台。因此这时产生了很多政治家、文学家、史学家。第三，进一步限制佛教与道教。黎太祖时为了提高僧侣的素质，要求寺院主持必须50岁以上，通晓佛经，而且还要通过国家的佛学考试，要求僧侣最终都要还俗。黎圣宗即位后，于1460年便"敕令天下卜筮道释之人毋得与官人关通"[2]，1461年，黎圣宗又诏谕禁止官员和民众再增建庙宇、铸钟塑像。同时，将僧道排斥于国家政治生活之外。

（三）儒学在越南的流变与衰微

黎朝末年到黎莫南北对峙时期，由于皇帝昏庸，新皇废立频繁，儒学的威信面临下滑的趋势，为适应社会现实，"忠君"思想就被一些儒士剔除出儒学思想的系统，使其与中国同一时期的儒学思想产生了较大区别。士大夫阶层也出现了较大分化，一部分仍然认为"食其俸禄，忠君效君"，而另一部分则不阿谀奉承，敢于直谏或是辞官归隐，甚至有的士大夫在辞官后还参加了农民起义。其间也有一些儒士，如阮廌（Nguyễn Trãi）还将孔孟之道中的人本主义与越南村社文化中一些正面的价值观念相结合，从而形成一些具有民族特色的儒学思想。

莫朝时期试图重振儒学，再次修缮国子监，建立祭祀孔子的礼堂，开科举，张榜、题名和刻进士碑以鼓励教育与科考。莫朝也注重发展喃字，1565年还选用了喃字赋来考核。莫朝60多年的时间里共举行了22届

---

[1]　[越]潘辉注：《历朝宪章类志》卷26《科目志》，越南国家图书馆藏本，第19页。
[2]　《钦定越史通鉴纲目》正编卷16，越南国家图书馆藏本。

科举,选取了13名状元和499名进士。潘辉注认为:"(莫)虽或兵兴多事,未尝废弛,人才所得为多,用能维持国事,与黎氏抗衡,而卒能延六十年祚者,盖实科目之效云。"[1]

17—18世纪的西山王朝和阮朝末期,儒学的发展虽然无法与后黎朝的鼎盛时期相比,但仍旧得到南北方封建政权的维护和推崇。西山王朝是在农民起义基础上建立起来的政权,光忠帝阮惠虽然具有强烈的民族精神,主张使用越南人根据汉字创造出来的本民族文字——喃字,但仍然确定当时的国学是"朱子学规"。他请著名儒士罗山夫子阮帖(Nguyễn Thiếp)任崇政院院长,把四书五经译成喃字,以期教育民众,成就人才。这是越南封建王朝唯一的一次使用喃字而非汉字作为官方文字,但是其所承载的思想文化体系仍旧是儒家文明。

越南末代封建王朝阮朝,立朝之初就面临天主教传播以及西方殖民主义入侵的威胁,为了保持国家的独立,阮朝封建势力仍旧倚重儒学,大力提高儒学地位,可以说阮朝是儒学在越南发展的另一个辉煌时期。阮朝嘉龙时期为振兴儒学,顺化京城建有文庙和国子监,在河内重修文庙和魁文阁,各城镇普设文庙,春秋祭祀隆重,尊儒学为国学;明令废除喃字作为官文,规定学校教育、官府文书和开科取士均采用汉字;1803年创办小学,就以中国经书作为教材,8岁以上入小学,学《孝经》《忠经》,12岁以上读《论语》《孟子》《中庸》,15岁以上读《诗经》《书经》《易经》《礼记》《春秋》等。[2]阮朝明命帝还根据儒家规定,制定了"10条训谕",将其作为讲学资料让人民知晓并执行。嗣德帝还将其编为国音诗便利老百姓学记。这10条训谕不仅包含了儒学的"三纲五常",还教育民众要节俭、保持民族风俗、远离奸邪和淫秽、保持法度等。阮朝时期,越南儒士对儒学的理解更加深刻,在道德、礼仪、心理、生活方式等文化层面,儒学成为阮朝全社会一面统一的精神旗帜。随着阮朝的南扩,儒家思想文化也推广至湄南河三角洲,贯穿今越南全境。难怪在对越南南方较为了解的美国学者尼尔·詹梅尔森对此评价为:"15世纪末期传入,19世纪达到鼎盛,宋明理学在越南产生了

---

[1] [越]潘辉注:《历朝宪章类志》卷26《科目志》,第30页。
[2] 雷慧萃:《试论儒学在越南的传播与发展》,《东南亚纵横》2003年第2期。

统治性的影响。"[1]

作为支撑封建制度的思想体系，越南儒学的兴衰与其所依附的体制息息相关。19世纪下半叶，随着法国殖民主义的入侵和天主教的传播，西方资产阶级的宗教、思想和生活方式跟随着西方殖民者的脚步进入了摇摇欲坠的阮氏封建王朝，对以儒学为核心的传统思想价值观念发起了猛烈冲击。1918年，越南宣布废除科举制度；1931年，法国殖民政权正式宣布禁用汉字，传统儒学在越南衰微了。但是作为一个在越南已经存在了2000余年的思想体系，儒学已经深深地扎根于越南传统文化，并且成为其民族文化不可分割的一部分，影响到越南社会生活的众多方面，特别是一些已经越化了的优秀儒学思想价值观念仍旧绵延不息。

三 儒学的越化特征

越南人对中国传统儒学的认知包含两个不同的方面：一是对儒家学术经典的学习；二是对儒学教义的民间认知。前者指越南儒学家或受过正规儒学教育的读书人对中国儒学经典的文字解说、翻译、整理和编撰，这更侧重于对中国传统儒学教义系统化的学习，即我们所说的效法于中国儒学，其实就是指在学术认知上仿效中国儒学，毕竟面对儒学这样一个博大精深的哲学思想体系，模仿要比超越简单得多。而后者则是指越南人对儒家思想的民间本地化理解，这种理解结合当地特有的自然环境与历史背景，具有不同于中国人对儒学教义的认知特点，虽然没有生成一个系统的新的思想体系，但也具备一些典型的越化特征，认识到这一点，对于理解儒学文化在越南的流变是至关重要的。

儒家思想自传入越南后，以孔、孟为代表的先秦儒学、以董仲舒为代表的两汉经学和以朱熹为代表的宋明理学都成为不同时期越南封建王朝和儒士钻研学习的对象，其中影响最大的还是宋明理学。越南历史上著名的儒士，如朱文安、张汉超、阮廌、阮秉谦、黎贵惇等人，都是理学思想的代言人，他们的著作对后世有极大的影响。但越

---

[1] Neil Jamieson, *Understanding Vietnam*, California: University of California Press, 1995, p.11.

南儒学并没有创新出独立的学派，对儒学的结构、原理及范畴系统并没有扩展，从这一点来说越南人"尊奉了中国的学术和宗教，则一切都完全效法中国，我们没有探索出和拿出什么被认为是出色的、堪称为有自己民族特性的东西"[1]。也正因为这个原因，很多学者在看待越南传统文化时都会将其视为中国儒学之南翼，而并未将其认为是独立的一个流派。

尽管如此，越南民间对中国传统儒学教义的认知还是出现了明显的变异。越南著名文化学者潘玉使用了"折射现象"来形容越南在传承中国传统儒学中出现的变异现象。他认为，"我们可以把原始的孔教视为一束阳光，而把越南看作是这束阳光穿过的物质环境，这个物质环境就是越南人的心理认知（习惯），而这种心理认知是在具体或特殊的物质条件下，越南民族在生活中，在与大自然做斗争的过程中形成的"[2]。因此，越南特有的自然环境和历史发展进程，必然会影响其对儒学教义的理解，产生一些越化现象。

（一）越南民间心理认知的核心问题对儒学教义理解的影响

什么是越南民间心理认知的核心问题？越南是一个稻作文化的国家，人们依靠水稻耕作而生活，因此"人""土地"（đất）和"水"（nước）是最重要的，"土地"和"水"也成为人们对客观世界认知最重要的对象，如果把越南人认为最重要的两个客观主体连接起来"đất nước"，就是越南语中"国家"的意思，越南语中"国家"一词还有几种表达方式："nhà nước"（家和水），"làng nước"（村庄和水），另外还有一个专有名词（汉越词）的"quốc gia"（国和家）。从其语言进行简单的分析即可以看出，实际上最初越南人民心理认知的核心问题应是"人""土地"和"水"，因为这是利用大自然存在于世界上最重要的三个因素。但是水稻种植往往需要把这三者很好地结合起来才会产生结果，于是家庭和村社逐渐也成为人们心理认知的重点。因为没有团结与合作，仅靠一己之力是很难获得好收成的。能将"人"团结、指

---

[1] Trần Trọng Kim, *Việt Nam sử Lược*, Hà Nội: Nxb Văn Hóa thông tin, 2002, tr.80. （［越］陈重金：《越南史略》，文化通信出版社2002年版，第80页。）

[2] Phan Ngọc, *Bản Sắc Văn Hóa Việt Nam*, Hà Nội: Nxb Văn Học, 2002, tr.214. （［越］潘玉：《越南文化本色》，文学出版社2002年版，第214页。）

挥和协作，共同开发"土地"，战胜和利用"水"资源的就是"村社组织"，于是村社上升为民间心理认知的基础。公元前2世纪起，中国儒家文化开始进入越南并传播开来，由于语言相异，汉字也并未完全普及，这种深刻的哲学思想体系并没有完全系统地进入越南人的心理认知世界，但无疑对其以村社文化为基础的认知世界产生了强烈的冲击。随着生产力的提高、生产关系的变化以及封建制度的确立，特别是强大的汉朝封建中央集权政府统治的深入，"大一统""天人感应、王权至上"和"三纲五常"等一些基本的儒学教义逐渐深入民间认知系统，这些教义与村社文化、东南亚史前本地文化中的一些当地特征不断融合演变，人们自然地对心理认知进行了一些调整，于是把曾经视为最重要的一些因素组合起来表示对最核心问题的认知："đất nước，nhà nước，làng nước"，即"国"。

  这个核心问题首先影响对"忠"的理解。在中国的封建时代，君王就是国家的代表、社稷的象征，所谓"君叫臣死，臣不得不死"，皇帝有着至高无上的权力，"忠"首先指"忠君"，而其往往等同于忠于国家，在抵御外敌时，君就是一种精神力量的核心，君在国存，因此往往会将保护君王视为维护国家的头等大事。中国历史长河中，拼死文谏者、威武不屈者比比皆是。但是能够主张废黜昏君而重整河山者却屈指可数。而越南的情况则略有不同，在越南人的思维认知中，赖以生存的是土地、村社和江河而不是某个君主，土地在家在，有家有水有国家，而丧失了土地，就什么都没有了。君主对于国家的存在，或者说对于拥有土地没有决定性的意义。同时，由于有村社组织的存在，村社有自己的公田，也有分配给村民耕种的权力，农民是由村社组织，而并非由士大夫阶层来承担官职的封建官僚机构进行直接管理，最基层的管理机构是村社组织。因此，在越南古代封建社会，君于民，虽也像中国封建社会那样有"王权至上"的意识，但两者实质上的忠孝关系相对松散。一旦君与所居之"国土"存亡发生矛盾，保全"国之独立"就被放在首位。阮廌母亲为陈朝宗室司徒陈元旦之女，而父亲阮飞卿为胡朝翰林学士，阮廌本人也于1401年在胡朝任御史台正章。1407年胡朝为明朝所灭，阮廌为陈氏宗亲后代，但他并没有一心要效忠于陈氏君主，或择旧日君王胡季犛事之，当胡季犛被明军押解前往中国时，阮薦没有抱着愚钝的"忠君"思想整日感伤胡朝的衰亡，而选择投奔能挽救越南国家命运的蓝山起义军首领黎利，为其运筹帷幄，为恢复越南独立立下了汗马功勋。无独有偶，郑阮纷争时期，因黎利建立黎朝恢复越南独立的威信尚存，郑松扶黎氏傀儡政权自称郑主，霸居越南北方，黎氏皇帝整日深居皇宫，尊享荣华。但北方政权怕西山农民起义军首领阮惠北上升龙城夺取王位，遂求援于清朝派兵相助，威信顿失。在有可能再次丧失民族独立的危机面前，民众和儒生们也大力支持阮惠。阮惠在还未到达升龙城时，就在富春称帝建立了西山王朝。可见，越南历史上当君王无法保持国家民族独立时，新的领导人就会在儒士的拥护下或人民群众的支持下易君换代。19世纪末期，阮朝嗣德皇帝割让南方三省给法国殖民者。越南国内群情激昂，举人潘文治喊出了"斩嗣德之首，剖嗣德之肝，饮嗣德之血"[1]的激进口号，举国儒士奋起响应。显而易见，"忠君"的教义，对中国人而言就是创立之初的本义，侧重于忠君，而越南对儒学中"忠君"的理解则发生了变化，即越南儒学在学习中国儒学的过程中，将忠君的思想演变为倾向忠于"使国家独立之明君"的层面，这样的儒学认知激发和系统化了越南儒士们的民族意识。

其次是对"仁"与"孝"的理解，《论语》道"孝悌也者，其为仁之本欤"，而"人而不仁，如礼何"，因此"夫孝，德之本也"，后发展到"弟子入则孝，出则悌，谨而信，泛爱众，而亲仁"，即"老吾老以及人之老，幼吾幼以及人之幼"[2]，因此"孝慈则忠"。可见"仁"作为孔子思想体系的核心范畴，而以"孝"为社会基本伦理道德规范，从尊敬孝顺父母进而联系到顺从提供俸禄的人，再延伸到忠于君王，遂推及到爱所有的人即行"仁"政，因此带有不少政治色彩。越南民间对"仁"的理解比中国儒学中的"仁"指向要更具体，仅指为了越南民众而牺牲的精神，在越南民间心理认知方面，也只有那些为民族的独立、国家的兴亡牺牲的人才能称之为"仁"（nhân），而对那些比如乐善好

---

[1] Phan Ngọc, *Bản Sắc Văn Hóa Việt Nam*, Hà Nội: Nxb Văn Học, 2002, tr.218.（[越]潘玉：《越南文化本色》，文学出版社2002年版，第218页 。）
[2] 《孟子·梁惠王上》，上海古籍出版社2004年金良年译注本，第15页。

施的品质则会增添一个字，称为"仁德"（nhân đức）而非"仁"。包括对于"智"（trí）的理解也是一样的，对于运用聪明才智改变自身命运的人，可以称为"聪明"（khôn）或是"有谋略"（mưu trí）的，而只有为了国家与人民运筹帷幄的人才能称得上"智"。关于"孝"，越南人将其直接理解为"大孝"和"小孝"，"大孝"针对国家，而"小孝"才是对家中父母。1407年，阮廌的父亲阮飞卿与胡朝皇帝同被俘带往中国作为人质，阮廌与其泪别，阮飞卿就对阮廌说："小孝可由汝弟行之。汝有才学应思救国救民以行大孝，随父作女儿啼何益？"虽然这与中国"忠孝不能两全"如出一辙，但是仔细思考会发觉，阮飞卿所言的"大孝"对象仍是国家与民族。总而言之，正因为把"民族"和"国家"置放于理解认知世界的核心位置才会使得越南民间对儒学的理解发生变化。

（二）在史前文化沉淀中透视儒学教义在越南的变化

儒学进入越南民间后，其中的"天人感应""阴阳分合""仁爱孝悌""修己以安人""中庸"等思想和教义并没有破坏越南的村社文化，反而奇迹般地为其覆上了一层儒学的光环。但越南受儒学教义影响下的思想体系明显存在两面性：一方面是接受了中国儒学教义而激发起民族意识与精神，表现在大量运用以"儒家伦理道德规范"书写的洋溢着爱国精神的汉字文学；而另一方面则是扎根于村社文化和史前文化，对适合本地文化的儒学教义吸收发展，并用本民族语音和喃字创作的一些歌谣、曲调、俚语、故事和乡约表现出来另一个思想体系，即越南民间文化。可以这样说，包含大部分儒士在内的越南人首先是生活在村社里的人，村社文化是他们思想认知产生的基础，因此在学习儒学教义时，文化环境的积淀对儒学思想的理解不可避免地产生"折射"现象，即出现了某些儒学思想的"越化"现象。

第一，关于民族与国家认识上的差异思考。中国孔孟儒学产生于春秋战国时期，当时小国林立，百家争鸣，为了实现各自的政治主张，许多思想家都会选择"明君而事之"。如孔子本是鲁国人，到过齐国任职，周游列国14年讲学，也在鲁国任过中都宰和司空等职。荀子，赵国人，后到齐国任职，晚年又到楚国投春申君门下帮助其实现统一天下的抱负。可见儒学更多的是看重如何为君王提供"治国之术"和"大一统"的思想。儒学强调的是文化一统，独尊儒术；政令一统，王权至上，中央集权；社会一统，天下一家，不分华夷。换言之，中国自古以来就是多民族的国家，各民族不断迁徙、杂居和交融，因此"华夷之别主要是文化而非血缘的分野，而非近代民族国家的主权意识之别。以汉族为主体的中国固然不断以夏变夷，但入主中原的蛮夷如华夏化，也能得到汉族认可。诚如韩愈所言，'诸侯用夷礼则夷之，夷而进于中国则中国之'"[1]。这样的思想有利于建立和巩固中国封建中央集权统治，还有利于整合在中华大地不同区域生活的各民族。也正是由于这样的思维，中华文明是一个开放的大国文化模式，总是以包容的态度吸收和融合各种优秀的文化。英国历史学家汤因比就说过，在近6000年的人类历史上，出现过26种文化形态，其中包括四大文明古国的文化体系……这些文化形态中，只有一种文化体系是长期延续发展而从未中断过的文化，这就是中国传统文化。延续不断，经久不衰，具有顽强的生命力和应变能力，这正是中国传统文化的一个重要特征。[2]而越南对于儒学的接受，虽然也有积极学习、交融和内化的阶段，但儒学在最初进入时，是随着中国封建中央集权的郡县管理制度强迫输入的，为了保护国家的独立和生存，为了防止本民族完全汉化，越南对儒学，始终是在"师夷长技以制夷"的心态下学习和融合的。带着这样强烈的民族主义意识，也可以说是一种"小国"心态，越南是很难理解儒学中关于民族和国家的"大一统"思想的积极意义的。相反，在越南学者看来，"孔教是一个没有提到'祖国'论的学说……这是它的强势也是弱点，强的是正是因为没有提到过'祖国'，因此可以运用到所有的国家，这也是宗教的一种共同点。弱点也是显而易见的，正因为（这套思想体系里）没有'祖国的概念'，因此古代的中华民族尽管具有最多的人口、最高的文化，甚至是最发达的科技与技术，却多次被'蛮夷'侵占和分割，而儒士们却仍以儒学教义安家立命"[3]。可见，在越南儒家的眼中，越人只能是越

---
[1] 梁志明等：《古代东南亚历史与文化研究》，昆仑出版社2007年版，第96页。
[2] 转引自朱耀廷《中国传统文化通论》，北京大学出版社2005年版，第8页。
[3] Phan Ngọc, *Bản Sắc Văn Hóa Việt Nam*, Hà Nội: Nxb Văn Học, 2002, tr.219.（［越］潘玉：《越南文化本色》，文学出版社2002年版，第219页。）

族的国家,越人以外的民族乃"外族",犹如该村社就只是本地人的村社,而其他生活在村社外的人均为外乡人一样。若任何"外族"主政越南,都会被视为侵略者。这种建立在村社文化之上的儒学思想,对于在元朝和清朝可以以蒙古人与满族人统治的中国国土上,实现文化、民族的"大一统"理想,实在无法理解。因此,虽然是受到儒学"大一统"思想的影响而产生了"祖国论"和"民族意识",但与中国儒学中的具有广大包容性的"多民族"与"大一统"的概念相比,越南儒士心目中的民族意识和国家概念是较为狭隘的,或者说是带有强烈的大越民族主义意识的儒学认知。

第二,关于妇女身份和地位认识上的差异。在越南的封建社会里,由于受到"男尊女卑"思想的影响,妇女的社会地位并不高,妇女同样不能参加科举,同样有"一男曰有,十女曰无"的俗语,"三从四德"也被越南妇女奉为圭臬。但是,其与中国封建社会妇女的身份认同相比,还是存在一些差异。首先,越南妇女除了承担生产劳作活动外,还可以赶集、经商以及参加其他的社会经济活动,因此在家庭和社会中不完全是男性经济上的附庸,而是经济来源的重要创造者,因此不是处于绝对从属的地位。自古以来,越南战事频繁,忧患不已。年轻力壮的男子多被应征从戎。家里的事务,诸如抚养子女、奉养老人、维持生计、应付变故等往往大都落在妇女肩上。世道离乱使越南妇女饱尝了生活的艰辛,但也使她们有机会承担起原本应属于男子的一些责任和义务,经受了锻炼,增长了才干,增强了她们的自立能力和自信心,同时也提高了她们在家庭中的地位。[1]所以,在越南,从来没有出现过要求妇女"以三寸金莲"为标尺缠足的苛刻要求。其次,在财产继承权和婚姻自由方面,越南妇女与中国封建儒家思想笼罩下的妇女有着较大的区别。黎圣宗时代的《洪德律》规定:"对婚姻嫁娶之事,要女方满意才能完婚。在男方已送过定婚礼但还未完婚时,如果发现男方有恶疾、犯法或是挥霍财产,女方可以上呈官府,在还回定婚礼后,就可以不再完婚。""第307条,如夫妻双方无子女,丈夫离家出走五个月,妻子可以再嫁;如夫妻双方有子女,丈夫离家出走一年,妻子可以再

---

[1] 孙衍峰:《儒家思想在越南的变异》,《解放军外国语学院学报》2005年第4期。

嫁。"[1]另外，对于妇女的继承权规定："父母过世，儿子和女儿都可继承死者的土地。如无儿子，女儿代行祭祀父母……"[2]再者，受东南亚史前文化积淀的影响，越南对一些对社会、民族和国家做出过贡献的妇女人神化，供奉祭祀。越南第一座寺院是法云寺（北宁），该寺还有另一个名字为桑婆寺，在寺院里桑婆神的塑像比其他的佛像都要大。从民间对寺名的认同以及对"桑婆"的崇敬，均可看出越南妇女地位较中国封建社会要高。此外，对民族独立做出过贡献的二征夫人、赵夫人等，被很多寺庙和乡亭尊为神，加以供奉和祭祀。据《广州记》和其他一些书籍记载，古越人有一个传统，每当铜鼓铸成的时候，全乡要举行庆祝仪式，而第一个敲打铜鼓的人就是村里的一位妇女。可以说，东南亚史前文化在一定程度上弱化了儒学对越南妇女思想禁锢的程度。

四 儒学对越南传统文化形成与演变的影响

儒学传入越南2000余年，在中国和越南历代封建统治者的积极倡导下，与越南封建制度紧密结合，在越南传统文化中，特别是在制度和精神文化领域占据着主导地位，为上层社会所借鉴和接受，而且广泛地影响到物质与行为文化层面，成为越南民族精神与心理认知的重要源流和组成部分。虽然随着中国封建中央集权政府的衰弱，儒学在越南传统文化中所起的历史作用也受到了质疑，但客观、科学地评价儒学在越南历史发展中的影响是必要的。

（一）促进了越南民族意识的完善，民族精神的提升

儒学一向主张经世致用，即"入世"哲学，务实事，轻空想。以孔子为代表人物的儒家学说产生于春秋战国时期，频繁的战乱和动荡催生了儒家"修己以安百姓"[3]的忧患意识和入世救世精神。"修身、齐家、

---

[1] Đinh Gia Khánh, *Văn hoá dân gian Việt Nam trong bối cảnh Đông Nam Á*, Hà Nội: Nxb Khoa Học xã Hội, 1993, tr.284. （［越］丁家庆：《东南亚背景下的越南民间文化》，社会科学出版社1993年版，第284页。）

[2] Phan Ngọc, *Bản Sắc Văn Hóa Việt Nam*, Hà Nội: Nxb Văn Học, 2002, tr.232. （［越］潘玉：《越南文化本色》，文学出版社2002年版，第232页。）

[3] 《论语·宪问》，上海古籍出版社2004年金良年译注本，第179页。

治国、平天下",强调以治国和平天下为人生的最高目标,强调将国家利益放在首位。越南是一个长期经历战乱和社会动荡的国家,这样的历史背景,使得儒家思想推崇的投身现实和济世安民的道德信念与规范,不仅被上层社会所认可,也给越南民族道德体系一个理论的支撑。于是"君子忧道不忧贫","志士仁人,无求生以害仁,有杀身以成仁"[1],"富贵不能淫,贫贱不能移,威武不能屈"[2]等儒学的道德规范渗透到各阶层人民当中,造就了一批又一批维护越南独立的忠君爱国义士。所以,"孔孟学说中忠君、爱国、爱民思想在进入越南时便被代表了越南历史上有良知的、越南民族灵魂的优秀代表儒学士大夫接受了,并且与越南爱国主义结合在一起,组成了爱国文学部分"[3]。陈首度以"脑袋未掉,决不束手无策"的英雄气慨,陈国峻凭"余尝临食忘食,中夜无枕,涕泗交颐,心腹如捣,常以食肉寝皮,茹肝饮血为恨也,虽余之百身膏于草野,余之七尺裹于马革,亦愿为之"的忧患意识,陈平仲用"宁愿做南鬼,决不做北王"的肝胆精神,[4]铸就越南士大夫的理想气节,并为社会所崇尚。直至近代,为抗击法国殖民侵略,阮知方、黄耀等阮朝驻河内总督,潘廷逢等勤王运动的领袖,或自缢殉节,或誓死抗敌,[5]他们都是深受儒家思想熏陶的爱国人士。正如陶维英所说:"孔教最好的影响是使国家统一,使人民具有国家意识和民族精神。当国家面临外侵时,国家之所以能奋起抗击,保卫江山,一部分是由于儒家造就了多少代有忠君爱国精神的人。"[6]儒家精神确实教育了一代又一代的越南人,促进了越南民族意识的完善,民族精神的提升。

(二)促进了国家的独立统一和中央王权的巩固

正由于儒学是一种治国的"大一统"和"王权至上"的学说,无论

---

[1] 《论语·卫灵公》,上海古籍出版社2004年金良年译注本,第192、186页。
[2] 《孟子·滕文公下》,上海古籍出版社2004年金良年译注本,第126页。
[3] [越]邓青梨:《浅谈中古时期太平洋地区语言与哲学思想交流中的一些问题》,载《环太平洋地区文化与文学交流学术研讨会论文集》,天津古籍出版社1996年版。
[4] [越]黎文升:《儒学文化对越南文化的影响》,《咸宁学院学报》2011年第2期。
[5] 梁志明:《论越南儒学的源流、特征和影响》,《北京大学学报》(哲学社会科学版)1995年第1期。
[6] Đào Duy Anh, *Nghiên Cứu Văn hóa và ngữ văn*, Trịnh Bá Đĩnh tuyển chọn, Hà Nôi: Nxb Giáo Dục, 2005.tr.38.([越]陶维英:《文化语言文学研究》,郑播挺选编,教育出版社2005年版,第38页。)

承认与否，儒学在促进众多亚洲封建国家的独立统一和中央王权的建立上，起到了不可磨灭的作用。在摆脱中国封建中央集权政府的统治后，越南的统治阶级也主动积极地选择了儒学。在经历了李、陈时期的"儒、释、道三教并尊"后，儒学成为越南传统文化中起主导作用的思想体系。儒学"入世"的治国方略符合越南封建统治者巩固政权的要求，而宣扬"出世"和"无为"的佛、道思想则无法帮助其巩固国家政权的独立与稳定。特别是在反明后立朝的后黎朝，更是以宋明理学为儒家思想的蓝本，模仿中国明朝封建王朝的政治制度，将儒学在越南的发展推到鼎盛。横览同一时期东南亚地区，鲜见自中央到地方有严密政权组织的国家。但就是在这一时期，越南基本上完成了南进北抗的政治抱负，将国家的领土扩张到广南和越南西北地区，成为当时东南亚地区一个强大的封建中央集权的国家，这不能不说是儒学立下了汗马功劳。

（三）促进了教育和科举选士制度的发展和完善

孔子一生都从事教育活动，整理了《诗》《书》《礼》《易》《乐》《春秋》，以及其弟子及再传弟子将他的谈话及答弟子问记录下来编辑成书的《论语》，可见儒学历来重视教育、知识和人才的培养。儒学在越南封建社会的地位逐步提高，大大促进了教育和科举选士制度的发展和完善。

越南从李朝开始通过科举考试来选拔人才进入官僚阶层。1070年，李朝建立文庙以供奉孔子和七十二贤。1075年，李朝开三场科举选拔一些"明经博学之士"为国家做事，这是越南组织的第一次科举考试。黎文胜，家平县人（现越南北宁省家良县）在这次考试中夺魁，后被选拔为辅佐皇帝学习的官员。之后，李仁宗在京城开办国子监，这是越南第一个类似现代大学的综合性教育机构，尽管当时仅是作为选拔贵族官僚子弟学习的学堂。陈朝时期，教育和科举制度日益规范。国家为官宦子弟和儒士成立专门的教育机构"国学院"，并在各路、府、州中设置管理教育的官员。此外，一些由儒士们办的私塾也出现在广大村社中。伴随着儒学思想地位的日益提升，科举、教育、官吏选士制度相互促进，相互完善，不断稳定和巩固越南封建官僚统治机构。越南科举制度最繁盛期是在黎朝洪德时期。1428年，黎太祖登基时下令再建国子监，开设各路学校，颁发"召贤令"，规定贵族子弟及部分平民可选拔进入国子监，被称为国子监监生。而各路学校主要是为平民设置。黎圣宗认为，"要想有人才，首先就要选士，选士就以科举为先"。由于儒学思想对教育制度的促进，越南各朝君王都非常重视教育机构的建设。1435年，黎太宗时期，还将国子监和各路学校的教师统一召集到京城进行考核，不合格的便予以辞退。1483年，黎圣宗再次修建文庙，扩大太学院，增设秀林局和崇文馆来培养贵族和官宦子弟，在国子监设专门管理学生的教育培养事务的官员。监生被分为上、中、下三等，享有薪金。为了提高国子监的教育质量，1487年，黎圣宗设五经博士一职，每一经博士专门负责一本为学生讲解的经书。同时印制了《诗》《书》《易》《礼》和《春秋》五部儒学经典下发国子监。随后又印制了《论语》《孟子》《大学》和《中庸》四书，还有《玉堂文范》《文献通考》和《文选》等发到国家办的各路学校。除了国家开设的学校外，在村社里还有一些儒士、回乡养老官员开办的私塾，招收各类平民子弟。黎圣宗时，还增设乡试条例，强调应试者首先要遵循儒家的伦理道德："实有德行者，方平上数应试。其不孝、不睦、不义、乱伦及教唆之类，虽有学问词章，不许入试。"

由农民起义军建立的西山王朝也十分推崇儒学思想，特别重视教育系统的完善，光忠帝阮惠于1789年颁发了《立校诏》，要求各村社都要建立社学，即村社一级的学校，选择有学识的儒士教学，虽然这些儒士由村社挑选，但是要由国家来发给证书进行认可。这也是越南历史上首次把学校普及到村社。光忠帝还要求坚决杜绝科举中的舞弊现象，采用"过三关"的办法，让考生在参加科举之前进行一次考试，优秀的才可以参加科举考试。

越南历代统治者通过教育、法律、训条等途径，要求全社会的每个成员按照儒学思想的道德规范约束自己，修身养性。越南古代的教育与科举选士制度相互配合，成为促进越南传统文化发展演变的重要因素。

（四）儒家思想渗透到越南文化的方方面面

"越南文化，不管是文学、政治、风俗、礼仪、艺术、信仰，没有哪一点不带儒学性质的印记；任何一个越南人，不管他怎样反对儒学，也都不可能摆脱儒学的影响。"[1]李太宗李公蕴即位后，将京都由华闾迁至升龙时作《迁都诏》引用商代"至盘庚五迁"、周代"迨成王三徙"的典故，证明其迁都乃"上谨天命，下因民志"，都以儒家经典为据。在《大越史记全书·越鉴通考总论》的开篇即有："自孔子删尚书以为典谟，而帝王修齐治平之道益彰，春秋本鲁史，自孔子修春秋以定褒贬，而天子典礼命讨之权益重。是以圣帝明王之治天下、有志于任君师之责，不可不究帝王之学。有志于究帝王之学，不可不明古今之理。"从中可见，越南治史之法也深受儒家思想的影响。黎朝建国初始，阮廌撰写《平吴大诰》，其内容包含"仁义"的儒家治国理念，以"仁义之举，要在安民，吊伐之师，莫先去暴。惟我大越之国，实为文献之邦"开篇。

以乡亭为文化活动中心的村社文化，折射出儒、释、道三者合流在越南农村社会的广泛影响。黎朝以后，农村生活中心由寺庙转向乡亭，儒学的影响进一步扩大。此后，乡亭按照儒学礼仪和规制行事。儒生阶层在乡亭中的地位很高。秀才、举人、进士及一般儒生可与退休回乡的官吏、村社头人、乡绅一起坐在乡亭的中堂之上，特别受尊重。越南还有一句俗语："朝廷重爵位，乡党尊年龄。"乡亭排座次时，70岁以上的老者可上坐中堂；两人职位相当时长者在上，这些都表现了儒家风尚。[2]儒学思想还将越南的祖先崇拜礼仪化、系统化和制度化，有越南学者说，"正是儒学思想给当地这一朴素的观念（祖先崇拜）以哲理、组织、仪式以及深刻的信念"[3]。儒学思想体系确实为越南本地的祖先崇拜提供了最易融合的哲学和法理基础，使得祖

---

[1] Phan Ngọc, *Bản Sắc Văn Hóa Việt Nam*, Hà Nội: Nxb Văn Học, 2002, tr.201.（［越］潘玉：《越南文化本色》，文学出版社2002年版，第201页。）

[2] 梁志明：《东南亚历史文化与现代化》，香港社会科学出版社2003年版，第193页。

[3] Đặng Nghiêm Vạn chủ biên, *Về tôn giáo tín ngưỡng Việt Nam hiện nay*,Nxb Khoa Học Xã Hội, Hà Nội,1999, tr.43.（［越］邓严万：《当今宗教情况概述》，载《当今宗教若干问题》，社会科学出版社1999年版，第43页。）

先崇拜堂而皇之地荣登越南封建朝代的祖庙，并受到历代封建君主的保护与推崇。

此外，越南法治的建立也与儒学的传播有着不解之缘，越南学者阮才书就认为："虽然儒学很少论及法律及其在治理社会中的作用，但是在越南有一种情况——法律的形成总是与儒学的传播相伴而行。"对此，他解释道："越南与中国不同的是，中国的法家与儒家是在同一时期出现，而后才是'法'让于'礼'，法治的思想是被儒家运用在各朝各代的封建统治中。而在越南，法律从最初建立时就是由儒士们建立的（并没有法家的思想），直到18世纪才有了法治与德治结合。因此（在越南）各部律书产生的功劳都应归于儒士。"[1]

虽然如前所述，儒学对越南传统文化的方方面面都产生了复杂而深刻的影响，但任何事物都具有两面性，既然有正面积极的作用，那就不可避免地会产生负面消极的影响。比如，儒学对越南的封建政权而言有巩固中央集权、维护社会安定和国家统一的一面，而对越南社会就有限制人民思想、压制人民反抗的负面影响。特别是在进入封建社会后期的阮朝，儒家思想日趋保守、僵化，抵制革新，排斥外来新思想。在越南，儒士阶层同样存在片面提倡德治，主张重农抑商，忽视科学技术的倾向。儒学对妇女要求的"三从四德"也逐渐成为越南社会对妇女的要求，妇女地位迅速下滑。这些都是阻滞越南社会迅速发展的桎梏。在西方资本主义入侵的时候，儒学的消极面表现得尤为明显。在法国殖民者武装入侵时，一些儒臣束手无策，不战不和，拱手让出国土。崇尚儒学的阮氏朝廷害怕革新，许许多多旨在自强、救国的革新策略都被朝廷完全束之高阁，儒学思想体系中的守旧思想压倒了从真正爱国心出发的维新思想。因此，越南历史学家陈文饶也认为这是使越南在独立千年后变为殖民地的重要原因之一，"在7个世纪以来，已经阻

---

[1] Nguyễn Tài Thư, *Nho học và Nho học ở Việt Nam*, Viện Triết học, Trung tâm KHXH&NV quốc gia,1997.tr111,112.（［越］阮才书：《儒学和越南的儒学》，越南国家人文社科中心哲学院出版社1997年版，第111—112页。）

滞了越南人智慧"[1]。

第三节 越南古代佛教的发展演变

佛教在越南传统文化的形成和演变中占有重要的位置。在很长的一段时间里佛教在越南一度兴盛，至李陈时期达到鼎盛，陈朝末年，随着儒学地位的提升，佛教呈衰弱趋势。但是佛教始终作为越南人主要的宗教信仰之一，绵延不绝，这也是越南传统文化呈现出的文化特征之一。

一 佛教在越南地区的传入与发展初期

（一）关于佛教出现在越南的史料分析

对于佛教是怎么传入越南的这个问题，学术界有两种说法。一说为中国传入说，中国和部分国外学者持此看法；而另一说则为印度经海路传入说，越南史学家大多持后者观点。论述越南佛教的来源时一般引证以下文献。一是《三国志》或《大越史记全书·士王纪》。两本史籍对士燮家族在交趾地区的权势都有相同的一段描述，"出入鸣钟磬，备具威仪，笳箫鼓吹，车骑满道，胡人夹毂焚烧香者常有数十"[2]。"笳"指的是胡人的一种乐器，西汉时期在西域很流行，到了魏晋时期（220年以后）才在汉人的乐坛普及。因此，胡人一般是指从中亚或印度来的人，而在焚香的胡人指的就是在交趾传经说法的僧侣，可见2世纪末期，佛教已传入交趾。但是从印度来的僧人并没有得到像在洛阳一样的重视和至高的待遇，他们只是持香跟随着士燮的车走，这一点也可以表明佛教有可能最初传入交趾地区时仅限于在民间流传，社会上流对其并未十分尊崇。

二是《蛮娘传》。《蛮娘传》记载着关于法云寺供奉女佛像的传说，"汉献帝时，太守士燮筑城于平江南边（今天德江是也）。城之南

---

[1] Trần Văn Giàu, *Sự phát triển của tư tưởng ở Việt Nam từ thế kỷ XIX đến các mạng tháng tám*, tập II, Hà Nội: Nxb Khoa học xã hội, 1975.tr304. （[越]陈文饶：《十九世纪至八月革命前越南思想的发展》（下册），社会科学出版社1975年版，第304页。）

[2] （晋）陈寿：《三国志》，（宋）裴松之注，崇文书局2010年武传点校本，第534页。

有佛寺名福严。有僧自西来,号伽罗阇梨主持此寺,能立独脚之法,人敬奉之,呼僧为尊师,皆来学道"。伽罗阇梨有一个女弟子叫蛮娘,因"讷于言语,不能与众诵经,常居厨灶捣米……不意忘机熟睡……蛮娘当门睡,僧阇梨步过蛮娘,蛮娘歆然乃动,胞里受胎。三四月间,蛮娘有惭色而归,阇梨亦羞而去。蛮娘行至三歧路江头寺居之,满月生一女,寻阇梨还之。阇梨将女就三歧路,见榕树枝叶茂盛,有一蠹处深洁,阇梨付与曰:'我寄此佛子,汝藏之,名成佛道。'阇梨、蛮娘将辞去,阇梨与蛮娘一杖,曰:'我以此赐汝,汝还,或有岁时大旱,汝以杖棹地,地上出水,以救生民。'"[1]后来每逢遇到大旱,蛮娘都会拿出禅杖来救灾。蛮娘90岁时,那棵古榕树倒在了河边,随着河水漂流,人们用了很多方法也没有能够将其捞上来。正值蛮娘到河边洗手,看见漂浮的榕树干,蛮娘轻轻地一挥手,榕树干便漂到了蛮娘跟前,于是乡民们与蛮娘一起将其捞上岸。后来蛮娘托工匠将此榕树分为4段,然后雕刻为4尊佛像,这就是现在法云寺里的4尊女神,也称为"四法"。后来,人们还为供奉"四法"和蛮娘建了庙宇,"四方祈祷,无不应者,皆呼蛮娘为佛母",每年阴历四月初八日会举行盛大的庙会,称为"浴佛会"。据说在当时存放女婴的榕树洞里找到一块石头,乡民们将其扔到河里,忽见其光芒四射,许久才慢慢沉下,乡民以其为佛化身而成的神石,于是请熟水性的人下河捞起,洗净后供奉于寺中,放置于"四法"之前,顿时这几尊神像都像镀金一样闪闪发光。现在这个形似"林伽"的石头还供奉在法云寺里,称为光佛石。[2]

通过对《蛮娘传》的仔细分析可知,越南本地佛教信仰初始就已经融合了多种宗教思想,呈现出色彩纷杂的面貌。故事中的"蛮娘"有人将其解释为种桑养蚕的妇女,有的将其理解为"蛮夷",即没有接受汉化的越南妇女。直到现在,蛮娘在满舍乡还是被称为"祖",

---

[1] [越]武琼:《蛮娘传》,载《岭南摭怪等史料三种》,中州古籍出版社1991年戴可来等校点本,第31页。

[2] Đinh Gia Khánh, *Văn hoá dân gian Việt Nam trong bối cảnh Đông Nam Á*, Nxb Khoa Học xã Hội,Hà Nội,1993.tr144. (参见[越]丁家庆《东南亚背景下的越南民间文化》,社会科学出版社1993年版,第144页。)

供奉其的乡亭称为"祖庙",蛮娘置于正殿正中最庄重的位置,而释迦牟尼和其他菩萨却只能供奉在两边。这一点不同于中国或印度的佛教,而更像受了道教多神论的影响,因为没有哪一个国家的佛教会把最初的信徒称为佛,最多称为菩萨,而且一般来说信徒都为男性和上层社会人士。《蛮娘传》里无论是独脚站立的修行方法,还是湿婆教里的"林伽"状石块,以及越南本地史前的生殖崇拜和女神信仰,这些宗教信仰元素的交融都通过印度佛教僧人与越南本地女子的结合体现了出来。[1]

三是康僧会与《六度集经》。康僧会,世居天竺,其父因商贾移于交趾,他十余岁时双亲皆故,至孝服毕出家。其人博学笃志,明解三藏,通晓梵文和汉文。康僧会在交趾深受汉文化浸染,247年,他离开交趾赴吴国都城建业(南京),"孙权为之建塔寺,号建初寺,为江南有佛寺之始"[2]。康僧会擅于将梵文佛教经典译为汉语,译有《六度集经》,其中曾提到"昔身菩萨与五百商人俱入海,欲采众宝",实际说的就是印度佛教初期传播时也是伴随着商业,一些从南亚来的商人经海路或陆路来到中国经商,海路最早到达的地域就是汉王朝下的日南、交趾郡,而陆路最早到达的就是中土洛阳。

四是牟子的《理惑论》。牟子又称牟博,东汉苍梧人(现广西梧州),是在越南传播佛教的早期代表。"会灵帝崩(189)后,天下扰乱,独交州差安。"牟子奉母流寓交趾,后回乡娶妻,并未出家。母亡故后,"锐志于佛道,兼研老子",著有《牟子理惑论》。可以说2世纪末,越南可能已有佛教传入。牟子《理惑论》[3]广引老子和儒家经典,论证儒、释、道的一致性,从而彰显佛学。

五是《禅苑集英·通辨传》。《通辨传》记载,为了回答李朝倚兰太后关于佛教传播到越南是从什么时候的问题,智空禅师回答说:"据昙迁法师言,在隋高祖(即隋文帝杨坚时)(581—604)时,文帝'欲

---

[1] Nguyễn Duy Hinh, *Tư tưởng Phật giáo Việt Nam*, Nxb Khoa học xã hội, năm 1996, tr180-181.([越]阮维馨:《越南佛教思想》,社会科学出版社1996年版,第180—181页。)
[2] 《高僧传》卷1《康僧会传》,上海古籍出版社1991年标点本。
[3] 笔者按:关于牟子是否为《理惑论》一书作者,中国佛学学术界有一些不同的认识,根据周叔迦先生的论述认为东汉时期牟子确撰有《理惑论》一书,本书采用此说,在此不再赘述。

遣有德行的沙门往交州弘化当地民众，以使众生皆知菩提教法'。"说明隋文帝想在全国推广佛教，认为交州地区虽然属于内地，但是对这个地区的管制还较为松散，因此让昙迁法师挑选几名有德行的僧人去那里布教，使全国各地都信奉佛教。而昙迁法师启奏曰："交州有一方通天竺，佛法初来江东位卑，而交州众创兴宝刹二十余，所度僧五百余人，禅经15卷以祀先知，故冶巫时已有丘尼名摩罗耆域、康僧会、支疆梁和牟博等在赢楼传经说法了。现又有毗尼多流支的法贤大师在崇善寺主持传教，下有300多个门徒，佛教传播的情况不亚于中华。陛下为天下圣贤，想为天下平等布教，但他们那已有僧人。"[1]

　　越南学者多喜欢引用该段话论证佛教传入越南的途径或时间。但下文就其中存在的一些疑问做进一步分析：智空法师引用的话出自昙迁法师，而昙迁法师是谁，他到过交趾地区吗？为何可以得知交趾地区佛教发展的情况？据唐代道宣的《续高僧传》载，昙迁（542—607），隋代僧人，俗姓王，博陵饶阳（今河北）人。577年因禁止佛教传播，昙迁曾下江南，到过建业（现南京），而后到了桂州（现广西）。隋文帝开皇七年（587）受诏入京，住大兴善寺，讲授摄论之学，弘传大乘佛教，受业者达千人，深受隋文帝器重。如前所述，康僧会曾在交州佛寺修行多年，对交州佛教发展的情况必然很了解，247年，其离开交州赴吴国都城建业，又在建业建初寺修行，其间应该会提及交州佛教的发展。虽昙迁到建业是300年以后，但是其既为有名的禅师，定会到建初寺求经讲学，听到或看到有关交州佛教发展情况的事是有可能的。只是较为可惜的是，查中越史籍和有关佛教史书，未见上述有关交州佛教的记载。[2]然查中国史籍，《通辨传》里所载的3位僧侣又确有其人（康僧会和牟博到越南传播佛法的文字参见上文内容）。此外，据《佛祖历代通载》记载：294年，摩罗耆域到洛阳，"初域来交广，并有灵异"，说明摩罗耆域在赴洛阳之前，也曾到过交州弘扬佛法。综合看来，《通辨传》所述交州

---

[1] Bản dịch của Ngô Đức Thọ- Nguyễn Thúy Nga, *Thiền uyển tập anh*., Phân viện ngiên cứu Phật học.Nxb Văn học,Hà Nội 1990.tr.89. （［越］《禅苑集英》，佛学研究院、文学出版社1990年版，第89页。）

[2] 梁志明：《略论越南佛教的源流、发展及其在李陈时期的历史作用》，载《东南亚历史文化与现代化》，香港社会科学出版社2003年版，第199页。

佛教发展部分应是可信的，但其中的一些细节因无其他史料佐证，存疑待考。

（二）佛教初入越南的途径与内容

佛教于两汉时期传入中国，来华之初，正值东汉谶纬神学和黄老学说盛行之时，佛教也被视为神仙方术的一种，主要是在皇族和上层贵族中间流行。《后汉书》载，汉明帝于永平八年诏曰，"楚王诵黄老之微言，尚浮屠之仁祠，洁斋三月，与神为誓死，何嫌何疑，当有悔吝？其还赎，以助伊蒲塞桑门之盛馔"[1]，"浮屠"即"佛陀"的另一音译；"桑门"即"沙门"，"伊蒲塞"即"居士"，意为：楚王你为佛陀建庙，斋戒祈祷，这是好事，有什么可愧疚的呢，我把你送的生绢还给你，你用它来资助和尚、居士们吧。因为这段正史的记载，江南（现徐州地区）也就毫无疑问地被认为是我国较早传入佛教的地区。东汉永平十年（67），汉明帝梦见有西域大神，头顶光环，于是派大臣赴西域请神，后来请来两位西域游僧，用白马载来《四十二章经》，汉明帝在洛阳为他们建了中国最早的寺院——白马寺。可见，自此时起，佛教经典与教义正式进入中国，即自北至南，中国各地已经开始有佛教传入并受到皇族的崇信了。

交趾地区在东汉时为汉朝南部的郡县，以其优越的地理位置，成为中原和华南地区与东南亚、南亚和中亚诸国交流的重要桥梁之一。《旧唐书》载："交州都护制诸蛮，其海南诸国大抵在交州南及西南，自汉武帝以来皆朝贡，必由交趾之道。"[2]因此，交趾成为交通南北、联络东西的中国汉朝郡县，加之士燮时期"燮体器宽厚，谦虚下士，中国士人往依避难者以百数"，佛教传入交趾地区应是很自然的事。据以上史料分析，无论是从士燮时期、康僧会和牟子在交趾的时间，还是从《蛮娘传》里法云寺里"四法"神像形成的时间，大致可以推定佛教传入越南的时间是在2—3世纪，晚于佛教传入中国的时间。

---

[1]（宋）范晔：《后汉书·光武十王列传》，中华书局2010年标点版，第418页。笔者按：楚王英，建武三十年，以临淮之取虑、须昌二县益楚国。与汉明帝为同父异母的兄弟。汉明帝为帝后，想以宽大之心治天下，就下诏让各国犯死罪的人缴纳生绢即可赎罪。楚王刘英也不知为何竟备了黄绢、白绢三十匹给汉明帝送去。汉明帝便下了诏书给刘英。

[2]（后晋）刘昫：《旧唐书》卷41《地理志》，中华书局1975年标点版，第1750页。

此外，《蛮娘传》虽然只是佛教传入越南时期的一个神话传说，但其中保留了很多神仙方术的痕迹，比如用禅杖插在地上造雨救灾，再如信仰"风、雨、雷、电"等四法神。这与当时汉代对待佛教时将其与神仙方术并列的观点十分相似，应为同源之流。但是在《蛮娘传》里又出现了一些印度佛教的因素，如"林伽"状的佛光石，印度僧人单腿修行的方式。再结合交趾地区出现过"世居天竺"的名僧康僧会。可推论，交趾地区佛教的传入还有另外的途径，应该不是完全源于中原或江南地区的佛教。

总之，2—3世纪，佛教确实已经传入了交趾，该地的佛教不完全由中国传入，应是通过两个方向进入交趾地区。一是经中原或江南地区往南传播到达交趾地区。这支佛教与中国道教有最初的融合，笃信神仙学说。二是由南亚地区的商人及僧侣从海路或陆路进入交趾地区时带来。这支佛教是印度的南传佛教，有学者还认为越南的佛教有部分是"经由缅甸、云南进入红河谷地"[1]。正因为有着不同的方向和来源，因此当时交趾地区的佛教发展蓬勃，成为汉朝时期佛教的三个中心之一。[2]

（三）交州安南佛教的发展

魏晋南北朝和隋唐时期，交州地区崇信佛教的人越来越多，佛教在该地进入发展期。这一时期是中国禅宗的形成时期，禅宗是中国佛教重要的教派，相传是南朝宋末来华修行的菩提达摩创始，禅宗融合儒学、道教、老庄和玄学思想，是非常具有中国文化特色的一个佛教教派。因其主张"即心是佛"，所以又称为"佛心宗"。据《禅苑集英》记载，579年，中原禅宗派梵僧毗尼多流到达法云寺（chùa Dâu），因其在越

---

[1] 莫里斯迪朗（Mourice Durand）：《佛教的传入越南》，闻如是译，《远东日报》1960年2月27日，转引自梁志明《略论越南佛教的源流、发展及其在李陈时期的历史作用》，载《东南亚历史文化与现代化》，香港社会科学出版社2003年版，第200页。

[2] 周叔迦：《周叔迦佛学论著集》（上册），中华书局2004年版，第118页。笔者按：汉朝时期，佛教在中国传播的地域还不普遍，其重心大略有三处：一是洛阳，因为洛阳是东汉的首都，所以必然是西域人聚集之地；二是江淮之间，奉佛的楚王英封国在此，后来译师严佛调也是临淮人，汉末笮融在广陵也大兴佛事；三是交趾，这是中国与印度水路交通的枢纽。

南开创禅宗，毗尼多流被称为越南禅宗之祖。[1]毗尼多流汉译名为"灭喜"，南天竺人，婆罗门阶层，574年到长安，随中国禅宗三祖僧璨修行，承袭了中国禅宗衣钵。他在法云寺创立"灭喜禅宗派"，传禅说法十四年，卒于当地。他在圆寂前将"不立文字，不依言语，以心为印"的思想传授弟子法贤。毗尼多流支对越南佛教的影响很大。法贤为交州朱鸢县人，他接受了灭喜宗的衣钵，在慈山建有众善寺，传播禅学，僧徒300多人，远近闻名。隋唐时期，中国佛教十分兴盛，交州佛教也迅速发展，广建佛寺。听闻交州佛教兴盛，隋文帝（582—604）还下召赐了5个装有舍利子的箱子让法贤建塔供奉。法贤在法云寺、丰州（现永安—富寿地区）、长州（现宁平省）、爱州（现清化省）建塔供奉御赐舍利。[2]法贤圆寂后，灭喜禅宗派的各代名僧都建有寺院修行，如清辨禅师建有普光寺，定空禅师建有琼林寺。佛寺遍布各地。

唐代中原与安南之间的佛教关系更为密切，僧侣间的交流日益频繁。820年，中原高僧无言通禅师到达安南，创立"无言通禅宗派"，大大推动了安南佛教禅宗的发展。无言通禅师俗姓郑，广州人，跟随百丈怀海禅师学习，820年至安南北宁仙游县扶董乡建初寺，随中国南宗禅学，他宣传"心、佛、众生三无差别"。由于他实行"面壁禅观"，故也称为"观壁派"。

唐朝时期，到安南地区弘扬佛法和交流的中原僧人很多，安南本地也出了很多名僧。如昙润法师，洛阳人，曾"南行达于交趾，居住年余，声望甚重"。运期，越南当地名僧，与昙润同游，至南海十余年，后还成为中原僧人会宁的弟子，会宁在爪哇译完的《阿笈摩经》，还交由运期带到安南。不仅如此，这一时期，还有一些安南的名僧到长安交流讲经，与中原文人学士交情深厚。唐代著名诗人贾岛就曾写有《送惟

---

[1] Bản dịch của Ngô Đức Thọ- Nguyễn Thúy Nga, *Thiền uyển tập anh*,.Phân viện ngiên cứu Phật học.Nxb Văn học,Hà Nội 1990.tr.169.（［越］《禅苑集英》，佛学研究分院、文学出版社1990年版，第169页。）笔者按：此寺有多种译法，越南大部分的地名都是可以找到一个对应的汉越音，而"Dâu"这个音在汉语中找不到对应的汉越音来译，其实，"Dâu"这个地区就是前文提到的赢楼，也就是现在越南北宁的顺城地区。因"Dâu"有桑的意思，因此有人按字义将其译为桑寺。

[2] Nguyễn Duy Hinh, *Lịch sử Đạo Phật Việt Nam*, Nxb tôn giáo-Nxb từ điển bách khoa,2009, tr.56.（［越］阮维馨：《越南佛教历史》，宗教出版社2009年版，第56页。）

鉴法师》的诗，表达与安南僧人的友情，"讲经春殿里，花绕御床飞。南海几回渡，旧山临老归"[1]。文学诗歌从侧面也反映出6世纪以后，中国中原地区和安南地区佛教交流发展的情况。同时，我们也可以看到越南佛教文化受中国佛教南传影响逐渐深入的事实，越南佛教之所以不同于东南亚其他国家的小乘佛教，根源在此。

二 佛教在越南的鼎盛

越南封建国家建立初期即吴、丁和前黎三朝时期，执行"崇佛抑儒政策"，佛教和道教均得到了百姓的推崇，佛教被奉为国教。其时，大多数有学问的人都是僧人，寺院讲经说法几乎代替了国家开学堂办学。僧侣成为全社会敬重的阶层，一些学识渊博的僧侣还会被皇帝任为政事和外交顾问，享受官衔等级，形成了一批特有的僧官阶层。越南禅宗第二派系"无言通禅派"第四代传人吴真流（933—1011），为丁朝和前黎朝名僧。931年，吴真流就被丁先皇册封为僧统，后晋封为"匡越大师"，意为帮助越皇匡扶国家的僧人之首，即国师。

李朝时期，越南佛教发展趋于鼎盛。李太祖即位甫及二年，宗庙未建，社稷未立，先于天德府创立八寺。京都附近修建有圣严寺（1010）、真教寺（1024）、巅右寺（1049）、报天寺（1056）、二天王寺（1070）和贯圣寺（1102）。灵称寺碑文上就记载道："自佛教传入，香火日盛。凡风景秀丽之地，诸建寺院，若无王公显贵热心于此，奈何得之？"[2]究其佛教兴盛的原因，一方面，由于当时大部分封建世俗阶层掌权者都为行武之身，学识较少，而那时的僧人则既精通佛学又通晓儒学，成为朝廷所需的栋梁之才；另一方面，越南国家独立初始，刚刚建立的封建中央集权政权，还没有一个系统的思想体系作为统治工具，这时的佛教发展已经初具规模，自然受到了封建统治者的青睐。"李朝之时崇尚佛教，皇帝优待修佛之人，并取国库之存为寺院铸钟。戊午年（1018），帝遣阮道清、范鹤赴宋求三藏经，取之返藏于大兴

---

[1] 参见梁志明《略论越南佛教的源流、发展及其在李陈时期的历史作用》，载《东南亚历史文化与现代化》，香港社会科学出版社2003年版，第200页。
[2] Huỳnh Công Bá, *Lịch sử Văn Hóa Việt Nam*, Húe: Nxb Thuận Hóa, 2008, tr458.（［越］黄工柏：《越南文化史》，顺化出版社2008年版，第458页。）

库。"[1]李朝时期的君王有时还会赴寺院修行，比如李太宗、李圣宗、李高宗和李惠宗都修行过，很多王侯贵族也都跟风模仿。李太宗还留下了《视诸禅老参问禅旨》的诗文。李朝倚兰太后也十分信奉佛教，所以才有了上文《通辨传》里的史料记载。据《禅苑集英》记载，建初寺有百余僧众，崇明寺有上千僧侣，广明寺也有上千僧侣。僧侣和佛教信徒在社会上，更是随处可见，黎文休曾在《大越史记》中也谈道："剃度为僧者超过半数，尤其是在东朝县，大一点的乡会有上十座庙，小一些的乡会也有五六个寺庙，设坛祭拜的就更是热闹。"很多名僧也积极参与到朝廷的政治活动中。

在当时的佛教派别中，禅宗发展最为突出。越南禅宗的第三大派系"草堂禅宗派"就是在李圣宗时期创立的。李圣宗在位时（1054—1072）国势强盛，对外向南北大力扩张领土，对内尊禅宗、重儒学、开科举，试图在思想意识方面建立全国统一的体系。草堂禅师，中国北宋佛教云门宗僧人，禅宗名僧雪窦明觉的弟子，11世纪初跟随师父赴占婆弘传佛法。1069年李圣宗征战占婆，掳掠僧人和宫女，草堂被俘为奴役，一日大臣发现有一卷语录被其更正，遂知道他为中国禅师。李圣宗见其精通佛学，应对如流，于是极为重视，封其为国师，赐居升龙开国寺，创草堂禅宗派。草堂禅师提倡"禅净一致"，即实行禅宗的修禅与净土宗的念佛相结合。《安南志原》指出："草堂禅师有道行，精通佛典，李王拜为师，后端坐而化。"[2]草堂派从1069年到1205年盛极一时，相传5代18位传人，其中有7位为皇室和大臣。李圣宗成为草堂派首传弟子，后李英宗（1138—1175）、李高宗（1176—1186）都拜在草堂门下，成为第三代和第五代传人。草堂禅宗，从某种意义上来说成为李氏封建贵族上层社会的宗派，随着李朝的灭亡，草堂禅宗也逐渐衰弱。此后，竹林禅宗兴起。

一般认为竹林禅宗创建于1299年，陈仁宗进入安子山正式出家修行而创立，但实际在此之前，就已经有陈太宗（1218—1277）和慧中居士

---

[1] Trần Trọng Kim, *Việt Nam sử Lược*, Hà Nội: Nxb Văn Hóa thông tin, 2002, tr101.（[越]陈重金：《越南史略》，文化通信出版社2002年版，第101页。）
[2] [越]高能征：《安南志原》卷3，法国远东学院订刊版1931年版，第209页。

研习竹林禅宗了。陈太宗，因其叔父陈守度迫使其与李朝末代女皇李昭皇结婚，随后又让李昭皇禅位于陈太宗。陈太宗8岁做皇帝，20岁因不满妻子决意出家修行，但仍被陈守度强迫回朝治国，因此陈太宗就边修禅边治国。期间著有《金纲经序》《课虚录·禅宗指南序》和《四三念诵经》。陶维英认为："竹林派传说是由禅月禅师传给陈太宗，后经定香长老、圆照大师，至道惠禅师分为三个支系。其中主要的一支由逍遥禅师传给慧忠居士，再传给调御觉皇，即陈仁宗。"[1]《课虚录》是竹林禅宗的奠基之作，认为人可通过修禅超越"四山"（生、老、病、死）。慧忠居士（？—1313），出生于陈朝宗室，师从逍遥禅师，传衣钵于陈仁宗，也是当时一位出色的禅宗大家，著有《竹林慧忠居士语录》。他在《佛心歌》中写道："佛、佛、佛不可见；心、心、心不可说。若心生时是佛生，若佛死时是心死。"这体现了他"心即是佛，佛即是心"的禅宗思想，他的思想对陈仁宗产生了重要的影响。

陈仁宗（1258—1308），即陈钦，为陈朝第三代皇帝，自幼喜爱禅学，佛学造诣极深，被尊为"竹林第一祖"。1293年，主动禅位于太子出家修佛，出现了僧皇共治天下的局面。后云游四方宣扬佛法，1301年返回安子山（位于现广宁省）的花烟寺修行，著有《禅心切粹语录》《僧伽粹事》和《大香海印诗集》等，还留下喃字禅诗和赋。竹林禅宗本着"入世"的精神，同时也是最具越南特色的禅宗派别。此外，陈仁宗虽然尊崇佛教，但也信仰道教。据《安南志略》载："武林洞，昔安南四世国主陈仁王弃位隐其中以成道，号曰竹林道士，有香海印诗集传于世。"[2]因此，在竹林禅宗的思想里也渗透着道家思想，体现了"道家佛学思想合二为一"的特征。

法螺（1284—1330），名陈刚，1304年随陈仁宗修行，陈仁宗为其取佛名为"法螺"，1307年，法螺接受了陈仁宗交给的200部经书，续竹林禅宗衣钵，被称为"竹林第二祖"。1311年法螺继续刻印《大藏经》，并讲解《传灯录》《华严经》《圆觉经》《雪窦语录说》和《慧

---

[1] ［越］陶维英译注：《陈太宗御制课虚录》，社会科学出版社1974年版，第21页；转引自梁志明《略论越南佛教的源流、发展及其在李陈时期的历史作用》，载《东南亚历史文化与现代化》，香港社会科学出版社2003年版，第209页。

[2] ［越］黎崱：《安南志略》卷1，中华书局2008年武尚清点校版，第24页。

忠居士语录》，听众众多。他创立琼林院，著有《断策录》，一生专心于刻经渡僧，研习禅学，宣扬佛法。他宣讲的《华严经》并非竹林禅宗经典，而属汉传佛教流派。法螺宣讲其基本思想，如"法界缘起"，这是集中探讨世界观的部分；"一微尘照亮世界"，强调在修禅的同时要心存现实，即"入世"的精神，对竹林禅宗的发展产生了很大的影响。[1]

虽然都受到封建王朝的极力推崇，但与草堂派不一样的是，竹林禅宗源于陈太宗皇帝，而陈仁宗欲将已有的禅宗派别在陈朝期间统一为一个唯一的派别：竹林禅宗派，所以陈仁宗本人也成为竹林禅宗的开山鼻祖，竹林禅宗也因此成为越南佛教在受到中国禅宗思想影响下自己创立的一支宗派。此外，陈圣宗也禅位入寺修行，很多皇族如宝云公主、花阳公主、文慧王陈光照都曾入寺修行。竹林禅宗的创始人和多代传人均为陈氏皇室成员，因此竹林禅宗更能体现越南封建统治者的思想，并将越南佛教封建化和民族化的进程向前大大推进了一步。13—14世纪是佛教在越南发展的顶峰，陈朝末年黎朝时期，因儒学的崛起，僧侣在政治生活中的作用就日益衰落了。

三 越南传统佛教的衰落与复兴

从15世纪到19世纪末期，越南佛教逐渐衰微，大体可分为两个阶段，第一个阶段是15—16世纪，即黎朝时期，这一时期儒学独尊，佛教在上层社会失去了以往的风光，但在民间还保持着相当的信徒。第二阶段是从16世纪初到19世纪末期，即从后黎朝到阮朝灭亡，越南封建社会结束。这一时期佛教有一定程度的恢复和振兴。这一时期，为了抵抗西方天主教势力的入侵，保持民族独立，佛教组织起到过凝聚民众进行斗争的作用。

（一）15—16世纪佛教的衰微

整体来看，这个时期，越南佛教仍然延续着10世纪以来越南禅宗流派的发展。黎朝名儒吴时任因不满时事，遂皈依佛门，仍信奉竹林禅

---

[1] Nguyễn Duy Hinh, *Lịch sử Đạo Phật Việt Nam*, Hà Nội: Nxb tôn giáo-Nxb từ điển bách khoa,2009. tr451-455.（［越］阮维馨：《越南佛教历史》，宗教出版社2009年版，第451—455页。）

宗，著有《竹林宗旨原声》，被认为是竹林第四代传人。虽然如此，但竹林禅宗失去了皇家的拥护，呈下坡趋势。陈朝末期，曾有儒士黎刮上书，认为"哪里的村社都有佛寺，但却没有看见一所学堂和文庙"[1]。也许是吸取了陈朝灭亡的教训，黎朝皇帝都不再尊崇佛教，却自称"洞主"，黎太祖称自己为"蓝山洞主"，黎太宗称为"桂林洞主"，黎圣宗称为"天南洞主"，从这个称呼就可以看出，此时的皇帝思想上更倾向于借助道教的神仙说。同时社会上也重儒学、开科举。1463年只有1400人参加科举考试，而1475年就有3000人参加科举考试了，在村社里到处可见儒士们传授四书五经，相比起1个世纪前黎刮所形容的情景，已经完全不同了。

胡季犛时期，越南佛教受到了严重的打击。1381年，胡季犛要求僧人也要服兵役。1429年下召要求所有的僧侣都要通经典，并举行佛学考试，考试合格者才可以继续做僧人，不及格的就必须还俗。1448年，胡氏皇室最后一次从法云寺迎佛求雨后，就再也没有赴寺敬佛。1463年，还禁止占筮道士和僧侣聚众论道。1500年起，黎氏朝廷下令只许庶民信奉佛教，从此，越南佛教便由皇室庇护的贵族宗教转化为以平民信仰为主的民间宗教。[2]1517年、1518年因恐其诋毁和反抗朝廷，黎朝还捕杀了瞿刻昌、阮敬等多名僧侣。可见当时的佛寺已经成为反抗越南封建集权统治力量的聚集地，与李陈时期王权与佛教相辅相承的境况大相径庭。

（二）16—19世纪末佛教的复兴

1527年，莫登庸篡位取代黎恭帝，在越南北方建立了一个短暂的封建政权。莫登庸建朝背景复杂，治国方式软弱，在宗教政策方面体现出一种对儒、释、道十分宽容的态度。儒、释、道三者共尊的局面在此期间又得到了恢复，皇帝及皇亲贵族们纷纷捐赠修建寺庙和道观，祈求国家的安宁和稳固，寺院和道观在莫朝各地逐渐恢复。三派共尊的现象充分体现在莫朝的佛寺里，那时期的佛寺里常常前佛后圣，而在道观就变

---

[1] Nguyễn Duy Hinh, *Lịch sử Đạo Phật Việt Nam*, Hà Nội: Nxb tôn giáo-Nxb từ điển bách khoa,2009. tr451-455.（［越］阮维馨：《越南佛教历史》，宗教出版社2009年版，第468页。）

[2] 于在照：《越南历史上佛教的"入世"与越南古典文学的产生和发展》，《东南亚研究》2006年第2期。

成了前神后佛。

郑阮纷争时期，随着南方阮主政权（也称内堂）对佛教的宽容与尊重，佛教有所恢复和发展。首先是以广南的禅僧香海为代表，其跟随阮璜进入顺广地区讲经说法，后北上在越南北部修建佛寺，译注佛经。推动这一时期越南佛教复兴的主要力量来自华南地区的临济宗，较为出名的有拙公和尚（1590—1644），福建人，俗姓李，俗名天祚，法号拙拙，临济宗第34代传人。1607年，拙公赴古眠国（下柬埔寨）弘法16年，受到国王及王公大臣的热情接待。1623年到越南中部广南、顺化等地说法七八年，受到广南阮主的厚待，并在此遇明行禅师，收其为徒弟。1633年抵达河内，北方（也称外堂）皇室贵族纷纷拜其为师，他便停留在越南北方弘扬佛法。其间，创立"拙公禅派"，主要思想以唐代禅宗五家之一临济宗为主，兼受净土宗影响。1644年，拙公和尚在北宁省笔塔寺圆寂。其后由明行禅师嗣承拙公衣钵，住持笔塔寺15年，直到1659年圆寂。

与拙公禅派传承同为临济宗的中国禅师还有元韶，元韶禅师于17世纪中叶乘商船到达越南中部的归宁府（今归仁市），在那里建十塔弥陀寺。后"英宗皇帝尝令谢元韶如东求高僧"[1]，元韶果应阮主之命，回华南地区请到一些禅师返回顺化，来弥补香海和尚北上后内堂佛教的空虚。[2]1729年，阮主阮福澍为其赐谥"行端禅师"并御撰塔铭以资纪念。[3]元韶禅师在越南侨居数十年，他和其他中国禅师一道对推动越南中部临济宗的发展起到了非常大的作用。越南中部形成了别具特色的独立禅宗派别"元韶禅派"，从17世纪延续至今。

石濂和尚，法号大汕，著有《海外纪事》，他是明末清初南禅史中一个颇具争议的人物，本书只就其对中越佛教及文化交流产生的影响而论。1695年，广州长寿寺住持大汕和尚，因元韶禅师"闻濂饱禅学乃往

---

[1] ［越］《大南实录·大南列传前编》卷6，载许文堂、谢奇懿编《大南实录清越关系史料汇编》，台北"中央研究院"2000年版。

[2] Nguyễn Duy Hinh, *Lịch sử Đạo Phật Việt Nam*, Nxb tôn giáo-Nxb từ điển bách khoa,2009.tr470.（［越］阮维馨：《越南佛教历史》，宗教出版社2009年版，第470页。）

[3] ［越］介香译：《顺化寺院碑铭》，越南佛教协会内部印行，1994年，第112—122页，转引自谭志词《十七、十八世纪岭南与越南的佛教交流》，《世界宗教研究》2007年第3期。

请，濂喜遂与元韶航海南来，既至居之天姥寺。显宗皇帝朝，尝召见与谈禅教。上爱其精博，甚宠异之。"[1]。石濂和尚在越南没有待很长时间，次年秋就返回中国，但是他将赴越南的经过及见闻，加上其在越南所写的诗文撰成《海外纪事》一书。该书记录了17世纪末越南中南部阮氏政权的历史和中越关系以及海上交通，对于中越文化交流有重要的参考价值。

其实在这一时期，自中国赴越南的禅师还有很多，如明弘子融禅师、觉峰禅师、慈林禅师、明海法宝禅师、兴莲果弘禅师、法化禅师、觉灵禅师等，这里不再一一细述，他们带去了中国佛教的禅宗教义，为处于颓势的越南禅宗注入了新的生命力，使得17、18世纪佛教在越南得以复兴，在中越佛教文化交流史上留下了浓重的一笔。

这一时期，由于阮主在中部和南方推崇佛教，佛教逐渐恢复。一些民众捐款修建寺庙，信徒中贵族的比例也不断增加，一些有钱人还竞相做善事，如建桥、塑佛像、为佛身贴金箔和举行庙会等，从当时的一些碑文看得出这一时期佛教的庙会非常热闹。在《惠云佛座碑记》载：寺院里烧香拜佛，晨钟暮磬。初一、十五敬香之人更是络绎不绝，以求增加福寿和日益兴盛。但不论怎样，佛教仍然不可能再达到李陈时期的盛况了。

四 越南古代佛教发展演变的特点

纵览越南古代佛教传入、发展、繁荣、鼎盛、衰微、复兴的历史演变，我们很容易发现越南佛教主要尊崇的是大乘佛教，主要受到汉传佛教而并非是印度佛教或是小乘佛教的深刻影响。史学家阮维馨也肯定地说："应该抛弃小乘佛教要早于大乘佛教进入我国（越南）的观念。"[2]确实，大乘佛教进入嬴楼不会晚于3世纪，因为该时期越南北方就已经有了高僧康僧会及其修行的寺院，有了激发牟子写作《理惑论》的交趾佛教。关于印度耆那教与湿婆教对交趾地区的影响，由于没有史料记载，

---

[1] ［越］张登桂：《大南实录・大南列传前编》卷6，载许文堂、谢奇懿编《大南实录清越关系史料汇编》，台北"中央研究院"2000年版。

[2] Nguyễn Duy Hinh, *Lịch sử Đạo Phật Việt Nam*, Hà Nội: Nxb tôn giáo-Nxb từ điển bách khoa, 2009, tr.594.（［越］阮维馨：《越南佛教历史》，宗教出版社2009年版，第594页。)

很难做出明确的论断。即使通过《蛮娘传》当中各种宗教信仰的融合现象来推断，我们可肯定的也只是佛教比这些宗教都要更深地植根于交趾地区，越南文化特征明显偏向大乘佛教，虽然在中部或是南方也出现了与印度教融合的特征。这一点是由于多方面原因造成的，最主要的原因应该是越南北方史前时期已经有了一定文明程度的东山文化，并且在公元前2世纪就开始大量接触和融合汉文化，而并非印度文化。因此以神秘主义为特征的印度教或小乘佛教并没有在越南北方留下更深的痕迹。而越南中部和南部，虽然也有灿烂的史前本地文化，但由于地缘位置的特点，更早地接触了强大的印度文明，因此表现出明显印度化的外缘特征。另一方面，越南毕竟还是位于中华文明与印度文明圈的交叉地带，所以很多来自印度的僧人在2世纪左右就已经来到交趾地区传播佛教，这种传播与接触形成了越南早期佛教特有的一种"越—印佛教基因"，这些基因与本地的原始宗教信仰、生殖崇拜等结合，再杂糅进道教的神仙说，形成了特有的越南佛教民间信仰。

随着汉字在越南的不断传播和深入，汉字撰写的佛学经典的刻印与传播成为推动佛教在交趾发展的重要动力，该地区佛教日益成为中国南传佛教的一支。禅宗本身便是融合了儒、释、道三种思想的一支中国佛教派别，是中国佛教的代表。禅宗传入安南后不断发扬光大形成了"灭喜禅宗派""无言通禅宗派"，越南李、陈朝时期形成了具有本土特色的"草堂禅宗派""竹林禅宗派"，还有后来佛教复兴时期的"拙公禅宗派"和"元韶禅宗派"，其中除了"竹林禅宗派"是由越南陈仁宗创立外，其他均为中国禅宗名僧在越南创立的派别。它们是支撑着越南佛教最主要的"汉—越佛教层"，禅宗教义也逐渐成为越南佛学的主要理论基础。佛教已经在古代越南社会中得到了广泛的传播，君民上下都十分尊崇佛教，佛教对越南传统文化、社会和生活产生了深刻的影响，在很多文化领域都打下了深深的烙印。汉字是越南佛教经典记载使用的文字，也是越南古代文学创作的主要承载工具。越南传统文学的最初创作也包括寺院僧侣的一些诗、词、偈和谶句。越南的佛教建筑与雕刻也成为代表越南传统文化的典型表征。关于越南佛教在其他文化领域产生的影响与作用，本书会在其他章节详细论述，这里不再赘言。

但值得注意的一点是，无论中国禅宗对越南佛教产生的影响再怎样深刻，越南佛教也没有完全汉化。越南史学家 文新认为："越南上层人士、知识界信仰大乘派，对农民和劳动人民来说，越南佛教则属小乘教。"[1]虽然这一论断尚值商榷，但是这也从某个侧面反映了越南佛教中有"越—印佛教基因"和融合了本地民间信仰现象的存在。实际上，佛教发源于印度，但佛教从印度传播到其他国家之后，也就不可能再保持其固有的教义与形式了。印度佛教来到中国后与中国的儒学和道家思想相互融合，最终自成体系，屹立于世界佛教之林，佛教成为中国传统文化的表征之一。同样，佛教在越南的发展演变也与中国相似。汉传佛教传入越南后，产生了巨大的影响，影响之大以至于很多学者认为越南佛教就是汉传佛教的一个支系。但汉传佛教进入越南后也不可能保持它原来的纯粹性。虽然因为越南社会有接受儒、道思想和汉字的基础，所以更容易接受汉传佛教的教义和经典，然而佛教在越南的发展往往会与当地信仰相融合，带有明显的民族特色，否则它不可能在本地生根、发芽、开花和结果。

越南佛教与儒学、道教和民间信仰之间以交融为主流，发展趋势是相互渗透、补充和走向融合，佛教广泛接受本地的祖先崇拜与自然崇拜，内聚成近现代的越南佛教信仰。在越南寺院中，常常是一个屋檐下既有佛教神案，又有道教供案，有些地方在殿中间摆放佛像，老子、孔子像则分立两旁。这种"多教合一"的状况延续到近现代。近现代越南佛教是"中国大乘佛教、儒学和越南民间信仰的混合物，有着它独特的色彩"[2]。20世纪初以后，越南佛教融合了更多的当地信仰，甚至企图把天主教也融合到佛教当中，宣扬"四教一源说"，由此还创立了本土宗教"高台教"和"和好教"等。

---

[1] ［越］文新：《略述越南历史上的佛教》，越南《历史研究》1975年总第162期；转引自梁志明《略论越南佛教的源流、发展及其在李陈时期的历史作用》，载《东南亚历史文化与现代化》，香港社会科学出版社2003年版，第212页。

[2] 黄心川等编著：《世界三大宗教》，生活·读书·新知三联书店1981年版，第126页。

第四节 道教与越南民间文化

越南著名历史学家陈文饶认为：对越南影响最强烈、持久的两种思想是道教和儒学。从前对于越南大多数民众而言，影响最早、最深的不是儒学，而正是道教。[1]暂且不论这个观点是否公允，但是从中可发现道教对越南传统文化，特别是民间文化所产生的影响，下文将就道教在越南的传播、影响与异化简要地进行梳理。

一 道教在越南封建社会的传播和兴衰

如果说儒学提倡的是一种"入世"，那么道家则是主张"出世"和"无为"，脱离社会的束缚，与自然和谐相处，热爱自然。但道教与道家并不是完全相同的两个概念，道家是一个哲学派别，其思想哲学成为道教的重要思想渊源与宗教理论的主干。道教是中国土生土长的宗教，它不是由某个教主所创立的宗教，而是广泛地吸纳中国原始宗教、谶纬神学、阴阳五行学说，以及黄老之学（道家学说的一派）和儒家的部分思想内容，由一些民间教团组织融合而成。道教根植于中国社会，与佛教几乎同步发展，在中国也形成儒、释、道三派并行的局面。后世把道家的创立者老子奉为道教教主，庄子也被列为道教尊神。《老子》《庄子》二书被奉为道教经典，称《道德真经》与《南华真经》。道教具有宗教教义上的一般性特征，但作为中华民族的民间宗教，它又具有鲜明的民族色彩。由于形成渊源复杂，因此道教的教义较为庞杂，其中以神仙信仰为核心，最根本的方法就是要通过清心寡欲、诵经修炼、采药炼丹，达到延年益寿和羽化成仙的目标。道教是一个多神崇拜的宗教，除了"太上老君"外，还有着各种各样祭拜的神仙。

东汉末年，道教创立之初就迅速地传播到汉朝各地，其中包括交趾郡。中国和越南都是农业文明的国家，民众对自然资源的依赖度较大，对祈求神灵保佑风调雨顺的原始崇拜和信仰，在农村生活中始终占有重

---

[1] Trần Văn Giàu, *Sự phát triển của tư tưởng ở Việt Nam từ thế kỷ XIX đến các mạng tháng tám*, tập I, Hà Nội: Nxb Khoa học xã hội, 1973.tr458.（［越］陈文饶：《十九世纪至八月革命前越南思想的发展》（上册），社会科学出版社1973年版，第458页。）

要的位置。道教作为中国的民间信仰，其中的某些内容，特别是一些由古代巫术衍化来的鬼神崇拜、画符念咒、驱鬼降妖、祈福降灾等，很快就被交州当地的人民接受。牟子在《理惑论》中就谈道："灵帝崩后（189），天下扰乱，独交州差安，北方异人咸来在焉，多为神仙辟谷长生之术。"又《大越史记》载："汉帝（公元203年）遣南阳人张津为刺史。津好鬼神事，常著绛帕头巾，鼓琴烧香，读《道书》去：'可以助化。'"[1]其间，信奉道教的士大夫越来越多，特别是炼丹延寿一说更是影响较广。至三国两晋南北朝时期，著名的道士葛洪在《神仙传》中就谈到交州地区很多士大夫对丹药的迷信程度："燮尝病死，已三日，仙人董奉以一丸药与服，以水含之，捧其头摇捎之，食顷，即开目动手，颜色渐复，半日能起坐，四日复能语，遂复常。"[2]葛洪还说：余少欲学道，志游遐外。昔以少暇，因旅南行。初谓观交岭而已，有缘之便，遂到扶南。[3]并且在晚年时还想前往交州寻丹："年老欲炼丹延寿，闻交趾出丹砂，求为句漏令。"[4]虽然葛洪"至广州，刺史邓岳留不听去，洪乃止罗浮山炼丹"[5]，但可见葛洪青年求道时就已经云游越南中北部，甚至到达南部地区的扶南国。其途经越南之时可能也传播过道教。另外，交州不仅盛产丹砂，并且一定有道教发展的环境，葛洪才会想晚年时再赴该地任职炼丹。

唐朝统治者因同老子李耳同姓，尊老子为唐宗室"圣祖"，奉道教为官方宗教，道教进入了中国历史上的繁荣时期，各地纷纷兴建道教宫观。据晚唐五代杜光统计，这一时期全国所造道观近2000所，道士人数虽难确考但数量之多，应是空前的。[6]此时，很多道士和信奉道教的士大夫来到安南，传播道教教义和法术，道教在安南影响逐渐深入。866年，唐懿宗"命高骈为都护，加修罗城（现河内），以府为静海军，授

---

[1] ［越］吴士连：《大越史记全书·外纪》卷3，日本宫内文学兼东京大学影印本，明治甲申十七年（1884）。

[2] （晋）陈寿：《三国志》，（宋）裴松之注，崇文书局2010年武传点校本，第534页。

[3] 《道藏》第18册《太清金液神丹经》，天津古籍出版社1986年标点本，第757页。

[4] ［越］黎崱：《安南志略》，中华书局2008年武尚清点校版，第195页。

[5] （唐）房玄龄：《晋书》卷72《葛洪传》，中华书局1974年标点本，第1911页。

[6] 顾伟列：《中国文化通论》，华东师范大学出版社2011年版，第222页。

骈节度"[1]，管辖安南。高骈疏通海道，政绩突出，被当地民众尊为"高王"，立祠纪念。因高骈信道，因此也大力提升道教在安南的地位，史籍记载高骈在开交州到广州的海道时，"多有巨石梗途，及购募工徒，作法去之"[2]。显而易见，高骈施展法术将挡路的巨石移开具有道教神仙信仰的色彩，反映出当时安南地区道教信仰的盛行。

10世纪以后，越南成为独立的封建国家，道教得到了迅速传播，自丁朝起设"道禄""威仪"等官职，邓玄观被丁先皇赐予"崇真威仪"一职，专司道教和礼仪之事。李陈时期还组织三教考试选拔懂得三教教义的渊博之士来辅佐皇帝。李陈皇帝按道教的教义和礼仪要求，修建了很多道观和祭台。11世纪初，李太祖还向宋真宗求得道教经典汇编《道藏经》一部。《大越史记全书》载，陈太宗时期曾请"太清宫道士名甚，为帝祈嗣。拜章毕。奏曰，上帝既允章奏。即命昭文童子降生……果生男，两膊有文曰昭文童子，字颇明显，因以昭文为号，年长其文始消。至四十八岁，卧病月余，诸子为之设仪，请减己寿以延父龄……卒七十七"[3]。13世纪时，陈朝"昔安南四世国主陈仁王，弃位隐其中以成道，号曰竹林道士，有香海诗集印行于世"[4]，足见道教之兴盛。这一时期道教与越南本地民间信仰不断交融，各种供奉祖先、神仙、万物的崇拜与占卦、巫术等盛行，民间民俗文化日益丰富。

黎朝时期，特别是自黎圣宗以后，儒学独尊，当权者对佛、道采取限制政策，道教在上层社会的政治作用亦逐渐衰落。但就民间信仰层面而言，供奉那些有功于国家和民族英雄的风俗却得到了进一步的普及，那些在蓝山起义中的有功之臣都被民众供奉，祭祖现象更是普遍。1449年，黎朝在京城建立城隍庙，同时还供奉风、云、雨、雷、电神，求风调雨顺、国泰民安。1514年，在河内西湖兴建起真武庙，供奉真武祖师铜像。[5]此外，赶庙会仍然是民众热衷的事情。15—17世纪，道教方术和受道教影响而创立的"三府四府"教也受到了民众的追捧，很多道观，如

---

[1]　[越] 黎崱：《安南志略》，中华书局2008年武尚清点校版，第14页。
[2]　（后晋）刘昫：《旧唐书》卷182，中华书局1975年标点版，第4703页。
[3]　[越] 吴士连：《大越史记全书·本纪》卷5《陈纪·太宗》，日本宫内文学兼东京大学影印本，明治甲申十七年（1884）。
[4]　[越] 黎崱：《安南志略》，中华书局2008年武尚清点校版，第24页。
[5]　陈修和：《中越两国人民的友好关系和文化交流》，中国青年出版社1957年版，第75页。

碧桥观、镇武观都供奉了"三府"和"四府"的神像。另外,很多贵族官僚也争先恐后地信奉道教,迷恋长生不老的炼丹术。黎圣宗的后宫嫔妃们就曾纷纷设立神像、供奉女神。

随着后黎朝向西北方和南方的扩张,道教传播到越南全境。在阮主统治的南方,神仙方术的信仰也日益流行,阮氏政权还专设"道士道禄司"和"道士良医司"等机构,管理有关道教事务。有贵族喜自称"道人"而跟随道士炼丹,有的还用纸符驱病除魔,道教的巫术渐渐与本地的民间信仰融为一体。

后黎朝黎神宗时期道教得到进一步发展,陈全(Trần Toàn)在清化地区成立了一个道教派别:内道。陈全原在后黎朝为官,莫氏掌权后,辞官归乡修行,在懽州和爱州两地为民驱鬼除病,拥有约10万信徒,被尊为"上师"。陈全的三个儿子也精于道术,被称为"三圣"。内道派发展至义安后转而北上,近20世纪的时候还盛行于清化、义安、海阳、兴安和河内等越南中北部地区。

19世纪20—50年代,为了保护传统的宗教信仰,维护越南民族的独立性,从明命帝到嗣德帝,阮朝都明令禁止信仰和传播天主教,但是随着法国殖民主义势力在越南地区的逐步扩张,天主教在越南全境仍然传播开来,而道教在上层社会的影响则逐渐萎缩,局限于风水、方术、驱病、除魔和祖先神仙崇拜等民间文化领域,总体呈现衰落的趋势。

二 道教对越南传统文化的影响

虽然道教不如佛教、儒学那样,在越南的上层政治文化中从未占据绝对优势,但是它对于越南传统的民间文化仍然存在着不容忽视的重要影响。

(一)道教对民间信仰的影响

1. 神灵信仰方面

越南和中国一样,在很长的时期都是"儒、释、道"三派并行,但就三派的社会功能与作用而言,儒学偏重于教育人运用心智来实现人在社会中的价值,佛教偏重于精神世界的追求,而道教则偏重于依赖神秘主义来迎合人的欲望,完善个体生命。因此,道教的神仙信仰使越南本地的祖先和英雄崇拜，以及自然崇拜找到了一个"神化"的理论依据。人在生活中会有形形色色的要求，在现实社会无法满足的时候往往会求助于宗教手段来解决。道教是起源于农业文明的多神教，它所供奉的神包含天上、地下和人间的，这种神仙信仰与当时越南稻作文化下民间的心理认知、万物崇拜和文化情趣均有契合点，所以越南民间信仰自然而然地接受了道教的多神信仰，道教大大丰富了越南民间信仰的内容和对象。

　　受道教影响，越南供奉的神仙有很多种。第一，是中国道教里的诸神，如玉皇大帝、文昌帝君、真武帝君和关圣帝君都有民众祭拜。如初九日为玉皇诞辰，有民众往道观瞻拜礼供；立泉县三清洞，有三清像，乡民也常礼拜；河内还剑湖畔玉山祠也供奉有文昌帝君和关圣帝君；建于1514年西湖畔的真武观，供奉着真武帝君；越南南方的边和、堤岸和河仙等地都建有关帝庙。此外，直到今天，越南很多家庭供奉的神灵中，还有关圣帝君关公。第二，在越南的庙宇和道观里供奉着很多越南人认为的自然神，如山神和河神。早在7世纪时，在越南的白鹤（今越池市）地区就建立了道教通圣观，其中就供奉着"三江神"，亦称为福神。第三，供奉神化了的英雄人物，即"人神"。越南将道教的神仙信仰和多神论运用到祖先和英雄崇拜当中，对一些传说中或是现实历史上对本民族有功的人进行册封，形成人神。如冲天庙就供奉着扶董天王，传说"昔境内乱，忽见一人，有威德，民皆归之，遂领众平其乱，已而腾空去，号为冲天王，民乃立祠祀之"[1]。陈国峻被视为能驱魔救难，挽救民族与国家命运的英雄，因此被尊为"陈兴道王"和"陈德圣"。"人神"也是越南民间信仰与道教神仙系统结合的一个最具特色的本地特征之一，这些神都是越南民族特有的。同时，越南针对人神还有一定的俸禄制。阮朝时期，"例有乡饮事神唱歌，上等丰神许五筹，中下等神许三筹，以省民费"[2]。供奉祖先的风俗更是被国家鼓励。阮朝修缮了永福的雄王庙、螺城的安阳王庙和宁平的丁先皇陵及庙宇。第四，越南的道教还会供奉一种神，称为"内修"派的神。如越南人把褚同子（Chu Đồng Tử）奉为越南道教的鼻祖，相传其上山修行，得道成仙后飞身上

---

[1]　[越]黎崱：《安南志略》，中华书局2008年武尚清点校版，第34页。
[2]　[越]潘叔直：《国史遗编》，香港中文大学新亚研究所1965年版，第24页。

天，也称为褚道祖。

2. 城隍信仰方面

城隍信仰是越南受道教文化影响形成的重要的民间信仰之一。所谓城隍就是"道教所传守护城池的神。中国古代称有水的城堑为'池'，无水的城隍为'隍'"……"据说由《周礼》蜡祭八神之一的水（即隍）庸（即城）衍化而来。"[1]中国道教最早的城隍庙建于三国赤乌二年，那么城隍信仰应该是在3世纪时就已经在中国长江沿岸一带流行。如前所述，2—3世纪，道教已传入越南，那么作为守护城池的城隍神自然也对越南产生了影响，并且深入到村社文化当中，"越南古代村社，每个乡都有自己的城隍神亭"[2]。至唐代，商业繁荣，城市经济空前发达，"郡县皆祭城隍，后唐清泰元年封城隍为王。宋以后奉祀城隍的习俗更为普遍"[3]。越南中北部地区在唐朝属安南都护府，因此城隍信仰也成为安南人传统文化中非常重要的一种民间信仰。

但是越南道教中守护城池的城隍神与中国的城隍神并不完全相同，在中国，城隍神是城市的保护神，但越南的城隍信仰主要是在乡村。中国的城隍信仰与越南的万物崇拜和祖先崇拜相互融合，逐渐本地化，最终成为具有本地特色的"人神"信仰系统。越南城隍神初期是一些对村社有功的人，如某种行业的开创人，或是带领村民开荒立业的人，再有就是建立村社的德高望重之人。在越南乡民的眼中，城隍神可以帮助乡民摆脱一切灾难，保佑乡民平安、丰收、富足和安康。后来，随着封建中央集权的进一步发展，封建统治者会通过国家行政手段，招民建邑，而负责领导人民垦荒的官员也会被视为城隍神。有时国家也会特封一些有功之臣为某乡某村社的城隍神，但有时有些品行不端的贪官污吏也会被朝廷册封为城隍神，但总体来说，越南古代村社城隍信仰还是有广泛群众基础的。

越南人十分重视城隍神，表现在其对城隍庙的选址、布局、修筑、装饰方面。越南俗语称"神亭朝向犯了神，烂眼何止我一人"，表现了

---

[1] 《辞海》，上海辞书出版社2010年版，第230、799页。
[2] ［越］阮鸿峰：《越南村社》，梁红奋译，文庄校，云南省东南亚研究所1983年版。
[3] 罗长山：《越南传统文化与民间文学》，云南人民出版社2000年版，第4页。

越南人认为城隍神是直接关系到每个乡民的切身利益，关系到整个村社的一件大事。一般来说，越南村民在修建神亭时会使其朝南，并避免遇到山沟和水塘等障碍物，否则会被视为断了龙脉。城隍庙布局普遍采用"丁"字或是"工"字形，分为外亭和内亭两部分，内亭供奉城隍神位，神位或塑像置于神龛中，其前设神台，上摆设香钵、沉香炉、有盖的酒杯、槟榔和其他供物，此外还会有一个铁盒，内装有经书，布局严谨。神台前再设香案，上面也摆放香钵和其他祀器。在神台和香案两侧有内间，两边分别有扇旗、龙伞、八宝、红马、白马和大象等形象的祭祀物品，以便在开展神事活动时使用。亭外设有大祭堂，尽处有三观门，两边侧壁，会有龙、虎等浮雕或是拿龙刀的武将，而有时柱子会采用象形，柱顶上有时会嵌有瓷鳄。神亭一般比较宽敞，但没有阁楼，亭檐较中国庙宇檐较矮，外观虽矮小，可进入亭内会觉得有一定高度。亭壁的窗口通常是圆月形或连环形，很少见方形或日字形，从中可见中国道观建筑和印度宗教建筑风格的影响，其隆重程度也足见乡民们对城隍的无限崇信。[1]

（二）道教对越南本土宗教产生的影响

1. 对供母教[2]产生的影响

供母教是越南人的一种女神信仰。在社会生产力较为低下的条件下，世界上很多地区的原始宗教里都存着"女阴"崇拜，越南史前也曾经有过这样的时期，从"女娲""婆柁"（Bà Đà）等民间神话中可以看出其对"女性"神灵的崇拜。中国道教传入越南后与其原始宗教信仰中的女神信仰相融合，使其对"母神"的身份定位也发生了改变。道教中的神仙说与越南民间信仰结合以后产生了"三府教"和"四府教"，可视其为供母教中的一种本土宗教，但由于缺乏与世界观相联系的教理基础，"三府教和四府教严格地说还不能称为是一种真正的宗教"[3]。

---

[1] 参见罗长山《越南传统文化与民间文学》，云南人民出版社2000年版，第7页。
[2] 笔者按："供母教"越语为đạo cúng mẫu，直译为"供母道"，因此有的学者也将其称为"母道教"。
[3] Đinh Gia Khánh, *Văn hoá dân gian Việt Nam trong bối cảnh Đông Nam Á*, Hà Nội: Nxb Khoa Học xã Hội,1993, tr286.（［越］丁家庆：《东南亚背景下的越南民间文化》，社会科学出版社1993年版，第286页。）

"三府教"是在供奉山、水、土地、云、雨、雷电等女神的基础上，概括总结出了三位神："御治天神（九天圣母）、山林神（尚岸母）和江海神（水母）"，三府即天府、乐府和水府。16世纪以后，在三府的基础上又增加了柳幸圣母来掌管人间，即人府，于是"三府教"就演变成了"四府教"。可以说"四府教"的诸神虽然起源于当地的原始宗教信仰，但是还是受到了佛教与道教的深刻影响，这一点在柳幸圣母身上体现得最为明显。柳幸圣母被称为越南民间的四位不死神之一，地位高于同系列男性神。柳幸圣母是融合了道家神仙思想中的地母信仰而出现的神灵。相传后黎朝山南镇天本县云葛社有一黎太公家，其妻怀孕时精神抑郁，曾招道士施法。其间，正值玉皇大帝之次女因摔碎玉剑而被贬人间，遂降生于黎太公家。因此，柳幸圣母就华丽地化身为道教玉皇大帝之次女，成为一位与中国道教玉皇大帝一样拥有主宰万物能力的民间信仰之神母。这生动地体现了在一定历史背景下中越两国传统文化的相互融合。后黎朝以及阮朝各皇帝都曾册封圣母，称圣母为上等福神。供母教将庙观称为府、殿和祠。圣母诞生地云葛社建有圣母神祠。后黎朝末期，供母教随着柳幸圣母的出现而发展迅猛，越南供奉女性神灵的信仰开始接近于一种宗教信仰，仅河内市内就设有云府、顺美祠和安寿祠等来供奉柳幸圣母。

2. 对高台教产生的影响

高台教是越南的本土宗教，创建于1926年10月，又称为"大道三期普度大教"，自称是五教：仁教（孔子）、神教（姜太公）、圣教（耶稣）、仙教（老子）和佛教（释迦牟尼）统一的产物。高台教杂糅了佛教、道教、儒学和基督教的教义，以多教兼容和诸神同台的特点，迎合了越南人多元化信仰的心理，信徒遍及越南各地，甚至还扩展到柬埔寨的一些地区。作为近代越南重要的本土宗教之一，本书将在后文对其进行详细的阐述，本小节只就道教对高台教产生的影响作几点介绍。

首先，就教名而言，"高台"一词乃创始人吴文昭化用《道德经》中"众人熙熙，如享太牢，如春登台"一句而来，其中将"如春登台"理解为"上祷高台"，高台意为神灵居住的最高宫殿。其次，高台教最大的一个特点就是多神信仰，这也与道教的多神论有着密切关系。高台教的神界分为三层：高层之神界供奉佛、圣徒和天使，中层之神界供奉保护神和人类的恩神，下层之神界则供恶神和魔鬼。道教的老子就被供奉在最高一层神界之中，而道教的其他神灵，如关帝、姜太公等也都置于高台教的中层神界。最后，高台教的教义与崇信的方式与道教也是有着极大的关联，至少里面有很大一部分是来自道教巫术求魂拜仙的习俗。吴文昭本人也喜好神仙方术，沉迷于道教的修行方式。自李、陈时期以来，越南的士大夫们很喜欢组织"赋仙"（设仙坛）的道教活动来探问天机和世事，20世纪初，为了抵抗法国殖民主义者的侵略，鼓舞民众的民族精神和爱国精神，道教"赋仙"的仪式如雨后春笋般在越南各地出现，这种赋仙的形式后来就成为高台教产生的基础。高台教的仪式中，教徒身着红、黄、蓝三种不同颜色的服饰，不同的服饰代表不同的支派。红色代表孔子一派，黄色代表释迦牟尼派，蓝衣代表以老子为首的道家。

（三）道教对行为文化方面的影响

1. 崇信风水符咒之术

实际上在儒学还没有完全在越南民间找到合适的位置时，道教的画符念咒、驱魔除妖、祈福治病等就已经很快与当地民间信仰结合，找到了融入越南传统文化的路径。由于受到生产力水平的限制，越南史前居民就非常崇拜巫术和符咒之术，他们相信符咒、神示可以治病驱鬼、增强体力。因此最早进入越南民间文化的是道教而不是儒学，而且越南民间最初接纳和吸收的也不是道教的主要思想和教义，而是那些阴阳卜筮之术、风水堪舆之说，以及与道教有关的谶讳之说。越南学者阮克堪认为，"道教在越南退化为一种以玉皇大帝为首，含阎王、龙王、财神和灶君等多位神灵的多神教，除此以外，也完全因为中国道教的影响，越南民间笃信迷信活动，其中包括阴阳卜筮之术、星相风水堪舆之说"[1]。也正由于道教的某些方面极易与越南人的行为文化相融合，使其在传入越南后演变得十分复杂，以至于很多学者把越南所有的古代宗教信仰完全归入了道教。相反，也有学者认为，越南人只是崇信风水和

---

[1] Nguyen Khac Kham, *An Introduction to Vietnamese Culture*, Tokyo: The Centre for East Asian Cultural Studies, 1967, p.32.

符咒之术，对于道教是什么并不了解。[1]

2. 对传统节日风俗习惯的影响。

越南每年的阴历十二月二十三日都要过"灶王节"，也称为"土公节"或"小年夜"。而"灶王"本是中国道教里主管饮食的神，关于灶神的来历也有很多种说法，普遍认为是男性神。其中，庄子《南华经》中说"灶有髻"，晋朝司马彪解曰"著赤衣，状如美女"。汉朝以后，灶君为中国道教中的五祀神之一，与司命、行神、门神、户神，同为家宅神，负责监察人间罪恶，掌握寿夭祸福。中国民间认为，灶神会在旧历年尾回到天廷，向玉皇大帝禀告人间家家户户的善恶，所以每年岁末大家都会祭拜灶君，希望灶君在天上可以为自家美言几句，为自己招祥避祸。受到中国祭祀"灶王"风俗的影响，越南也非常重视"灶王节"，从其供奉、送"灶神"的仪式里可以看到中国道教文化的影子。当然在接纳的同时，越南"灶王节"的习俗仍然结合了本地盛行的"女神"崇拜，异化产生了与中国"送灶王"不尽相同的内容。

越南的"灶君"并非一位男性神，而是三位有名有姓的、男女皆有的神灵。虽然越南有三位"灶君"，但是究其灶君的传说其实仍然脱胎于中国道教里关于"灶王节"来历的一个民间传说。[2]越南关于灶君的传说是：有对夫妻，丈夫叫重高，妻子叫侍儿，俩人一直无儿女，经常争吵。一日，重高在争吵中打了侍儿一顿，侍儿离家出走，途中遇范郎，再结为夫妇。当重高心平气和后，不忍妻子出走，便四处打听其下落，多年在外奔走寻觅，沦为乞丐。一天正值重高向一位女施主行乞，发现正是失散的妻子侍儿，在相互诉说思念与愧疚之情后，破镜重圆。但是侍儿突然想起范郎外出即归，于是让重高暂时钻入院内一稻草垛里藏身，再计后事。由于过于疲惫，重高在稻草垛内睡着了。侍儿也安然入

---

[1] Trần Ngọc Thêm. *Cơ Sở Văn Hóa Việt Nam*.Hà Nội: Nxb Giáo Dục,1999.tr277.（［越］陈玉添：《越南文化基础》，教育出版社1999年版，第277页。）

[2] 参见（唐）《酉阳杂俎》卷14,中华书局1981年版，第128页："灶神名隗，状如美女，又姓张名禅字子郭。"相传，他先娶贤惠的郭氏为妻，后纳好吃懒做的李氏为妾。结果李氏调唆他休郭氏，又把家产挥霍一空，随后弃彩而去，张子郭沦为乞丐。一年冬天饥寒交迫的他晕倒在富户的门外，被女仆扶到厨房。饱餐后的他感激涕零，正巧女主人走来，原来正是前妻郭氏。羞愧万分的张子郭钻进灶膛，在熊熊烈火中自行了断。郭氏见状大悲，不久也辞世。玉帝闻知，念张子郭肯于改进，又是在灶火中而死，于是封他为灶王，郭氏被封为灶王奶奶。

梦。而范郎回家后想第二天用草灰给禾苗施肥，便点燃了稻草垛。待侍儿被燃烧的稻草垛惊醒时，发现重高已被烧死，侍儿也纵身跳入火堆。范郎见妻子跳入火堆而亡，跟随跳入大火之中。玉皇大帝为之感动，遂封三人为灶君，范郎做土公，专管灶房里的事；重高做土地，专管家中的事；而侍儿做土祇，专管菜篮子的事。于是到了每年的阴历十二月二十三日土公节这天，人们就会为了让"灶君"上天向玉帝呈奏美言而备足佳肴美酒，举行丰富的送行仪式。其中，越南人不会像中国民间那样，在焚烧冥器时采用象征性的方式，[1]而是喜欢烧冥钱或送活鲤鱼。越南民间认为鲤鱼将化成天龙送灶君上天，在仪式结束后又将鲤鱼放生。经比较，我们会发现越南的"灶王节"神属的含义、供奉的方式和送行的礼仪都受到中国道教及民间文化的影响，但从中也能看出越南民族在文化思维方式上仍与中华民族有一定差异。

无独有偶，在越南受道教文化影响的还有一个民俗现象与"灶王节"很相似，这就是"敬财神"。越南除了敬奉中国道教中所奉的正玄坛元帅赵公明财神外，还敬奉一位女财神"如愿（也有另一说为'如月'）"。"有关越南财神如月的传说，其实也是出自中国东晋干宝的《搜神记》"[2]，但与越南民间信仰融合后，"如愿"就由《搜神记》里的一个侍婢演变成了血肉丰满的越南女财神。相传，古时有商人名为欧明，乘船渡过青草地湖时水神赐给他一个侍女名为如愿，自此欧明生意越来越兴旺，财越发越大。一年新年，不知为何欧明竟打了如愿，如愿

---

[1] 参见（唐）《辇下岁时记》，"以酒糟涂于灶上，使司命（灶君）醉酒"的记载。继承此俗，有些地区的人祭灶时，还要把糕点、糖浆、糖粉之类的甜食涂在灶君图像的嘴上，希望灶君不在玉帝那里讲自己家的坏话，以避免上天的责罚，不过现代台湾人常用糖果或巧克力轻轻往香炉方向划过，略做表示。

[2] 罗长山：《越南传统文化与民间文学》，云南人民出版社2000年版，第16页。笔者按：罗先生在其书中将越南财神称为"如月"，越南语中如愿"Nhu Nguyên"和如月"Nhu Nguyệt"，只有一个尾音收音不同，发音极其相似，在越南两种说法都有。"如愿"一名与我国《搜神记》中青洪君赠与欧明的侍婢名字完全一样。另，（晋）干宝《搜神记》卷4《青洪君附如愿》，中华书局1985年汪绍楹校注本，第52页，载：庐陵欧明，从贾客，道经彭泽湖，每以舟中所有多少投湖中，云："以为礼。"积数年后，复过，忽见湖中有大道，上多风尘，有数吏，乘车马来候明，云："是青洪君使要。"须臾，大风，有府舍，门下车卒，明甚怖。吏曰："无可怖！青洪君感君前后有礼，故要群，必有重遗君者。君勿取，独求'如愿'耳。"明既见青洪属，乃求"如愿"。使逐明去。如愿者，青洪君婢也。明将归，所愿辄得，数年，大富。

害怕就钻进了垃圾堆，后再不见踪影。自此欧明生意越做越亏，最终竟倾家荡产。越南人就视如愿为财神，开始供奉这位女财神。此后，年初一至年初三，也就不再倒垃圾，因为怕把财神也一起倒掉。不论从故事情节本身，还是从过节习俗来看，虽然在两国民间文化融合的过程中，产生了一定的越化现象，但越南"敬财神"和过年的习惯无疑是受到中国道教多神说及民间风俗的深刻影响，只是从道教教义和理论上汲取的不是很多，但在民俗习惯方面却是留下了不少不可磨灭的中华印迹。

作为一种宗教，道教在越南从封建时代向近现代迈进的时期里日渐衰落。即使是越南人自己都几乎忘却，他们最喜爱也最能代表越南民俗文化的赶庙会，其实是从道教中衍生出来的一种民间文化形式，而道教的生命力也因这些传统的民间行为文化得到延续和生长。

（四）道教思想对文学艺术的影响

如果说儒家思想是为了创造一个稳定君主制度的社会秩序，那么老庄思想则是引领人们到达一种超越心灵的状态，其对中国古代的文学艺术产生了极大影响。道教接受了道家关于宇宙生长演变的哲学思想，即"道生一，一生二，二生三，三生万物。万物负阴而抱阳，冲气以为和"。这里的"一"就是道，阴阳未分，无名无形；"二"是阴阳二气；"三"是阴阳二气交汇而形成的物。深受中国文化影响下的越南古代文学艺术，也不可避免地受到道家思想与哲学的浸润。因此越南文化学者陈玉添把道家思想视为稻作文化的哲学思想鼻祖，称"道家的功劳在于它把南方传统农业文化中蕴藏的哲学思想学术化了"[1]。

道教还提倡尊重自然，主张回归到"鸡犬之声相闻，民至老死不相往来"的小国寡民时代。朱文安，越南历史上著名的儒学家和教育家，因"上疏乞斩奸臣七人，既入不报，安乃挂冠归田里"。他不仅在为官做人方面表现出道家"无为"的思想，在诗歌里也会经常流露出清风瘦骨的道家风范。在《村南山小憩》中他写道："闲身南北片云轻，半枕清风世外情。"在《次韵赠水云道人》，朱文安再次表达了对奸佞妄邪的不满，"茅屋玉堂绷有命，浊泾清渭不同流"，道家的"出世"思想

---

[1] Trần Ngọc Thêm, *Cơ Sở Văn Hóa Việt Nam*.Nxb Giáo Dục, Hà Nội,1999.tr273. （［越］陈玉添：《越南文化基础》，教育出版社1999年版，第273页。）

跃然纸上。陈元旦，陈朝宗室贵族，著名诗人，女婿为著名田园诗人阮飞卿。陈因见朝政日衰，遂乞骨还乡，隐居昆山清虚洞。其诗《题月涧道太极之观妙堂》写道："一点凡诚生若死，几回鹤化白为玄。瀛洲蓬岛知何在，无欲无贪我是仙。"阮飞卿的《清虚洞记》对岳父尊重喜爱自然的出世精神作了表述："贤达者之出处，其动以天，其乐也以天。天者何？一至清至虚至大而已。四时成岁而不显其功，万物蒙恩而不显其迹。非至清至虚至大者畴若是乎？"

另外，道教的神仙传说也为越南的文学创作提供了典故和素材。越南广为流传的《岭南摭怪》神话传说集就受到中国六朝和唐朝的志怪传奇小说的强烈影响。如《搜神记》《柳毅传》《黄粱梦》便对越南的民间文学故事如《金龟传》《财神如愿》《鸿庞传》《槟榔梦》等产生了深刻的影响。因为道教神仙说的影响，民众逐渐把故事中的人物神仙化，使其成为越南民间信仰之神。越南的音乐戏剧中也有道教的痕迹，宫廷雅乐中《庄周梦蝶》《入黄都》《宴瑶池》《一清风》等都是受到道教礼乐影响的典目。

总的来看，无论从道家思想，还是神仙学说，或是祭祀礼仪、阴阳卜筮之术和风水堪舆之说等方面来看，道教对越南传统文化都产生了影响，特别是对越南民间文化的影响更深更广。

第五节　越南古代文学的丰富与演变

越南、日本、朝鲜等国家都是属于"汉文化圈"的国家，深受中国文化特别是汉语言文字的影响，虽然语言系属上不尽相同，但这几个国家都曾依托汉字来创造本民族的书面文字。其中，越南使用汉字的历史长达2000余年，汉字成为越南古典文学的主要承载体，对越南文化的各个层面都产生了重要的影响，其中浸染尤深者当数越南古典文学。

一　越南汉字文学作品的开端

10世纪以前，越南北属中国郡县千余年，历朝历代官吏大力推行汉字与儒学，公元前3世纪起，南越王赵佗便"以诗书而化训国俗，以仁义而固结人心"[1]，推动了交趾地区文化的发展，可能当时就已将《诗》《书》等汉字书籍传播到了交趾地区。至公元前2世纪，汉平帝时锡光和任延任交趾和九真太守期间"建立学校，导之经义"[2]，这样的举措推动大量的汉字典籍进入交趾。3世纪，三国士燮任交趾太守期间，不仅重视教育，推广汉学，而且还找到了推广汉学的方式："乃开学、教取中夏经传，翻译音译，教本国人，始知习学之业。"[3]"化国俗以诗书、淑人心以礼乐"[4]，士燮也因此被称为"南交学祖"，并进入越南历代帝王庙受到供奉。其时，当地还没有产生与民族语音一致的书面文字，汉语以文字形式输入，以译为汉越音的语音形式普及教育，不仅影响了越芒语音的演变与分支，更重要的是极大地丰富了当地知识精英层面的书面表述，填补了越南语书写符号系统的空白。可以说，汉语作为一种成熟的语言系统对越南古代传统文学艺术的萌芽、发展和成熟发挥了重要的促进作用，断然否定汉语文学在越南传统文学中的地位，只能是自行割裂其民族文化发展的纽带，实不可取。

（一）北属时期的安南汉字文学作品

7—10世纪，安南地区又成为唐代流放人数最集中的地区，驩州、爱州、峰州三地流放罪人高居岭南道流放人数之首，其中可考的被贬至安南的唐代文臣有王福畤、褚遂良及其二子彦甫、彦冲和高偘、杜审言、李巢、李友益、沈佺期、韩思彦、卢藏用、宗晋卿、严善思、宝参、杨收、刘瞻、李干佑、李仁钧、裴夷、陈蟠叟等人。[5]这些"流人"都是饱学之士，性格放荡不羁、刚正阿直，在安南地区或撰佳篇名作抒发胸臆，或著书立说针贬时事，他们的活动对汉语文学在安南的传播起到了促进作用，大大提高了当地的汉语文学水平。著名初唐诗人王勃之父王福畤就在交趾大开文教，士民德之，立王夫子祠。书法家褚遂良被贬，在爱州任刺史时也仍然泼洒浓墨。杜甫之父著名诗人杜审言在安南留有

---

[1] ［越］吴士连：《大越史记全书·卷首》，日本宫内文学兼东京大学影印本，明治甲申十七年（1884）。
[2] （晋）陈寿：《三国志·薛综传》，（宋）裴松之注，崇文书局2010年武传点校本，第559页。
[3] （明）严从简：《殊域周咨录》卷6，中华书局1982年余思黎点校版，第236页。
[4] ［越］吴士连：《大越史记全书·士王纪》，日本宫内文学兼东京大学影印本，明治甲申十七年（1884）。
[5] 高明士：《东亚教育圈形成史论》，上海古籍出版社2003年版，第287页。

《旅寓安南》[1]一诗。杨巨源留有《供奉定法师归安南》,贾岛作有《送安南惟鉴法师》。唐朝时期中原与安南文人的交流,对汉语文学的传播和越南古典文学的发展起到了不可估量的作用。

在汉文化的长期浸润下,唐德宗(778—805)时,安南本地儒士阶层研习汉语经典已蔚然成风,甚至有名儒赴唐参加科举,其中"九真姜公辅仕于唐,第进士,补校书郎,以制策遗等,授右拾遗,翰林学士,兼京兆户曹参军"[2]。姜公辅的弟弟姜公复也在唐德宗时期中进士,官至太守。另有交州诗人廖有方,青年时期"文笔闻交趾",唐朝著名诗人柳宗元曾称其"为唐诗有大雅之道",作有《送诗人廖有方序》相赠。[3]唐宪宗元和十一年(817),廖有方在长安考取进士,曾担任唐朝京兆府云阳县令、朝廷校书郎等。[4]不到50年,连续三人及第进士,人才辈出,可见当时安南地区汉语文学发展水平。

姜公辅的诗赋大多亡佚,现留存的仅有一赋一策,名为《白云照春海赋》和《对直言极谏策》,均收录于《全唐文》。《白云照春海赋》现仅存前半篇三百余字,[5]为律赋。姜公辅虽为爱州日南人(今越南清

---

[1] 笔者按,《旅寓安南》诗文:"交趾殊风候,寒迟暖复催。仲冬山果熟,正月野花开。积雪生昏雾,轻霜下震雷。故乡逾万里,客思倍从来。"
[2] 参见《新唐书》载:"姜公辅,爱州日南人。第进士,补校书郎,以制策异等授右拾遗,为翰林学士。岁满当迁,上书以母老赖禄而养,求兼京兆户曹参军事。公辅有高材,每进见,敷奏详亮,德宗器之。"
[3] 《送诗人廖有方序》:"交州多南金、珠玑、玳瑁、象犀,其产皆奇怪,至于草木亦殊异。吾尝阳德之炳耀,独发于纷葩瑰丽,而罕钟乎人。今廖生刚健重厚,孝悌信让,以质乎中而文乎外。为唐诗有大雅之道,夫固钟于阳德者耶?是世之所罕也。今之世,恒人其于纷葩瑰丽,则凡知贵之矣,其亦有贵廖生者耶?果能是,则吾不谓之恒人也,实亦世之所罕也。"
[4] 胡可先:《新出土唐代诗人廖有方墓志考论》,《中山大学学报》(社会科学版)2009年第5期。
[5] 《白云照春海赋》原文摘自钟逢义《越赋纵横》(续),《解放军外语学院学报》1995年第5期。内容:白云溶溶,摇曳乎春海之中。纷纷层汉,皎洁长空,细影参差,匪微明于日域;轻文磷乱,分炯晃于仙宫。始而乾门辟,阳光积。乃缥缈以从龙,遂轻盈而拂石。出穷岑以高骞,跨横海而远擐。故海映云而自春,云照海而白,或杲杲以积素,或沉沉以凝碧。圆虚乍启,均瑞色而周流,曆气初收,以清光而激射。云信无心而舒卷,海宁音志于潮汐,彼则澄源纪地,此乃泛迹流天,影触浪而时动,形随风而屡迁。入洪波而并曜,对绿水而相鲜,时维孤屿冰朗,长汀云净。辨宫阙于三山,总妍华于一镜。临琼树而昭晰,覆瑶台而紫映。鸟颉颃以追飞,鱼从容以涵泳,莫不各得其适,咸悦乎性。登夫爽垲,望兹云海。云则连景霞以离披,海则蓄玫瑰之翠彩,色莫尚乎洁白。岁何芳于首春,惟春色也,嘉夫藻丽,惟白云也。赏以清贞,可临流于是日,纵观美于斯辰。彼美之予,顾日无伦,扬桂棹,捋青萍。心遥遥于极浦,望远远乎通津。云兮片玉之人。后阙。

化），但其所作赋一如中国赋，词藻华丽，对仗工整，文笔流畅，体物写志，具有很高的文学艺术价值。全赋以"鲜、碧、空、镜、春、海"为韵，描写了白云春海的景物之美，气势之盛，歌颂了唐朝的太平盛世。同时，融体物与写志于一体，情景交融，从中可以看出作者的志趣与抱负，如："乃缥缈以从龙，遂轻盈而拂石。出穷峦以高骞，跨横海而远摅。……或杲杲以积素，或沉沉以凝碧。……临琼树而昭晰，覆瑶台而紫映。鸟颉颃以追飞，鱼从容以涵泳。"若以之跟唐贞元十四年进士王起所作的律赋《五色露赋》相对比，两赋同属课试之作，同为虚构以歌功颂德，写景绘色，融情于景，姜赋恐略胜一筹。[1]

除却《白云照春海赋》外，姜公辅的《对直言极谏策》也算是迄今所见安南人撰写的最早一篇政论。从思想学术史的角度来看，其价值还要高出《白云照春海赋》。若以姜公辅的籍贯而言，安南爱州日南为今越南清化安定地区，其虽擢官唐相，但越南学者仍将《白云照春海赋》视为越南汉语文学之肇始，姜公辅被称为"安南千古文宗"[2]。可见姜公辅及其文学作品在越南文学史上的重要地位。现在在越南姜公辅的故乡安定县定成乡，还建有"姜相祠"，姜公辅被封为上等福神而受到祭祀，地位与士燮和高骈无异，因有"是则公辅之庙食安南，犹士王高王也"[3]。该状元祠今尚存，属于越南国家文化遗产保护单位。祠横匾题"状元祠"，门联云："风雨已摧公主塔，海云长照状元祠。"

（二）独立初期的僧侣诗词

10世纪是越南历史上的一个分水岭，从这个时期起越南建立了独立的封建中央集权政府。随着国家的统一，越南民族精神和意识也得到极大的张扬，为了有别于汉字，也为了解决语音与文字始终割裂的问题，喃字出现。但喃字系统从创造到运用是一个漫长的过程，直到14世纪越南才出现使用喃字创作的文学作品，在这之前汉字仍然是其古代历史与文化框架的基本构成要素和主要承载体。越南初立，政教草创，佛教在政治和社会生活中的地位举足轻重。自丁朝、前黎朝直到李朝，越南

---

[1] 钟逢义：《越赋纵横》（续），《解放军外国语学院学报》1995年第5期。
[2] 张秀民：《唐代安地文学史资料辑佚》，《印支研究》1983年第1期。
[3] 张秀民：《唐宰相安南人姜公辅考》，《中越关系史论文集》，台北文史哲出版社1992年版，第30页。

均以佛教为国教，国内有学之士也多为僧侣，佛学经典均为汉文，僧侣普遍精通汉语。一些学术造诣较深的僧侣还会被任命为"国师"参与朝政，他们"德行超群、智能兼通入世、出世之事"[1]，在这样的历史背景下，越南古代早期的文学作品均为汉字书写，并且多为禅师所作。据《禅苑英集》载，李朝期间，约有40多位禅师能赋诗作文。

越南现存最早的汉诗是杜法顺禅师（915—990）的五绝《国祚》，该诗据说是在前黎朝开国皇帝黎桓黄袍加身之后，向为僧统的杜法顺禅师咨询国政时禅师所作：国祚如藤络，南天理太平。无为居殿阁，处处息刀兵。[2]即以无为而治，以和平为重。

匡越禅师（933—1011），俗名吴真流，法号匡越，他也是丁、前黎朝时期著名的禅师，因谙熟汉语和佛学，常参与宋朝使节来往的活动。他为宋朝使节李觉饯行著有《王郎归》："祥光风好锦帆张，遥望神仙复帝乡，万重山水涉沧浪，九天归硌长。情惨切，对离伤，攀恋使星郎，愿将深意为边疆，分明奏我皇。"宋词为中国传统文学中的一种，但由于讲求音律协调，越南古代文学中语音与汉字书面语分离的情况使得"词"这种形式在越南传统文学中较少出现，但《王郎归》严格地按宋词"阮郎归"的词牌填成，就其词文来看除却第二句不太规范，比"阮郎归"词多两字外，音韵皆符，对其汉文学水平不可不叹。

万行僧统（939—1018）一首无题谶诗"蒺藜沉北水，李子树南天。四方干戈静，八表贺平安"，以无畏的"入世"精神支持李公蕴夺权建立李朝，诗中前两句使用隐喻将"蒺藜"比作行将没落的前黎朝，将"李子"喻为新兴的李朝；而后两句则预示了李朝天下太平的景象。李朝开国后，尊万行禅师为国师，立佛教为国教。此外，较能代表万行禅诗风格的还有《示弟子》：身如电影有还无，万木春荣秋又枯。任运盛衰无怖畏，盛衰如露草头铺。该诗阐释了人与物皆会生老衰亡，正如朝代兴衰更迭也仅如草头露水般平常，流露出其"出世"的禅学审美观。

---

[1] [越]释德念：《中国文学与越南李朝文学之研究》，大乘精舍印经会、台北金刚出版社1979年版，转引自于在照《越南历史上佛教的"入世"与越南古典文学的产生和发展》，《东南亚研究》2006年第2期。

[2] 笔者按：诗文摘自于在照《越南文学史》，军事谊文出版社2001年版。本节的汉语诗作原文，如没有特别标注，均选自该书。

自吴、丁、前黎朝至李朝以来，越南佛教兴盛，佛寺僧侣多为博学之士，不仅精通汉学佛经，还通晓天文地理和医术，所以很多士大夫阶层包括君王皇室也将子弟送至寺院修行学习。李朝第二代皇帝李太宗李佛玛（1000—1054）就曾赴寺院修行，成为无言通禅宗第七代禅师。既为禅师又为君王的李佛玛作有《追赞毗尼多流支禅师》，以"皎皎楞伽月，芬芬般若莲"来誉赞灭喜禅师的品质。

这一时期，还有满觉禅师（1052—1096）在《告疾示众》中以"莫谓春残花落尽，庭前昨夜一枝梅"表现出善于发现生活中美好事物的精神。空路禅师（？—1119）作有《鱼闲》："万里清江万里天，一村桑拓一村烟。渔翁睡着无人唤，过午醒来雪满船。"作者前两句描写的是实景，即越南江河清澈，水天一色，村庄、桑树、炊烟的景色，而后两句明显是寄托胸臆，表达自己欲不问世间事的孤傲精神和文人贤士的淡雅。

（三）立国初期君王将士之诗文

李朝是越南封建时期第一个较为强大的朝代，自建立以来"北进南扩"，向北攻占中国广西南部地区，向南攻打占婆数次，领土扩张意图明显。这一时期越南古代文学虽仍然沿用汉字习作，引经据典均溯源于汉文典故，但究其诗文内容却易见其民族意识之凸显，较有代表性的是开国皇帝李太祖（974—1021）的《迁都诏》：

> 昔商家至盘庚五迁，周室迨成王三徙。岂三代之数君，俱徇己私，妄自迁徙，以其宅中图大，为亿万世子孙之计。上谨天命，下因民愿，苟有便辄改，故国祚延长，风俗富阜。而丁、黎二氏，乃徇己私，忽天命，罔蹈商周之迹，常安厥邑于兹，致使世代弗长，算数短促，百姓耗损，万物失宜，朕甚痛之，不得不徙。况高王故都大罗城，宅天地区域之中，得龙蟠虎距之势，正南北东西之位，便江山向背之宜。其地广而坦平，厥土高而爽垲，民居蔑昏垫之困，万物极繁阜之丰。遍览越邦，斯为胜地。诚四方辐辏之要会，为万世帝王之上都。朕欲因此地利以定厥居，卿等以为何如？

《迁都诏》实为采用骈文体的散文，句子对仗工整，文风拙朴，有中国古典文学"整齐和抑扬"之遗风。从中也可看出李太祖自视为"万世帝王"之愿望,民族独立意识彰显。与北属阶段相比,无论在文学造诣还是内容表现方面,越南文学作品逐步走向独立和完善。

尽管李朝国君均向佛,诗文多以抒发禅学意境为主,但是李朝文学也是越南张扬民族精神之开端。被称为越南第一个"独立宣言"的汉诗,就出自李朝辅国太尉李常杰之手。李常杰(1019—1105),1075年,"常杰陷钦、廉州,宗檀围邕州","交趾围邕州,知州苏缄悉力拒守,外援不至,城遂陷"[1]。次年宋军反攻,越军惨败,李常杰为挽回士气,作诗称此乃神赐"天诗","一夜,军士忽于张将军军祠中,闻高声曰:'南国山河南帝居,截然定分在天书。如何逆虏来侵犯,汝等行看取败虚。'"[2]一时军中争相传诵,士气大振,直至宋越双方议和,李朝继续向宋朝称臣纳贡,而宋朝则承认其为"大越国"。就诗文而言,诗作气魄宏大,置于唐诗边塞诗中亦不逊色太多,而我中国人读之却感别扭,难免想起唐人司空图那首《河湟有感》:"一自萧关起战尘,河湟隔断异乡春。汉儿尽作胡儿语,却向城头骂汉人。"[3]

二 越南传统文学的发展期

陈朝时期是越南传统文学的发展期,由于汉语文学作品不断发展和繁荣,喃字的使用也趋于完善,开始出现使用喃字创作的作品。前期仍为佛禅文风的延续和兴盛,后期科举盛行,儒学文风后来居上,儒士文人成为越南古代传统文学的主要创作阶层,道家思想偶尔也在诗文中有所体现,"儒、释、道"三种思想意识融合于一体,以文学的形式体现。文学体裁形式多样化,除了诗歌、赋、散文、词等还出现了志怪神话小说。再者,喃字文学开始出现,尽管尚处开端期,但已可见其民族意识的增强。同时,不仅仅是喃字文学作品从形式上体现出其意欲独立的民族意识,其汉字文学作品也因抗元战争的胜利饱含强大的独立意识和民族精神。

[1] (清)毕沅:《续资治通鉴》卷71,线装书局2009年版。
[2] [越]吴士连:《大越史记全书·本纪》卷3《李纪》,日本宫内文学兼东京大学影印本,明治甲申十七年(1884)。
[3] 毛翰:《试论越南历代汉诗》,《世界文学评论》2008年第1期。

(一)汉字诗歌的繁荣

1.宫廷禅诗的延续和繁荣

陈朝历代君主均敬佛,甚至陈太宗和陈仁宗还创立了越南本地的竹林禅宗派,出现了"僧帝共治天下"的局面。因此,其前期文学仍以宫廷文学即与佛学、道家有关的诗文为主。

陈朝开国皇帝陈太宗(1218—1277)长于汉诗,除佛学经典外还著有两首禅诗,其中《寄清风庵僧德山》的"风打松关月照庭,心期风景共凄清。个中滋味无人识,付与山僧乐到明"就抒发了诗者对佛学禅师的迷恋之心,以及清雅悠远之禅学心境。

慧忠居士(1230—1291),陈氏宗亲,为陈圣宗皇后之弟,引领陈仁宗创立竹林禅宗派,是陈朝前期著名的禅师和诗人。他深谙中国唐诗,善于在模仿汉赋唐诗中来表达自己的禅思,如《世态虚幻》中的"君看王谢楼前燕,今入寻常百姓家",让人恍如读到唐朝刘禹锡《乌衣巷》中"旧时王谢堂前燕,飞入寻常百姓家"。其《放狂吟》云:"天地眺望兮何茫茫,杖策优游兮方外方;或高高兮云之山,或深深兮水之洋;饥则餐兮何罗饭,困则眠兮何有乡,兴时吹兮无孔笛,静处焚兮解脱香,倦小憩兮欢喜地,渴饱啜兮逍遥汤……"[1]可见其禅学静思所至之境界。

陈圣宗(1240—1290)的诗歌既有禅诗的意境,又带有道家仙骨之气息,颇有唐诗之风骨。他在《题玄天洞》中云:"云掩玄天洞,烟开玉帝家。步虚声寂寂,鸟散落山花。"

竹林禅宗第一祖陈仁宗(1278—1293),诗歌文风清新朴素,意境清丽纯净,其《春晓》曰:"睡起启窗扉,不知春已归,一只白蝴蝶,拍拍趁花飞。"另一诗《春晚》又云"年少何曾了色空,一春心在百花中。如今堪破东皇面,禅板蒲园看坠红",表现了陈仁宗因信奉佛教,禅位英宗,晚年修禅悟心之所得。另《题普明寺水榭》一诗也是禅味悠长,耐人寻味:"熏尽千头满座香,水流初起不多凉。老榕影里僧关闭,第一禅声秋思长。"胡元澄在《南翁梦录》中对陈仁宗的诗歌评价

---

[1] 于在照:《越南历史上佛教的"入世"与越南古典文学的产生和发展》,《东南亚研究》2006年第2期。

道："其潇洒出屯，长空一色，骚情清楚，逸足超群。"[1]

陈英宗（1276—1320），寓情于景，"苍描翠抹削晴峰，紫府楼台倚半空。几度碧桃先结实，洞天三十六春风"，感怀南国特有的"春景"淡远之美，抒发诗者爱国爱乡之情。

陈光朝（1287—1325），文惠王，兴道王陈国峻孙，号菊堂，其在《嘉林寺》中云："春晚花容薄，林幽蝉韵长。雨秋天一碧，池净月分凉。客去僧无语，松花满地香。"其诗风格清寂幽深，也可谓陈朝宫廷文学中的佳作。

陈朝时期的宫廷禅诗，因皇室成员均向佛，所作汉诗文学命意高远，禅意清新，写作手法娴熟，为越南古代汉字文学的丰富与繁荣打下了坚实的基础，同时也催生了陈朝中期的田园诗歌。

2.田园诗

陈朝汉诗从以禅韵为主的宫廷文学逐渐衍生出意境清新自然的田园山水诗，代表诗人有阮忆、阮忠彦、朱文安和阮飞卿等。

阮飞卿是越南14—15世纪最著名的诗人，原名阮应龙，字飞卿，号蕊溪。阮飞卿留有汉诗集《蕊溪诗集》和《阮飞卿诗文集》，现已散逸。现存77首诗歌见《全越诗集》。阮飞卿于19岁考中太学生，娶陈元旦女儿为妻，陈元旦乃陈氏宗亲，阮飞卿为一介平民，因以寒族配贵族废而不用，直至胡朝时阮飞卿才得以重用。胡朝灭亡时他随胡氏皇帝被带到中国金陵，在中国去世。阮飞卿才华横溢，但因仕途坎坷，常居乡村，游历山河，造就了他早期诗歌中淡泊名利、闲云野鹤的田园诗风："筠松三径在，岁晚薄言归，把酒看秋色，携节步夕晖。云空山月出，天阔塞鸿飞。忽听昏钟鼓，呼童掩竹扉。"在《村居》这首诗里，阮飞卿描绘了一幅居住在越南村社里的儒士在与知己友人聊天之后，乘着夕阳余辉，恬静惬意的晚归图。这犹如一幅写意山水画展现在人们面前，颇得唐朝著名田园诗人王维"斜光照墟落，穷巷牛羊归。野老念牧童，倚仗候荆扉……"[2]那种"诗中有画，画中有诗"的神韵。

---

[1] 于在照：《越南历史上佛教的"入世"与越南古典文学的产生和发展》，《东南亚研究》2006年第2期。
[2] 王维：《渭川田家》，《唐诗鉴赏辞典》，上海辞书出版社1983年出版，第139页。

陈朝名儒朱文安著有《樵隐集》，其诗作也多以田园山水为主题，叙景咏志，诗风淡泊悠远。其诗《初夏》云："山宇寥寥昼梦回，嫩凉一绽起庭梅。燕寻故垒相将去，蝉咽新声陆续来。点水溪莲无俗态，出篱竹笋不凡才。携吾静极还成懒，案上残书风自开。"朱文安性格刚正不阿，宁愿在乡村教书育人也不愿与奸邪之徒同朝为官，因此在《村南山小憩》中写下"闲身南北片云轻，半枕清风世外情"的诗句。

3.军旅边塞诗

伴随着越南封建王朝的逐渐强大，越南的疆域也在陈朝君主的"南征北抗"战略中不断扩张，军旅边塞诗就是在这一时期产生的一种诗歌类型，诗风苍劲有力，民族自豪感张扬。

陈光启（1241—1294），号乐道先生，为陈圣宗之弟，文武双全，精通多国文字，著有《乐道集》，在抗元和征占婆、老挝的战役中均立有战功，在陈圣宗时任相国，陈英宗时任太师。其《从驾还京师》诗文苍劲有力，难掩豪情，"横槊章阳渡，擒胡咸子关。太平当致力，万古此江山"，彰显了抵御强敌元朝军队时，目空一切的民族主义精神。

范师孟，为14世纪陈朝的外交家，由于其文武双全，也成为当时著名的军事家和边塞诗人代表。其诗大多描写其军旅生涯和边塞风光，风格一贯引经据典，情景交融，雄浑有力。其在《桄榔道中》中言："日照征鞍月映鞭，西风旗帜正翻翻。百千万嶂桄榔洞，九十三盘楼濑泉，兵势军形遵圣略，蛮乡番落护穷边．试将廊庙经纶手，草写平戎第一篇。"

（二）越南汉字赋文的成熟与发展

赋是中国古代文学中一个重要的文体，在两汉时犹为盛行，因其可以"体物言志"所以是科举中考查儒生的一种文学体裁形式，至唐代时，受律诗影响，赋文开始讲究对仗声律。13世纪的陈朝是越南步入封建制度的发展期，陈朝君主外扩疆域，内修国政，十分重视教育文化，改革科举制度，增加科举考试次数，"试通三教诸科"[1]，并规定考试内容为经义、诗歌、诏、赋和策。随着越南科举考试地位的上升，赋文也日益得到儒生们的重视，发展迅速。陈朝赋文在篇章结构和遣词造句等

---

[1] ［越］吴士连：《大越史记全书·本纪》卷5《陈纪》，日本宫内文学兼东京大学影印本，明治甲申十七年（1884）。

方面都已相当娴熟。其间最有代表性的为莫挺之的《玉井莲赋》。

1304年，莫挺之科举夺魁，但因其面貌丑陋，陈英宗不想录用他，莫挺之便作《玉井莲赋》献君，以示自己满腹才学和傲世独立的性格。赋文主要采用汉赋的风格，用主客对话的方式构成，全文分为三部分：

引子道明写赋原由。

> 客有隐几高斋，夏日正午。临碧水之清池，芙蓉之乐府，忽有人焉：野其服，黄其冠。迥出尘之仙骨，凛辟榖之臞颜。问之客来，曰从华山，乃授之几，乃使之坐。破东陵之瓜，荐瑶池之果。载言之琅，载笑之。

赋文主体，表达个人观点；赋文大量使用排比和对偶，词藻华丽，颇有排山倒海、波澜状阔之势。

> 即而目客曰：非爱莲之君耶，我有异种，藏之袖间。非桃李之粗俗，非梅竹之孤寒，非僧房之枸杞，非洛土之牡丹，非陶令东篱之菊，非灵均九畹之兰，乃泰华峰头玉井之莲。客曰：异哉！岂所谓藕如船兮花十丈，冷比霜兮，甘比蜜者耶？昔闻其名，今得其实。道士欣然，乃袖中出。客一见之，心中幽郁郁，乃拂十样之笺，润五色之笔，以为歌曰：架水晶兮为宫，凿琉璃兮为户，碎玻璃兮为泥，洒明珠兮为露，香馥郁兮层霄，帝闻风兮女慕。桂子冷兮无香，素娥纷兮女妒。采瑶草兮芳洲，望美人兮湘浦。蹇何为兮中流，盍相返兮故宇。岂漢落兮无容，叹婵娟兮多误。苟予柄之不阿，果何伤乎风雨。恐芳红兮摇落，美人来兮岁暮。

结尾，抒发情怀，用隐喻的手法道出希望陈英宗重文采、赐仕途的心情。

> 道士闻面叹曰：
> 子何为哀且怨也？独不见凤凰池上之紫薇，白玉堂前之红叶。忧地位之清高，蔼声名之昭灼。彼皆见贵于圣明之朝，子独何之为

骚人之国。于是，有感其言，起敬起慕。哦诚斋亭上之诗，赓昌黎峰头之句。叫阆阖以披心。敬献玉井之赋。

此外，名儒张汉超（？—1354），字升甫，曾为陈朝兴道王府内文人，参加过抗元战斗，受几代皇帝厚待，去世后，还被供奉在文庙。他著有诗、赋、文等，犹以赋与文见长。其中，《白藤江赋》描述了发生在白藤江的几次历史战役。全篇引经据典，语言凝炼，以"大江兮滚滚，洪涛巨浪兮朝宗无尽。仁人兮闻名，匪人兮俱泯"，大力歌颂了越南历代保家卫国的民族英雄，成为彰显民族主义精神的名篇佳作。

（三）汉字文学体裁的丰富和完善

13—14世纪随着诗歌等文学形式的发展，绝句、律诗、赋文等文学体裁已经趋于成熟，数量和质量都大有提高，大大促进了其对其他汉语文学体裁的吸收和借鉴。特别是陈朝中后期，随着儒家学说的日趋独尊，儒学文风渐掌文坛，碑记、檄文、史记等散文体裁出现，促进了越南学术文化的萌发，越南学术作品几乎全是使用汉字散文体撰写。但就其蕴含的"去华"意识与宣扬的"大越民族主义"来看，其与中华民族却是渐行渐远。

陈国峻（1226—1300），陈氏宗亲，陈太宗侄子，长于谋略与军事，被封为兴道王。1284年在抵抗元军时，兵败不馁，撰《檄将士文》鼓舞将士斗志，言："今余明告汝等，当以厝火积薪为危，当以惩羹吹齑为戒。训练士卒，习尔弓矢，使人人逢蒙，家家后羿。枭必烈之头于阙下，腐云南之肉于藁街……"陈以其对中华文化之稔熟，一气呵成地引经据典[1]来鼓舞将士保家爱国的斗志，并严辞教育将士曰："蒙鞑乃不共戴天之仇，汝等既恬然不以雪耻为念，不以除凶为心，而又不教士卒，是倒戈迎降，空拳受敌，使平房之后，万世遗羞，尚何面目立于天地覆载之间耶哉？"该文成为鼓舞越南民族斗志的一篇力作。

黎文休（1229—1322）采用散文写作手法，编撰了30卷的《大越史记》，是越南的第一部史书，其尚《史记》之传统，只信正史，不

---

[1] 笔者按："厝火积薪"比喻潜伏着很大危险，出自东汉班固《汉书·贾谊传》："夫抱火厝之积薪之下，而寝其上，火未及燃，因谓之安，方今之势，何以异此。""惩羹吹齑"比喻受到过教训，遇事过分小心。《楚辞·九章·惜诵》："惩于羹者而吹齑兮，何不变此志也。""逢蒙"乃后羿之徒，古之善射者。

记野史,并未将越南雄王建国的神话放入其《大越史记》当中。该书记载了从赵武王(即赵佗)到李朝昭圣女皇1200年的历史。只可惜《大越史记》已失传,现只能在其他史学书籍上留存的黎文休的引注上一窥其修史之风。黎文休曰:"征则、征贰一呼而九真、日南、合浦及岭外六十五城皆应之,其立国称王,易如反掌,可见我越形势足至霸王之业也。惜乎继赵之后,吴氏之前,千余年间,男子徒自低头束手,为北人臣仆,曾不愧二征之女子,吁可谓自弃矣。"[1]总体来说,其文风朴实,言简意赅,蕴藏着强烈的"大越民族自豪感"。

潘孚先和吴士连是15世纪越南著名的历史学家和文学家,他们在陈朝历史学家黎文休《大越史记》的基础上编写史籍。潘孚先编写了《大越史记续编》(10卷本),续写了从陈朝初期(1225)到1427年中国明军撤军之间的历史。此书现已不存。吴士连编写了《大越史记全书》(15卷本),分为两部分:外纪篇包含了从鸿庞到十二史君之乱(5卷本),本纪篇记载了从丁先皇至黎太祖登基(10卷本)。吴士连说,此书在黎文休和潘孚先编撰的《大越史记》及《大越史记续编》上,也参考了北史、野史、故事、志和一些口传文学作品。由于强烈的民族意识,吴士连首次将民间雄王建文郎国的传说放入越南正史,以疑传疑。该书是越南流传在世的最古老的一部史书,成为以后史学研究和编撰史书的重要参考资料,至今对越南的历史观点和研究具有重要的影响。

黎崱,字景高,号东山,生于13世纪60年代,卒于14世纪40年代,自谓为"东晋交州刺史阮敷后也",曾在陈圣宗侄子处做幕僚,于13世纪80年代赴中国汉阳定居,期间著有《安南志略》。该书对中越两国关系史和越南历史的研究具有重要的学术价值。本书多处援引该书,此处对其文字不再复加评述。

此外,在中国六朝志怪和唐宋传奇小说的影响下,越南汉语文学体裁还出现了志怪传奇类散文,值得一提的有李济川的《越甸幽灵集》。该书成书于1329年(陈宪宗时期),讲述了自士燮时期以来越南历史上英雄豪杰的故事,涵盖了众多仁君、仁臣和浩气英灵等,从士王到神话

---

[1] [越]吴士连:《大越史记全书·外纪》卷3,日本宫内文学兼东京大学影印本,明治甲申十七年(1884)。

的布盖大王，从李常杰到伞圆山神，从二征夫人到后土夫人，将儒家学说的"入世"和"有为"精神融入文学作品中，将英雄形象与道教的神仙学说有机地结合起来，塑造了许多伟人和神灵形象。

（四）喃字的产生以及喃字文学的出现

喃字是汉字的孳乳文字，喃字是在汉字的基础上，运用形声、会意、指示和假借等方式形成的唯一的越南本民族自创文字。喃字产生的年代已难确考，但据现存的喃字文学作品来看，应产生于13世纪。据《大越史记全书》载："壬午（1282）秋八月，有鳄鱼至富良江，帝命刑部尚书阮诠为文投之江中，鳄鱼自去，帝以事类韩愈，赐姓韩。诠善为国语诗，人多效之。"[1]可见在13世纪末期，就有阮诠作喃字诗投江祭鳄鱼了，从此模仿其使用喃字作诗的人日渐增多。

13—14世纪出现的喃字作品有陈仁宗的《得趣林泉成道歌》《居尘乐道赋》，玄光禅师的《咏华烟寺赋》和阮伯靖的《南药国语赋》。其中陈仁宗的《居尘乐道赋》是至今发现的第一篇喃字赋，赋尾云："居尘乐道且随缘，饥则飧兮困则眠。家中有宝休寻觅，对景无心莫问禅。"成熟的文字系统形成需要很长的时间，从陈仁宗的《居尘乐道赋》可以看出当时的喃字文学作品已经可以模仿唐律的七言律诗，文字流畅。喃字文学的出现体现了越南人想提高越南语地位，使越南语语音与文字实现统一，发展民族文化的强烈要求。著名的语言学家帕默尔曾经说过："语言忠实反映了一个民族的全部历史、文化。"[2]喃字和喃字诗赋的出现实际上体现了越南民族精神的崛起，也是其民族意识在文化领域的凸显。

三 越南传统文学的繁荣与鼎盛

（一）汉字和喃字文学的共同繁荣

喃字文学，自出现始就因其为越南国音文学，深得越南文学创作者和民众的喜爱，13—14世纪开始出现在越南古典文学殿堂，到15—17世

---

[1] ［越］吴士连：《大越史记全书》卷5，日本宫内文学兼东京大学影印本，明治甲申十七年（1884）。

[2] ［英］帕默尔：《语言学概论》，李荣等译，商务印书馆1983年版，第139页。

纪很多文人儒士都使用喃字吟诗作赋,还创作了别具特色的六八诗体。越南的汉语古典文学经过几个世纪的沉淀和积累,进入了繁荣时期,而喃字文学也逐渐步入了成熟。在汉语文学和喃字文学竞相争艳的阶段,涌现了大批既深谙汉语文学又擅喃字诗作的优秀诗人和作家,如阮廌(Nguyễn Trãi)、李子晋、黎少颖、阮直、阮保、蔡顺、黄德良、黎圣宗、阮秉谦、陶惟慈等。

1.阮廌——越南民族文化的奠基者

阮廌(1380—1442),号抑斋,汉语文学、喃字文学均有传世作品,是15世纪越南最伟大的诗人和作家,在越南古代有"文圣"之称。阮廌创作精力充沛,诗文众多,文章节奏明快优美,文字凝炼深邃,时而慷慨激昂,时而浪漫缥缈,时而感怀人生。阮廌的父亲是前文所提到的著名田园诗人阮飞卿,阮廌外公是陈朝末期的宫廷文人司徒陈元旦,阮廌先后随外公和父亲生活和学习,受到浓厚文学气息的熏陶,为其奠定了坚实的文学创作基础。他在《梦仙中》云:"清虚洞里竹千竿,飞瀑霏霏落镜寒。昨夜月明天似水,梦骑黄鹤上仙坛。"诗中以清虚洞[1]开场,虚实结合,似现实又似梦境,文风秉承了外公陈元旦晚年经历人生沉浮后"出世无为"的道家仙骨,文风清逸明丽,又颇有父亲阮飞卿初期田园山水诗的恬静淡雅。

越南文化学家潘玉称其为越南民族文化的奠基者。称阮廌为越南民族文化之奠基人,并非单纯因其文学造诣的精妙,而是因为,"阮廌是把文化视为决定民族命运极其重要因素的第一人"[2]。阮廌怀着强烈的儒家"入世"精神的忧患意识,把自己在文学、军事和地理方面的雄才韬略,都贡献给了争取越南国家独立和振兴民族文化的事业。

阮廌20岁时即在胡朝任御史台正章,与父亲阮飞卿同朝为官。1407年,胡朝为中国明朝所灭,阮飞卿与胡朝皇帝一同被押解往金陵,阮廌一路与父亲挥泪告别。而后,阮廌逃出升龙城(今河内),赴蓝山投奔了黎利,并呈《平吴策》,为黎利抗明建国立下了汗马功劳。黎朝初

---

[1] 笔者按:阮飞卿也著有《清虚洞记》,是以颂扬其岳父陈元旦晚年"以天钟岳降之才……于是乃奏乞昆山荒闲之地一区,规为退休之舍",命为清虚洞。

[2] Phan Ngọc, *Một cách tiếp cận văn hóa*, Hà Nội: Nxb thanh niên, 1999, tr.171.([越]潘玉:《越南文化——一种了解的新方式》,青年出版社1999年版,第171页。)

立，阮廌写下《平吴大诰》，被誉为越南的"千古雄文"。诰文开始就称颂"大越"国："惟我大越之国，实为文献之邦。山川之土域既殊，南北之风俗亦异，自赵、丁、李、陈之肇造，我国与汉、唐、宋、元而各帝一方，虽强弱时有不同，而豪杰世未尝乏……"虽说文中欲把偏安一隅的赵佗南越割据政权和越南的丁、李、陈朝与中国古代历史上强大的封建政权汉、唐、宋、元朝相提并论，曰"强弱时有不同"总觉荒谬，但文字之间，始终洋溢着的民族独立精神与自豪感，对越南本民族而言还是具有很强的感召力。阮廌深谙儒学与中华文化，因此采用"以文说道"的方式来应对中国明朝的攻势，他强调"仁义之举，要在安民，吊伐之师，莫先去暴"，因此说服黎利采用与明朝边打边谈的方式，最后等待明朝忙于镇压农民大起义和处理日益尖锐的国内矛盾时，提出与明修好，而终获再次独立。《平吴大诰》最后也粉饰了黎利与明妥协，双方修好的经过，而豪言歌颂抗明战争胜利："彼既畏死贪生，而修好有诚，予亦全军为上，而于民与息，非惟计谋之极其深远，盖亦古今之未所之闻。社稷以之奠定，山川以之改观，乾坤既否而复泰，日月既晦而复明，予以开万世太平之际，予以雪千古无穷之耻，是由天地祖宗之灵，有以默相荫祐而致然也……"[1]《抑斋选集》序里就谈道："阮廌献策不言攻城而言攻心，最终，人民和国土十五道全都回归越南。"自此，政治与军事相结合的办法在越南的对外关系中开始使用。

黎朝创立之初，阮廌官居相位，为建设国家鞠躬尽瘁，他在《观阅水阵》中言："北海当年已戮鲸，燕安犹虑诘戎兵。旌旗旖旎连云影，鼙鼓喧阗动地声。万甲耀霜貔虎肃，千艘布阵鹳鹅行。圣心欲与民休息，文治终须致太平。"这首诗就体现了黎朝初年越南水军练兵的气势，表达了阮廌主张"休养生息，以文治天下"的政治抱负。阮廌还著有越南第一部历史地理学著作《舆地志》，书中描绘了越南从京都到地方的地理状况，历数了越南壮美秀丽的山河、平原。作者明确地标注了国家的领土和当时的行政区划，对越南本地的地理、资源、物产、行业、风俗和习惯等都做了一定的描述。

---

[1] ［越］吴士连：《大越史记全书》卷10《黎纪》，日本宫内文学兼东京大学影印本，明治甲申十七年（1884）。

但阮廌性格耿直，不愿与奸臣同流合污，在朝廷受到排挤。想到鸟尽弓藏，心灰意冷，阮廌一度归隐昆山。其间作有诗云："一别家山恰十年，归来松菊半萧然。林里有约那堪负，尘土低头只自怜。乡里才过如梦到，干戈未息幸身全。何时结屋云峰下，汲涧烹茶枕石眠。"[1] 1442年他因"荔枝园"弑君冤案[2]罪及三族被杀。一段时间其诗文有的被销毁，有的散逸，直至黎圣宗时期下诏为其昭雪，阮廌的诗文才重见天日。后经黎朝陈克俭和阮朝杨伯恭搜集，现留有《抑斋遗集》，共分为7卷，第1卷为阮廌诗词100多首；第2卷收录阮廌之父阮飞卿的诗词；第3卷为阮廌所写各类公文，如诏、制、表等；第4卷为《军中词命集》；第5卷为阮廌行状及诸家对其评价的文章；第6卷为《舆地志》；第7卷是阮廌的《国音诗集》。[3]

《国音诗集》是越南现存的第一部完整的喃字诗集，这是喃字文学迈向成熟的里程碑。阮廌创作的喃字诗大多采用唐律体，有七言八句或七言四句律诗。作者在《自叹》中云："富贵心胜富贵名，身体自在心清历。金银积累无数筐，带来真情有几许。门外桃李客盈门，屋内柑橘独芳香。莫问他人是与非，孤芳自赏我有情。"经过阮廌及同时代一些文学大家们的努力，越南古代的民族文化朝着独立、富有特色和丰富多彩的方向继续发展。

2.黎圣宗——越南古代宫廷文学的顶峰

越南几乎历代君王都能诗文，如果以在文学上取得的成就而言，黎圣宗可以说是代表了越南古代宫廷文学发展的顶峰。

黎圣宗，名黎思诚，又名黎灏，自号为天南洞主，1460年即位，执政期间称为"盛黎"时代，年号洪德。他不仅政绩卓越，并且也是15世纪下半叶越南最著名的诗人。黎圣宗重视诗歌的韵律和意境，并且辞藻

---

[1] 《归隐昆山感作》，诗文转引自贺圣达《越南古代汉语文学简论》，《东南亚》1996年第2期。

[2] 笔者按：据《大越史记全书·本纪》卷11载，"大宝三年（1442年）秋七月下旬，太宗……东巡，阅武于至灵城，阮幸邀驾幸廌乡昆山寺。八月四日，帝还至嘉定县荔枝园，遂得疟疾崩。初帝爱承旨阮妻阮氏路容貌文章之美，召入拜为礼仪学士，日夜侍侧。及东巡驾回天德江来荔枝园，与阮氏路通宵而崩。百官潜行，六日及京师，夜半入宫始发丧。人皆言阮氏路弑帝。"

[3] 于在照：《越南文学史》，军事谊文出版社2001年版，第52页。

华丽，是唯美主义的典型代表。他在《东巡过安老》中云："渺渺关河路几千，北风有力送归船。江涵落日摇孤影，心逐飞云息万缘。霜雾零时无绿树，桑麻深处起青烟，海山迤逦穷游目，只见雄雄亘碧天。"但由于黎圣宗过于追求诗歌形式上的唯美，因此使得15世纪中期的汉诗出现了华丽的形式主义倾向。

与李陈皇帝不同的是，黎圣宗限制佛教的发展，大力推崇儒学、推进科举选拔人才的制度，亲自主持廷试，制定进士唱名和荣归例，刻进士碑立于文庙内。其在位期间共开科12届，中501名进士和9名状元，即在不长的历史期间内，选拔了越南科举制度中约1/5的进士和1/3的状元。在黎圣宗的倡导下，儒学思想对文学的影响也很大。1494年，黎圣宗还组织了越南古代规模最大的文学组织"骚坛会"，吟诗作对，留下了大量汉诗和喃字诗歌。《洪德国音诗集》就是继阮廌《国音诗集》之后的又一喃字诗集，里面的诗虽然不是由黎圣宗一人创作，但大部分应是"骚坛会"成员围绕黎圣宗圈定的方向和主题创作的。该诗集共有328首诗歌，分为天地门、人道门、风景门、品物门和闲吟诸品。该诗集颂扬了封建君主的历史作用和洪德盛世。《洪德国音诗集》的韵律和用词表现了喃字诗歌艺术上的进步与成熟。其中《白藤江》诗云："滔滔青水向东流，千河万溪汇源头。荡涤一切贼蛮寇，南国大地越魂存。泰山屹立待君侯，乌马魂魄落何方？四方升平兵已休。此翁独钓乐悠悠。"

3.阮秉谦——儒士士大夫文学的代表

阮秉谦（1491—1585），字享甫，号白云居士，是越南16世纪成就卓著的一代名儒。他出身于士大夫家庭，父亲阮文定曾为国子监太学生，母亲是尚书如文澜之女，在父母的谆谆教导下，阮秉谦成长为当时著名的文人。但生不逢时，黎末时期，社会动荡，阮秉谦一直没能参加科举选士，直到45岁才中解元，后又中状元，入仕莫朝，任至吏部尚书，封"呈旋侯"，去世后追封为呈国公。阮秉谦著述颇多，留有汉语《白云庵诗集》（现已散逸），只能在陈公宪编辑的《名诗合选》中找到，此外，他还著有喃字《白云国语诗集》。

阮秉谦继承了15世纪盛黎时期诗歌形式上的唯美和清丽，同时由于时代的动荡赋予其诗歌特有的沉静与感伤。《与高舍友人别后》云：

"相逢乱后老相催,缱绻离情酒数杯。夜静云庵谁是伴,一窗明月照寒梅。"16世纪,莫朝内部郑阮纷争,南北对峙,战事不断,社会混乱,士大夫阶层报国无门,心情彷徨无奈。作为儒士代表的阮秉谦,在其诗歌里就充分体现了这种郁郁不得志的困惑。《寓意》诗云:"济弱扶危愧无才,故园有约重归来。洁身只恐声名大,剧醉那知老病催。山带秋容青转瘦,江涵月影白相猜。机关了却都无事,津馆柴门尽日闲。"

阮秉谦不仅用汉语诗歌抒发内心情感,并且还用唐律喃字诗来抨击世态炎凉。《憎鼠》云:"老鼠你为何不仁,暗地里偷喝偷吃。田野只有干稻一把,仓里不剩稻米一粒。农民辛劳与抱怨,田夫瘦弱与哭泣。"他的喃字诗歌标志着唐律喃字诗歌的成熟,[1]诗歌用词生动质朴,表达了其"中庸"的儒家哲学思维,如"日月流逝快如梭,繁华之光易暗淡。花夸鲜艳花易谢,水愈装满水易溢。"

15世纪时,虽然喃字文学正处于成熟和上升阶段,但汉语文学仍然占据绝对优势,创作人主要是皇帝、官僚和儒士。文学作品的内容大多体现了士大夫阶层积极向上的气势,体现了强烈的独立自强的"大越民族意识",同时反映了儒学思想的统治地位。

(二)喃字文学的鼎盛

从文学的载体——"文字"角度来看,越南传统文学大致经历了汉语文学、喃字文学和拉丁化越南语文学三个阶段。18—19世纪,随着越南社会和历史的变迁,封建制度和儒学在越南从鼎盛走向没落。汉字文学似乎完成了其在越南文化演变中的历史作用,渐渐退到了次要的位置,而喃字文学则是百花齐放,异彩纷呈。越南"民族文化从来没有似18世纪和19世纪上半叶这样获得辉煌的发展。在这一段时间里,出现了许多著名的文人作家和代表越南民族文化的经典作品。这一时期的一些大诗人已注意发掘、使用丰富的平民语言表达高尚的感情和深邃的思想。用越语写的作品(喃字作品)在文坛上已完全占了优势。在思想内容方面和文学语言艺术方面最有价值的一些作品都是用越语写的。"[2]

---

[1] 于在照:《越南文学史》,军事谊文出版社2001年版,第76页。
[2] 越南社会科学委员会编著:《越南历史》(第一集),北京大学东语系越南语教研室译,北京人民出版社1976年版,第476页。

在这一阶段,已经出现了很多喃字长篇叙事诗,阮攸的《翘传》、段氏点的《征妇吟演歌》、阮嘉韶的《宫怨吟曲》和阮辉似的《花笺传》。六八体诗和双十六八体诗继续发展和不断完善。阮攸、阮嘉绍、胡春香、段氏点、高伯括、阮公著等文学大家和许多无名氏以他们的喃字作品使得古代越南文学达到了前所未有的高度。由于本书篇幅有限,下面仅以最具代表性的作品来向读者呈现古代越南喃字文学发展演变之民族特色。

1.阮攸与《翘传》——越南古代文学的巅峰

《翘传》可谓越南文学史上流传最广泛的古典名著。它是越南诗人阮攸根据中国明末清初作家青心才人的章回体小说《金云翘传》改写而来的。《翘传》与《金云翘传》是两部关系紧密的作品,但是在各自国家的命运却迥然不同。青心才人的《金云翘传》在中国影响甚微,几近湮没。而阮攸的《翘传》则在越南文学史上具有崇高地位,享有越南最伟大的古典名著之美誉。[1]《翘传》采用了富有越南民族特色的喃字和六八诗体形式,[2]通过描写绝世佳人王翠翘卖身赎父,流落青楼,几经波折的悲惨遭遇,揭露了越南封建社会腐朽黑暗的社会本质,具有很高的思想价值和艺术价值。

阮攸(1766—1820),字素如,号清轩,出生于官宦世家,父亲为春郡公阮俨,10岁前家境富足,但父亲去世后家道中落。19岁乡试中举人,但时逢西山农民起义,战乱不断。直至1802年阮朝建立,阮攸才正式走上仕途。1813年阮攸升任勤政殿学士,因其汉学造诣较高,奉命出使中国,在北行中国的行程中著有《北行杂录》。此外,阮攸的汉诗大多收集在《清轩诗集》和《南中杂吟》当中。阮攸的五言体汉诗是越南五言汉诗发展的顶峰,特别是其中的叙事诗,将其对语言和文学掌控

---

[1] 戴可来、于向东:《越南》,广西人民出版社1998年版,第284页。
[2] 参见刘志强《越南古典文学"四大名著"》,世界图书出版公司2010年版,第18页。越南的《琵琶国音新传序》中说:"我国国音始于陈朝韩诠,继乃变七七为六八,而转体兴焉。"六八诗体是越南吸取民间文学的长处,以韩律为基础。结合越南语语音特点,约为15世纪时创造出来的一种新诗体。诗歌由六字句和八字句相间组成。句式的韵律为:第一句平平仄仄平平(起韵1),第二句平平仄仄(叶韵1)平平仄平(另起韵2),第三句平平仄仄平平(叶韵2),第四句平平仄仄平平(叶韵3)仄平(再起韵3)。这样周面复始地运用平仄韵,诗的长短不限。后来诗人们又将汉语的七言诗与六八体相结合,创造出双七六八体诗。它与六八体基本相同,但在每个六、八字句前,加上两个七字句。每四句为一节,算一个段落。如果继续写下去,则第五句为七字句,该句的第五字叶第四句的句末字韵,第七字则另起韵,以下照此类推。

的能力表现得淋漓尽致。他在《所见行》中讲道："有妇携三儿，相将坐道旁。小儿在怀中，大者持竹筐。筐中何所盛，藜藿杂秕糠。日晏不得食，衣裾何框襄。见人不仰视，泪流襟浪浪。群儿且嬉笑，不知母心伤……"并将之与西河驿官兵的生活做了一个对比："咋宵西河驿，供具何张皇。鹿筋杂鱼翅，满桌陈猪羊。长官不下箸，小们只略尝。拨弃无顾惜，邻狗厌膏粱。"文字间饱含对贫苦劳动人民的同情和对社会黑暗现实的不满，现实主义色彩浓厚。他在《龙城琴者歌》里以杂言体描绘了一歌者的形象："龙城佳人，姓氏不记清。独擅阮琴，举城之人以琴名。学得先朝宫中供奉曲，自是天上人间第一声。余疑少时曾一见，鉴湖湖边夜开宴。其时三七正芳年，红妆暗暧桃花面，酡颜憨态最宜人，历乱五声随手变。缓如疎风渡松林，清如双鹤鸣在阴……"从文中即可看出阮攸既娴熟又自由的富于表现力的写作技巧。

阮攸在汉语文学方面的成就不仅仅是丰富了越南汉语文学的表现形式，而且也为其创作喃字叙事长诗《翘传》打下了坚实的基础。阮攸精通中国古典文学，其《翘传》吸收了中国古代诗歌上的成就，运用了不少中国的典故、成语，大大丰富了喃字词汇。据越南语言学研究室资料组统计，《翘传》用中国诗词30次，典故27次，《诗经》46次，其他典籍50次。[1]阮攸善于把丰富的中国语言与乐感丰富的越南民族语言巧妙地融为一体。他在运用中国诗词、典故、成语时有所改动，使它们与越南语言的规律、特点及表达习惯相适应。因而越南人读《翘传》时感到亲切自然又和谐统一。如翠翘决心卖身赎父，劝慰父母时，作者连用了两个典故、一个成语："自恨女儿身，未曾点滴报答亲恩。上书有愧缇萦，窃比李娘孝顺。椿萱鹤寿年高，支撑万叶千枝，靠树身独任。"[2]作者这样写，言简而意丰，恰到好处，不仅写出了翠翘为了"孝"道而决意卖身赎父的坚强决心，而且读来自然流畅，感人肺腑。

《翘传》的故事情节及原文诗句在越南可谓家喻户晓，妇孺皆知，越南人唱翘、说翘、咏翘、赋翘、祭翘，民间还流传有以《翘传》里的

---

[1] ［越］《纪念阮攸诞辰200周年论文集》，社会科学出版社1967年版，第362页。
[2] 笔者按：其中"缇萦"出自（汉）刘向《列女传》，讲的是汉文帝时，淳于意获罪，女缇萦上书救父的故事。"李娘"出自《搜神记》，讲的是李寄应征杀蛇的故事。而"椿萱鹤寿"则是一句中国的成语，椿萱指父母，鹤寿指年高。

年月、人物、句义为谜面或谜底的谜语，甚至有人用《翘传》进行占卜。《翘传》为什么能在越南产生如此巨大的影响？这与阮攸善于叙事和吸取民间文学的营养，并且采用富有民族特色的六八体喃字国音诗体的形式，深入刻画人物形象和挖掘人物思想内涵，揭露社会黑暗，使作品内容与形式都极为符合越南人的审美情趣，是密不可分的。胡同山在把《翘传》翻译为英文版本时，曾说："越南人用心灵理解史诗的每一行，他们都会用最标准的家乡语把他们背诵出来。这首史诗最大限度地折射出越南人经历中核心的东西。他们被描写为牺牲品、难民和幸存者，对此，他们感到很亲切。"[1]

《翘传》继承了越南民间文学的传统，在塑造人物形象时一般采用理想化的模式。正面人物身上集中了人类所有的美好品质，反面人物则是丑陋与罪恶的化身。真善美与假恶丑泾渭分明，毫无妥协之处，这符合古人的审美观，更宜于他们接受。因为对于生活在传统农业文化氛围里的平民大众而言，他们的爱憎是分明的。这种理想化的艺术风格在"翠翘"这个人物的塑造中体现得十分明显。翠翘在书中是一位完美的女性。她不仅美貌无双，而且多才多艺："她眉似春山，眼如秋水，正所谓花妒娇红柳妒青。倾城倾国貌，才华拔萃，美态娉婷。天禀聪明，才华似锦，既娴诗画，又会歌吟。"[2]同时，翠翘不仅才色无双，而且忠孝双全。为了孝，她可以卖身赎父："一边情，一边孝，那样为先；当时虽是海誓山盟，但是儿女职，以孝为先。"为了忠，她可以劝救她出火海的徐海接受招安："如今归顺王臣，青云上，大道荡荡。忠孝俱全，异日荣华归故乡。我是堂堂命妇，父母同受恩光，尽忠尽孝，同样辉煌。"应该说翠翘"忠孝"思想是作者"忠孝"思想的真实体现和流露，作者心目中的淑女就应该具有这样的品质。尽管以今天的观点看，其中的有些思想是不应提倡的，但它们与当时的社会环境是协调的，同当时的政治道德观念、真善美的标准是协调的，就是说它们代表着当时舆论公认的正义和美好，能够得到当时善良的人们的了解、赞扬和支持。

---

[1] Scott Rutherford：《越南》，刘悦欣等译，中国水利水电出版社2004年版，第107页。
[2] 参见［越］阮攸《金云翘传》，黄轶球译，人民文学出版社1959版。笔者按，阮仪的喃字长诗《金云翘传》译为拉丁化越语版后被称为《翘传》。

苏联文学巨匠高尔基指出："文学的第一个要素是语言……文学就是用语言来创造形象、典型和性格，用语言来反映现实事件、自然景象和思维过程。"[1]高尔基的话告诉我们，文学是语言的艺术，文学家的匠心主要体现在语言的运用上。阮攸虽出身贵族阶层，但他却善于运用歌谣、民歌、俗语、谚语等民间文学语言，这在《翘传》中有突出的体现。正是这些民间文学语言使《翘传》的语言更为生动活泼，应该说这也是《翘传》在越南能够广泛流传的原因之一。阮攸在使用群众语言时不是简单引用，而是有所创造，使它们与整部作品的风格相融合。《翘传》有一个突出的艺术风格就是语言传神优美。阮攸不愧为是语言大师，他具有驾驭民族语言的惊人才能，其《翘传》被视为越南诗歌艺术的巅峰，是使用民族语言的卓越范例。[2]《翘传》运用了多种修辞方法，增强了语言的表现力，如在描写翠翘第一次弹琴时，作者连用了四个比喻，"清音似天边鹤唳，浊声如飞泉激响，缓调比清风拂拂，急拍像骤雨浪浪"，这样的刻画令人如同亲临其境。在写翠翘第四次弹琴时作者则把比喻和通感两种修辞手法糅合到了一起，不仅给人以听觉上的愉悦，而且给人以视觉上的美好想象："掩抑高低续续弹，炉烟袅袅，似随音节飘扬。声调轻清飘逸，似庄生化蝶翱翔。弹到情致缠绵，似蜀帝魂归，鹃声惆怅。似沧海月明珠有泪，蓝田日暖玉生光。"作品中许多地方还巧妙地运用了排比句式，如翠翘第一次沦落青楼，自寻短见被救活后，作者这样写道："凄然望，黄昏海港，掩映征帆，天际归舟谁放？凄然望，滚滚狂波，花谢水流，流到何方？凄然望，绿草平原，连天碧，云海茫茫。凄然望，风卷海涛来，危坐处，惊涛激荡。"四个排比句连用，把翠翘愁思百结，肝肠寸断，嗟叹命运的心理刻画得淋漓尽致，让读者顿生伤感，心中的惆怅犹若波涛翻滚，绵绵不绝。

阮攸与《翘传》把越南古典文学的发展推到了顶峰，越南今天还为其成立了专门的"翘学"研究。《翘传》是越南古代文学之瑰宝，也成为这一时期东南亚古代文学的代表作，并为越南文学在世界文学史上占

---

[1] [苏] 高尔基：《文学论文选》，孟昌、冒葆华译，人民出版社1958年版，第294页。
[2] 越南社会科学委员会编著：《越南历史》（第一集），北京大学东语系越南语教研室译，北京人民出版社1976年版，第481页。

有一席之地做出了贡献。

2.最具越南民间文化特色的喃字诗——胡春香诗歌

由于没有具体文献可查,著名越南女诗人胡春香的出生年代现还没有定论。根据其一些诗作,如《感旧兼呈勤政学士阮侯》云,"遥思客地万千重,雁札谁人传手中……"来判断,[1]因阮攸任勤政学士时是1813年,后出使中国,那么该诗应作于这一期间。按此来推论,胡春香应该生于18世纪下半叶。胡春香生于儒士家庭,但早年丧父,生活清贫。一生两次嫁人,均为人妾。凄凉的生活境遇没有使春香消沉,反而激发了她的创作激情。与同时代的文学家们一样,胡春香也是深受中国古典文学发展的影响,她的诗歌里不乏援引中国典故之辞令,令人既感到中国汉诗典故的高雅格律,也可洞悉明清时代的世俗文学的意象,《与山南上协镇官陈侯唱和十首》其一诗云:"萍水相逢月下樽,肝肠片片属难言。桃琴有意鸣凰唱,绕树无端语鹊喧。谁赎笳声归汉阙,自羞莲步出胡门。半筵别恨情多少,脉脉空离倩女魂。"其中几句诗句颇得唐朝著名诗人王维"征蓬出汉塞,归雁入胡天"的神韵。

胡春香精通汉语和喃字,才思敏捷,诗作以汉语诗和喃字诗为主。但是需要注意的是,胡春香常把汉诗高雅的内容剥离于形式之外,取其形而变其质,她根据自身创作的需求不断融入民族审美意向,内容多挑战封建传统伦理观、价值观。尤其是其喃字国音诗更是喜欢利用越南语语音特点,采用隐喻和双关的手法直指儿女情事主题,表现了越南妇女无畏的婚姻自由观,体现了一种超越时代的叛逆精神。

胡春香把喃字律诗与讽刺的艺术手法结合了起来,在她的喃字诗歌里,那些封建卫道士和伪君子们都被剥下了虚假的外衣,暴露出丑恶卑劣的嘴脸。她的《昼寝少女》就讽刺了身在佛门却心术不正的僧侣:"夏日溶溶东南风,少女酣然入梦中。竹梳斜插乌云鬓,掩衣滑落玉酥胸。两序蓬岛香仍驻,一道桃源水未通。君子游移去不绝,去也枉然住不成。"

胡春香生活在越南封建礼教最森严的黎末阮初,这一时期,越南封建君主学习中国明清的封建礼教和制度,对妇女讲究"三纲五常",妇

---

[1] 笔者按:本小节关于胡春香的汉喃诗歌译文均选自胡春香《琉香记》及《胡春香传诵诗十二首》,转引自罗长山译《琉香记汉喃诗文选》,《东南亚纵横》1995年第2期。

女社会地位十分低下。胡春香以《妾妇吟》喃字诗向男尊女卑的婚姻制度发起了猛烈的抨击，诗云："人盖棉被人寒苦，共夫劫数千刀诛。五奏十合偶同帐，一月几回有亦无，强吞糯饭饭臭馊，但做帮工工无酬。早知妾身贱如此，宁守空房似当初。"诗句内容通俗易懂，大胆尖锐，成为越南封建社会中维护女性权利，捍卫婚姻自由最早最直接的呼声。

胡春香是一位善于吸取民间文化营养的诗人。她常用越南民间常见的事物和自然现象为主题，采用口语化的语言，将唐律"俗化"，诗风生动活泼，具有浓郁的民间文学色彩。《请槟榔》："槟榔蒌叶一抹灰，此物春香表牵怀。有缘就请相挨近，莫如青叶自如灰。"胡春香通过槟榔这一在越南民间文化中的婚恋定情信物，刻画出了一位渴望自由爱情的越南少女形象。难怪越南诗人春妙指出："春香的诗歌最越南化，最民族化，也最被人民所推重。"[1]胡春香的作品虽然全部用唐律体创作，但她进行了民间化的再创造，即保留唐律体句式，却按越南语语音和音值长短将喃诗的节奏、用韵和字数灵活地进行了调整。《汤圆》："妹身又白又匀称，哀与山河共浮沉。搓圆捏碎随人意，唯守丹红一片心。"从中可见高雅庄重的唐律体到了胡春香的手里则变得通俗浅显，富有民间色彩。由于使用越南语语音押韵，读起来朗朗上口，很容易在民间流传，因此具有较强的生命力。

胡春香的诗歌具有越南民族独特的民间文化色彩和艺术价值，她站在封建的中古时代却向吃人的封建礼教提出了挑战，她惊世骇俗地宣扬情爱自由，从而冲破传统的禁欲主义，体现出雅俗共赏的世俗文学品味。苏联文化学者尼古里就认为，"在F.拉波勒和胡春香之间有着许多相同点，比如他们源自民间的美学观点，他们诗歌的艺术形象性，他们在文学发展过程中的地位问题"，尼古里认为"拉波勒是第一个冲破欧洲中古文学营垒的人，胡春香是第一个冲破越南中古文学城池的人。"[2]

3.无名氏喃字作品的出现和发展促进了喃字文学的繁荣

越南古代文学最鲜明的特点体现在喃字文学的繁荣，而促进喃字

---

[1] 于在照：《越南文学史》，军事谊文出版社2001年版，第115页。
[2] 转引自［越］阮克披《胡春香诗歌在国外的研究与翻译》，李华译，《东南亚纵横》1997年第3期。

文学繁荣的原因除了一系列著名的喃字文学家和他们的作品外，还有大量无名氏喃字作品的出现与发展。需要引起我们注意的是，在越南民族文化喃字文学作品的繁荣过程中，中国文学对其产生的影响依旧功不可没。

从16世纪开始，在喃字文学步入成熟阶段，越南就已经出现了一些无名氏的喃字叙事诗，如《王嫱传》《林泉奇遇》和《苏公奉使》等作品。越南初期的喃字叙事长诗大部分是以中国文学作品为蓝本改写而成。如《王嫱传》就是以中国汉朝昭君出塞和番的故事为原形，以元朝马致远的杂剧《汉宫秋》为蓝本，讽喻了陈英宗时将玄珍公主和亲嫁给占城王制旻而作。而《林泉奇遇》（也称《白猿孙恪传》）情节则是由中国唐朝传奇《孙恪传》转化而来。而《苏公奉使》则是述说了中国汉代苏武出使匈奴的故事。

18—19世纪，大量无名氏喃字作品涌现，如《石生传》《芳花》《潘陈》《二度梅》《宋珍菊花》《范载玉花》《范公菊花》《李公》《女秀才》《观音氏敬》《南海观世音》《徐识》《碧沟奇遇》《贫女叹》和《黄稠》等。[1]喃字文学作品的世俗化和在越南民间受喜爱程度可见一斑。尽管如此，这时期的喃字文学依然深受中国文学，主要是明清小说的影响。如《女秀才》故事情节来自明朝凌濛初编撰的《二刻拍案惊奇·女秀才移花接木》，《潘陈》则模仿明朝高濂的传奇剧本《玉簪记》。《潘陈》讲述了书生潘必正在金陵寺偶遇妙常，一见倾心，最终与还俗的妙常幸福结合。这个故事把发生地点设在"六根清静"的佛寺里，使主人公潘必正敢于冲破封建礼教，执着追求爱情的形象更加凸显。《二度梅》取材于中国小说《忠孝节义二度梅全传》，但作品却反映了郑阮纷争时期封建秩序混乱的社会现状，带有浓重的现实主义色彩，成为当时抨击越南社会现实的一部力作。

除了一些借鉴中国文学作品的喃字创作，越南在这一时期还产生了很多具有越南民间特色的无名氏喃字作品。《观音氏敬》也是一篇六八体喃字长诗，讲述的是氏敬在丈夫熟睡时想替其剪去一根倒长的胡须，因而被冠以图谋杀夫的罪名，被休逐出家门。氏敬女扮男装，入佛门修

---

[1] 于在照：《越南文学史》，军事谊文出版社2001年版，第147页。

行却又被诬陷与一名放荡女子氏牟有染并有一个孩子。因心疼孩子，氏敬忍辱认错，被赶出佛寺。氏敬去世前留下遗书给父母述冤，入殓时才发现其为女身。因氏敬忍辱负重，被超度为观音佛。作品故事情节曲折，人物心理刻画成功，深受群众喜爱，还被改编为戏剧，讽刺和打击了以男权为上的封建道德制度。《范载玉花》讲述的是玉花不顾封建社会门当户对的清规，勇敢地爱上了一位讨饭的穷书生范载，并且矢志不渝。这样具有强烈的反封建主义精神的女性形象，体现了越南封建时代敢于追求自由的爱情观。

虽然上述喃字文学作品不能确定出自哪些作家之手，但是其数量之大，内容之丰富，可以看出当时越南喃字文学发展的程度，并且也可以发现喃字文学逐渐民族化和世俗化的趋势。在汲取了丰富的中国文学养份的基础之上，喃字文学发芽成长，并日益枝繁叶茂。

四 越南传统文学的发展演变特点与意义

千余年来，在汉文化的熏陶和感染下，经过有选择的借鉴与吸收，越南传统文学经历了萌芽、成长等阶段，至19世纪达到了前所未有的繁荣状态，也形成了包含诗歌、小说和散文等不同文学体裁的文学体系，在发展过程中日益呈现出特有的民族审美情趣。

（一）文学创作载体——文字的演变

由于文字与语音的分离与割裂，汉字在越南古代文学创作中占有不可或缺的地位，近两千年，汉字始终作为越南传统文学的主要承载体，是中国对越南传统文化影响最集中的体现，也是越南传统文化发展中不同于其他东南亚国家最显著的特征之一。汉语文学在越南这片与中国有着千丝万缕联系的南国土地上生长和繁荣，其所取得的文学成就让我们为之惊叹。同时，我们也深刻地体会到"汉文化"对包括越南在内的"东亚文明圈"发展的巨大推动作用，越南为儒家文化圈中受中国文化浸染最深的国家，名副其实。

13世纪喃字文学的出现打破了汉语文学在越南一枝独秀的局面。喃字文学的出现是民族意识在文学创作领域的崛起。喃字文学的发展过程也是越南将民族语言与文学融会贯通的一个发展过程，在长达5个世纪的时间里，喃字文学这种极富表现力的、带有浓郁越南民族特色的文学表现形式逐渐成长为与汉语文学齐头并进的一股文学力量，迸发着蓬勃生机。

（二）借鉴、交融与改写

由于使用汉字作为文学载体，使得越南向中国古代文学的借鉴成为自然而然的学习方式。汉字诗歌、赋、散文、神怪志异和世俗小说等文学体裁都在越南古代文学里获得了较大的生长空间。横向借鉴向来是促进文学繁荣的一个重要途径，而改写则是体现这种借鉴方式的一种媒介手段。越南长篇叙事诗歌和传奇小说就从中国明清世俗小说里借鉴了很多。特别是到了18世纪，越南喃字文学的创作开始以明清小说为蓝本，融合了越南本地政治、经济、社会现象，以创作需求为根据，删去原作中不适合其民族和时代需要的内容，加进原作中所没有但又符合本国和那个时代所需要的东西，创作出很多传世佳品。这种成功的改写方式使得阮攸的《翘传》作为越南民族最伟大的古典名著蜚声海内外，跻身世界文学殿堂。从某种意义上来说，中国青心才人的《金云翘传》对越南文学的影响之大，也是远远超乎我们想象的。[1]此外，越南古典名篇《花笺记》也"是地道的木鱼书创作"[2]，而木鱼书则是广东的一种民间曲艺形式，在明清时期广泛传播到东南亚各国。从某种程度上说，越南古代文学从传统中国文化中借鉴、汲取养分，把中国古代文学体裁与越南社会现实交融在一起，通过翻译、改写和再创作的方式，创作了大量辉煌的古典文学名篇。

（三）民间文学的活跃性

由于喃字创作是依据汉字的形，越南语的语音，音形结合而成，但由于刻意区别于汉字，其形体比汉字更为繁杂。因此对于连汉字都不懂的老百姓，学习喃字也不是件易事。所以，即使是在喃字文学出现以后，很多民间传说仍由人民口头创作并世代相传，18世纪以后喃字才在这一领域发挥作用。19世纪末20年代初，读、写、听合为一体的拉丁化

---

[1] 陈益源：《中国明清小说在越南的流传与影响》，《上海师范大学学报》（哲学社会科学版）2009年第1期。

[2] 梁焙炽：《香港大学所藏木鱼书叙录与研究》，香港大学亚洲研究中心1978年版，第228—229页。

越文开始承担起记录越南民间口传文学的历史责任。但也正因为语音与文字的长期分离，使得在很长的一段历史时期内，人民无法自由地使用喃字和越语来学习和创作，所以更加激发了越南民众运用口传方式来述说他们崇拜的民族英雄、历史人物、神仙、禅师、状元、社会小人物和种种民间风俗习惯的能力。这些富有民族特色的民间语言和生动的想象力代代传承，形成了越南文学宝库中异常活跃和丰富的民间文学。民间文学中脍炙人口的歌谣、俗语和谚语经常会被喃字文学吸收采用，使得喃字文学呈现出质朴率性的风格。而越南民间歌谣和俗语也因此成为越南语言文学中绽放异彩的奇葩，至今仍是越南民间文学研究的主要对象，也是百姓寻常生活中最具民族特色和生气的民族文化因子。

概括地讲，无论呈现出怎样的特点，自10世纪独立以来，越南古代文学表现的内容始终都在朝着体现独立的民族意识努力。尽管20世纪以后，由于文学载体转化为拉丁化的越语字，越南文学出现了明显的断裂。但凝聚着强烈的"越南民族独立精神"的汉语文学、富有民族语言特色的喃字文学和世代相传的民间口传文学都应该是越南文化中非常重要的一环，对近现代越南文学以及越南民族的性格、审美取向仍然产生着重要的影响。

第六节 越南传统陶瓷艺术的审美变迁与发展

陶器与石器一样起源于史前时代，但人类自发明了陶器后便开始逐渐地脱离原始社会，走入文明社会。因此，陶器不同于一般的实用型的物质产品，陶器无论作为生活器皿还是艺术摆设，从工艺层面来看，真实地体现了当地的生产力水平；从文化层面来看，其蕴藏着典型的民族审美思维和生活情趣，陶瓷艺术在亚洲很多国家的传统文化中占有非常重要的位置。

一　汉越式陶瓷艺术的产生

中国早在汉代就已经掌握了瓷器制造工艺，是世界上最早发明制瓷技术的国家，并且以精美高超的工艺被世人称为China，意为瓷器之国。

公元前111年，汉武帝平南越，在越南北部设交趾次使统管，之后千余年里越南一直归属中国封建王朝统治。自此，越南陶瓷便与中国瓷器文化结下了不解之缘。得益于史前本地悠久丰富的陶器文化，越南陶工对汉人制瓷技术接受的速度很快。大约从1世纪至3世纪，由于深受汉朝瓷器制作的影响，[1]在越南出现了一种被称为越南陶瓷的"汉越式"的陶瓷。这种风格在中国汉、六朝、隋、唐时期在越南持续流行，成为当时越南陶瓷的主流。这一时期，也有学者将其称为越南陶瓷的"中国化时期"（公元前111年至公元968年），[2]交趾陶工就已经可以制作半粗半细的陶瓷：淡黄色瓷器和青瓷。在清化和北宁省已出土了很多这一时期的瓷器，如瓶、碗、碟、盏等，此外还有一些是祭祀的用具。在《越南艺术》一书中，比利时艺术史学家凯瑟琳·诺普（Catherine Noppe）和专门研究越南陶瓷艺术的另一学者杰安·弗朗科斯·胡伯特（Jean-Francois Hubert）就列出了在比利时马里蒙特（Mariemont）皇家博物馆远东艺术馆和私人收藏家手中收藏的4件陶瓷，均为1—3世纪制作陶器：淡黄色高16.5厘米、宽14厘米的三脚香炉；淡黄色宽19.5厘米的罐；淡青色有裂纹的陶瓶和两个大小不一的淡黄色烛台。[3]

直到10世纪，安南兴起自主运动之后，人们依然能从当时的陶瓷中看到汉唐陶瓷造型的影子。

二 李陈时期陶瓷的创造与发展

李、陈两朝800余年可称为越南的"文艺复兴"时期，虽然感叹于精美绝伦的中国陶瓷，但这一时期的越南陶工并没有机械地进行模仿复制，而是在主动学习的同时，也努力地在陶瓷工艺上开发本民族和地域的特点，从装饰题材、造形和釉色上都有了更多的变化，在越南陶瓷发展史上独树一帜，因此这一时期也被称为越南陶瓷文化史的李陈时期

---

[1] 笔者按：秦汉时期是中国陶瓷艺术发展中一个重要时期，中国最早的瓷器是东汉晚期才出现的，在浙江绍兴、上虞和金华等地发现了很多东汉晚期的青瓷窑墟，这时的煅烧温度已达到1310℃左右，瓷器胎体硬度高、半透明，具有耐腐蚀、易清洗的特点。

[2] 朱孝岳等：《越南陶瓷》，《上海工艺美术》2005年第1期。

[3] Catherine Noppe, Jean-Francois Hubert, *Art of Vietnam*, New York: Parkstore Press Ltd, ,2003, p.56-57.

（1010—1400）。镶嵌可能是李陈时期越南陶瓷最有代表性的装饰手法，即坯体通身施浅色灰釉后，刮去纹样上的釉，再填上铁釉。这样，深褐色纹样反衬在浅色背景之上，鲜明清晰，别具一格。[1]其整体风格近似于磁州窑，[2]但由于镶嵌的工艺，使其独具特色，这种装饰艺术反映了李陈时期越南陶工独特的艺术个性和丰富的想象力。这种始于李朝的镶嵌手法一直延续到陈朝，并很可能是它促使了越南铁绘的产生。越南铁绘采用乳白色细腻而坚硬的半陶半瓷胎作底，装饰常采用菊花纹饰，四周配置唐花草纹作辅助纹饰。李陈时期是越南封建历史上两个最为强大的朝代，民族意识与自豪感与日俱增，越南陶工开始有意识地强调自身民族的特点，一些富有个性特征的造型艺术出现在陶瓷装饰和其他工艺技术里，除创造了独特的镶嵌装饰手法以外，在造形和纹饰上，也另辟蹊径，即使是采用中国陶瓷的纹饰，越南陶工也尽力加入自己的审美，使其变化或是重新组合。常见的是以莲花、菊花、木槿、牡丹、鱼、孔雀、大象等纹饰为装饰，装饰手法多采用刻花、划花和模印，还出现了一种新的绘雕结合的装饰手法，在陶瓷口沿用立体的花瓣装饰，在腹部有褐彩的手绘图案。此外，由于李陈两朝对佛教的推崇，很多与佛教相关的题材也会被使用在陶器中。莲叶瓣立体浮雕装饰，常出现在器物的肩、底以及盖子上，这种装饰也有可能来自占婆金银器上的纹饰。事实上，受到越南中、南部即占婆古国和扶南国文化的影响，李陈两朝陶器上的装饰题材有很多是在中国陶瓷上少见的，如摩伽罗（Makara），一种综合了象鼻、鳄鱼身和羚羊角等各种特征的印度神话动物；击鼓的鸟神伽噜达（Garuda），一种印度教中护寺神的鸟形座骑。这两种动物常被越南陶工用来装饰陶瓶壶嘴。造型方面，缘于兴盛的佛教，出现了大批陶制佛像。日用器皿中有桶型盖罐、带有复杂形状壶嘴的蒜头形水壶、葫芦瓶，还有造型精妙的鹦鹉形壶等，造形别致独特。其釉色从浅白色到草黄，并伴有细裂纹，变化丰富，个别做工精致的还往往在肩部有五六个装饰性的系耳，成为典型的李朝陶瓷。

---

[1] 熊煜：《谈越南的陶瓷世界》，《装饰》2003年第1期。
[2] 笔者按：磁州窑为中国古代最大的民间窑场，也是宋、金、元"老窑"中的杰出代表，装饰技巧分为胎体装饰、釉面装饰和彩绘装饰等，装饰技法有白地褐斑、白地剔花、珍珠地、绿釉黑彩等，其装饰技法为陶瓷装饰艺术开辟了新途径，为很多民族的陶瓷艺术提供了借鉴。

釉色方面，李陈时期有3种重要的品种。一种是单色釉：白釉、象牙白釉、黄釉、棕黄、棕绿、石绿等品种层出不穷。其中，以象牙白釉为主体，在《越南艺术》一书中，作者列出了12—14世纪的几个陶壶，均为19厘米高的单色象牙白釉壶。[1]第二种是白地棕釉。在象牙白瓷器皿装饰纹样的边缘和缝隙中镶上棕釉，盖上和肩上都有立体的莲花装饰，这是李陈时期越南陶瓷的典型器物式样。第三种是青瓷。12世纪，越南与中国宋朝保持着良好的外交和贸易关系。宋朝的制瓷技术传到越南，瓷窑的温度达到1300℃高温，烧窑时，广泛运用支钉，原料采用从中国进口的高岭土。当时越南已能烧出十分精致的莲纹青瓷。越南人十分珍爱青瓷，将其称为"玉釉瓷"，颜色有淡青、翠绿、黄绿等，青瓷的装饰多为莲纹，器内侧作莲纹刻划花，外侧作莲纹雕刻。[2]越南青釉颜色透明且有着从草黄到棕色等各种色彩的变化，呈现出独特的釉色。制于13世纪的一青瓷茶杯，釉彩为翠绿色，杯沿上刻着粗放的菊花枝纹样。另一黄绿釉瓷碗色泽浓郁特别，近为棕色，碗腹内侧布满了莲花与其他花枝缠绕纹样，[3]和同时期中国汝窑瓷和定窑瓷[4]相比，釉彩更厚重、随意，尽管由于工艺相对较差的缘故，缺少中国汝窑青瓷凝脂般的质地，也没有定窑瓷文雅高贵，但其精致的细裂纹加上釉色本身的质朴，却也散发者诱人的乡土气息，别有一番风情。

三　黎阮时期的越南青花与彩绘

胡朝，以及后黎朝独尊儒学，并采用科举制度选拔官吏，效仿明朝的政治和官僚制度来规范越南社会，越南造型艺术的个性色彩也受到很大影响，可以说几乎被中华文明掩盖，失去了越南陶瓷原来的质朴与别

---

[1] Catherine Noppe, Jean-Francois Hubert, *Art of Vietnam*, New York: Parkstore Press Ltd, 2003, p.76.
[2] 朱孝岳等：《越南陶瓷》，《上海工艺美术》2005年第1期。
[3] Catherine Noppe, Jean-Francois Hubert, *Art of Vietnam*, New York: Parkstore Press Ltd, 2003, p.76.
[4] 笔者按：汝窑为北宋后期宋徽宗年间建立的官窑，前后不足20年。汝窑主要以青瓷为主，其色有卵白、天青、粉青、豆青、虾青，虾青中往往微微泛黄色，还有葱绿和天蓝等。汝窑采用支钉支烧法。釉层莹厚，有如堆脂，视如碧玉，釉面少眼显露了蟹爪纹、鱼子纹和芝麻花等。定窑，始建于唐，兴盛于宋，终于元代。定窑瓷器的主要特征是：胎体轻薄，胎质洁白，瓷质细腻、质薄有光。釉面多为乳白色，白中闪浅米黄色。积釉处常有泪痕状流釉，呈黄绿色。造型典雅，装饰技法主要采用划花、刻花和印花三种。

致。14世纪初，中国景德镇出产了享誉世界的青花瓷器，受此影响，14世纪后期越南也开始生产青花瓷器，但由于缺少瓷石矿藏，越南从未生产出半透明的青花瓷器，越南青花瓷胎灰，音钝，缺少瓷器那种质感。早期的越南青花瓷，通常是小件碟、碗、瓶、罐之类，纹样主要是缠枝卷草等，虽然绘制简单但风格质朴，后期还出现了大型的青花瓶和青花盘，构图饱满，装饰题材除了花鸟外，增加了龙、凤和麒麟，这些都是深受中国瓷器影响的体现。收藏于日本松岗美术馆的青花鲶藻纹盘、双龙纹大罐、青花牡丹唐草纹罐等，就是仿制中国青花瓷中较有代表性的作品。而收藏于伊斯坦布尔的托普卡批—萨雷（Topkapi Saray）博物馆的"大和八年"（1450）汉字铭款的天球瓶，也是越南青花瓷器作品。球形瓶体布满了缠枝牡丹纹样，用笔严谨，勾勒细致，造型有力，气势浑厚，为越南青花瓷高峰期的代表作。15世纪末的越南青花瓷依然活跃在国际市场上，但在工艺质量上已略显颓势，陶工们的兴趣渐转向了釉上装饰。15世纪，受元代染色陶瓷的影响，越南开始制作染色陶瓷，钴釉的引进使得陶工热衷于采用红、绿、黄彩或是青花共同装饰瓷器，彩绘手法代替了雕刻和模印。这时越南出现了"三彩瓷"和"五彩瓷"，造型上有越南地方的特色，喜用鸟禽和兽类作器形，如五彩象形水注。八场（Bát Tràng）距离河内15公里，是越南北部最出名的陶瓷中心，从15世纪开始盛产三彩陶瓷和青花瓷。工匠们通常是在陶瓷的表面铺上一层白釉，而后装饰上绿色、赫色和象牙色的彩釉，当煅烧后，彩釉就会遍布瓷器表面，形成各种不同色彩的花纹。越南的三彩陶瓷一般是用来制作祭祀用品，所以器形大多为香炉、灯台或是酒杯，花纹多采用莲、菊、龙、凤和菩提叶等，尤以莲和菊为最常使用的花纹，它们大小间插或连接，使瓷器显得更加平衡美观。

四 越南陶瓷与世界陶瓷市场的交流和对话

明朝1381年实行海禁政策，促使越南陶瓷成为中国陶瓷的替代品走向世界市场，一度占领了东南亚陶瓷市场，甚至远销热衷青花瓷的伊斯兰世界市场。为适应国际市场需求，有些陶瓷的造形还吸收了外国工艺的特点，如多色釉果盘，其盘足造型明显受到印度佛教的影响，其上的神兽纹，则是取材于印度尼西亚的图腾纹样。

17世纪后，越南陶瓷质量下降，有的由于釉料稀薄而泛流，却因此形成了流状纹样，主要见于茶碗、水罐和花瓶等。但在这段时期，出现了一个令人玩味的现象，正因为越南陶瓷工艺水准的下降，却使其陶瓷表面呈现一种自然古朴的风味，而这恰好是当时日本陶艺所喜好的美学气质。越南的陶瓷是日本人茶道非常理想的选择对象，日本茶道喜用宽口的杯子，而中国小而薄的茶杯并不适合，于是有很多日本艺术家就根据自己国家茶道的需求来制造茶具，同时也在越南定制。日本学者西野范子在其《日本的传世越南茶陶——施釉陶器的分类、年代观及其历史背景》中谈道：在日本出土的越南陶瓷中，年代最早的是在大阪府的界市（Sakai）出土的一个14世纪末生产的越南瓷碗。虽然界市现在是一个很小的城市，但15—16世纪时，这是一个繁荣的商贸港口，或许是因为海上陶瓷贸易往来的频繁，这里出土了装饰有青花和其他颜色花纹的越南陶瓷，其中有很多是出产于16世纪越南中部，主要是用于盛放和存储食物的日用器皿。同时，史料记载日本南方的冲绳群岛在16世纪初时与越南保持着海上贸易往来。近来在冲绳群岛的皇城旧址又发掘出了很多越南的陶瓷。大阪也发现了大量的越南陶瓷，其中有一产于16世纪末到17世纪初的白瓷碗，碗壁上装饰有缠枝花叶，绘画笔触自然洒脱，造型简单质朴，为该时期典型的越南浅口瓷碗器型。17世纪在日本兴起的草屋茶道运动中，被称为"南蛮"的无釉陶和"安南烧"的越南釉陶进入日本市场，工艺简单、材质质朴的越南陶瓷对当时并不发达的日本陶瓷业产生了积极的推动作用。16世纪的信乐、备前，17世纪的高取、上野这些最具日本风味的窑口，无一不是受到越南陶瓷的影响。直到17世纪末期，日本还从越南进口了大量的青花瓷瓶。但也是从17世纪末开始，越南逐渐生产不出品质上等的碗皿了，他们把生产高级品的精力集中到了烛台和香炉上。即使是现在，越南人也向寺庙或者神社，捐赠金钱或者瓷器等贵重品。此后，随着日本陶瓷工艺的提高，越南便逐渐退出了日本市场。事实上，1567年，明朝开放海禁，中国瓷器大量涌向海外市场，质量高超、工艺精美的中国瓷器深受世界各国人民的喜爱。加之越南的战乱和政治纷争，越南陶瓷业日渐衰微，至17世纪末时，越南陶瓷逐渐淡出国际市场，不仅仅是日本市场，还包括传统的东南亚市场。

边和是越南南部最大的一个瓷器生产地，1994年，考古学家在边和附近同奈江江底找到了很多10—18世纪的陶瓷，它们是由占人、高棉人、华人和京族共同生产创造的。1679年，有一批华人陶瓷工匠跟随着一个名为陈尚川的越南陶工到来边和地区，他们在此设立了很多陶瓷窑场，生产了大量陶瓷产品。这些最早来到边和的华人工匠们成了边和百艺街的师傅。同时，很多越南京族的工匠也从广南的顺化移居到同奈省，他们学习中国陶器煅烧的高温技术，因此边和出产的陶瓷与中国的陶瓷有很多相似之处。1777年，由于战争的破坏，一些陶瓷工匠转到了堤岸，并成立了新的陶瓷窑场，其中一些就组成了新万陶乡。1875年，新万陶乡开始生产日常生活的陶瓷用品，最发达的时候，每个窑场可雇用200多工人。但不论怎样，越南陶瓷到这个时期已经失去了其在李陈时期和青花瓷器时期的辉煌，仅仅局限于国内日用器皿的生产，较少发现工艺特别精湛的产品了。

17—20世纪，衰落的越南陶瓷制造业已经无法为越南封建政府提供高品位的瓷器，越南的封建王室开始向中国定制瓷器。这类瓷器在越南被称为"越南在中国定制的陶瓷"或是"越南寄矫瓷器"，由于大多是阮朝王室定制的瓷器，又称为"阮时青花瓷"。西方学术界也将其称为"顺化青釉瓷"，这种称呼最早是由法国学者于20世纪开始的，"这个命名带有明显的讽刺意味，因为它既不是青花瓷器也不是顺化瓷器，而是相当于中国于18世纪初至19世纪生产的青花瓷……从其名字就可以看出这种瓷器广泛地使用于越南朝廷，或者是作为北京赠送给越南使者的礼物"。这种瓷器初始时还有一些越南本土的特色，但是后来就几乎完全趋同于中国的青花瓷了。"顺化青釉瓷"的产生实际上与中越两国特殊的宗藩关系是密切相关的，"实际上，越南作为藩属国，与宗主国中国保持的是在文化上的敬意和对宗主权的认可。它极其强调藩属的性质，而并非具有什么军事上的密切关系……"[1]无论怎样称呼，这一时期越南瓷器艺术的衰退也见证了越南封建王朝的衰落，同时从中也可窥探

---

[1] Catherine Noppe, Jean-Francois Hubert, *Art of Vietnam*, New York: Parkstore Press Ltd, 2003, p.173.

中越两国传统文化交流的规模之广，深度之深。

尽管文化的交流与影响从来都不可能是单向的，但是在长期宗藩关系影响下，中越两国传统文化的交流更多地表现为单向的流动，以至于很多西方学者甚至把越南视为中华文化的南翼。艺术品是文化审美价值观的一种体现，从历史的角度来看，不同历史时期的陶瓷艺术，总是直接或间接地反映该地区历史时期的经济、政治、文化的发展状况。因此从这个角度讲，越南传统陶瓷艺术的发展演变同样是一部微型的越南传统文化形象的发展史。

第七节　越南传统建筑雕刻艺术的类型与变迁

一　村社建筑的空间与特点

从村舍到宫殿，从乡亭到寺院，越南古代传统建筑之间的变化不是简单地体现在数量的增加和技术上的进步，更重要的是蕴藏在建筑物中间的文化变迁。因此，除了介绍一些越南古代建筑中关于建筑结构、造型的特点外，本节着重论述蕴藏于越南传统建筑中民族文化特色的变迁。

村社文化是越南稻作文化的集中体现，而村社建筑也是最能体现越南民族文化本色的一种建筑空间。越南有句俗语是这样形容村社建筑的布局："榕树、水井和乡亭（寺）的屋顶。"可见在越南人民的心目当中，村社里的榕树是一个汇聚灵气的地方，甚至觉得榕树就类似佛祖坐化顿悟的菩提树一般。榕树下通常还会有一个小水亭，村民可以在这里交流情感，也可以为路人提供个歇脚的地方。

通常来说，越南传统的村舍建筑在屋前会有池塘，屋后会有菜园，院子里会有一排槟榔或是菠萝蜜树，周边会有类似丝瓜之类的爬藤蔬菜的花架，这样即可以美化环境又可以收获果实。对此，越南俗语道："后园种香蕉，前院埋槟榔。"以通风但避风为原则来建盖房屋，忌讳"盖在池塘的一角，或如乡亭的飞檐"般破坏景观。主屋一般有弧度较大的低矮屋檐，以便起到快速沥水和较好的隔热效果。这样的屋檐在天气炎热时可以调节室内温度。主屋常是3—5间的单数房，中间的那间是正屋，里面有一半是用作祭祀祖先的。供桌虽然简单，但必须要有一个香炉。这个空间是越南村民精神世界的一种寄托，是联结现实与过去的一个媒介，体现了越南人祖先崇拜信仰的延续。

提到村社建筑空间就不能不说到乡亭文化现象。据史书记载，最早的乡亭建筑是由李英宗于1156年建的"赏花亭"，其实，这个"亭"只是用作李英宗在游玩路上休息赏花的一个处所。陈朝时期延续前朝习惯，很多地方都会建亭给过路人休息，亭用白灰抹墙，称为"驿亭"。1231年陈朝下令"凡驿亭处皆立佛供奉"。"驿亭"这才成为既是行人驻足休息之处，又带有佛教性质的建筑，但是和后来供奉城隍信仰的乡亭有较大的差别。

黎贵惇在其《大越通史》载，"1522年，黎召宗被莫登庸击溃，仓皇逃至仁目旧（Nhân mục cựu）乡亭"[1]，这说明16世纪初越南已经有较正式的乡亭建筑了。目前现存最早的乡亭建筑是建于1531年的河西省的翠飘亭。乡亭安谟（现宁平省）碑记载，乡亭自16世纪初就有了，但上面尚无在乡亭举办祭祀活动的描述。此外，建于16世纪的还有北江省的鲁幸亭（1576年建）、河西省的腊亭（đình Lạ，1582年建）、北宁省的文盛亭（1585年建）、河西省的子阳乡乡亭（1574年建）。可见，到了16世纪末，乡亭建筑就已经很普遍了。

乡亭是最能体现越南民间文化特色的一种建筑文化。虽然随着时代审美的变迁，乡亭建筑艺术在细节上会产生一些变化，但自16世纪以来越南乡亭还是形成了一种模式化的建筑风格。一般来说，乡亭会设置在村头居中的高地上（个别地方也会选择全乡最低的地方），竹林环绕。乡亭是外乡人走近村社的第一印象。乡亭中大亭的房顶是最大的，大亭也是面积最大的一间，乡亭房屋呈横向布局，向两边延展，房间数为单数3、5、7，具体视乡亭规模而定。大亭里会供奉城隍，城隍被视为全体乡民的"祖先"。越南乡亭的屋顶颇具特色，房顶向四面延伸，高度占据了整体房屋高度的2/3，但看上去乡亭建筑并不笨重，反而透出灵动和

---

[1] Chu Quang Trứ, *Văn hóa Việt Nam-nhìn từ mỹ thuật*, Hà Nội: Viện Mỹ Thuật-Nxb Mỹ Thuật, năm 2002, tr.440.（转引自［越］朱光直《越南文化——来自美术的视角》，美术出版社2002年版，第440页。）

柔和的气息。四面大屋檐的造型使得大亭无论从哪个方向来看都像是乡亭的正殿，每一面屋檐的造型都是呈斧形，坚固、清晰但不僵硬。两个屋檐的结合处，弧度轻巧柔和，并饰以突起的线条，既牢固又美观。屋檐下的一些装饰精美微翘，檐角突然向上扬起，弯曲上卷，有时也会以柔和的龙头造型来装饰檐角。每根柱子都是建在石基之上，防止腐烂。

16世纪的乡亭建筑一般呈"日"字形，乡亭主体建筑就在"日"字形中间那条线上，而城隍供奉在中间的大亭里。后期，一些乡亭还会在房屋建筑的两端立塑像。到了17世纪，一些乡亭还在大亭的后面增添了后殿，呈"丁"字形如鲁幸亭，或者是"二"字形，如富老亭和高尚亭。只是后殿建筑的技巧和装饰与大亭的虽然有传承，但也比较容易区分两者。从18世纪开始，越南北方的乡亭还开始使用离地面有距离的木地板，防止潮湿。在乡亭四周平行于梁柱的位置通常还会有一些木藤结构的栅栏，通常是上藤下木，这样看起来整个乡亭结构饱满通透。这一时期，乡亭建筑更加重视后殿的建筑和装饰，屋脊和地基都是按"工"字形建造，如北宁省的榜亭，后殿里塑有三个方向的佛像，前门是紧闭的，为城隍神单独营造了一个空间，感觉森严而远离乡民。18世纪末，有的乡亭会在平行于大亭前面的位置再增修几间矮小的前殿。19世纪时，乡亭建筑就更加复杂化，在大亭两侧加修了厢房，便于在安排祭礼时在厢房前可以安放筵桌，整体布局向着"国"字形的趋势发展，这也反映了乡亭与乡民文化活动联系的紧密性，从中可以看出乡民对祭礼和庙会活动的日益重视。到1945年八月革命之前，几乎每一个村社都有一个乡亭建筑，而寺院则要在乡镇和城市里才会有。

乡亭里的雕刻也是乡亭建筑中非常重要的组成部分。乡亭的雕刻内容一般是反映日常生活场景，如犁地、插秧、耕种、打猎、打鱼、建设房子、下棋、斗鸡、斗牛、赛船、踢球、摔跤等，表现了人们渴望健康、自由和人文的生活。最有特色的是在海兴翁乡亭里石碑上雕刻的一些裸浴的姑娘晒太阳的场景，西东元亭里在荷花池里洗浴的裸女。河北省的光回亭、河西省的西腾亭和冯亭、南定市的香禄亭、河内的荣亭里都雕刻有男女谈情说爱的场景，而在河北省的吴会亭和扶老亭甚至有男女交合的场景，体现了越南民间自古以来存在的生殖崇拜文化，以及浓郁的东南亚居民特有的生活气息。

总体来说，从乡亭建筑的演变中可以看出这是佛教、道教、祖先崇拜和其他民间信仰交融的民间建筑，随着封建制度的发展，开始逐渐被封建化、阶级化。但是无论怎样，乡亭始终是越南民间文化中重要的活动场所，因此也演变成了越南民族文化中不可缺少的一种建筑文化特色。

二 古代佛教建筑的特点与演变

佛教对越南古代的建筑、雕刻和美术的影响不可低估。佛教建筑也成为代表和影响越南传统建筑的重要组成部分，佛教建筑及其美术风格也都清晰地打上了汉传佛教文化与本地宗教文化融合的的印记。

（一）越南佛教建筑总体的特点

从建筑布局来看，越南佛教寺院分为"国"字形（外"国"内"工"型）和"丁"字形两大类。[1]然后分为5个建筑区域：前、后、左、右和中心建筑部分，由纵向的上殿（即正殿）与横向的前殿连接而成。即由前殿、烧香处、上殿、围绕着前殿且连接上殿的走廊组成一个倒的"丁"字形。而"工"字形指的是由烧香处将横向上殿与前殿连接起来呈"工"字形。寺院周围有走廊包围，又称"国"字形。越南的外"国"内"工"型寺院在16世纪已经出现，但到17世纪才迅速发展起来。[2]

一般来说，在越南佛寺的正殿（三宝殿）采用的是多层供佛的方式。第一层供奉着三尊佛像即掌管着过去、现在和将来：正中是释迦牟尼佛，东边燃灯佛，西边是弥勒佛。第二层供奉着阿弥陀佛，两边是观世音菩萨和大势至菩萨。第三层正中为释迦牟尼佛，左侍为文殊菩萨，右侍为普贤菩萨。第四层是纪念释迦初生佛的九龙座。不论有几条龙或诸神围绕，中间都是初生的释迦牟尼佛。第五层有多种供奉的方式。大雄宝殿这样多层供佛的方式在中国的佛寺建筑中是较少见的，但在越南

---

[1] Đỗ Hoài Tuyên, *Chùa Việt Nam tiêu biểu*, Hà Nội: Nxb tôn giáo, 2011, tr.11. （［越］杜怀宣主编：《越南名寺》，越南宗教出版社2011年版，第11页。）

[2] 谭志词：《从越南"少林寺"看中越文化交流》，《深圳大学学报》（人文社会科学版）2010年第4期。

佛寺却特别普遍，并且在佛像外形的塑造上也呈现出一些与汉传佛教不同的特色，越南常有在中国佛寺并不常见的婴儿状的释迦初生佛的和苦行僧式释迦佛。此外，在越南很少会有专门供奉菩萨的佛殿，如观世音菩萨大多都是在正殿与其他佛一同供奉。从越南佛寺供奉的对象来看，既包括禅宗、净土宗的佛像，还混杂有密宗和民间信仰的神像。特别是在后殿和祖堂所供奉的塑像都明显地突出了本地的民间信仰，如三府、四府信仰中一些以人神为主的女神：蛮娘佛母、柳幸圣母等。

同时，如果与中国及周边东南亚国家相比较的话，我们会发现，越南的佛寺建筑和佛像雕塑在大小、华丽和精致程度上都较适中，"工程并不浩大，各寺诸塔规模适中、美观飘逸，甚至有的细小而玲珑，有如隐士独处之草庵。寺小而多，也许这也是越南人心理上积极的一个方面"[1]。越南佛寺建筑清楚地体现了越南人实用性与灵活性并举的艺术审美思维特点。

（二）越南佛教建筑的演变

李陈时期是越南佛教较为兴盛的时期，佛塔寺庙是较能体现这一时期建筑风格和艺术的建筑类型。但由于年代久远，规模本就不大的一些佛寺建筑并没有得以完整地保存，现仅能凭一些史书、碑记和现存的建筑来简述其建筑艺术的特点。

提到李朝的佛寺建筑首先要提的就是独柱寺。独柱寺又名延佑寺，据碑文记载："独柱寺建于1049年，在一个方形莲池上建有一根石柱，在上面建有一个玉楼阁供奉观音……"[2]相传李太宗在称帝前常梦到观音乘坐莲花停留在莲池中，李太宗醒后将梦的内容讲给群臣，群臣都认为这是个吉兆，禅师劝李太宗称帝，并在池中建石柱，在石柱上按其梦中莲花座的形状建一寺庙供奉观音，所以该阁也称为莲花台。禅师们在此地为李太宗念经诵佛，保佑其延年益寿，因此独柱寺又名延佑寺。原寺于1954年法国殖民者撤军时被炸毁，现在的独柱寺是之后按原来的形状重建的，这座建于一根高4米、直径1.2米的柱子上，有如花瓣向上开放的

---

[1] 《越南名蓝古寺》，越南社会科学出版社1992年版，转引自贺圣达《东南亚文化发展史》，云南人民出版社2011年版，第165页。

[2] Đỗ Hoài Tuyên,*Chùa Việt Nam tiêu biểu*,Hà Nội: Nxb tôn giáo, 2011,tr.189. （［越］杜怀宣主编：《越南名寺》，越南宗教出版社2011年版，第189页。）

莲花的寺庙，以其独特的建筑艺术与风格成为河内首都的象征。

陈朝时期，木雕艺术非常发达，越南很多佛寺大门上都留存着陈朝时期的木雕，其中还有一些是受到占婆雕刻影响的长有双翼的人神和击鼓的鸟神伽噜达（Garuda）。位于广宁省的琼林寺，与安子寺和昆山寺被称为竹林禅宗三大中心之一。1316年，陈朝法螺禅师建琼林寺，1329年完工，当时被称为"安南第一名胜古迹"，史书上所说的"安南四大器"[1]之一的铜铸佛像就是出自琼林寺。琼林寺后虽经过多次重修，特别是在20世纪60年代后，规模宏大。但能够体现陈朝时期建筑风格的仅存一些石碑和塔林。位于南定省的普明寺，由于陈太宗喜欢在寺外组织礼会，因此在湖中建有水榭和14层高20米的石塔。昆山寺因其建筑工艺精美而著名。该寺也是由法螺禅师于13世纪初创，而后由其弟子玄光禅师扩建而成，建有灯明宝塔，共有3层，玄光圆寂后葬于此。陈睿宗在1373年游昆山寺，感叹此处世外桃源般的宁静，留下刻有"清虚洞"的石碑。此外，昆山寺还是越南大文豪阮廌隐居之所，因此在昆山寺的祖堂里有祭拜陈元旦（阮的外祖父）。到黎朝时期，昆山寺由法眼禅师扩建后规模达到83间房。寺院呈"工"字形，含三关、前殿、烧香处、正殿、祖堂、钟楼、鼓楼等，由于其大部分现存的建筑是在黎朝时期修建的，下面会详细讲到该时期佛寺建筑风格的变化，这里不再赘述。

黎朝时期越南佛寺建筑艺术又大有发展，建筑规模普遍扩大，笔塔寺（原称为宁福寺）位于距河内25公里左右的北宁省笔塔乡，该寺兴建于13世纪，竹林禅宗的玄光曾在这里主持。17世纪时，拙公和尚在这里主持，仿照中国佛寺的建筑布局，重新修缮该寺。1647年，拙公和尚的徒弟明行禅师继续扩大该寺的建筑规模。直到1876年，阮朝嗣德帝将其更名为笔塔寺。因此，笔塔寺主要反映的是17世纪越南寺院的建筑风格。由于得到朝廷和王室贵族的支持和资助，这一时期越南寺院建筑规模很大，往往由上百间房屋构成，越南称之为"百间式寺院"[2]。笔塔寺

---

[1] 笔者按：李陈时期铸造了许多非常有民族特色的铜器，其中，规田钟、报天塔塔顶、琼林寺的佛像和普明鼎被称为"安南四大器"。

[2] Bùi Văn Tiến, *Di tích chùa Bút Tháp*, luận án phó tiến sĩ khoa học lịch sử,1995.（［越］裴文进：《笔塔寺古迹》，越南社会科学院考古研究院博士论文，1995年。）

主要建筑面向南方，依次分布在150米的纵轴线上，共有多个建筑单元：三关、钟楼、前殿、烧香处、正殿、积善庵、客房、祭府、祖堂、斋房、报严塔和尊德塔等。三关即佛寺门，由一大二小的三道门组成，中间那间为两层，楼上为四面通风的阁楼，下为木质柱子支撑，旁边两间为砖柱支撑，壁上有窗。三关建筑没有中国佛寺三关的高大宏伟，但也小巧别致。从三关沿一条宽4米、长24米的砖路，就可以到达"日字型"的两层钟楼建筑。自钟楼15米到达前殿，前殿有两尊大型的泥塑护法。在前殿外两端建有两座碑亭，右边石碑高2.3米，宽1米，后刻有"宁福禅寺三宝济寺碑记"字，前刻有"敕宁福禅寺碑记"及建碑日期。左边石碑略矮，但两个石碑都建在硕大的石龟背上。正殿建于高1.1米的地基之上，长19米，宽10.6米，共有5间殿房和24根格木柱子。大雄宝殿的4个屋角有4根石柱和石栅栏环绕。其中较有特色的是24幅石刻的浮雕，每幅长1.2米，高0.6米，厚0.14米，浮雕生动再现了越南北方平原的农村生活。正殿里供奉佛像如前所述，差别不大，但是偏殿除了供奉着1尊骑象的普贤菩萨和9位罗汉外，还有李朝倚兰皇太后的塑像。将正殿和积善庵连接起来的是一座造形小巧的石桥，跨于小小的睡莲池上，石桥两边的石栏上仍然刻有农村生活的场景，清新古朴。积善庵地基为"日字型"，长16.1米，宽8.4米，有7间房，2楼上有4面逐渐收缩的屋顶，呈方形。正屋内有一座木制的九品莲花塔（九层），上漆贴金，八角形，底部有轴可按顺时针方向转动。该塔反映了净土宗对越南佛教的影响。祭府共有5间房，主要供奉对该寺有功的王公贵族，如皇后郑氏玉竹、公主黎氏玉缘、郡主郑氏玉基、皇子黎庭思等；祖堂共有7间房，用于供奉拙公和尚和明行禅师的木像，木像为17世纪的木雕作品，具有很高的艺术价值。后殿有3间，中间供奉地藏王菩萨，此外，还供奉着越南民间四府信仰中的柳幸圣母。寺中的报严塔是用青石搭建，供奉拙公和尚之塔，塔高13.05米，塔身呈八角形，五层，塔尖高耸，形似笔状，故称为笔塔，该寺也因此塔得名。尊德塔为供奉明行禅师而修，里藏18世纪制作的铜书，上记有皇后郑氏玉竹的事迹。但要论及木雕佛像的艺术价值，笔塔寺的千手千眼观音像被视为这一时期最有特点的佛教塑像，这尊雕像出自黎朝张天生之手，观音像高3.7米，面容表现了越南妇女的坚毅柔婉，散发出自然健康的气息。除却与身体紧密连接的42只手臂，其余900余只手臂弯曲舒展，巧妙地在布置在观音身后形成菩提叶状。精致小巧的手掌造形犹如观音周围散发的光芒，同为菩提叶状，禅味浓郁。纤巧的手掌上都刻有神眼，象征着力量与智慧的结合。[1]

另外，西山王朝时期，河西省西方寺里的罗汉像形象虽然取自佛学史籍，但因雕塑者融合了越南民族的审美意识，因此罗汉像塑造得别具越南本地风味，生动、现实，刻画了一批大隐于世的老者形象。

除了这些著名的佛寺外，越南大部分乡镇还有乡寺，乡寺建筑要早于乡亭建筑，因此乡寺建筑是村社人民最早的文化活动场所。以河内附近的背溪乡为例，背溪寺建筑现在还保持着陈朝时期喜欢使用木制结构做装饰的特点，以及一些14世纪建成的莲花形石头底座。黎朝和阮朝期间对乡寺也进行了修缮和扩大规模。该寺前殿供佛，后殿供奉阮秉谦文圣。与很多乡亭一样，背溪寺对"圣"的崇拜要胜过对佛的敬奉。[2]

莫朝的宫廷建筑较少，民间建筑大多也以寺、庙、观等宗教建筑为主，一般来说呈现出规模小、简单的特点。相对来说，雕塑则发展得较为突出，主要形象有神、佛、仙、圣、金童、玉女、乐器、舞女、皇帝、公主和一些灵兽，还有一些自然之物，如花、叶、浪和云等。特别是将一些生活场景雕刻在了寺庙里，比如伐木、打虎、打猎、划船、杂技、踢球、斗兽等。这一时期的雕刻，场景具有高度的概括性，笔触清晰有力，关注图象的意义胜过其细节本身。应该说莫朝文化的发展演变是越南传统文化中的一个非常独特的现象，为越南民间文化的发扬光大开辟了道路。

三 皇城建筑与雕刻艺术的演变

皇城和宫廷建筑也是集中体现越南传统文化特色演变的一类建筑。独立建国初期，越南丁朝就在华闾的大云山修建了宫殿，在柱子上都镶

---

[1] Đỗ Hoài Tuyên, *Chùa Việt Nam tiêu biểu*, Hà Nội: Nxb tôn giáo, 2011, tr.48.（[越]杜怀宣主编：《越南名寺》，越南宗教出版社2011年版，第48页。）

[2] Chu Quang Trứ, *Văn hóa Việt Nam-nhìn từ mỹ thuật*, Hà Nội: Viện Mỹ Thuật-Nxb Mỹ Thuật, năm 2002, tr.229.（[越]朱光直：《越南文化——来自美术的视角》，美术出版社2002年版，第229页。）

有金银，在光禄殿上还铺有银瓦，但只敢称为"百草千岁殿"。但到李朝时期，越南封建政权日益强大，皇城建筑发展迅速，规模之大，超越了越南任何一个封建王朝的皇城建筑。李朝都城升龙皇城从1010年修筑到1014年，含内、外两座城，总长25公里。大越史记全书有记载："遂于升龙京城之内起造宫殿，前起乾元殿，以为亲朝之所，左置集贤殿，右立讲武殿，又启飞龙门，通迎春宫，丹凤门通威远门，正阳起高明殿，皆曰龙墀，墀之内引翼回廊，周围四面，乾元殿后置龙安、龙瑞二殿，以为燕寝之处，左建日光殿，右建月明殿，后起翠华、龙瑞二宫，以为宫女之居。修府库、治城隍，城之四面，启四门，东曰祥府，西曰广福，南曰大兴，北曰耀德。又于城内起兴天御寺、五凤星楼。"[1]1011年，李公蕴在右边继续建设大青宫，内城建镇富库。1014年，又在升龙城四面筑起了城墙，整个建筑与周边自然景观巧妙地融合起来。

　　李朝皇城建筑上的雕刻呈现出简洁、平衡但不单调的特色，雕塑对象一般是神、佛、仙、圣等，还有一些自然风景，花纹一般是云、水波、荷花和菊花样式；动物有龙、象、水牛、狮子和鳄鱼。受到占婆雕塑的影响，雕塑对象还包括一些神话故事中服待神仙的宫女和跳舞的舞女。龙在李朝是较为普遍的一个艺术形象，它被塑造成有一个平滑、蜿蜒、曲折、柔软如同蛇的身体，而头的部分则包含很多象征性的组成部分，比如形状和线条用了水和云的形式，表达了稻作文明下居民对水的祈求。

　　陈朝历代君主笃信佛教禅宗，喜长驻佛寺修行，寺塔建筑兴盛胜于皇城建筑。从建筑风格上讲，陈朝皇城带有现实和灵动的特点，"定京城左右伴坊，做前代为六十一坊，置评泊司，或有增加大罗城外四城门"[2]，形成了以内城为中心，以商业街坊环绕的热闹皇城。受到中华雕刻艺术的影响，喜欢在横匾上刻画一些装饰性花纹，宫廷建筑雕刻对象包括蜿蜒的龙、灵兽和一些花叶等。陈朝的建筑与雕刻继承和发扬了越南民族艺术的特色，比李朝更豪放和现实性强。陈朝的龙的形象就发生了很大的变化，龙头上装饰了一对威严的角，龙身变得更加健壮。陈朝

---

[1]　［越］吴士连：《大越史记全书·本纪》卷1《李纪》，日本宫内文学兼东京大学影印本，明治甲申十七年（1884）。

[2]　［越］吴士连：《大越史记全书·本纪》卷5《陈纪》，日本宫内文学兼东京大学影印本，明治甲申十七年（1884）。

建筑的雕刻内容开始出现风景和人物，体现了越南这个时期民间生活的场景。

胡朝的皇城建筑建于14世纪末期，胡季犛把都城设在清化省安尊，位于现在的西阶、春阶、方阶和东门4个乡之间，而由于西阶乡刚好就在内城附近，所以胡朝皇城又称为"西阶城"。"西阶城"的建筑特色与越南其他朝代皇城不同。这个皇城建筑是在3个月的时间里建成的，整个建筑按"日字型"布局，南北长900米，东西长700米。出于防备陈朝复辟和明朝的入侵，胡季犛才会特意将皇城选在了"山多水多"、易守难攻的中部地区，并在皇城四周挖有壕沟作为防御工事，1399年，胡朝还在皇城四周种植竹林，为保持竹林的茂密，甚至下令禁止挖竹笋，违令者斩。并以巨大的石块修固皇城围墙和城门，石块大多是被打磨成长1.4米，高1米，厚0.7米，西门处的石块更大，部分长为5.1米，高1米，厚1.2米。因与明朝的战事和西山农民起义，胡朝皇城毁于战火，只残余部分建筑还可看出胡朝皇城的建筑艺术。其中，通往正殿的台阶有长3.4米、厚为0.3米的石块底座，其上刻有从里到外、从上往下的两条龙，龙身形健壮、结实，呈圆柱形，到龙尾自然地曲折变细，形成了一种向前飞腾的趋势。每只龙爪有3个龙趾，龙身上已覆盖着鳞片，龙背上有明显突起的龙筋，龙的两颊光滑，后面还长有蜿蜒的髯须，大体上传承了陈朝雕刻的风格。

黎朝时期宫廷的建筑与雕刻注意平衡、左右对称。在东京，黎朝建立了敬天、勤政和万寿三殿作为朝廷日常政务和生活的地方。虽然主要也是继承了李陈时期的造形艺术，但是慢慢地已经向着一种新的风格变化。特别是关于龙的形象。黎圣宗时期的龙已经转化成一种健壮、头大、有角、有须、身子蜿蜒、龙爪带有5个利趾的形象，看上去非常的凶恶。这种龙的形象显然已经受到了明朝龙雕刻造形的影响。这个时期，只有皇帝才可以用龙来进行装饰，龙形象的演变代表越南封建威权的日趋成熟。

阮朝时期重新修缮和新建了一些寺院和儒学建筑，现一部分已成为越南文化形象的表征，如雄王庙、魁文阁、佛缘塔和顺化都城等。当然最突出还是顺化皇城建筑。顺化原为占婆古国乌、里二州，陈朝时期，越南以"和亲"的方式迫使占王将此二州作为聘礼献给了越南，陈朝遂置顺州和化州，明属时期置为顺化府，还曾先后为南方内堂阮主和西山王朝的都城。19世纪初，越南最后一个封建王朝阮朝建朝后，在原来旧皇城的基础上历时80年的修缮扩建，达到现在的规模，其建筑艺术主要受中国明清皇城和宫廷建筑的影响，同时也受法国军事防御建筑技术的影响，成为越南封建时代东西方建筑艺术交响之绝唱。

顺化都城外城城墙总长约为10.5公里，总面积约为6.8平方公里，而北京城内城面积约为35.6平方公里。顺化皇城外城只相当于中国紫禁城的1/5，但其以北京城和紫禁城为蓝本，从选址、规划、布局、功能、造形及雕刻基本与中国紫禁城如出一辙，因此也被世人称为越南顺化"紫禁城"。

顺化都城模仿北京城的三重方形结构，由外到里依次是京城、皇城和紫禁城。"京城，周十八里有奇，高一丈五尺三寸，厚五丈，砖砌。门十一，前曰体仁门、广德门、正南门、东南门；左曰正东门、东北门、镇平门；右曰正西门、西南门；后曰正北门、西北门。"[1]京城之内有国子监、枢密院、都察院、习贤院、史馆等机构，一如北京城。京城之内是皇城，"皇城，周四里有奇，高一丈五尺，厚二尺六寸，砖砌。南北各长一百五十一丈五尺，东西各长一百五十五丈五尺。门前，前曰午门，左曰显仁门，右曰彰德门，后曰地平门"。[2]皇城内有太和殿、太庙、世庙、奉先殿等建筑。皇城之内是紫禁城，位于太和殿之后，"周二里有奇，高九尺二寸，厚一尺八寸，砖砌，南北各长八十一丈，东西各长十二丈六尺七寸。门七，南曰大宫门，东曰兴庆门、东安门；西曰嘉祥门、西安门；北曰祥鸾门（旧祥麟，明命二年改）、仪凤门"[3]。皇城和紫禁城是阮朝行政和生活的中心，建有皇帝处理政务的勤政殿、武显殿、文明殿、东阁殿、左雩殿和右雩殿，皇帝、皇后和皇太子居住的乾成殿、坤泰宫和光明殿，此外，还有贞明殿、养心殿、阅示堂、静观堂、尚膳、太医院、六院、太平楼和上苑，无论布局和名字，都与北京

---

[1] ［越］国史馆编著《大南一统志》卷1《京师》，越南国家图书馆馆藏影印本，第43页。

[2] 同上。

[3] 同上。

故宫如出一辙，无处不彰显着中国文化的深远影响。

顺化的京城、皇城和紫禁城具有明显的重合中轴线，较重要的建筑几乎都坐落在中轴线上。这条轴线上的建筑分布完全是按照北京紫禁城"尊者居中"的建筑格局。各个设施名称依次为：金水池、午门、铜柱坊门、太液池、中道桥、铜柱坊门、龙墀、太和殿、大宫门、勤政殿、坤泰殿、建中殿、镇北岛、北镇台，凸显封建君主在国家中至高无上的的核心地位，充分说明了中国儒家礼仪和宫廷建筑理念与越南皇城建筑的交流与融合。

在建筑装饰艺术上，顺化皇城也同样强烈受到中国宫廷建筑中"九五至尊"思想的影响。阮朝在世庙前置九鼎，"正中高鼎，左一仁鼎，右一章鼎，左二英鼎，右二毅鼎，左三纯鼎，右三宣鼎，左四裕鼎，右四玄鼎"[1]，祈祷江山永固。

阮朝皇城的建筑风格开始受到西方文化的影响。阮福映建立阮朝过程中得到法国殖民政权的大力帮助，法国人曾帮他建造多处军事防御建筑。阮朝建立后，阮福映便将西方军事防御体系广泛应用于顺化皇城的建设中。如法国沃邦式防御系统[2]：棱堡式的外城墙、具有独立的军事城堡作用的镇平台、具备瞭望台作用的京城旗台等。这些沃邦式建筑带有鲜明的西方军事防御的色彩。

"在《大南一统志》所附京师图中可以看到，除去东北角的镇平台，外城墙共由24个棱堡组成，其实每个棱堡就是一个独立的炮台"，[3]并置大炮于京城炮台之上，起到真正的防卫作用。受棱堡式外城墙造形的影响，顺化都城外城的城门必须设置在每两个棱堡之间，除去城角的棱堡，城墙四边有五个炮台，因此城墙上开设的门不得不从单数的中国式城墙门更改为双数。这使得整体格局都仿照中国北京城的顺化都城发生了微妙的变异：只有皇城内和外城的重要建筑集中在城市的中轴线上，而外

---

[1]　[越]国史馆编著：《大南一统志》卷1《京师》，越南国家图书馆藏影印本，第43页。

[2]　笔者按：沃邦（Vauban），名赛巴斯蒂安·勒普雷斯特雷（Sebastein le Prestre），是路易十四时期法国最著名的军事工程师和建筑师。马克思也曾称赞其作为一个要塞建筑专家比其军事才能更出名。其修建的军事防御系统建筑均以其名命名。

[3]　王继东：《中西文化影响下的越南顺化都城建筑》，博士学位论文，暨南大学，2008年，第78页。

城重要的正南门和正北门却因棱堡的存在而偏离了城市中轴线。

此外，透过空间布局、功能结构和建筑类型这种外部形式来看，阮朝顺化都城充分体现了中国封建制度与思想在越南的深刻影响。阮朝统治者深谙"三极之道"与"九五至尊"的道理，在都城中精心布局，以体现其"君临天下"之意，显示其"南方中华"的正统地位。[1] 从顺化都城外城墙的变化可以看出西方文化随同西方殖民者的入侵开始登上了影响越南文化的舞台。东西方建筑风格差异的出现隐约地暴露出当时东西方文化的冲突与矛盾。阮朝君主对中国北京城和紫禁城整体布局和功能的模仿，足以显现越南学习和推崇中国封建集权政治制度的态度，阮朝统治者始终强化儒家思想里的尊卑秩序，并以此来对抗来势凶猛的西方宗教和资本主义思想。而对西方文化的态度，正如顺化都城建筑中的西方建筑因素一样，仅仅是以防御为目的，在外城墙上的一种借鉴与学习，这种浮于外表的学习，只是体现了阮朝初期对西方先进科学技术在某种程度上的认可，而本质上却是对西方的思想与文化采取了排斥的态度。顺化都城中东西方建筑文化不成比例的杂糅与融合，实际上也预示着阮朝成为越南最后一个封建王朝，沦为西方工业文明下资本主义列强殖民地的命运。

第八节　越南传统表演艺术的产生与发展

汉朝时，越南出现了一些本土的民族乐器，如号、铜鼓、铜锣、乐钟和云板……同时，越南从中国的乐器方面也吸收了很多，如钟和磬，还有占城乐器饭士鼓和中亚的胡琴。[2] 据《三国志》记载，交州太守士燮（137—226）在出行时便有"出入鸣钟磬，备具威仪，笳箫鼓吹……"而越南史书《大越史记全书》中也记有"我国通诗书，司礼乐……自士王始"。可见，交州时期已有汉朝礼制和乐器传入。此外，北宋沈括的《梦溪笔谈》记载："顷年王师南征（1076），得《黄帝炎》一曲于交趾，乃

---

[1] 王继东：《中西文化影响下的越南顺化都城建筑》，博士学位论文，暨南大学，2008年，第158页。

[2] Huỳnh Công Bá, *Lịch sử Văn Hóa Việt Nam*, Húe, Nxb Thuận Hóa, 2008, tr340.（［越］黄工柏：《越南文化史》，顺化出版社2008年版，第340页。）

杖鼓曲也。"[1]杖鼓又名羯鼓，是唐代流行的一种乐器，至宋朝时在中国已经衰落，但是在交趾仍然存在。据此可判断，杖鼓应是在宋朝之前传入越南地区的。中国对越南表演艺术产生的影响持久、深远，这种影响并不简单地局限于乐器的传播与交流，更多地体现在对其戏曲及宫廷音乐的影响上。古代越南表演艺术吸收和借鉴了中国以及印度传统表演艺术精华后，萌发出持久的生命力。

一 越南传统戏曲和民间歌舞的产生与繁荣

李陈时期是越南戏剧的形成时期，民族传统戏剧艺术正在形成过程中，并且在此基础上接受了中国舞台艺术的一些影响。[2]从剧（Hát Tuồng）[3]与嘲剧（Chèo）是一种发源于民间，主要受中国宋元杂剧强烈影响，集唱、说、表演和舞蹈于一体的综合表演戏曲。

11世纪初，越南前黎朝龙铤在位时（1005—1009），宠信宋朝优人廖守忠，廖是中国早期的杂剧艺人，所以北宋的杂剧艺术至少应在这一时期传入越南。[4]杂剧产生于宋朝立国初期，据大越史记载："宋天圣三年（1025）……又改火头为正首，惟唱儿乃号管甲，时有唱女陶氏长于本艺，常得赏赐，时人慕其名，凡唱女并呼为陶娘。"[5]史书中说明了李朝将管理"唱儿"的男乐工称为"管甲"，后来越南戏曲的男演员都称为"kép"，即"甲"的汉越音。而唱女其称呼来源一位极赋演唱天赋的陶氏，自其后便将歌女均唤为陶娘。在宋朝杂剧中也将戏班称为"甲"[6]，而李朝时期，不仅宋朝的杂剧已经传入越南，从"管甲"的命名来看，杂剧应该已经被大多数人接受，因此就连戏班里的很多称呼都沿用下来。

---

[1]（宋）沈括：《梦溪笔谈》卷5，中华书局2009年版，第77页。
[2]［越］越南社会科学委员会编：《越南历史》（第一集），北京大学东语系越南语教研室译，北京人民出版社1976年版，第251页。
[3] 笔者按："嗵"剧，因"嗵"字为喃字，在汉字里没有该字，所以在本书中取其同音字"从"替代，越南语为Tuồng。
[4] 李未醉、苏前忠：《简论古代中越音乐交流》，《交响》2002年第4期。
[5]［越］吴士连：《大越史记全书·本纪》卷2《李纪》，日本宫内文学兼东京大学影印本，明治甲申十七年（1884）。
[6] 参见周密《武林旧事》卷4《乾、淳进行教坊乐部》中载有："杂剧三甲：刘景长一甲八人。"

另据《大越史记全书》记载，"元至正二十二年（1362年）春正月，（陈裕宗）令王侯公主诸家献诸杂戏。帝阅定其优者赏之。先是，破唆都时获优人李元吉，善歌，诸势家少年婢子从习北唱。元吉作古传戏，有《西王母献蟠桃》等传，其戏有官人、朱子、旦娘、拘奴等等，凡十二人，着锦袍绣衣，击鼓吹箫，弹琴抚掌，闹以檀槽，更出迭入为戏，感人令悲则悲，令欢则欢，我国有传戏始此"[1]。有越南学者提出李元吉是1285年在越南抗击中国元朝入侵时俘虏的一名元军优人。那么如果以上段史书记载的内容来看，至1362年，李元吉已经过世或是耄耋之年，不可能上台演出，因此会断定这段历史不实，不能作为越南戏曲是受到元代杂剧影响而产生的凭证。但是如果我们仔细考察，就会发现这段史料叙述方式是果在前，因在后。之所以有1362年"令王侯公主诸家献诸杂戏"这样的结果，是因为"先是"意为：在这之前，李元吉被俘，因其"善歌"，各王侯公主才会使自家侍婢等找其学习"北唱"即元代杂剧。所以，越南戏剧受到中国宋元戏剧的深刻影响应该是确凿无疑的。越南学者友玉编写的《越南传统文化词典》里，对"从剧"的定义为："从剧与嘲剧都产生于11世纪到13世纪，陈朝俘获的元朝士兵李元吉造就了从剧的独特风格。"[2]

李陈时期，民众和贵族都很喜欢听戏曲。李朝末年，戏曲演出之风盛行，"家居无日不开倡优场，作戏乐，而人不以为淫"[3]。另据《大越史记全书》载："洪武二年（1369）……十五日宪慈皇太后使人迎故恭肃大王昱庶子日礼即位，改元大定元年。日礼，优人杨姜子，其母者为传戏时方有娠。昱悦其艳色纳之及生以为已子。"这里的"昱"指的是陈裕宗，而陈日礼其母为中国优人杨姜，在向陈裕宗献《西王母献蟠桃》戏时被纳为嫔妃生日礼，遂陈裕宗将日礼视为已出，立为太子。可见，中国宋元杂剧对越南的影响已经深入皇室、贵

---

[1]　[越] 吴士连：《大越史记全书·本纪》卷7《陈纪》，日本宫内文学兼东京大学影印本，明治甲申十七年（1884）。

[2]　Hữu Ngọc, *Văn hóa cổ truyền Việt Nam*, Hà Nội: Nxb Thế giới, 1995.（参见[越] 友玉：《越南古代文化词典》，世界出版社1995年版。）

[3]　[越] 吴士连：《大越史记全书·本纪》卷7《陈纪》，日本宫内文学兼东京大学影印本，明治甲申十七年（1884）。

族上层主流社会。

17世纪时,从剧随着阮主的军队进入越南南方内堂地区,在17—19世纪时都呈现出异常繁荣的状态。"从剧获得新生的另一个原因,是从民歌等口头文学传统中汲取了鲜活的营养。从剧流布民间,走出宫廷娱乐的促狭,摆脱社会教化的负累,作为一种乡野的、世俗化的民间娱乐方式。"[1] 从剧结合了平定和广南两省的民歌,创造了丰富的表演剧目,中南部地区的从剧表演最具越南民族特色。阮朝时期,无论是上流社会还是广大民众都非常喜爱从剧表演,有很多官僚也参与从剧的创作,创作出一些迎合皇帝喜好的作品如《群芳献瑞》《万宝呈祥》等。在阮朝末期,为了反对对昏君的愚忠,还有一些从剧艺术家创作了《征女王》和《护生坛》等,甚至出现了一些与嘲剧艺术类似的曲目,用以讽刺丑陋的社会现象,如《蚌、蛎、螺、蚬》等,从剧表演的新风格获得民众热烈欢迎。

嘲剧是一种在越南北方红河平原上的民歌、民间舞蹈和宗教歌舞艺术基础上发展起来的一种表演艺术。10世纪末,民间歌舞和音乐表演成为越南统治阶层和民众常见的精神生活方式,尤其是乡村的男女青年,在节庆聚会的时候很喜欢去观看歌舞表演。丁朝时期,著名的民间女艺人范氏珍还被丁先皇请入宫廷教习歌舞。最初的民间歌舞形式为嘲剧艺术的萌生打下了良好的群众基础。同样受到元代优人李元吉杂剧演出方式的影响,14世纪,嘲剧从民间歌舞小戏,逐步发展成为一种以对话、吟诗和演唱为主要艺术表现手段的戏剧。但与从剧表演艺术相比,嘲剧产生的基础为民间歌舞,因此越南村社文化和民间俗语常常现身于嘲剧中,嘲剧在嬉笑和戏谑间轻松地讽刺了人情冷暖和社会丑恶,这种表演艺术充分体现了越南民众的智慧与勇敢。黎朝和阮朝时期,随着明清时期大量广东、福建和广西移民迁入越南境内,越南嘲剧接受了中国粤剧、潮州地方戏和桂剧的影响后,得到进一步发展。嘲剧发展成为民众喜闻乐见的艺术形式,经常在一些节庆

---

[1] 黄玲:《人类学视阈下的中越民族戏剧交流》,《广西社会科学》2013年第1期。

日和庙会时演出。[1]

　　与此同时，民间音乐的发展充满了活力和创造力，反映了人民的劳动生活和情感交流。但是越南后黎朝封建统治阶级却轻视民间的歌唱表演形式，歧视从事民间艺术的艺人，还劝说民众不要再唱男女情事的民间歌谣，认为有悖儒家礼制，伤风败俗。黎圣宗还禁止嘲剧艺术家参加乡试。1448年，民间表现男女爱情、喜结连理的舞蹈也被黎仁宗视为淫俗禁止。但嘲剧已经深入人心，在民间发展仍然较快。1501年，梁世荣印刷了《戏坊谱录》，这是一本介绍嘲剧艺术的书籍，总结了嘲剧表演、歌唱和配乐的规则和艺术。这也是越南关于传统戏剧的第一本理论著作。

　　17世纪以来，在外堂"陶娘"行业也发展迅速，甚至兴起了一种独特的"歌筹"诗歌。"歌筹"是越南民间演唱类型，类似于中国的评弹，唱词为叙事长诗。民间艺术发展很快，富寿的盲歌、军鼓歌，北宁的官贺民歌，义静省的对唱和合唱等都成为人们喜闻乐见的表演形式。在清化的寿春，有著名的春坡舞调（Xuân Pha），跳舞的人会戴着面具，做出各种奇怪的动作。有的人解释说春坡舞调是族长们在华间聚会，庆祝丁先皇平定割剧之乱统一江山，表现了希望越南民族统一、团结和独立的思想。也有人认为这是雄王时代留传下来的一种民间艺术形式。

　　与上一时期相比，17—19世纪的表演艺术形式呈现出丰富的特点，各种民间艺术、表演形式非常普及。

二　越南古代宫廷音乐的演变

　　越南古代的宫廷音乐包含的乐种有雅乐、大乐、小乐、细乐、女乐等。与日本、朝鲜等国一样，越南也受到中国宫廷音乐的强烈影响。中国的雅乐、女乐传到日本后发生了较大变异，远离中国宫廷音乐的原貌。而越南在进入封建时代后从心态、制度、文化层面上表现为积极主动学习和借鉴中国传统文化，以求封建统治的稳定统一。因

---

[1] 萧乾：《萧乾选集》第2卷，四川人民出版社1980年版，第518页，转引自贺圣达《东南亚文化发展史》，云南人民出版社2010版，第165页。

此，历史上越南在接纳中国文化时是一种宽容态度，它与奈良、平安时期的日本有着明显的不同。[1]从认可的态度和学习的可能性来说，越南都对讲究"雅正之乐"和"中和澹雅"的中国宫廷音乐极为推崇。

当然，作为东南亚国家之一的越南，其音乐也难免会受到印度文化的影响。1044年，李太宗出兵攻打占城国，"帝引军入佛誓城，俘乍斗妻妾及宫女之善歌舞西天曲"[2]。1060年，李圣宗翻译了多种占城乐曲让乐工在宫中练习，《大越史记全书》载："天嘉保佑二年（1203），命乐工制乐曲，号占城音，其声清怨哀伤，闻者泣下。僧阮常曰：吾闻乱国之音怨以怒。今主上巡游无度，朝纲之紊乱，民心日难，衰声动人，此败亡之兆也。"[3]可见，李朝初期在与占城的战争中，受到占城音乐的影响。占城是受印度文化影响的古国，自建国以来与越南战事不断，其音乐虽绮丽悠扬，但总是会带有明显的"清丽哀怨"之音。国僧阮常听后，劝谏说这音乐虽"衰声动人"，但是会使朝纲紊乱，是败亡的不详之兆。从中可以看出，越南封建统治阶层更认同中国宫廷音乐风格。自此可见越南与很多东南亚小乘佛教国家的不同之处——深受中国儒学和大乘佛教影响，其崇尚"中和澹雅"的文化心理和审美价值观决定了越南音乐艺术发展的主流方向。

陈朝是越南宫廷音乐的萌芽时期，其时宫廷音乐与民间表演艺术还没有产生太大的区别。1292年，元朝使臣陈刚中随同梁增出使陈朝时，陈朝在宫中设国宴款待："常与宴于十贤殿，有男为末，有女为旦，各十人，席于地。歌声伴琴音，唱前吟调，时余开腔唱词。舞女赤足，十指竖立，宛转起舞。十余男子，赤背搭肩，跺脚唱和。每行一人举手则齐举，放下亦然……王宴于殿，乐坊排于殿下、宇后，人、乐器皆隐，每举杯则司仪呼：'乐坊起乐'，殿下乐声随起。"[4]这样的宴乐与《宋

---

[1] 赵维乐：《从中越音乐的比较看越南宫廷音乐初期史的形成》，《音乐艺术》1999年第1期。

[2] [越] 吴士连：《大越史记全书·李纪》，日本宫内文学兼东京大学影印本，明治甲申十七年（1884）。

[3] 同上。

[4] Huỳnh Công Bá, *Lịch sử Văn Hóa Việt Nam,* Húe: Nxb Thuận Hóa, 2008, tr.470. [越] 黄工柏：《越南文化史》，顺化出版社2008年版，第470页。）

史·乐志》所载情况非常相似。

　　越南"大乐"一词产生于何时不是很清楚，中国"大乐"一词最早见于《辽史》，"辽国大乐，晋代所传"，到了宋朝，大乐指的是雅乐。《宋史》载："国朝大乐所立曲名，各有成宪，不相淆杂……今所造大乐，远稽古制，不应杂以郑、卫。"[1]到了明代，大乐便开始在宫廷礼乐中扮演重要的角色。在宫廷的朝会、册封、宴飨和军礼等仪式中，殿内举行中和韶乐，殿外则在丹陛举行大乐。[2]越南的"大乐"记入史料见《安南志略》，其在描述安南风俗时说："年节前二日，王乘舆，从官章服导前，礼帝释殿。除日王坐端拱门，臣僚行礼毕，观伶人呈百戏……二月，起春台，令人妆十二神，歌舞其上……八日，磨沉檀水浴佛，精团饼供戏……丧制，宫室器用，与中国略同。乐有饭古波（亦作'饭士鼓'），本占城，体圆长，研器饭粘鼓面中，拍之清亮；合筚篥、小管、小钹、大敌，名为大乐，惟国主用之。宗室贵官非祭醮不得用。琴、筝、琵琶、七弦、双弦、立笛、箫类，名小乐，贵贱通用。曲有南天乐、玉楼春、踏青游、梦游仙、更漏长，不能殚记。或用土语，为诗赋乐谱，便于歌吟。"[3]这段文字并没有说明具体的年份，但是由于《安南志略》成书于14世纪，黎崱卒于14世纪40年代，因此可以推论在陈朝时期，受到中国唐宋宫廷音乐的影响，越南的宫廷音乐已经初步形成：大乐专用于皇室、贵族和祭祀。

　　另14世纪中叶的越南佛学典籍《三祖实录》载："兴隆十六年戊申，正月初一日。奉命于超类寺，甘露堂嗣法住持。开堂行传之礼列祖位。奏大乐，烧名香。"这大概是由于佛教在越南李陈时期盛极一时，国师多为僧侣把持，陈朝时期甚至君主也出家为僧，因此大乐不仅用于宫廷，在著名的佛寺里也可使用。

　　此外，如上所述，越南小乐民众可使用。小乐的弹奏乐器主要以丝竹管弦乐器为中心，乐曲名也基本上沿袭了中国小乐的曲名，如"玉楼春""踏清游"和"梦游仙"等。越南当时的宫廷音乐与俗乐有相互交

[1]　（元）脱脱：《宋史》卷128，中华书局1977年版，第2991、3001页。
[2]　赵维平：《从中越音乐的比较看越南宫廷音乐初期史的形成》，《音乐艺术》1999年第1期。
[3]　[越]黎崱：《安南志略》，中华书局2008年武尚清点校版，第41—42页。

融的现象，民众"或用土语，为诗赋乐谱，便于歌吟"就说明民间百姓使用越南语音，将汉字诗赋谱成乐谱传唱，想必当时也已经产生了"歌筹"的形式。

但是到了阮朝，封建统治的力度加强，小乐的俗乐性被逐渐淡化，改变为纯器乐乐种，返回了宫廷仪式音乐行列。在《大南会典事例》的礼部中小乐均被用于郊祀、颁诏、朝会、册封等仪式中，同雅乐、大乐一样扮演着礼仪乐的角色。此外，小乐除了在宫廷室内与雅乐交替演奏外，在室外也与大乐一起扮演着仗乐的角色。[1]

从15世纪初起，越南黎朝开始从中国明朝输入宫廷音乐，自此明朝宫廷音乐对越南古代音乐产生了深刻影响。黎朝绍平三年（1436），太宗皇帝"令入内行黎蔗与宦者梁登同造銮辂，定雅乐。蔗进石磬图，因奏曰：夫戡乱用武，太平尚文。今制礼作乐，宜惟其辰。然无本不立，无文不行。和平为乐之本，声音为乐之文。臣奉诏定乐，不敢不尽心力，但学术疏浅，音律微妙，难以诺和。愿陛下爱养元元，使闾里无怨恨愁叹之声，斯为不失乐之本矣。帝嘉纳之。"越南大文豪阮廌非常赞成，认为："平乱用武，太平用文，制定礼乐正是时候。"但后来因阮廌与梁登在制作雅乐方面的意见不一致，因此退出了这项任务，最终由梁登完成了宫廷雅乐的制定。梁登上疏曰："乐有郊乐、庙乐、五祀乐、救日月交蚀乐、大潮乐、常潮乐、大宴九奏乐、宫中乐，不可一概用之。"从中可以看出，黎朝宫廷雅乐的制作已经开始细分，所用乐器主要有鼓、磬、编钟、琴、笙、箫、管、短笛、琵琶等，这是越南的宫廷雅乐发展中的很大进步。黎朝洪德年间（1470—1479），"圣宗皇帝令当辰大臣如申仁忠、杜润、梁世荣诸公，学问该博接或登朝；始讲求中州声律，国音分为同闻、雅乐二署，同闻主于音律，而雅乐则以人身为尚，皆太常属僚。至于民间之乐，署教坊同掌之雅俗，秩安然不相参杂"。[2]黎圣宗派人研究中国的宫廷音乐来制定国乐，并将其分为管理乐器的同闻署和管理唱歌艺人的雅乐署。那个时期民间音乐被排除在宫廷

---

[1] 赵维平：《从中越音乐的比较看越南宫廷音乐初期史的形成》，《音乐艺术》1999年第1期。

[2] ［越］范廷虎：《雨中随笔》上卷，越南考古研究所影印本，第278—298页。

音乐之外，被视为俗乐。黎朝时期创作的《平吴破陈》国乐，成为庆祝战争胜利时演奏的仪式音乐，音乐歌颂了蓝山军战胜明朝军队的勇气与精神。

此外，自李朝开始，越南宫廷就有"乐妓一百有余"[1]。中国女乐自明、清时期传入越南，《明史》中的礼部的记载反映了明朝女乐较多地用于帝后册封和宫廷朝会等仪式。在明朝宫廷礼乐的影响下，越南阮朝使用女乐的场合与其相似，越南宫廷女乐除保持了女乐的娱乐性质，还结合了民间舞蹈的特点。

18世纪，在结合了民间音乐后，越南宫廷音乐盛行的一种"顺化曲调"，颇具民族特色。为了顺应这种曲调，皇子阮福育还发明了一种新的八弦琴，现被称为南琴。顺化调当时有一些特别有名的曲子，如南哀、南平、南春、南商、赋六、古本、龙吟、龙灯等。很多皇族都加入了创作队伍，崇善王有《南琴谱》，绥理王有《南琴曲》，南策郡公有《月琴谱》，相安郡王有《香江怀古曲》。

三 水上木偶剧的出现与发展

12世纪初，水上木偶剧出现于李朝的宫廷表演中。立于1121年的崇善延龄寺碑[2]上由刑部尚书阮工弼记载了当时艺人们为庆贺李仁宗寿辰而演出水上木偶剧的盛况："上百只船在水中划动，快如闪电，鼓声四起，与水声融合，就如同雷声响动，波澜起伏，金龟浮现，顶起了三座山，水波轻柔下来，天空露晴，金龟露出四只脚，张着嘴，圆睁着眼，喷着水，向着皇帝的位子，点头问好。"[3]从碑文可判定，12世纪前，越南已经出现水上木偶剧这种表演形式了。

这种在越南喜闻乐见的艺术表演形式起源何处，现在还没有一个定

---

[1] ［越］吴士连：《大越史记全书·本纪》卷2《李纪》，日本宫内文学兼东京大学影印本，明治甲申十七年（1884）。

[2] 笔者按：该寺建于1118年，由李仁宗于佛教极为兴盛时期建造，此碑后经多次战争破坏，现经恢复后，还保存在越南河南省唯先县的队山（Đội Sơn）寺。石碑年代是1121年，放在刻有两条龙的底座上。碑前后均有字，前面刻的是刑部尚书阮工弼编撰的一些佛理和歌颂李仁宗的品行以及当时盛世的作品。

[3] Huỳnh Công Bá, *Lịch sử Văn Hóa Việt Nam*, Húe: Nxb Thuận Hóa, 2008, tr470. ［越］黄工柏：《越南文化史》，顺化出版社2008年版，第470页。）

论。但在很多有水上木偶表演的越南村庄都流传着一个叫徐道幸的人创造了这种表演形式。徐道幸的家乡在柚乡，其生活在11世纪。年轻时，徐道幸曾赴中国和印度修行学习，信奉过禅宗和密宗，当返回家乡时，他想寻找一个合适的地方来建佛寺，于是就选中了风景秀丽的西山，建造了先人寺（Chùa Thầy）。他在这里研究佛学直至坐化。其间，徐道幸建立了一个水上木偶坊。他经常与村民们接触，鼓励人们发展各种传统艺术，并教授村民们舞弄水上木偶。越南的民间传说经常把徐道幸与李神宗的出身联系起来，认为徐道幸投胎转化成为李神宗。在先人寺里有三尊塑像，左边是徐道幸本人的塑像，右边是李神宗（1128—1138），而中间是徐道幸化为佛身的佛像。虽然这仅为民间传说，但也揭示出水上木偶剧在早期产生时，不仅仅与村社文化相关，而且与中国佛教的传入密切相关，或者说这是由从中国返回的越南僧侣，结合了村社生活、佛教等创作的一种敬神娱神的表演艺术。

也有越南学者认为水上木偶剧应该是产生于红河平原的村社，最初应是来源于求雨、放生或是水中的游戏。红河平原炎热潮湿，河渠密布，哪一个村社都能找到可以表演水上木偶剧的池塘，而且水上木偶剧表演要有炎热的气候，因为表演者得在齐腰深的水中站立几个小时。表演者站在一个高2米左右的竹墙背后操纵木偶，竹墙一般巧妙地融入舞台背景内，舞台背景通常是乡亭。木偶是用密度较高的木头制成，然后彩绘油漆，这样就可防水。木偶或有身而无腿，或有腿而无足，身体下部有一方洞，可将长竿插在方洞中，以便演员在竹墙后操纵长竿指挥木偶。表演者必须要有较好的体力才可以操作。笔者认为，地理和气候的原因虽无法解释水上木偶剧的起源，但是至少说明了水上木偶剧为什么如今只在越南得以发扬光大了。

李陈时期是越南受到中国宋代戏剧强烈影响的时期。虽然，水上木偶剧这种戏种在现代中国民间文化中已经找寻不到踪影，但实际上在宋代，宫廷里也时常演出"水上傀儡戏"。文献有载："驾先幸池之临水，锡燕群臣。殿前出水棚排立仪卫。近殿水中横列四彩舟。上有诸军百戏，如大旗狮豹、掉刀蛮牌、神鬼杂剧之类。又列两船皆乐部。又有一小船，上结小彩楼，下有三小门，如傀儡棚，正对水中乐船。上参军色进致语乐作。彩棚中门开，出小木偶人。小船子上有一白衣人垂钓，后有小童举棹划船，辽绕数回，作语乐作，钓出活小鱼一枚。又作乐，小船入棚，继有木偶筑球舞旋之类，亦各念致语唱和乐作而已。谓之水傀儡。"[1]从这段描述可以看出宋代"水傀儡"与越南"水上木偶"两者在布景、表演形式等方面都有极为相似的地方，体现了明显的渊源联系。《东京梦华录注》里提及，"世传傀儡起于汉高祖平城之围……汉末始用之于嘉会……起于陈平六厅解围。杖头傀儡、水傀儡……其话本或如杂剧"[2]，即汉末时期已经有"水傀儡"之名。我们再从更早的史料来看，三国时有称"水转百戏"，《三国志》中裴松之注有"时有扶风马钧，巧思绝世"，做有"水转百戏"可以在地上表演，也可潜在水下，而且木偶人还有很多动作，但均是以机关控制："以大木雕构，使其形若轮，平地施之，潜以水发。设为女乐舞象，至令木人击鼓吹箫，作山岳，使木人跳丸掷剑，缘絙倒立，出入自在，百官行署，舂磨斗鸡，变巧百端。"[3] "水傀儡"在隋炀帝时期又被称为"水饰"，《太平广记》中记载："会群臣于曲水。以观水饰。有神龟负八卦出河……木人长二尺许。衣以绮罗。装以金碧。及作杂禽兽鱼鸟。皆能运动如生。随曲水而行。又间以妓航。与水饰相次。亦作十二航。航长一丈阔六尺。木人奏音声。击磬撞钟。弹筝鼓瑟。皆得成曲。及为百戏。跳剑舞轮。升竿掷绳。皆如生无异。"[4]从史料记载中可以看出，中国的水傀儡与越南水上木偶表演有相似也有区别，但中国水傀儡产生年代更为久远，在三国时期，交州地区与华南地区交流甚多，表演艺术间的相互交流应属情理之中的事。

尽管如此，越南的水上木偶剧表演艺术不论起源于何时何地，可以肯定的是它已经完全融入越南人民的生活中，体现出特有的民间艺术风采，如今已经成为越南民族文化特色的典型特征之一。正如越南的文化学家友玉说："不清楚水上木偶剧在其他国家有没有，或者只是在越南

---

[1] （宋）孟元老：《东京梦华录注》卷7，中华书局1982年版，第184页。
[2] 同上书，第136页。
[3] （晋）陈寿：《三国志》卷29，（宋）裴松之注，崇文书局2010年武传点校本，第365页。
[4] （宋）李昉：《太平广记》卷262，中华书局1986年版，第1735—1736页。

才有，但是有一点可以肯定的是水上木偶剧仍然继续传承而且日益受到观众的喜爱。"[1]

古代越南移植了中国封建集权的政治制度，借鉴了中国选拔人才的科举制度，形成了牢固的中央集权型封建统治秩序；受中国儒释道的深刻影响，形成了以"仁、义、礼、信"的社会道德标准和以大乘佛教禅宗为主，结合原始宗教信仰而产生的城隍信仰、人神信仰、女阴崇拜和祖先崇拜的多种宗教信仰。在传统文化内核的思想形态和价值观念方面，古代越南是亚洲儒家文化圈内受中华文化浸润最深的国家之一：服饰、建筑、雕刻、美术、陶瓷和表演艺术等都受到中国的强烈影响。尽管在音乐、服饰、建筑、雕刻和造形艺术等方面，古代越南还以占城国为媒介，受到了印度文化一定程度上的影响，但越南学者也认同："从9世纪到19世纪，中国对越南艺术的影响可以表现在建筑、雕刻、美术、音乐和戏剧等多个方面。"[2]从越南传统文化的产生、形成、发展与演变的进程来看，古代中国始终是越南模仿、学习和交流的主要对象。正如胡朝皇帝胡季犛曾有诗作形象地反映了这一点："欲问安南事，安南风俗淳，衣冠唐制度，礼乐汉群臣。"

越南传统文化的形成与演变过程，主要是本地东南亚文化与中华文化接触、吸收、融合和创新的过程。这种过程不能视为一种简单的接收过程，而是各种外源文化与本地的物质、心态、行为和制度文化适应、调整、交融和内聚的过程。中国文化因子在进入越南社会后，与本地文化交融，深深扎根于越南本地文化土壤中，蓬勃生长。

越南传统文化丰富多彩，传统文化是一个国家主流文化的根基与内核。因此，可以说越南文化的内核深受中国传统文化的影响，表现出明显的汉文化特征，越南古代的文字、宗教、文学、建筑、音乐、雕刻造型和表演艺术等方面都与同一时期东南亚地区的其他国家迥异。这样不同于其他东南亚国家的传统文化特点，也是影响并决定当今越南民族心理结构形成的一个核心因素。受到以汉字、儒学和佛教思想影响为主的

---

[1] Hữu Ngọc, *Văn Hóa Việt Nam*, Hà Nội: Nxb thế giới, 2008.（参见［越］友玉《越南文化丛书·水上木偶》，世界出版社2008版。）

[2] Nguyen Khac Kham, *An Introduction to Vietnamese Culture*, Tokyo: The Centre for East Asian Cultural Studies, 1967, p.41.

越南人，在跨入近现代时，其对西方文化的吸纳，很长一段时期里仍然是以中国为桥梁，这些要素都深刻影响并决定了当代越南文化发展范式的选择。

第四章

近现代越南文化的断裂转型
——东西方文化的碰撞与融合

第一节 越南近现代文化转型的历史背景

一 法属印度支那时期

1874年3月15日，阮朝在西贡与法国殖民者签订了第一次《西贡条约》，把南圻西三省正式割让给法国，并同意法国帮助阮朝维持国内秩序，开放包含河内在内的多个通商口岸，开放红河让法国自由通航。条约还要求越南对所有强国拥有独立权，即脱离与中国传统的藩属关系。自此，越南基本上成为了法国殖民地。

1880年，法国南圻殖民政府借口阮朝遣使赴北京违反了《西贡条约》，纠集殖民军队北上包围了河内。1882年法军炮轰并占领河内，顺化朝廷慌忙请清军进驻北圻，中国黑旗军对法军展开激烈的抗击，将法军击溃于纸桥。1883年7月，越南嗣德帝驾崩，朝廷一片混乱。8月，懦弱的阮朝与法国签订第一次《顺化条约》，承认了法国的保护权。自此，安南王只可在中圻行使权力，越南所有税务则由法国殖民政府代理。1884年6月，法军再次迫使越南签订第二次《顺化条约》，要求越南所有领土、人民以及越南在国外的侨民都在法国保护之下。从此，阮朝名存实亡，越南完全沦为法国殖民地。

伴随着抗击殖民入侵的斗争，越南民众起初对西方文明的态度是坚决抵制的，不仅对法国商品加以抵制，还不愿学习法语，甚至对拉丁拼音文字都抵制。但这只是一种保守泥古的爱国和抵御方式，因为缺少开放和长远的眼光，最后只能面临失败的结局。其实早在19世纪中后期，越南抗击法国的斗争已经非常激烈了，当时有一些去过欧洲的知识分子，已经提出要改变思维方式，在保持国魂和国粹的基础上，学习西方文化中的精华，摒弃本民族文化当中腐朽和不合时宜之物。

1884年，由军务大臣尊室说倡导，广大人民响应，越南爆发了勤王运动。此外，在潘廷逢和高胜的领导下，香溪起义也前后坚持战斗十余年。19世纪末期，安世农民起义军也英勇抗击法国殖民军，多次迫使法军与义军议和，战斗一直持续到1913年。

但法国殖民者最终仍用坚船利炮打开了越南的门户，把这个自给自足的封建国家变为法帝国下的殖民地。法国在越南的殖民不仅仅是在军事、政治和经济上的统治，更多表现出东西方文化在越南的激烈碰撞。

20世纪初，越南的民族资产阶级和部分儒士继吸纳中华文化之后，再次面临文化交流的选择——必须对法国文化进行有选择的学习和融合，以改变越南民族文化中所固有的一些落后因素，这也是为了民族解放与独立必须接受和学习的。这样，法越文化的交流与融合进入了以越南主动思考与积极吸纳为主的时期。

随着法国人的到来，越南除了在文字、文学、思想、宗教、建筑、艺术、饮食、服装等这些文化层面发生了显而易见的变化，就连交通运输方式也发生了很大变化，先后出现了以汽车、轮船和火车为主的大型交通工具，而脚踏车和三轮车则成为日常重要的交通工具。对于这一时期，越南文学家怀青曾经说："不要以为我们在诡辩，一颗钉子也要跟随着他们……但就是这些新型的用具带来了一种新的思想（西方思想）。"[1]可见，文化始终与经济发展和生产力密切相关，在建立了法国殖民经济的越南国土上，越南文化的变化自然是翻天覆地的。

1898年，法国人在西贡成立了博古远东学院，两年后又转到了河内，这所学校对越南文化的发展产生了深远的影响。[2]这所学校不但成

---

[1] Huỳnh Công Bá, *Lịch sử Văn Hóa Việt Nam*, Húe: Nxb Thuận Hóa, 2008, tr.642.（［越］黄工柏：《越南文化史》，顺化出版社2008年版，第642页。）

[2] Nguyễn Chí Bền chù biên, *Văn hóa Việt Nam Trong Bối Cảnh Hội Nhập Kinh Tế Quốc Tế*, Hà Nội: Nxb Chính Trị Quốc gia,tr105.（［越］阮志本主编：《在融入国际经济背景下的越南文化》，国家政治出版社2007年版，第105页。）

为教授东南亚语言和文化的学校,而且成为研究东南亚和越南考古学的中心。这里聚集了当时法国和其他欧洲国家著名的学者,他们严谨、专业和孜孜不倦的学术科研为越南现代的历史学、考古学、民族学、艺术学、文化学留下了丰厚的遗产。

在接受西方文化教化的同时,越南民族资产阶级和一些富有民族意识的士大夫开始思考拯救民族的道路。20世纪初,越南相继出现了维新运动和东游运动,维新运动的领导人潘周桢提倡"君权不可倚,民权不可夺",而东游运动的领袖潘佩珠则发出了"民是国民,国是民国"[1]的呐喊。东游运动影响不断扩大,引起了法国殖民当局的恐慌。1908年,日本政府与法国政府签订了《日法协定》,法国要求日本政府解散"东亚同文会"和"贡献会",驱逐越南留学生出境。在日本领土上的越南人都被驱逐,1909年2月,潘佩珠也被驱逐出日本,东游运动结束。东游运动的失败使潘佩珠认识到,虽然日本和越南是"同文同种",但在对待被压迫的弱小民族上,东西方的帝国主义国家是一丘之貉,无法依靠。

1911年10月中国辛亥革命成功,极大地鼓舞了越南的革命志士。1912年2月,100多名越南革命友人集聚在中国广州,决定取消越南维新会,成立越南光复会,走民主革命的道路。光复会的唯一宗旨是"驱逐法国殖民者,光复越南,成立越南共和国",光复会还在中国组建了光复军和军政府。但由于中国辛亥革命的果实被袁世凯篡夺,中国革命遭到挫折,无法再给越南光复会提供太多帮助,光复会只能决定派遣光复军秘密回国,采取暗杀手段,铲除法国总督和各省的大越奸,以图"唤起国魂"。但是由于在越南国内缺乏群众基础,光复会的活动最终也以失败告终。潘佩珠在上海租界被法殖民者逮捕,后被押回越南,软禁在顺化。至此,由资产阶级领导的越南民主主义革命基本结束。

1917年10月,十月革命胜利的号角唤醒了越南人民。1921年,在法国留学的阮爱国(即胡志明)加入了法国共产党。胡志明指出:越南人民要解放自己,只有走俄国人的道路,走列宁指出的道路。1925年,胡志明在中国广州创立了"越南青年革命同志会",无产阶级正式走上了

---

[1] 于向东:《东方著名哲学家评传·越南卷》,山东人民出版社2000年版,第64、289页。

越南的历史舞台。1930年,胡志明以共产国际东方部委员和东南亚司负责人的身份,在香港召开会议,把越南国内南、北、中三圻的共产主义组织合并为统一的越南共产党。1930年5月,在越南中部的义安、河静两省爆发了"苏维埃运动"。一年后,运动在法国殖民政权的血腥镇压下失败,革命趋于低潮。1936年5月,法国人民阵线政府成立,越南共产党坚持领导越南人民进行抗法斗争,打击法国殖民者的地方政权。

第二次世界大战爆发后,日本法西斯把侵略的魔爪伸向了东南亚。随着法国在欧州战场的失利,1941年法日签订《共同防御协定》,越南成为日、法两国殖民地,以及日本侵略华南、进行太平洋战争的军事基地。其间,越南共产党成立了民族解放阵线组织(简称越盟)来团结全国人民开展武装斗争。1945年,日本发动"三九政变",一脚踢开法国殖民者,在越南建立亲日傀儡政权。越南人民再次掀起了抗日救国的新高潮。1945年8月14日,日本宣布无条件投降,越南共产党乘机决定发动总起义"八月革命"。9月2日,50万群众在河内巴亭广场举行集会,胡志明宣读独立宣言,越南民主共和国宣告成立。

越南民主共和国才刚刚诞生,法国殖民者就在美、英帝国主义的支持下卷土重来,1946年11月,法国对越南发动了全面侵略,重新占领了北纬16°以南地区,妄图重建法属印度支那的辉煌。虽然得到了美国巨大的经济和军事援助,法国仍然没能赢得战争的胜利。革命胜利后的社会主义新中国,为越南北方共产党领导的政权提供了无私的援助和可靠的后方支持。1954年5月越南取得"奠边府大捷",全歼法军主力16000余人,法国被迫与越南签订《关于恢复印度支那和平的日内瓦协议》,越南北部获得解放。

二 南北差异加剧时期

如果说,法国在越南的殖民统治是指越南在政治、经济、社会、文化等方面全面受到法国的控制,那么到了20世纪60年代的新殖民主义时期,越南作为第三世界的前殖民地国家,在政治、经济上仍然没有摆脱世界大国的掌控。甚至,越南的民族文化也仍然被美、苏两个超级大国影响和控制着。

从50年代起，苏联放弃了斯大林时期漠视第三世界的政策，不断扩大其在第三世界的影响力。在增强经济支援的同时，对北越也是不断地加强政治制度和文化的输入。1958年，北方社会主义政权认为博古远东研究院的院长波尔·莱维（Paul Levy）干涉了北越内政，要求研究院撤离河内。1964年，法国的阿尔伯特·圣伦特（Albert Sarraut）中学也关闭。法国文化模式在北越的影响逐渐隐退。北越依赖苏联、中国和东欧各国的经济援助，致力于苏式社会主义现代化建设，通过社会主义改造，确立了严格的中央管理统治和计划经济体制，并推行以重工业为中心的工业化发展战略。苏联选派了很多专家赴越帮助越南进行经济、政治和文化的建设，苏联对越南人力资源的培养和储备做出了巨大的贡献。越南很多国家干部经过在苏联的教育培训后走上了国家各层领导岗位。从1955年至今，苏联（现俄罗斯）已经帮助越南培养和教育了5.2万名科技、政治和文化干部，9.8万名工程技术干部。[1]与此同时，社会主义越南文化的发展模式也受到苏联社会主义文化模式的全面影响。

在冷战格局思想的影响下，随着世界两大阵营对抗加剧，美国深恐社会主义在越南的胜利引发东南亚的多米诺骨牌效应的出现。面临着失去了法军这个马前卒，美国只有亲自填补东南亚反共阵线的空白。于是，越南南方在美国的扶持下，建立了以吴庭艳为首的亲美南越傀儡政权。吴庭艳出生于一个信奉天主教的官僚家庭，具有狂热的天主教信仰和反共意识，受美国赏识，成为保大皇帝傀儡政权的总理。

吴氏家族在越南南方实行独裁统治，煽动大批天主教徒自北南迁。同时为维护政权的稳定，打击越南本土宗教高台教、和好教，甚至无视早已深入人心的佛教，歧视和打压佛教徒。1963年5月8日（释迦牟尼诞辰日），吴氏家族因残暴镇压佛教徒而引起民众游行示威，爆发危机。加上吴庭艳在美国反共意识的指引下，在越南南方大肆迫害革命群众，越发激发了南方人民的抗美意识。美国政府也意识到了这一点，于是使用了政治和经济的手段迫使吴庭艳进行政治改革，平息民众愤怒。1962

---

[1] Nguyễn Chí Bền, *Văn Hóa Việt Nam trong Bối Cảnh Hội Nhập Kinh Tế Quốc Tế*, Nxb Chính Trị Quốc Gia, năm2010, tr.118. （［越］阮志本主编：《在融入国际经济背景下的越南文化》，国家政治出版社2010年版，第118页。）

年，新上任的肯尼迪总统决定在越南南方实行"战略村"计划，即对农村进行改造，迫使越南南方农民参加集体劳动，参与社团组织，接受教育和培训，为政府劳动并领取工资，目的是有效地把民众和南方人民解放阵线组织隔离开来，具有军事防御和社会发展的双重功能。南方人民解放阵线组织乘南越傀儡政权内部军事政变之机，对战略村发动了猛烈攻击，"战略村"计划随之流产。西贡伪军不满吴氏独裁，以美国的态度为信号，发动了军事政变，推翻了吴庭艳政府。政变上台的阮文绍政权，完全是美国政治意识的代言人，政治、经济和文化发展严重西化，尤其是军事完全依靠美国。

由西贡伪军充当炮灰的"特种战争"失败后，1965年，美国海军陆战队在岘港登陆，发动了一场由美国直接出兵的"局部战争"。自此，美国也就不可避免地陷入了一场漫长而持久的战争泥淖。越战可以说是冷战结构下最长、最激烈的战争。在整个越南都化为战场的过程中，死伤的越南人据说约达300万人，战死的美军也超过了50000人。[1]

中国对越南民主共和国给予了物力、财力和军事上的大力支援，在此基础上，越南人民通过8年艰苦卓绝的抗美救国战争，迫使美国及越南共和国于1973年1月签订了《巴黎协定》。美国及其军队撤出越南南方，但是阮文绍政权在美国军事顾问的支持下，仍然蚕食解放区。1975年3月，越南民主共和国政权发动春节大总攻，5月1日解放了西贡，越南实现南北统一。

长期以来，越南南北方在不同的世界大国的支持和干涉下，经济、政治、文化各方面都产生了巨大的差别，加之不发达的基础设施和交通通讯体系，导致国家在政治、经济、社会方面的凝聚力严重缺乏。越南现代化初期刚刚取得的一些成果遭到战争的严重破坏。在法属殖民时期落后与扭曲的经济，在抗法、抗美和南北统一战争后，进一步恶化，南北差距进一步扩大。

三 革新开放前的社会主义范式选择时期

1976年4月25日，越南全国普选，成立统一国会，改国名为越南社会

---

[1] [日]藤田和子：《越南的革新与发展模式转换》，《南洋资料译丛》2002年第4期。

主义共和国。面对国家统一和战后重建的压力，越南决定依照北方的经验迅速推广苏式社会主义现代化战略，尤其是对南方强制推行社会主义改造，发展以重工业为中心的苏联模式的工业化建设，建立计划体制下的产品经济。但由于这种现代化发展模式本身存在着严重缺陷，又被生搬硬套地运用于战后越南国家的现代化进程中，使得这一时期越南的现代化进程遭受了严重阻滞。

越南共和国在美国统治下的20年间，虽然现代化过程曲折坎坷，但仍是以资本主义现代化的方式在发展。但在对南方经济社会结构的错误认识下，政府强制实施集体化生产，全面禁止私营资本主义工商业，没收中小华人资本，使南方工商业活动一落千丈，大量难民逃离，越南产生了严重的社会混乱。这对苏式社会主义现代化中忽视农、轻工业建设的顽疾无疑是雪上加霜。加之越南地区霸权主义思想抬头，而"民主柬埔寨"的波尔布政权在边境地带的活动，使越南领导层担心柬埔寨会引发南方的混乱。1978年12月，越南以解救柬埔寨民众为名，出兵柬埔寨。1979年2月，中越边界交恶。同时，中苏关系破裂，由于经济和政治利益的需要，越南"一边倒"，执行倾向苏联的外交政策，越南深陷冷战格局。随着中越关系的恶化，越南失去了传统盟友中国在政治、经济和军事上的支持。更为严峻的是，柬埔寨战争让越南失去了为自由而战的光环，同时也受到以美国为首的西方国家的经济制裁，西方及日本停止了对越南的援助和投资。外援资金的骤然减少、日益增加的军费开支和严重的财政赤字导致越南国内现代化建设的滞后，经济社会危机凸现，越南错失战后发展机遇。

政治意识等上层建筑是以一定的经济为基础的，而经济基础的发展也决定着上层建筑的变化。苏联社会主义以重工业为主的现代化经济发展模式，造成了越南重视政治领域意识形态的斗争，而轻视人民生活水平的提高，革命集体主义和英雄主义风行。这一时期，越南文化的发展也受到了冷战格局的影响，文化发展模式僵硬、教条。

四　社会主义建设时期

由于上一时期内外政策的失误，越南陷入了经济发展的危机。为摆脱困境和振兴经济，越南从80年代初开始放宽和调整经济政策，1986年越共"六大"认真回顾和分析了社会主义建设中存在的问题和错误，决定把党的中心工作逐步转移到经济建设上来，实行经济改革。同时，为了遏制危机恶化的势头，越南对外改变"一边倒"的外交政策，积极推进和平政治协商解决柬埔寨问题，实行"增友减敌"的全方位外交，主动融入区域和世界经济；对内实行全面革新，开始向商品经济转轨，把内向型的现代化发展战略，变为以出口为主的外向型现代化发展战略，以"粮食、食品和日用品的出口"为突破口，逐步走出一条有越南特色的现代化战略模式。20世纪90年代越南大力推进改革开放与现代化建设事业，以经济建设为中心，实现了经济体制的调整与变革，把苏式社会主义现代化模式中集中供给的计划体制转向市场经济，发展由国家管理，坚持社会主义定向的多种成分的商品经济。

越南不断加强与世界各国，尤其是与东盟国家的双边关系。1995年，越南与美国正式建立外交关系，同时，越南正式加入东盟，并且按照民富国强、社会公平、民主、文明的方向，大力推进社会进步，发展科学技术和文化教育，逐步实现政治与社会生活的民主化，建设民有、民治和民享的社会主义法治国家。同时，随着全球经济一体化、区域化的深化，面对20世纪末取得的发展成就，越南更加坚持革新开放和融入世界经济的发展方向，并决心在21世纪中不断从政治、经济和文化方面强化越南特色的社会主义建设。

第二节 从形式到内容的巨变
——越南文字与文学的转型

一 从方块文字到拉丁化拼音文字的转型

（一）早期赴越南的欧洲传教士与拉丁化拼音文字的出现

从16世纪末开始，欧洲天主教的传教士就已经来到了越南。1617年，耶稣会传教士最先在南部阮氏辖区成立布道团，接着又于1627年在北部郑氏辖区成立布道团，利用布道团号召西欧传教士到越南宣传。[1]1670年，法国已在北部取得了监牧区的资格，管理着十多个传教士，成立了上百个各种各样的讲堂，培养牧师和传教士。但一段时间后，由于天主教教义反对祭祀祖先，消解儒家的忠君思想，因此被郑阮王朝禁止。尽管如此，传教士还是竭力逃避纠查，钻头觅缝地传教。在传播天主教的过程中，一些欧洲传教士"为了能与当地居民广泛接触，从事传教活动，就必须学习越南语，于是他们便用自己使用的拉丁文字，按表音规则把越南语记录下来"[2]，并且在拉丁字母的基础上创造了越南拉丁化拼音文字。

这些欧州传教士来自不同的国家，如荷兰、葡萄牙、意大利、法国，17世纪以后还有来自日本的传教士。他们使用自己国家的文字来记音，译写教义材料散发，很不统一。17世纪上半叶，几个西方传教士，如葡萄牙人佛兰西斯科·怡·皮那（Francesco Di Pina）和意大利人克瑞斯弗罗·波瑞（Christoforo Borri）已经可以用越语布道了。1621年，皮那和波瑞把《圣经》译成了用拉丁化拼音文字标音的越南语用于传教。加拿大渥太华圣保罗（Saint Paul）大学教授杰克奎斯·罗赖特（Jacacques Roland）的研究指出，1622年，皮那已经使用拉丁字母来记录越南语的发音和声调。皮那在当时被公认为最通晓越南语的传教士。当然，在翻译过程中皮那得到了他的越南学生的帮助。1624年，皮那还在越南南部开办了一所教授外国人学习越南语的学校，其中两位学生比较有名：一位是葡萄牙人安东尼奥·德·方汀（António de Fontes），另一位便是法国人亚历山大·德·罗德（Alesandre de Rhodes）。另根据当时另外一位传教士拔东尼（Bartoli）的记录，意大利传教士弗朗西斯科·布索米（Francesco Busomi）创制了拉丁化越南语的文法和词汇。[3]欧洲传教士用这些语言研究成果编撰了一些简单的词典，葡萄牙籍传教士刚斯宠·让·阿莫莱尔（Gaspar do Amaral）编写了《安南语—葡萄牙语字典》，另一葡萄牙籍传教士安东尼奥·巴尔波萨（António Barbosa）编写了《葡萄牙语—安南语字典》。虽然这两本字典目前已经

---

[1] 郭振铎、张笑梅：《越南通史》，中国人民大学出版社2001年版，第94页。
[2] 傅成劼：《越南语言文字概说》，载《东方语言文字与文化》，北京大学出版社2002年版，第255—256页。
[3] 转引自范宏贵等《越南语言文化探究》，民族出版社2007年版，第258页。

失传，但这应是越南罗马拼音文字形成体系的第一个工程，当然实际上在这个工程中更突出的是罗德。罗德在前人的基础上，对越语做了深入的研究后，于1651年在罗马出版了《越南语—葡萄牙语—拉丁字典》和《八日教程》。《越南语—葡萄牙语—拉丁字典》成为西方传教士学习和掌握越南语的主要工具书，影响较为广泛。该书除了字典部分，还包含了越南语文字、声母、韵母和语法的讲解，成为越南语拉丁化的重要奠基之作。当然，此时的越南拉丁化拼音文字与现代越南语相比还是有一些差别，比如在声母的书写上将"tr"写为"bl"或"tl"，将"l"写成"ml"，"nh"写成"mnh"等。韵母方面也有很多不完善的地方，如把"ung"写成"ũ"，"ông"写成"oũ"，"ong"写成"aõ或 aũ"，把"ương"写成"uâng"等。

（二）拉丁化拼音文字系统的完善

越南西山王朝期间，光忠帝的宗教政策相对宽松，废除了郑阮时期关于天主教传播的禁令，允许传教士自由传教。在传教士莱·罗依（Le Roy）写于1793年7月18日的一封信件谈道："自从西山王朝掌权后，宗教得以进步。"另一个传教士迪高·德·朱米拉（Diego de Jumilla）也写道："他们（西山王朝）允许我公开传教，并建立教堂。"[1]到17世纪末期，越南的天主教信徒已经达到25万。伴随着传教士的足迹，越南天主教徒的增加，拉丁化拼音文字在越南开始得到传播。

19世纪时，英国地理学家泰北特（Jean Louis Taberd）在法国传教士百多禄（Pierre Joseph Georges Pigneau de Béhaine）编撰的《越南语—拉丁语字典》（Dictionarium anamitico latinum）的基础上，由一名为潘文明的越南传教士协助，编写了一本《越南语—拉丁语双语字典》（Dictionarium Anamitico-latinum），同时增加了喃字解释部分，称为《南越洋协字汇》，并于1838年在印度赛兰布尔（Serampore）出版。[2]这本字典上的拉丁化越南语文字的拼写和语法与现代越南语基本一致。至此，越南语的拉丁化拼音文字基本完善。但这时，拉丁化越南文字还

---

[1] Huỳnh Công Bá, Lịch sử Văn Hóa Việt Nam, Húe: Nxb Thuận Hóa, 2008, tr.606.（[越] 黄工柏:《越南文化史》，顺化出版社2008年版，第606页。）

[2] 参见范宏贵等《越南语言文化探究》，民族出版社2007年版，第266页。

仅仅是西方传教士的传教工具，该文字成为越南正式文字，则是法国侵占越南以后的事。

拉丁化拼音文字可拼读，音义合一，解决了长期以来越南语口头语与书面语不一致的矛盾。将汉字和喃字与其比较，它确实具有优势，因此拉丁化拼音文字的使用范围逐渐跳出了宗教范围。起初，在该拼音文字还不完善的时候，越南文学创作者用其写的文章并不太准确、流畅。但随着使用人数的增加和范围的扩大，越南人不断使用汉越音系统再次从汉语中汲取营养，创造了一些关于政治、经济与科技的新词，诸如"革命""阶级""国际""经济""科学""工艺技术"等，同时从法语中音译、意译了一些带有西方文明性质的法语词，如"西服""手提箱""领带""咖啡""背包"等，越南拉丁化拼音文字的词汇语料库逐渐丰富充实起来。同时，在翻译外国作品，特别是法国的一些文学作品时，越南语借鉴了一些法语的语法结构，如定语从句等。通过越南人民不断的实践和辨析，越南拉丁化拼音文字的词汇拼写排除了初期一些容易混淆词义的组合，使其拼写规则逐渐合理，语法结构进一步明晰，语言表达不断完善，越南拉丁化拼音文字到20世纪初期，已经成为一种音义合一的成熟的语言，可以全面、准确和生动地描述社会生活的方方面面。

（三）拉丁化拼音文字的推广

1. 法国殖民者的推广

19世纪下半叶，刚刚踏上越南土地的法国殖民者就已经急不可待地想推广拉丁化拼音文字，妄图割裂越南与中国"同种同文"的血肉联系。1861年，在法国殖民者的敦促下，西方传教士在泰国曼谷出版了法越、越法双语词典，此事对拼音文字的使用，又一次起到了重大的推动作用，即越出了宗教界，扩大到社会各个领域。[1]

在法国殖民者的大力倡导下，越南拉丁化拼音文字开始在学校推广。1862年，在南圻的教育和培训机构中开始使用拉丁化拼音文字。1878年4月6日，法国殖民总督拉方特（Lafont）签署了《安南语使用拉丁字母》的协定。其中谈道："安南语的书写使用拉丁字母已经在南圻各省相当普遍了，在管理行政机构与本地居民的沟通中更加直接。总的看

---

[1] 郭振铎、张红梅：《越南通史》，中国人民大学出版社2001年版，第96页。

来，合法地使用这种文字也使得这里的民众更容易认同我们政权，因此如果可以强制执行在所有的正式交易场合都使用这种文字，实在是一种很好的政治途径。"[1]1882年，法国殖民政权要求南圻人必须使用拉丁化拼音文字。1896年，在顺化成立了第一所法—越双语学校；1871年，在顺化开办了第一所师范大学；1896年还在顺化成立了国学学校，但在学校里都是教授法语和拉丁化越文。此后，法国殖民机构开始组织进行以法语—拉丁化越文为主的教育试点。1906年，法国殖民政府颁布教育改革章程，把学习法语推入了小学；随后在顺化、河内都开设了国家学校，在各省的里、府和大的县都开设法语—越语小学。

对于与汉字、儒学和文化联系密切的科举考试，法国殖民者采取了逐步取消的做法。1898年，法国殖民政府要求在南定省的科举考试中增加复试，而复试则采用拉丁化越文和法语。法国殖民政权毫不避讳地指出："汉字的使用是对发展欧洲文明的巨大阻碍；因此我们所有的努力都是要废弃和阻滞它。"[2]1915年，北圻首先废除了科举。而后，于1915年和1918年，北圻和中圻分别举行了最后一次乡试。1919年，科举最后一次会考和殿考在顺化组织进行。当一切准备就绪后，法国殖民者完全摒弃了传统儒学教育和科举制度，越南受中华文化浸染极深的、以汉字为基础的儒学教育和科举最终被法语—越语教育取而代之。在这样的背景下，阮朝末年有名的儒士伞沱悲叹道："东亚文明天收尽，何时纲常尽颠倒？"

法国殖民政府主张"某种程度地发展教育"，主要是"培养一些合作对象，一些本地的公务人员，以做到薪水支出少、政府收入多"。因此，虽然法国殖民政权在越南建设的教育体系覆盖了幼儿园、小学、中学和大学，但是当时的教育机构少得可怜，到1908年，南、北、中三圻总共只有25所小学、3所中学和1所大学。年轻的胡志明在描述当时的教育状况时说，越南是"监狱多过学校"[3]。

---

[1]　Trần Nhật Vy, *Chữ quốc ngữ: 130 năm thăng trầm*, Tp.HCM: Nxb Văn Hóa-Văn Nghệ, 2013, tr.9-11.（[越]张日微：《国语字：130年沉浮》，文化文艺出版社2013年版，第9—11页。）
[2]　同上书，第13页。
[3]　转引自Huỳnh Công Bá, *Lịch sử Văn Hóa Việt Nam*, Húe: Nxb Thuận Hóa, 2008, tr643.（[越]黄工柏《越南文化史》，顺化出版社2008年版，第643页。）

1865年4月15日，法国殖民者在南圻发行用拉丁化越文印刷的《嘉定报》。此后，又陆续发行了《南圻日呈》《课程通类》《妇女新闻》《南方火炬》《登古丛报》《大越公报》《实业民报》等拉丁化越文报纸。报纸是西方近代产生的新闻媒体，流传范围广，传播信息速度快，这使得拉丁化越文迅速地传播到南圻的城市和农村。为进一步规范和推广拉丁化拼音文字，1876年，由法国殖民政权培养出来的语言学家张永纪在《嘉定报》上撰文，将这种由欧洲传教士创制的拉丁化越文亲切地称为"国语字"，这一名称后被法国殖民政权和越南人接受、推广和使用，并逐渐成为拉丁化拼音越文的代名词。

1878年，南圻总督颁布了两条规定："1.从1882年1月1日开始，所有公文、决议、决定、案卷、命令等都必须使用国语字，此外，所有公开张贴的文书都要使用国语字；2.从1882年起，只有懂得国语字的人才能有机会到政府机关任职，才有机会升职。"[1]1879年7月23日，南圻总督乐·米莱·德·韦勒斯（Le Myre de Vilers）再次强调在法国机构（殖民机构）内部公务人员使用国语字的重要性："在所有行政、民事部门的公职人员以及负责指挥士兵的士官和下士官等，如果可以在考委会面前证明懂安南语（即越南语）将在殖民政权工作期间获得奖励，可以书写国语字的可获每年100法朗"[2]。此外，无论是在民间，还是官方，法国殖民者都大力推广拉丁化越文，同化越南民众，消除汉字在越南的深远影响，还要把越南变为"说着法语的印度支那"。因此，法国殖民者强调："中学和大学必须使用法语进行教学。越南语只是一门极为次要的课程，是一门位于英语、德语或西班牙语之后的第二'外语'。"[3]1879年10月28日，《关于废除汉字和在正式场合使用拉丁字》的通知正式颁布。除了在教育机构、报纸和行政机关使用国语字外，法国殖民政权还

---

[1] Trung Tâm Khoa Học Nhân Văn Việt Nam, *Những Sự Kiện Lịch Sử 1858-1918*, Hà Nội: Nxb Giáo Dục, năm2002, tr.106-107.（[越]越南人文社会科学中心历史研究所编：《越南历史大事记》，教育出版社2002年版，第106、117页。）

[2] Trần Nhật Vy, *Chữ quốc ngữ:130 năm thăng trầm*, Nxb Văn Hóa-Văn Nghệ,Tp.HCM,2013,tr.13.（[越]张日微：《国语字：130年沉浮》，文化文艺出版社2013年版，第13页。）

[3] [越]裴磐世：《越语——越南民族统一的语言》，载越南《历史研究》1976年第1期，转引自郭振铎、张笑梅《越南通史》，中国人民大学出版社2001年版，第98页。

用免费学习、加薪、免税等各种各样的手段来推广国语字的学习。[1]无论怎样，在法国殖民政权各种渠道的推动下，国语字得到了很大程度的推广，20世纪初已经开始替代汉字。

2.越南国人对国语字态度的转变

17—19世纪末很长的一个时期，由于汉字、喃字和儒家思想体系的深入，越南知识分子对国语字并不认同，认为所谓拉丁化的国语字出自西方传教士之手，在其发展过程中又有法国殖民者文化侵略与渗透的目的参杂其中，一部分民族意识强烈的知识分子把国语字视为法国殖民统治者实现奴役越南人民的文化工具，而拒绝使用。直到1885年时，一些儒士豪绅还集体上书给南圻殖民政权建议废除国语字，"现在在南圻只应该有两种语言，一种是我们想学的法语，而另一种是我们安南人自己的喃字"。民众也并不认可国语字，法国殖民者只好下令到每个村社，"抓孩子去学习国语字就像是抓壮丁服兵役一样，乡里的职员要劝诱和强迫孩子去学习，以求自己的升职。而孩子们十有八九仍然等着学儒字"[2]。

但19世纪末，拉丁化拼音文字易学、易记的特点逐渐被越南知识分子认同。一方面中国的没落，使其更加质疑儒学与汉字，他们认为，普及和推广国语字对宣传民主独立以及救国、强国是条捷径。因为汉字对于越南民众而言，音形不一致，而喃字虽然解决了音形割裂的问题，但不懂汉字而学喃字也非易事。所以可拼读的国语字对于没有机会上学的农民和贫苦大众来说，是最容易学习和运用的文字。另一方面，随着殖民统治的需要，法国殖民政权不断加大国语字的教育，一部分先掌握了国语字的越南人开始支持国语字的推广。

张永纪在服务于法国殖民者成立的新闻报纸机关期间，成为当时法国殖民政权的代言人。他将越南喃字文学名著如《翘传》《蓼云仙》和《潘陈》等用拉丁化越文注音翻译，并且编纂了《法越辞典》和《法汉越字典》。此外，由于他在国语字报纸《嘉定报》上撰文提出的"国语字"一词，以及很多关于国语字词汇和语法方面的论文，对拉丁化越

---

[1] Trần Nhật Vy, *Chữ quốc ngữ: 130 năm thăng trầm*, Tp.HCM: Nxb Văn Hóa-Văn Nghệ, 2013, tr.37.（［越］张日微：《国语字：130年沉浮》，文化文艺出版社2013年版，第37页。）

[2] 同上书，第38—40页。

南语的规范做出了贡献。他号召"国语字必须成为国家的文字",对普及、宣传、推广国语字方面做出了极大的贡献。

曾在保大皇帝傀儡政权里任职的范琼,在推广国语字方面也做了大量的努力。他用国语字编著书籍,提出"语言就是国家,语言存则国家存,语言亡则国家亡"的口号,摒弃了因国语字创制者为法国人而抵制的观念,移花接木地将国语字与越南国家和民族的存亡相联系,使国语字更具有推广的理由。1917年,范琼在河内创办了国语字杂志《南风杂志》,该杂志很好地使国语字、法语和汉语中关于政治、经济和科技的词汇交流、融合,因此不可否认,"运用向汉语借词的方法,《南风杂志》已经为越南语言以创造了很多新词,丰富了越南语的表达使得越南语在翻译和哲学思想的表现力变得更加完善"[1]。此杂志成为广大民族主义者最喜爱的杂志,范琼为推广越南国语字的事业也做出重要的贡献。

越南近现代著名的思想家潘佩珠与潘周桢也大力提倡推广国语字。1907年,潘佩珠在香港撰写文章《新越南》,大力宣传、推广国语字,并将其与同越南爱国教育运动结合为一体。潘周桢在东京义塾活动中,甚至提出了"不废除汉字,就不能拯救越南"的口号。[2]

随着资本主义经济的萌芽,民主维新的新思想也开始在越南广泛传播,特别是中国的改良主义和日本的维新思想,对越南士大夫影响极深。在潘佩珠发起"东游运动"后,越南新兴知识分子更加认为要救国就必须发展资本主义,要发展资本主义就必须维新,要维新首先必须从发展新文化开始。1907年3月,梁文干、阮琼等人在河内共同创办"东京义塾"。名义上,这是一所按国家的教育计划进行教学的私立学校,但实际上并没有使用国家规定的教科书,而是使用了国语字编写的宣传新思想的教科书,如《国民读本》《南国伟人》《越南国史略》《国文教科书》《伦理教科书》《文明新学册》等,供在校学生学习和向校外传播。东京义塾的组织者们大力倡导学习国语字,并用它来进行教学。同时,这里还是越南当时许多著名文人志士演讲的舞台,这些活动都大

---

[1] Trần Nhật Vy, *Chữ quốc ngữ: 130 năm thăng trầm*, Tp.HCM: Nxb Văn Hóa-Văn Nghệ, 2013, tr.84.([越]张日微:《国语字:130年沉浮》,文化文艺出版社2013年版,第84页。)

[2] 郭振铎、张笑梅:《越南通史》,中国人民大学出版社2001年版,第98页。

大促进了国语字的推广。后来，由于东京义塾成为越南宣传维新抗法和争取民族独立的中心，威胁到法国殖民政权统治的稳定，12月时被强制关闭了。虽然仅仅开办了半年多的时间，但东京义塾提出，要想唤起越南民族的自尊、自信、自主的爱国心，首要的问题是学习国语字，以避免口头语言和书面文字的不一致。东京义塾不遗余力地投入到国语字运动中，号召学校的学生、城市的市民、农村的农民以及知识界都要全力学习、掌握国语字。东京义塾的宣传活动是越南20世纪第一次大规模普及拼音文字的群众运动，其影响深远，促进了国语字的传播。在以传播国语字为载体的教育宣传活动中，东京义塾挑战了汉字千余年来在越南"独尊"的地位，打击了腐朽落后的封建思想，宣传了资产阶级民主独立的新思想和新风尚。

以胡志明为代表的越南共产主义者也十分重视国语字的普及工作。1925年，胡志明创办了国语字撰写的《革命之路》，1930年的《越南共产党简明条例》已经使用国语字撰写。1938年3月，按照印支共产党的指示，北圻支委组织成立了"国语传播协会"，旨在提高普通民众的文化素质。国语传播协会扎实地在全国城乡宣传和讲授国语字，掀起了声势浩大的推行拼音文字运动。

国语字真正成为越南全民通用的文字是在1945年9月越南共和国成立之后。胡志明主席为推行国语字做出了巨大的努力，他号召："越南的文盲人数占全国人口的百分之九十五，就是说，差不多所有越南人都是文盲，这样怎么能进步呢？政府已经决定，从现在一年内，所有的越南人都必须能识国语字。政府已经设立了平民学务司，以便办理有关人民学习的工作……要想维护独立，要想国富民强，我们每个人都必须明确认识自己的权利和义务，要有新知识，而首先要能读能写国语字，才能参加建设国家的工作。"[1]由于国语字易拼、易写的特点，越南共产党发动的国语字扫盲运动收效明显，到1959年，在越南大部分城市居民中都普及了国语字。

（四）使用拉丁化拼音文字的历史影响与意义

拉丁化拼音文字是欧洲传教士实现其在越南传播天主教的一种手

---

[1] 《号召人民大力扫盲》，载《胡志明选集》第2卷，越南外文出版社1962年版，第20页。

段，同时也成为法国殖民政权实现西方文化对东方文化影响的突破口，通过推广拉丁化拼音文字，去除汉字和喃字，已然割断越南与中国两千年来始终异常深刻关系的纽带。

虽然拉丁化越文的创始与天主教的传播和殖民统治相关，但是必须要肯定的一点是，它是越南历史上第一个完全脱离了汉字框架，解决了越南语书面语与口头语割裂问题的文字系统。拉丁化越文在越南全国范围内的推广和使用，在越南语言发展历史上，甚至整个文化发展上都具有划时代的历史意义。

拉丁化越文具有易学、易读、易写的特点，越南使用拉丁化拼音文字作为其"国语字"，对促进教育的发展，提高民智都起到了较大的作用，特别是对于越南独立后的扫盲工作更是具有积极的历史意义。同时，也促进了越南对世界文化的吸纳与融合。

每个民族都有权力选择自己的语言与文字，越南进入20世纪后，放弃了已经使用了近两千年的汉字和自己民族创造的喃字，选择了拉丁化拼音文字。仅就此事来说还有很多方面的原因，这里不再深究。但就使用拉丁化拼音文字后的影响而言，除却前述的积极方面，其对越南的文化发展也产生了不容忽视的负面影响。文字的改变，使得越南近现代文学几乎失去了继承古典文学的可能，使得现代越南人失去了直接阅读古代文学典籍的能力，而经过翻译的文献自然丢失了原作部分的音韵和风采。特别是那些关于文学、史学、医学、佛教和艺术的汉字和喃字典籍除了极少数的越南学者可以读懂外，对于其他越南人如同天书。舍弃了汉字和喃字，使越南文化在从传统到现代的发展演变进程出现了某种程度的断裂，使其民族文化的延续与传承中形成了不可弥补的缺环。

二 新闻出版的新生与发展

在法国的殖民统治下，西方资本主义文化开始进入越南，一些新生的文化现象开始在越南萌发，其中最具有代表性的就是报纸等新闻行业的面世。虽然法国人最初的目的只是用报纸来公布殖民政府的一些政令，同时向越南民众宣传和传播法国文化，但报纸行业还是如雨后春笋一般地发展起来了。

越南最早的一份报纸是在西贡发行的，使用法语，报纸名为 Le Bulletin officiel de l'Expedition de la Cochinchine（《印度支那政府通知》），主要作用是充当法国殖民政府公布政令的平台。一些报纸直接由法国人做主编，也有一些则是由那些亲法的越南知识分子来承担主编工作。1865年1月15日，在法国殖民政府的授意与支持下，由张永纪主编的第一份拉丁化越文报纸《嘉定报》在南圻面世。此后，又在南、北、中三圻发行了其他的一些报纸，如在西贡的《番安报》《通类课程》；1900年第三份拉丁化越文报纸《农古名坛》发行；1907年11月15日，《六省新闻》也开始发行。在两次世界大战期间，西贡的各类报纸已经非常多了，比如《女界》《妇女新闻》《南方火炬》等，在河内也发行了各类拉丁化越文报，如《登古从报》《友声》《实业民报》等。西贡和河内成了越南新闻报纸版业的两个中心。1913年，亲法知识分子阮文永任《东洋杂志》和《中北新闻》的主编，1918年，胡表正任《大越杂志》的主编，1917年范琼任《南风杂志》的主编。越南爱国人士积极利用了这些法国人倡导办的报纸杂志，使用拉丁化越文翻译和撰写文章。很多作家，如张永纪、胡表正、武重奉、阮功欢等，既撰写小说又为报纸写稿，传播资产阶级民主主义新思想，激发民族独立的精神和意志。新闻报业的产生与发展实际上已经成为当时影响越南文化现代化的先趋。

新闻报业就好似一把双刃剑，一方面成为法国人宣传、推广法国殖民奴役教育文化最得力的工具。比如由亲法分子阮文永、范琼等人出面主办的《印支杂志》和《南风杂志》就极力颂扬所谓的"法越提携主义"，呼吁人们接受法国的殖民统治，并宣传天主教、法国古典文学以及法国人的行为和生活方式，并把法国文明视为最高文明。"法国人扶持阮文永和范琼办报和开办出版社，目的是叫他们翻译出版法国古典主义和浪漫主义书籍，但是禁止他们翻译那些带有进步思想、科学和唯物主义的书籍。这样的行为加强了封建道德观念，旨在间接地抵御民主、革命思想的传播，使得越南青年、知识分子漠视政治。"[1]但另一

---

[1] Tường Chinh, *Về văn hóa và nghệ thuật,* Hà Nội: Nxb Chính tri quốc gia,1986,,tr99.（［越］长征：《文化艺术》，国家政治出版社1986年版，第99页。）

方面，报纸有意无意地成为推广国语教育、提高民智、激发民族意识的有利工具。第一次世界大战后，越南的民族资产阶级以阮富开和裴光召为代表，在1922年出版发行了体现民族资产阶级心声的《印度支那论坛》和《安南回声》。这两份报刊成为越南资产阶级立宪党的论坛，他们"既公开批评一些政府的缺点，但是又将自己隐藏在'忠诚'的盾牌后面"[1]。而阮安宁主办的法语报纸《哑钟》，代表着越南小资产阶级爱国人士的观点，报纸不仅抨击了当时腐败的贪官污吏，而且还激烈抨击了法国殖民制度，主张建设一种进步的民族文化。继《哑钟》之后，潘文长主编的法语报《安南》更是公开唾弃"法越提携"主义，极力反对法国人把越南士兵当成人肉盾牌，赴法国殖民地去镇压其他国家民族的解放运动。法语报《年轻的安南》也出现了批判殖民主义的内容。由阮庆全主编的法语报《家乡人》直接攻击腐朽的封建制度和黑暗的殖民制度，揭露了越南民族资产阶级和大地主阶级的改良主义思想的本质。在法语报纸发展的同时，一些拉丁化越文报，比如由伞沱主编的《友声》、黄叔抗在顺化主编的《民声》、陈辉燎在西贡主编的《东法时报》都成为宣扬西方文明和进步思想的报刊，传播民主自由理念，深受人民喜爱。在河内发行的拉丁化越文报《实业民报》宣传了由潘佩珠和潘周桢领导的"维新运动"，传播维新思想，高扬民族主义精神和爱国心。《法越一家》报纸打着"法越提携"的幌子，逃脱了法国殖民政府的检查，实质上却撰文控诉罪恶的殖民制度，反对印度支那银行，要求民主和自由。越南民族资产阶级利用报纸宣传的新文字、新思想和新文化，对越南民众的思想认识产生了深远影响。

随着国际国内局势的风云变幻，越南民族资产阶级的思想在新文化、新思想的冲击下发生了明显的变化。最能体现这种变化的就是越南民族资产阶级的代表人物潘佩珠。1904年，潘佩珠组织维新会时，他还坚持君主立宪思想，但到1912年建立越南光复会的时候，他已经完全转向了"民主共和"。当他与胡志明见面交谈后，他开始与社会主义思想接触。

---

[1] Huỳnh Công Bá, *Lịch sử Văn Hóa Việt Nam*, Húe: Nxb Thuận Hóa,.2008, tr.655.（［越］黄工柏：《越南文化史》，顺化出版社2008年版，第655页。）

20世纪30年代左右，法国殖民政府开始禁止发行进步的拉丁化越文报。为了应对法国殖民者的镇压及部分反动文人的宣传，爱国文人开始转向发行地下刊物，继续用国语字发表小说、诗歌和散文，宣扬民主革命思想，与法国殖民者进行持续的斗争。民主志士吴德继在《友声》杂志上发表《论正学与邪说》等文章，与法国殖民政府的代言文人范琼对阵，反对殖民奴役文化，有力地回击了范琼的"法越提携主义"的陈词滥调。

越南共产党诞生以后也使用报纸作为发动群众、推翻殖民政权的有利武器。1933—1934年，《妇女时坛》和其他一些越南北部报纸都爆发了"唯物和唯心"的大争论。1935年，在报纸《新生活》《光明》《中圻》《进步》上还爆发了"艺术为艺术还是艺术为人生"的争论，为越南文化艺术的发展方向奠定了较好的理论基础。在法国革命胜利时期，法属印度支那的革命气氛也浓烈了许多，越南不同党派、工人、青年和民主团体的几十种报纸相继问世。北圻有《咱们的声音》《劳动》《集合》《前进》几份法语报纸，和《信息》《时世》《民友》《今世》《新人》《新日子》《新社会》《青年魂》《青年声音》《世界》等国语字报面世；中圻有《稻枝》《经济新闻》《香江俗版》《民》等国语字报；而南圻则有法语报《先锋》《人民》和拉丁化越文报纸《民众》《劳动》《新》《普通》等。这些报纸介绍世界局势，宣传民主革命思想，引导人民认清时代与社会，保持正确的斗争方向，坚持"民族团结赶走法国和日本"的革命思想。越南共产党则发行了如《越南独立》《解放旗帜》和《救国》等报刊，这些报刊对越南1945年八月革命的胜利贡献了积极的不容忽视的力量。

报纸这个近现代文化的新闻媒体，从法国殖民者妄图统治和影响越南的工具，演变成为越南人民学习、普及拉丁化越文，创作和发表进步言论，传播和推广新思想新文化，宣传和鼓动民众推翻殖民统治的重要舞台。

三 越南现当代文学形式与主题思想的变化

（一）告别汉喃古典文学，迈向拉丁化越南语文学

19世纪后半叶，越南古典文学逐渐向近现代文学转型。南圻爱国诗人阮庭炤是这一时期的先锋战士。虽然是盲人，但阮庭炤愤笔疾书，用

笔作为武器来抗击法国的殖民侵略与掠夺，毅然从擅长创作的喃字古典主义小说（如喃字长篇叙事名诗《蓼云仙》）转向创作以反映越南人民抗法斗争的现实主义文学作品，歌颂早期"南圻六省"的爱国义士的英勇战斗精神。《六省阵亡义士祭文》和《张定祭文》是其在这一时期充分体现爱国意识与民族精神的代表作，深深触动了全国人民的灵魂和情感。一些平民百姓、农民和爱国人士都在他的笔下被刻画得活灵活现，入木三分。他的文章有着强劲的生命力，点燃了南圻人民的卫国热情，也激励着全国范围内的抗法事业。

20世纪初，一批又一批的文学战士加入了创作爱国主义文学的队伍。他们是潘佩珠、潘周桢、梁文乾、阮权、黄叔抗、阮上贤、吴德继、邓原谨和黎文勋等。他们创作了许多越南民众喜爱的优秀文学作品，如《流球血泪新书》（1903）、《越南亡国史》（1905）、《文明新学册》（1905）、《告腐陋文》（1905）、《越南国史考》（1905）、《海外血书》（1906）、《招魂少年》（1907）、《告姐妹们》（1907）、《叫魂水》（1907）、《爱国歌》（1910）、《爱军歌》等。有些作品虽然仍然使用汉字创作，但是其反映的主题思想发生了深刻的变化，反映了新兴资产阶级民族主义和强烈的爱国主义精神。潘佩珠在《越南亡国史》中揭露了法国殖民统治的苛捐杂税之重："法人之所以浚削越南者，无所不用其极。其口算之率，初每人岁一元，十年前增倍之，今且三之。人民住宅，梁有税，户有税，室增一窗一户则税率随之。其宅城市者，茸一椽，易一瓦，鸣鼓一声，宴客一度，皆关白山潭所（警察所），乞取免许状，不则以违宪论……知我如此，不如无生！彼苍者天，何生此五十兆之民为哉！"[1]在越南新一代知识分子的努力下，文学成为抗法斗争有力的武器。

初期的拉丁化越南语文学还有一个显著的特点——大量翻译汉、喃、法文的文学著作。张永纪翻译了大量越南著名的汉、喃古典文学，并且还创作了一种记事体文学体裁，其代表作为《乙亥年赴北圻行》（1876）。20世纪初，阮文永翻译大量的法国诗歌、小说等，如卢梭的《民约论》、巴尔扎克的《驴皮记》、雨果的《悲惨世界》等。一些汉

---

[1] 于在照：《越南文学史》，军事谊文出版社2001年版，第199页。

字儒学典籍《大学》《中庸》《诗经》和一些深受越南民众喜爱的喃字文学著作《翘传》《二度梅》《蓼云仙》等以及南部很多的民间文学、歌谣都用拉丁化越文翻译后呈现给民众。法国文学的创作手法和民主、平等、博爱、独立、自由等资产阶级新思想也跟随着翻译文学进入了越南，越南文学逐步向成熟的拉丁化越南语文学转型。

随着法国殖民主义的入侵，越南社会经济基础发生了变化，民族资产阶级产生，民族独立的矛盾上升为社会主要矛盾。乡村教授汉字儒学的私塾被法越双语学校所代替，东西方文化的融合与交流从广度和深度上都以前所未有的速度展开。这些决定了20世纪初越南的国语文学开始脱离传统儒家"文以载道"的教化观念，转向反映民族资产阶级知识分子、新生的城市市民对社会变迁的思考。

胡表正和黄玉柏是20世纪初期拉丁化越南语小说最有成就的两位作家，他们的小说题材涉及面很广，反映了当时从农村到城市的社会现实。黄玉柏的《素心》是当时最著名的一部小说，故事描述了男女主人公淡水和素心是法国殖民时期高等院校的学生，因两人都喜欢浪漫诗歌而热恋。但是素心家人却将其嫁给一个秀才，素心违心出嫁，婚后忧郁成疾，素心给淡水留下情书和日记，不久去世。该小说开启了越南浪漫主义小说的先河。作品开始脱离章回体小说的影响，着重于人物的心理刻画。但是人物反封建婚姻的意识并不是很强，表现出当时越南知识分子面对从封建儒家思想向西方民主自由思想转型的彷徨。

（二）拉丁化越南语文学的发展与成熟

20世纪三四十年代，拉丁化越南语文学进入了繁荣期，受法国文学观念和体裁的影响，拉丁化越南文学作品题材逐渐丰富，小说、诗歌、散文、报告文学、政论文和戏剧等均不断涌现。浪漫主义文学、批判现实主义也在越南文坛上崭露头角。自法国侵略越南以来，越南争取民族独立的抗法战争就没有停止过，进入60年代，越南又开始了艰苦卓绝的抗美战争。因此，直至70年代末期，民族主义、爱国主义和战争意识始终是贯穿拉丁化越南语文学的线索和主题。

1.浪漫主义文学的发扬与变化

伞沱是越南文人从旧儒士向现代诗人过渡的典型代表，其创作初期受中国古典文学,特别是李白诗歌的影响,诗风奔放自由。其精通拉丁化国语字,于是翻译了很多中国的唐诗和小说。其诗歌具有刚刚进入近现代拉丁化越南语文学的过渡特点,如"桃叶纷纷落天台,溪边黄莺鸣幽长。半年仙境,一步尘埃,旧约新缘就此了。小路、青苔、水流、花漂,仙鹤一飞冲天去,从此天地相隔远。洞门,山巅,旧路,千年怅望月照明"[1]。在他的努力下,拉丁化越文诗打破了唐律和六八体喃字诗歌的诗体,句式多变,诗歌既通俗易懂,又带有清新典雅的气息,将越南古典诗歌向现代自由体诗歌推进了很大的一步,为拉丁化越文新诗派的繁荣奠定了基础。

拉丁化越文新诗派反映的主要是民族资产阶级知识分子追求爱情和婚恋自由的愿望,提倡个人享受,由于不敢用政治和军事手段进行抗法斗争,他们把希望在文学创作上,表现出感伤、孤独、彷徨的审美意向,具有脱离当时抗法民族解放斗争现实,纯粹是"艺术为艺术"的倾向和色彩。较能表现这种艺术风格的作品是刘重庐的《秋声》:"少女不听秋季,朦胧月下惆怅不安?……少女不听秋林的声响,秋叶落沙沙,金黄的麋鹿踏在金黄色的枯叶上,在疑惑张望。"虽然除了诗歌本身的艺术外,它并没有反映更多的现实内容,但《秋声》还是成为当时越南年青人广为传诵的诗篇。

这一时期,"新诗"派的代表诗人还有春妙,春妙是20世纪越南最著名的浪漫主义诗人之一,被称为"情诗王子"。他在《匆忙》中写道:"春天正在来临,来临就意味着正在流逝。春天乍到,乍到就意味着即将结束。春天结束就意味着我生命的终结。"他的诗充满了对爱情、美好事物以及人生的眷念,体现了越南青年们在西方文化的冲击下对新人生的"躁动"。爱情诗《远》大胆描写了年轻男女之间炙热的爱情:"两人要头接头,胸贴胸!两人要相互把头埋在对方的头发中!双手要紧紧搂抱着对方的肩膀!全部的爱情通过秋波传送!朱唇紧紧贴在一起,让阿哥感觉玉齿的温暖;在陶醉中,阿哥会轻轻告诉阿妹:'再近点!这样还是太远!'"春妙的诗歌受到中国和法国浪漫主义文学的

---

[1] 于在照:《越南文学史》,军事谊文出版社2001年版,第256页。本节下文中,如没有特别标注,拉丁化越南语文学作品的译文均采自该书。

影响，体现了东西方文学艺术的融合。作者热烈地歌颂了爱情，诗词当中洋溢着大胆直白的爱情观：相爱的双方应该把自己的生命融化到对方的肌体中，成为对方生命的一部分。

20世纪30年代，一零从法国留学归国，与作家慨兴、秀肥、世旅、春妙以及画家阮嘉智、阮吉祥一起宣布成立了"自力文团"，旨在使世人知晓，孔学已不合时宜，文学创作要具有越南特色，并且注重个人自由。对此，一零谈道："当陈旧的文明方式呈现于我们每个人的眼前，我们不满意这样的方式与结果，我们只能继续把希望寄托于西方文明上，这样的文明可以带领我们到达的地方是未知的，但是它毕竟是变化和进步着的。"[1]他们的作品多以反对封建礼教，提倡婚姻自由和个体解放为主题。其中一零的《断绝》被誉为"戴在个人主义头上的艳丽花环"，1934年在《风化报》上连载后，受到了广大青年的热烈欢迎。故事描述了上过学的"新潮女孩"阿鸾，毅然与封建伦理道德下悲惨的爱情和婚姻生活"断绝"，向封建秩序里的三纲五常提出了抗议和挑战。最后通过一名法国律师为阿鸾在法庭上的辩护，阿鸾重获自由，走入社会，在报社找到了工作，并最终与爱人阿勇重逢。这部小说充分体现了"自力文团"宣扬的"个人自由"，是近代越南民族资产阶级知识分子在接受西方文明影响后，呐喊出的"人权宣言"。

当时，这种宣扬理想化的浪漫主义文学对刚刚接触西方文明的越南年青人有着很大的吸引力，很多人都向往"欧化"和"新潮"的生活。黄道在1936年第33期《今日报》上发表的《跟上新潮》的文章中，对"欧化问题"进行了详细的阐述。他说："我们所说的'跟上新潮'就是指'欧化'……'欧化'就是把西方文明的原则运用到我们的社会生活中。过去，我们的生活是非理性的，我们生活在陈规陋习和古人的金科玉律的桎梏中……'欧化'就是调和个人主义和社会主义之间的矛盾，就是使得个人在社会中得以自由发挥自己的价值，使得个人得以自由表达自己的情感，表现自己的才华。"[2]

---

[1] Neil.Jamieson, *Understanding Vietnam*, Berkeley and Los Angeles: University of California Press,1995，p.1.
[2] 于在照：《越南文学史》，军事谊文出版社2001年版，第272页。

受到西方文学,特别是法国社会、人文和文学观点的影响,越南浪漫主义文学倡导人权,提高民智,追求个性解放等。其语言风格朴素、清新、浪漫,极富表现力与感染力。浪漫主义文学在越南近现代文学史上占有重要的一席之地,为越南本民族建立使用自己语言文字的国语文学奠定了坚实的基础。以浪漫主义作家为主体的"自立文团"影响了众多的作家和文学爱好者,在越南掀起了一场新文学运动。

2.批判现实主义文学的出现与发展

20世纪三四十年代,越南抗法斗争愈演愈烈,民族独立的革命形势吸引和影响着广大的知识青年,宣扬超现实"理想"境界的浪漫主义文学渐渐失去了迷人的光环。相反,由于批判现实主义文学具有创作手法写实,题材范围取自现实生活,广泛客观,人物形象塑造写实和丰富,深受广大越南民众的喜爱。批判现实主义文学空前壮大,并取得了辉煌的成就。

在确定了"艺术为人生"的文学观点后,越南批判现实主义文学涌现出大批优秀作家,如阮功欢、吴必素、武重奉、元鸿、南高、阮庭腊、裴辉繁、孟庭思、苏怀、裴显和刍金麟等,诗人有秀肥和屠繁等。

1935年,在"艺术是为艺术还是艺术是为人生"的文艺大讨论中,阮功欢(1903—1977)出版了短篇小说《男角四卞》,作者成功地塑造了一个为了人生奔波卖笑的从剧演员"四卞"。"四卞"为了挣钱给父亲看病,他不得不把病入膏肓的父亲撇在家里,登台演戏。舞台上饰演"好好知县"的他,内心极端痛苦,表面上却要努力做各种惹人笑的动作,让观众高兴,舞台上的喜剧与他生活中的悲剧形成了鲜明的对比。这个角色有力地批判了"艺术是为艺术"的浪漫主义观点,反映了深刻的社会现实,拉开了越南批判现实主义文学的序幕。

1938年,阮功欢又发表长篇小说《穷途末路》,成为越南批判现实主义文学的巅峰之作。作品描写了农民"阿坡"一家遭受殖民政府和封建土地制度残余的双重压迫,妻离子散、家破人亡,被逼走上"穷途末路",最后奋起反抗的故事。作品真实地再现了20世纪三四十年代越南农村的生活画卷,揭示了农村社会深层次的阶级矛盾。《穷途末路》用凝练生动的笔触描绘了法国殖民政府想方设法设立名目繁多的苛捐杂税，盘剥越南人民；封建制度下残余的土豪劣绅依然欺压、掠夺农民的土地和钱财；广大农民担负着护堤建坝等连绵不断的徭役兵役；洪灾泛滥，疫病肆虐；农村迷信盛行，农民思想愚昧落后等一系列农村现状。《穷途末路》是八月革命前越南批判现实主义文学作品中思想性和艺术性最高的一部作品，极大地促进和推动了越南现代文学的发展。

吴必素（1892—1954）的作品《草棚竹榻》则反映了越南知识分子从封建儒学思想向近现代民主思想转型的一个必然过程。作者选取了最能体现越南封建知识分子命运的科举考试作为背景，描述了主人公陶云鹤才高气重，多次赴京参加科举考试，但终因各种原因，功名尽失，梦想破灭。小说通过开端时描绘一个金榜题名的进士荣归故里的宏大场面，与小说结尾时目睹赶考路途中一个发须尽白的老儒生，死时身上还带着考试用的栅架、竹榻和笔墨的悲剧，做出强烈对比，讽谕了封建制度以及儒士们从欣欣向荣走向穷途末路的历史现实，真实地再现了越南近现代面临东西方文化碰撞和转型时，封建儒士们复杂、迷惘与痛苦的心态。

武重奉（1912—1939）是一位才华横溢、风格鲜明但英年早逝的批判现实主义小说家。《暴风骤雨》和《红运》是其两部代表作品。《暴风骤雨》与我国曹禺先生《雷雨》的故事情节有异曲同工之妙，主要是通过官僚买办资产阶级代表"谢庭赫议员"和工人阶级代表"海云"两个家庭间发生的恩怨情仇，来揭露越南官僚买办与法国殖民政府和资本家勾结，表面上人模人样，背底里欺行霸市，霸人妻女，欺压民众，豪取强夺的嘴脸。《暴风骤雨》里人物众多，反映了当时越南在法国殖民统治下广阔的社会层面。1938年，武重奉发表的另一部作品《红运》是越南现代文学中最具讽刺意味的一部作品，作者塑造了一个靠向贵妇人献殷勤，继而通过伪装、欺骗等手段而一步步攀上上流社会的流浪者"红毛春"。通过他的发迹史，作者讽刺了法属印度支那社会所谓"上流社会"里各种虚伪愚蠢的人物。在进入了上流社会后，"红毛春"利用一个法国关长遗孀的垂爱，用曾经卖假药而知道的一些名词，以及机缘巧合的运气，披上了"医生""社会改革家""网球教授"等诸多欧化职业的外衣，一天天红火起来。最后，他因听从法国殖民总督的指挥故意在与暹罗网球比赛时输掉了比赛而成为"把人们从战争灾难的边缘拉回来的救国英雄",被授予"北斗佩星"的奖章。武重奉以独特的视角,辛辣犀利的讽刺手法,无情地揭露了掩盖在法式文明下的越南官僚买办和新兴资产阶级以及封建残余势力腐化堕落的生活,抨击了当时法国殖民者在越南兴起的"西化运动""体育运动"和所谓的"女权解放运动",打着"民主""文明"和"改革"的旗号却干着践踏传统道德的虚假本质。由于武重奉真实地再现了越南社会有钱人的腐化、污秽和淫荡,在他活着和死后,作品都受到非议。但在1949年越北文艺研讨会上,著名作家素友指出:"武重奉不是革命的作家,但革命感谢他揭露了社会的丑恶现实。"1954年后,越南文学评论界对武重奉的定位是"八月革命前批判现实主义文学的代表作家之一"[1]。

南高（1917—1951）是越南40年代最有影响的批判现实主义作家之一。他擅长深入细微的人物心理描写,他在中篇小说《志飘》中通过独特的心理描绘刻画出了一个生动的、外表鲁莽、内心胆怯、说话无理、内心复杂的农村泼皮形象,丰富和完善了八月革命前越南农村农民形象的画卷。如果拿"志飘"与我国著名作家鲁迅先生笔下的"阿Q"做对比,两个人物的心理变化,虽然是在不同的国家,但是都体现了农民在人吃人的旧社会里贫穷化和流氓化的一个过程。至今,"志飘"这个名字仍然在越南现实社会中常被人比喻为那些表面自嘲、内心斗争激烈的"屌丝"青年。可见这个文学人物在越南社会中的启发意义与现实价值。

3.革命和战争文学的兴盛

1920年12月法国共产党出现,马克思主义影响到了法国的文学理论,法国出现了社会主义文学,这对越南的文学运动也产生了一定的影响。实际上,不仅是因为法国文学的影响,中国、俄国的革命事业和社会主义思想对越南的文学观念也产生了重要的影响。从越南无产阶级走上历史舞台的那天起,拉丁化越南语文学里就诞生了一种慷慨激昂的文学类型——无产阶级革命文学。1931年,由越南共产党发动的义静苏维埃运动在法国和越南伪政权的血腥镇压下失败了,大批的革命志士被投

---

[1] 于在照:《越南文学史》,军事谊文出版社2001年版,第237页。

入监狱。革命者把诗歌当作武器继续宣传革命思想，鼓舞斗志。这些革命诗歌成为革命文学中不可或缺的重要组成部分。

陈辉燎（1901—1969）的《狱中纪事》和《昆仑纪事》属于报告文学，是当时新产生的文学体裁，这两部作品揭露和控诉了法国昆仑岛监狱的黑暗与残酷。陈辉燎除了具有较高的文学造诣外，还是历史学家和革命家，他的作品真实客观地再现了从20世纪初到60年代末，近半个世纪以来越南民族英勇的革命斗争历程。此外，还有黎文献的报告文学《昆嵩监狱》、志城的《罪恶的监狱》、旧金山的《越狱》、素友的《枷锁》、春水的《在监狱中》、黎德寿的《监牢》等。这些文学作品普遍反映了法国殖民者对革命者惨无人道的拷打和监禁，揭露了"法越提携主义"的虚伪性，同时也表达了无产阶级革命者抵抗法国殖民侵略的坚决意志。这对广大越南民众认清法国侵略越南的真实意图，激发民族独立的反抗精神起到了极大的作用。

20世纪30年代，苏联的社会主义革命文学通过法语和中文书籍传入越南国内。1943年，印支共产党发表了《越南文化提纲》，这是越南无产阶级使用马列主义观点第一次全面阐释了越南文化的发展方向，提出"反对法西斯、封建、落后、奴役、愚民和反动的文化"，指出"越南文化的未来是社会主义文化"，提出了新文化运动的三项原则："民族化、大众化、科学化。"这个文化提纲引导这一时期的广大文艺工作者分清是非，辨明方向，紧密团结起来，为实现民族独立、争取自由和民主而创作。1945年八月革命以后，苏联社会主义革命文学开始在越南得到广泛传播。社会主义革命文学的文学审美观念和创作导向影响了一大批越南文学工作者，越南革命文学在抗法革命斗争时期不断地成长，成为支持越南民族革命的一支重要力量。

阮辉想（1912—1960）特别擅长于历史题材小说，他的《龙池会之夜》《武如素》《马援铜柱》《安思公主》《北山》《高谅纪事》《与首都共存亡》等历史题材的话剧和小说，都对越南历史上的重大事件进行了艺术的再创造。其中《与首都共存亡》是阮辉想最重要的一部文学作品。作品反映的是1946年12月，越南军民在河内为抵抗法国侵略者卷土重来而保卫首都的战争，虽然战争只持续了两天的时间，但小说还是利用一些文学形象,如教师陈文、学生阿莺、留法学生阿保和军人国荣等真实地再现了众多历史事件：签订《临时协定》、安宁巷和米粉街的屠杀、激烈的巷战等。小说中的人物形象体现了革命浪漫主义与现实主义的结合,主人公陈文是深谙越南历史的一位老师,有着充沛的爱国热情,在保卫首都的战争中,毅然投笔从戎,但是当其真正置身于激烈的战斗中时又手足无措,在经过战争的洗礼后终于成熟了起来。阮辉想把小说人物的内心世界表现得淋漓尽致,再将其置于真实的历史背景下,使得小说极富感染力和戏剧张力。

八月革命前,春妙作为一位风格婉约的浪漫主义诗人,曾经作有多首爱情诗使青年一代为之痴迷。但经过革命战争的洗礼后,春妙从一位小资产阶级的浪漫主义诗人转变为一位无产阶级的现实主义革命诗人。春妙从轻歌慢吟、柔情似水讴歌剧情转变为热烈、真挚地歌唱人民的民族解放战争和国家的独立事业。他在《越南之春》里写道："进军歌如波涛汹涌拍岸,血性男儿的呐喊回荡天际……崭新的越南、春天的越南,金星红旗艳丽无比的越南！从谅山到金瓯角经过海云,山水相依,在红旗下,演奏了一曲合唱。旗杆是骨头接成,旗帜是鲜血染成,枪剑由钢筋铁骨造就,荣光中的第一个共和国,本世纪的第一个越南之春。"如果与八月革命前春妙的诗风作一比较的话,可以说判若两人,可见革命与战争对诗人心灵洗礼的力量。春妙在总结自己的创作经验的时候指出："我属于旧时代,又属于新时代,两种创作方法、两种'诗魂'、两种'创作笔法'以及我们国家的两个历史阶段都融合在我的身上。"[1]

阮庭诗（1924—2003）的第一部小说《冲击》和长篇巨著《决堤》都是反映抗法战争的作品,而20世纪60年代出版的中篇小说《冲入战火》和《高地》是对抗美战争与生活的反映。《决堤》中,作者真实地再现了主人公爱国儒士"阿克"和社会不同阶层的人物,走上革命道路的不同经历,用这些经历描绘了20世纪三四十年代法国殖民者疯狂镇压越南人民民主自由运动,并且大肆抓捕共产党人与爱国人士的历史事实。作品中对战争的残酷、法国殖民者和日本法西斯的虚伪、叛徒和卖

---

[1] 于在照：《越南文学史》,军事谊文出版社2001年版,第299页。

国者的丑恶行径都进行了无情的鞭挞。阮庭诗的战争小说大大地促进了战争题材文学作品的繁荣与发展。

阮文俸的《乌明森林》反映了抗美期间越南西南部金瓯地区武装起义的经过，赞扬了武装起义在越南抗美救国战争中起到的积极推动作用。除了歌颂越南人民英勇的卫国意识和牺牲精神外，作者也在作品中涉及了武装革命中一些问题，客观现实地再现了抗美战争初期阶段的艰难。

阮施（1928—1968）作为一名战地作家，常常深入战场一线，他的文学作品凝聚了越南抗美战士的血肉灵魂。1965年他出版了《抗战的母亲》，这是一部纪实报告文学，记述了越南南方女英雄"阮氏小"不平凡的一生。阮氏小体现了越南妇女勤劳、勇敢、坚强和善良的优秀品质，表现了妻子、母亲、战士、党员等多种社会角色的重合。英雄的事迹感人肺腑，激励着广大越南爱国青年的抗战斗志。

抗美战争文学里还有英德（1935—　）的长篇小说《土地》，主要讲述的是1961年在越南南方，机智勇敢的游击队员与敌人周旋的故事，作品里同样塑造了几个越南妇女的英雄形象，特别是史大姐在残酷的战争面前，为了解救战友而光荣牺牲。英德在越南南方战斗了13年，非常了解越南南方抗美战争的残酷性，他的《土地》是越南南方作家第一部描写抗美战争的长篇历史小说，在抗美战争文学中占有重要的一席之地。特别是他的作品还被翻译成多国文字，成为世界人民了解越南人民抗美救国战争史实的重要途径。

这里需要提出的是，从1945年到1975年这段时期，美国文化对越南南方文学也有一定的影响。为了抵制马列主义和社会主义文学，法国和美国帝国主义在越南南方继续推行资产阶级的生活方式，使得越南南方文学出现了三种创作倾向：第一种是服务于殖民帝国主义的反动政治文学；第二种是堕落的个人主义文学；第三种是附合消费主义审美的文学。但因为这并没有成为决定越南文学发展演变的重要因素，在本书里不再着重讨论。

1948年7月，越南劳动党支部总书记长征作了《马克思主义和越南文化问题》的报告，确定了以马克思主义为指导的越南文化运动方向，指明了社会主义现实主义是新的历史阶段文学的创作方法,这对越南后来的文学创作产生了深刻的影响。1962年,越共中央指出:"我国的文艺事业是社会主义的文艺事业。"受到苏联社会主义文学的影响,在文学创作手法方面,越南文学仍然强调推崇"社会主义现实主义"的手法,侧重于歌颂社会主义,塑造具有共产主义觉悟的人物或劳动人民群众中的英雄人物等。

1946—1975年,持续8年的第二次抗法战争和15年的抗美救国统一战争是这一时期越南文学创作的宏观历史背景,在越南劳动党的文化发展思路的指引下,很多作家都投身于战争文学。反映抗战、服务抗战成为文学创作的主题与目的,战争文学占据了文坛的主导地位。

(三)拉丁化越南语文学作品的繁荣与多元化

1975年,越南南北统一后,南方开始进行社会主义改造,全国步入社会主义建设的新阶段。20世纪80年代到21世纪,越南社会主义建设期间社会出现前所未有的新情况和新矛盾。同时,整个亚洲和世界也在剧烈动荡中,世界格局从两极向多极转变,中国实行改革开放,苏联解体,东欧剧变,世界经济一体化和全球化的趋势不断加深。1986年越共"六大"确定革新开放的政策,全国全党的重心转向经济建设,社会意识形态的管理趋向宽松,人本主义的观点逐渐取代阶级的观点,越南文化艺术的发展开始强调以"人"为中心。越南人民的思想意识也随着国内国际环境的变化而发生剧烈的变化。尤其是越南南方的人们,由于经历了法国殖民统治和美国帝国主义的深刻影响,他们的思想与生活比北方民众更处于一个新旧交替和东西方文化的碰撞当中。个人意识的觉醒,对战后生活状态的关注,文学形式向多样化、个性化发展,人本主义、战争伤痕和民间意识开始成为这一时期文学作品的重要内容,这些都反映到越南作家的文学作品中了。

这一时期涌现出来的优秀文学作品层出不穷,本书仅选择几部文学作品来表现越南在跨世纪时期文学观念和主题的发展与变化。

首先,关于战争题材的小说仍然在文学作品中占有很大的比重,但不再表现为历史史诗型的叙述,而着重于表现战后社会的重建以及人们心理的适应与变化,甚至表现出强烈的悲剧意识,对战争给社会与人造成的创伤进行了细腻的刻画,这实际上是前一阶段现实主义文学的复归和蜕变。作家麻文抗(1936—　)精力充沛,视角独特,其创作的长篇小说《园中叶落的季节》赢得1986年越南作家协会颁发的小说奖。《园中叶落的季节》通过河内"阿平"老人一家在社会主义建设过程中家庭生活的变迁,向读者展示了战后越南社会主义过渡时期,人们家庭婚姻观念的变化。作者在作品中提出:"在有很多困难的新生活建设时期,作为社会细胞的家庭会牢不可破吗?"这是作者对"人"本身的关注,对家庭的关注,以及对社会的关注。作品肯定了传统的美好的道德观念,揭示了新的社会价值观产生的深层原因。而麻文抗另一部长篇小说《没有结婚证的婚礼》虽然同样是讲述婚姻和家庭生活,但将主人公"阿嗣"塑造成一个在"社会净土校园里执教的语文教师",他平静的生活因为妻子的背叛而被打破,而究其根源是"钱","贫穷和背叛"迫使"阿嗣"放弃了"人类灵魂工程师"的崇高事业。麻文抗小说对婚姻家庭的思考在越南社会引发了强烈反响。

其次,越南当代文学创作日趋多元化,不再局限于历史主义和英雄主义的模式,转向刻画寻常人物和百姓生活。作家们在写实文学之外开始了多元化的创作实践,在艺术手法上开始把内心独白和意识流相结合。《人多鬼杂之地》是阮克长(1946—　)创作于20世纪90年代的一部长篇小说,作者运用意识流的手法将神话与世俗的现实世界相连接,用神话故事的内容来比对和讽喻现实。1992年,朱来创作的《往日的乞丐》也是很好地利用了内心独白与空间的转化,来突出人物心理的变化。主人公"二雄"在战争中失去了美丽的青春、爱情和强健的体魄。当他看到自己曾经梦想着能活着见面的恋人——一个纯洁的女游击队员,现在在经济建设的大潮中从事着非法经营,男女关系混乱。"这就像自己曾经珍重的那个水晶瓶瞬间破碎成无数的碎片划向自己的心……现在知道了一切的事实后,我遗憾为什么你当时不死去,在那个痛苦的早晨永远的离开。"[1]而"二雄"在战争前后形象和心态上的强烈对比更加凸显了战争对社会与人的伤害,引发了人们对战争的深刻思索。

当然,浪漫主义文学在当代越南文学发展中也有所回归。春琼

---

[1] 转引自余富兆《越南当代文学创作中的悲剧意识》,《东南亚纵横》2010年第9期。

(1942—1988)被称为20世纪越南文学中的"胡春香",她的诗歌洋溢着美好、真诚、淳朴和热爱生活、积极向上以及乐观勇敢的品质。她在《竹节草花》一诗中写道:"树木在没水的河滩中摇曳,地球转动季节变换。何人在树丛后轻轻呼唤我的名字?当初我们踏过的草径秋色一片。白云随风飘向远方,心如蓝天明澈透亮。竹节草吸含了人间苦涩,心中的诗歌就让它随风飘荡。路旁开满竹节草花,竹节草花开上了阿妹的衣袂。温柔的爱语仿佛空中青烟,阿哥的心思坚定不变?"

此外,个体自我意识的苏醒与呐喊为越南当代文学的创作提供了更多的主题与空间。杨向的长篇小说《寡妇渡口》就是一部虽然以战争为背景,但没有花费太多笔墨在战争和英雄人物上,反而对越南北部沿海地区普通农村里的村民爱情、婚姻和生活状态进行了艺术表现。故事里的"阿万"是一个从抗法奠边府大捷中回乡的老战士,回乡后因战争时期僵化的思想模式使其认为应该对一切都大公无私,甚至对已经牺牲战友的妻子"阿茵"怀有的感情也应深埋心底,从而选择了一种"无我"的生活。阿茵的女儿"阿杏"苦苦等候丈夫"阿义"(一个从抗美战场回乡的战士,在战争中丧失生育能力)的归来。但村社里各种封建思想余毒势力作怪,将二人婚姻无后的不幸归咎于阿杏而迫使其离婚。离婚后阿杏精神几近崩溃,找阿万倾诉时,与阿万发生了"罪恶"的关系怀有身孕。阿万为此深感愧疚,最终选择了以死谢罪。作者提出了"尊重人性"的观点,肯定了追求个人自由、快乐和幸福的权利,大胆地呐喊出了人的本能与欲望,并且深刻地分析了封建思想、战争给人的心理留下的复杂心态。同时作品明显地将人物形象立体化与丰满化,不再追求英雄人物的高大和完美,反而倾向于表现真实人物的真、善、美、丑、恶的各个方面,人物在作者构建的合理化悲剧情节中显得更加立体与饱满,富有文学感染力。

总体而言,越南当代文学作品开始挖掘以"人"为中心的主题,将"人性、爱情、婚姻、事业、成就感、欲望、金钱、社会价值感等"作为主要表现的对象,开启了无限的空间。人物类型丰富,人物形象也不再单调,人物性格与内心世界往往体现了伟岸与平凡、光明与黑暗,勇敢与怯弱的矛盾对立面。人物不再是一目了然、千篇一律,很多人本主义里强调的人性、本能、欲望和潜意识都在文学人物上有所体现。

越南当代文学是对越南传统和近现代文学的继承与发展，由于文字承载工具的转型，对越南当代文学产生影响最为深刻的是法国启蒙时期的文学、中国五四运动以后的新文学、苏联社会主义文学以及美国文学。由于特殊的历史背景，20世纪是越南当代文学史上最重要的历史阶段，也是整个越南文学史上最繁荣昌盛的阶段之一。它像一面镜子，折射出越南历史的沧桑风雨、社会文明的前进步伐。在人本主义的基础上，21世纪的越南文学仍然侧重于现实主义的创作手法，大批作家创作了广大读者喜爱的大批现实主义文学作品，真实地描绘了社会主义革新开放以来人们生活的变化，反映了越南民众的心态变化，引导人们批判社会弊端和丑恶现象，引导社会朝着真、善、美的方向发展。

第三节　近现代越南宗教信仰的产生与演变

一　天主教和佛教在越南的传播与变化

自16世纪末，欧洲传教士就进入越南传教。早期天主教传入越南的情况在前面章节里已经有论述，这里不再细说。在大批欧洲传教士的努力下，天主教逐渐深入越南，17世纪中期，法国传教士亚历山大·德·罗德回到罗马，竭力宣传在越南设立教会组织的必要性。他的努力引起了法国殖民者对越南的注意，于是"越南设主教一事，一变而为法国国事矣"[1]。在法国统治阶级与罗马教廷的积极支持下，1658年，异域传教会在越南成立，这是法国在越南的第一个海外传教组织。此后，法国王室堂而皇之地将传教活动与殖民扩张联系在一起。而且越南南方的天主教传播的速度更快，"在内堂（1680—1682）时期，信奉天主教的人达到60万。在南方，人们对神的崇拜远比北方人随意"[2]。18世纪末，在越南传教的百多禄主教在给法国国王的奏折中说："据臣所见，吾等倘于交趾支那建造殖民地，洵达此目的最稳妥、最有效之办法。且就该国

---

[1] 邵循正：《中法越南关系始末》，河内教育出版社2000年版，第6页。
[2] Đào Duy Anh, Sử Cương Văn Hóa Việt Nam, Hà Nội: Nxb Khoa Học Xã Hội, năm2008, tr.223.（[越]陶维英：《越南文化史纲》，社会科学出版社2008年版，第223页。）

家之出产与口埠之势而言，吾等倘将该地占据，则无论平时战时，受益将匪浅鲜"[1]，可见在越南地区的法国传教士的努力不仅仅是为了单纯的宗教传播，而是与法国的殖民扩张密不可分。到了19世纪，伴随着法国殖民者的脚步，天主教已经传播到了越南全境，信奉人数大幅上升，特别是在封建残余势力的王公贵族和一部分为法国殖民政府服务的官僚中尤其盛行。

1960年11月，罗马教皇指定诺斯卓茹姆（Veneranbi Lium Nostrorum）在越南再次设立越南教会，下设三个教省：河内、顺化和西贡（1975年后更名为胡志明市）。[2]这一事件大大促进了天主教在越南的传播与深入。

佛教原是越南最主要的传统宗教信仰，受到天主教传播与法国殖民扩张的影响，佛教在越南宗教信仰上的地位大幅下降，但佛教仍然拥有最广泛的信徒。在越南南方华侨社会中，尽管已经不太讲究佛教祭拜的传统仪式，但仍普遍保持着这种宗教习俗。[3]因为兴起过佛教复兴运动，直至吴庭艳政权时期，在越南南方1400万人口中，有大约1000万人在不同程度上信奉佛教。[4]

20世纪中叶后，西贡和顺化地区的正统大乘佛教徒，不仅强烈反日，也反对吴庭艳扶植的天主教势力。天主教少数派分散在广大地区，约有一两百万人，并不全都亲法，他们不仅在宗教上，而且在政治上，都产生了不同的派别……越南境内党派和宗教的分裂，构成了统一难以克服的障碍。[5]到了美国扶持下的吴庭艳政权时期，天主教与佛教爆发越南历史上最严重的冲突，佛教受到严重的打击。

吴庭艳及其弟吴庭儒与弟媳都是虔诚的天主教徒，吴氏兄弟是越南封建官僚吴庭可的儿子，吴庭艳的教名叫作让巴蒂斯特·吴庭艳，吴氏

---

[1] 转引自韦福安《天主教在法国据越侵华中所起的作用》，《钦州学院学报》2010年第2期。

[2] Đặng Nghiêm Vạn chủ biên, *Về tôn giáo tín ngưỡng Việt Nam hiện nay*, Nxb Khoa Học Xã Hội, Hà Nội,1999, tr.174.（［越］邓严万主编：《现代越南宗教信仰》，社会科学出版社1999年版，第174页。）

[3] ［美］约翰·F.卡迪：《战后东南亚史》，姚楠等译，上海译文出版社1982年版，第279页。

[4] 李连广：《论南越吴庭艳政权的倒台及其对美国冷战政策的影响》，《武汉大学学报》（人文科学版），2011年第5期。

[5] ［美］约翰·F.卡迪：《战后东南亚史》，姚楠等译，上海译文出版社1982年版，第280页。

兄弟与罗马教廷始终保持着联系，他们接受主教职位，试图联合宗教的势力来巩固其在越南南方的统治地位。1963年5月8日，顺化僧侣抗议吴氏政权歧视佛教，禁用佛教旗幡，举行游行示威。该活动遭到了政府的暴力镇压，这一事件成为引发吴庭艳政权下佛教危机的导火索。虽然迫于美国政府的压力，吴庭艳也曾象征性地公开表达了宗教信仰自由的意愿，但是迟迟没有做出真正的行动。其虚假的态度立刻引发了越南南方僧侣更大的怒火。6月11日，年近七旬的广德法师在美国记者的摄像机面前自焚，引发了全世界对越南南方佛教问题的关注。其间，吴庭儒及其夫人对此事件非但没有道歉，其夫人还公开嘲笑佛教僧侣的自焚为"烧烤"，指责佛教领导人中渗透了共产党，并把佛教徒的抗议活动归因于越共的操纵指挥。[1]这种缺乏理智的言语在绝大多数信奉佛教的越南民众中掀起轩然大波。此次佛教徒危机坚定了美国剔除吴庭艳的决心，加速了吴氏政权的跨台。

在当时越南社会动荡的年代，丧失了国家和民族生存空间，无论是天主教、佛教，还是源自越南本土的高台教与和好教的发展和变化都难免会带上争取民族独立的精神和爱国主义的政治色彩。

二 越南本土宗教的产生与发展

直至20世纪20年代，除了本地祖先崇拜、三府四府教和供母教等民间信仰外，越南所有的宗教信仰都来自国外，主要是从中国传入的佛教、道教，由西方传入的天主教和从印度及东南亚海岛地区传入的伊斯兰教。1926年，在南圻地区（西宁省）出现了越南第一个本土宗教——高台教，全称"高台三期普渡大道"，主张"天人合一""万教一理"，杂糅了佛教、道教、儒学、天主教以及越南民间信仰的思想，昌盛时期信徒发展到200多万。1939年，南圻西部（安江省）又出现了另一个本土宗教——和好教。和好教产生于越南南方佛教复兴时期，与受元韶禅宗派影响产生的"宝山奇香"派密切相关。和好教不供奉佛像，主张"孝义四恩"，强调"佛在心中，人固有佛性"。20世纪70年代，信

---

[1] Mike Gravel, *The Pentagon Papers:The Defense Department History of United States Decisionmaking in Vietnam,* Volume II, Boston: Beacon Press, 1971, p.228.

徒也达到200万来，在越南成为与高台教并驾齐驱的一种本土宗教。

（一）越南本土宗教产生和发展的原因

恩格斯在《关于德国的札记》中写道："历史唯物主义认为，社会存在决定社会意识，经济基础决定上层建筑，各种思想、观念、宗教等意识形态形式都可以在社会物质现实中找到根源。"[1]同其他宗教一样，越南本土宗教的产生与越南当时的历史背景、社会发展状况、文化特点以及生活状态是密不可分的。

1.越南南方产生本土宗教信仰的心理基础

越南南方气候炎热，沟壑纵横，土地广袤，向来是越南国内移民聚集开荒种植的地方，据越南阮朝史书《嘉定城通志·风俗志》载："开拓之初，我国流民与唐人、西洋、高绵、阁闾诸国侨寓居多间闲，而衣服器用，各从其国。"[2]可见从18世纪开始，越南南方就已经是东西方文化交汇融合的地区了。大批移民在迁移和开发过程中，辛勤劳作，但是动荡的社会和连绵不断的战乱，给南方居民心理上沉淀下太多的不安全感，这需要宗教信仰的抚慰。越南南方的村社是在移民的垦荒过程中形成的，人口流动性较大，私田多于公田，稳定性与北方社会相比较差，所以在湄公河（九龙江）平原上村社组织的共同体作用比红河平原要差得多，宗教组织作为一种强势的集体性组织更容易被南方民众所接受。因此，在法国殖民统治之前，越南南方已经是宗教信仰最泛滥的地区。19世纪越南佛教的复兴也是发生在越南南方，这与越南南方民众对宗教信仰的需求是密不可分的，这些因素都成为越南本土宗教在南方产生的心理基础。

2.法国的殖民统治促进了越南本土宗教的产生

19世纪上半叶，勤王运动和东游运动失败，越南一步步地陷入法属印度支那的殖民统治。越南的广大人民，尤其是最早受到殖民统治的南圻农民，深受法国殖民的压迫，法国殖民政权为了弥补在世界经济危机中国内经济的不振，拼命掠夺印度支那的资源，苛捐杂税名目繁多，大

---

[1] 中外名人研究中心编：《马克思主义哲学导读》，上海人民出版社1990年版，第137页。
[2] 《嘉定域通志·风俗志》，选自《岭南摭怪等史料三种》，戴可来、杨保筠校注，中州古籍出版社1991年版，第174页。

片大片的土地集中到了法国殖民者和越南少数大地主的手中，农民生活十分困苦。加上越南中南部自然灾害频繁，特别是洪水泛滥让很多农民成为流民，颠沛流离。现实生活中找不到出路的农民就把希望寄托于宗教信仰。

除了对农民的剥削以外，法国殖民者对在殖民机构中工作的越南职员也实行不公正的待遇，迫使一部分人渐渐走向与法国殖民者不合作的道路，他们开始寻求天主教之外的宗教来安慰不平衡的心理。当时，平均每个法籍职员的薪金等于越南职员的10倍，有的可达200倍。例如，一名法国职员平均一年的收入有5000越盾，而一名越南中级职员一年的收入只有166越盾，而越南低级职员更少得可怜，只有49越盾。[1]此时，又恰逢南圻大兴"立坛求乩"之风，对法国殖民政府不满的知识分子们就会将政治上的失意和经济上的窘迫寄托于这样的活动。

1939年，国际法西斯势力抬头，越南共产主义运动展开，法国殖民者恐惧革命势力的扩张，大张旗鼓地搞起了"白色恐怖"，肆无忌惮地镇压革命运动。越南民众开始寻求神灵保佑，或者说找寻宗教组织的庇护。传统的儒学、道教和佛教因缺乏革命和反抗意识，在面对法国殖民者的镇压时无能为力，处在水深火热中的越南民众对传统的宗教信仰丧失了信心，急需一种新的宗教产生。

（二）高台教的产生与发展

高台教的创立与"立坛求乩"之风直接关联，所谓"乩"与道教的"扶乩"极其类似，即当信徒们要祈求神灵的帮助时，神灵就会显灵，托教主立于坛上为信徒"乩笔"写下诗句回答信徒的问题。这就为20世纪初救国无门、报国无路的越南近代知识分子提供了一个抒发胸臆的途径。当时的吴文昭、高琼瑶、高琼居、范公阵和高怀创等人都曾靠"乩笔"赋诗抒怀，倾诉内心的困惑与矛盾，他们后来都不约而同地走上了创立和信仰本土宗教的道路。

高台教创立于1925年12月25日，相传其创始人吴文昭在富国岛受神启示悟道创立高台教，后经黎文忠、范公阵等人组织开教典礼，高台教

---

[1]　[越]陈辉燎：《越南人民抗法八十年史》第一卷，范宏科、吕榖译，生活·读书·新知三联书店1960年版，第93页。

才得以正式成立。高台教的创始人皆为法国殖民机构里的办事人员和知识分子，因不满法国殖民统治的社会现状，为了寻找新的解脱，他们借南方人民泛神思想盛行之机，假托高台仙翁下凡拯救芸芸众生，在南方各地设"高台"依托"乩笔"传神的教义，得到南方广大群众的追随。1926年，迫于高台教发展的势头，法国殖民地当局默认了高台教的存在。

高台教提出"三期普渡说"，认为"在广阔的宇宙中最高神乃是一位高高在上的神灵，法号'高台仙翁大菩萨摩诃萨'，诞生于天地阴阳二气交合之时。他们用'高台'来表示'最高的存在'，相信高台是宇宙的心脏，是世间万物的主宰……'高台仙翁大菩萨摩诃萨'曾两次派遣弟子下凡创立各种宗教以普渡众生，'第一期普渡'发生在上古时期（远古—公元前650年），在中国易经已初步形成，在印度婆罗门教雏形已经形成，在巴勒斯坦犹太教产生了。'第二期普渡'发生在中古时期（约公元前650年—约1850年），在中国儒教和道教相继产生，在印度婆罗门教继续发展的同时，释迦牟尼创立佛教，耆那教获得振兴，在巴勒斯坦耶稣创立基督教，在阿拉伯半岛穆罕默德创立伊斯兰教，在波斯琐罗亚斯德创立拜火教，在希腊泰利斯，毕达格拉斯和阿基米德哲学盛极一时。但是这两次普渡却没有使人类脱离苦海，疾病、战争、饥饿仍然威胁着人类。高台仙翁体察世间疾苦，亲自出来进行'第三期普渡'（约1851年至今）。"[1]这样的教义与理论把高台教吹嘘成了最完美的最后一次普渡，很快就获得了广大越南民众的信任。

高台教教主名为高台仙翁大菩萨摩诃萨，被奉为最高的神，而根据其"三期普渡说"，就把所有的宗教神灵都集中在了高台教的神台，如释迦牟尼、耶稣、老子、孔子、观世音，甚至李白、关公、姜太公、牛顿、维克多·雨果、莎士比亚、丘吉尔、克里孟梭、孙中山等历代东西方圣贤也都被列为该教所供奉的对象。其教义自然也就混杂了"三期普渡"里所有出现过的宗教信仰的教义，如佛教、基督教、道教以及儒学的思想成分。高台教模仿天主教的等级制度进行管理和布教，其信徒涉及层面和区域较广，有农民、知识分子，还有不少上层人士。

20世纪40年代后，随着法国、日本、美国几个国家在越南的轮流

---

[1] 冯超：《论越南高台教产生的原因》，《南洋问题研究》2005年第4期。

统治与殖民，越南社会更加动荡。高台教的发展越来越带有政治色彩，特别是1945—1955年，高台教开始组织军队，并积极投身于南方政治事务。1956年年初，吴庭艳政权曾派兵围剿高台教武装，一部分高台教徒转而投身于吴氏政权，而另一些则开始组织自己的政党，参加议会选举，在南方政府中拥有自己的代表。在1975年南北统一后的越南国会选举中，它也获得了4个席位。1992年，社会主义越南政府正式承认高台教的合法地位。

（三）和好教的产生与发展

和好教产生于1939年，创始人为黄富数（1919—1947）。黄富数出生于越南南方一个地主家庭，从小喜读诗书但体弱多病，曾四处云游，遍访名医，途中学会了用一些草药治病，同时也深受佛教"宝山奇香派"的影响，开始传播佛法，替人治病。1939年，由于法国殖民者大搞白色恐怖政策，民心惶恐，黄富数趁机在自家院子里搞了个简单的仪式，成立了一个新的本土宗教——和好教。

和好教又称"和好佛教"，顾名思义，它是以佛教为信仰基础的宗教。"宝山奇香"佛教派别在越南南方影响很大，黄富数受"宝山奇香"佛教派别西安法师的启发，自称为"先知"，称自己在修炼途中遇见释迦佛和玉皇大帝，受命下凡救赎众生。由于西安法师生前常暗示自己就是佛祖降生凡间，死后还会通过其他形式转世，因此黄富数被很多佛教信徒认为是西安法师或佛祖再世。

和好教的教义和祭祀礼仪都非常简单，和好教并不兴建寺庙，也不供奉佛像，而是用一块红布代替神像，供品为鲜花和清水。教主黄富数在佛教基本教义的基础上编写了几集谶言偈语作为教义，归结起来包括："'学佛法'讲求恶法、真法和善法。恶法对善法起着阻碍作用，真法是打破愚昧、开拓智慧、明辨真理的法；善法是让人们晨修晚习的法，它创造善缘，使人得到解脱并达到佛的正果。'修仁'是用以指导教徒培养道德品质的。修仁要修'孝义四恩'，即：祖先父母恩、祖国恩、同胞人类恩、三宝（佛、法、僧）恩。"[1]可见，和好教虽然自称佛教，但实质上是佛教与充满儒家伦理的民族传统观念相结合的产物。它

---

[1] 雷慧萃：《越南和好教初探》，《解放军外国语学院学报》2004年第2期。

的产生和发展反映了当时越南破败不堪的社会现实与人们需要宗教信仰整合民族凝聚力的心理需求。

同高台教一样，和好教也具有浓厚的政治色彩。1940年，南圻暴动失败，法国殖民者血腥镇压和搜捕革命志士，越南南方民众处于恐慌与动荡中，不少群众加入宗教组织来寻求安全感，和好教信徒数量大增。在第二次世界大战期间，日本人占领越南，为了争取本地人的支持，群众中有影响的宗教组织成了日本法西斯拉拢的对象，该教受到日本法西斯的保护。1941年，和好教教主黄富数被法国殖民者羁押，但第二年就被日本法西斯解救送回西贡。日本法西斯成立了各种组织，拉拢很多和好教青年教徒参加，和好教在南部的势力更加壮大。1945年年初，日本还支持与协助黄富数去一些地方"劝农"，巩固和发展和好教在下层农民中的势力。8月日本向盟军投降，9月法国殖民者重返越南，但是和好教的领导人并没有放弃争取民族独立的斗争，他们同高台教和西贡的共产党人携手合作进行反法斗争。1974年春，在反对美伪政权统治的斗争中，大批和好教的信徒投身革命，有的被捕，最终惨死狱中。战争的残酷和社会的离乱反而促使越南民众更加踊跃地加入和好教。

"从历史上看，宗教是统治人们的那些自然力量和社会力量在人们头脑中虚幻的、颠倒的反映，是由超自然实体的信仰和崇拜来'支配'人们的思想和行动的一种社会意识形式。这种社会意识形式产生以后由于统治阶级的利用和推崇大大强化了……"[1]高台教与和好教的产生与发展历程充分证实了宗教信仰在社会发展中的现实意义。

三　越南现代宗教信仰概况

目前，佛教仍然是越南拥有信徒最多的宗教，2004年公布的资料显示，越南佛教徒约为903.8万人，分布在全国1.5万余座寺院中修行。[2]每逢农历初一、十五都是越南人烧香拜佛的日子，四月十五日则是佛诞节。很多家庭放置有供奉佛祖和祭祀祖先的神台。但越南人信仰宗教的界限很容易混淆，宗教信仰也时常与民间信仰混合，有的

---

[1] 中外名人研究中心编：《马克思主义哲学导读》，上海人民出版社1990年版，第137页。
[2] 徐绍丽、利国等：《列国志》，社会科学文献出版社2005年版，第92页。

人有可能同时信仰两三种宗教，家中供奉的神灵可能墙上是基督，桌上有佛祖或家中祖先等。但正是由于民间信仰与宗教的融合，佛教、道教很容易深入民众日常生活，一些祭祀祖先、城隍、神仙、英雄功臣，特别是祭拜女神的宗教信仰习俗，巧妙地融合于既似佛教寺院又似道教观宇的越南寺庙中。

目前，大部分越南民众都有到寺庙上香和祭祀神灵的风俗习惯，他们看似很像虔诚的佛教信徒，其实并不尽然。笔者于2014年春节期间跟随越南友人一行共赴香山寺敬香拜佛，考察当代越南宗教信仰情况时发现：香山寺只是民间的一种称法，其位于首都河内下属美德县黛依河（sông Đáy）畔香山乡，它实际是一个包含了佛寺、神庙、乡亭等十余座供奉佛祖、祭祀民间神灵的场所。而香山寺的中心建筑也并非一座传统的佛寺建筑，而是位于山顶的一个香释洞，洞口题有"南天第一峝"的字样。洞中并未供奉任何高大的佛祖像，而是一尊巨大的天然钟乳石，显然是万物信仰的延续。洞的最深处有一多层的供桌，上面供奉了包含释迦佛祖、观音、财神、土地在内的各种神像，下面跪拜了大量的信徒。笔者就在洞口休息处询问了几位敬香的民众，他们均不清楚洞里供奉的每座神像，甚至有人坦言自己并非佛教信徒，只是听说这里很灵，所以一起来上香，为家人求得平安与财富。在经济高速发展、文化冲突日益激烈的今天，其实越南佛教的发展同样面临着各种挑战与冲击。据越南调查总局在2010年公布的数据显示，2009年越南佛教信徒为6802318人，仅占全国总人口的7.92%。[1]

天主教是现代越南的第二大宗教，目前在全国拥有5324492名天主教徒，6003座教堂和修道院，其中胡志明市有526308名信徒，274座教堂和修道院（2003年统计数据），[2]还有部分人信仰的是基督新教。

高台教是越南第三大宗教。越南南方的西宁省仍然是高台教信徒

---

[1] Tín đồ Phật giáo Việt Nam chỉ còn 6.802.318 người! （《越南佛教信徒只有680.2318万人了！》，http://www.mofahcm.gov.vn/news/Tin-tuc/Tin-do-Phat-giao-Viet-Nam-chi-con-6802318-nguoi-5670/。）

[2] Số lượng tín đồ và nhà thờ Công giáo ở Việt Nam．（《越南的天主教教堂和信徒数量》，http://www.mofahcm.gov.vn/vi/mofa/tt_baochi/pbnfn/ns040818152531250。）

密集的地方。目前，高台教不再按照以前旧的组织形式开展活动，而是分为中央和基层两种层次的教会，中央级称为圣会，基层称为教会。从1995年到2000年，圣会通过宪章和布道章程传教，建设两级教会，教会布道的方向定为"国富道明"。据2009年高台教的统计数据，高台教现有3万名工作人员，大约240万名信徒，在全国的38个省分布着958个教会组织，每年大约有4000名新的教徒加入高台教。和好教现主要集中于越南的西南部，信徒约有100多万人。

四 近现代越南宗教变化体现的文化内涵与意义

（一）交融性大于创造性

越南本土宗教的产生深深体现了越南文化演变中"交融中内聚"的特征。无论是从高台教的教义、组织形式、供奉的神像和高台教东西合璧的寺庙风格，我们都可以深深感受到其对世界文化的接纳与融合。但明显的杂糅痕迹大大削弱了越南人的创造力，高台教只是从形式上虚构了一个至高无上的高台仙翁，但是并没有创造出什么富有哲理的思想和教义，高台教的核心思想始终围绕着佛教、道教和儒学，而天主教的影响则局限于组织形式和神像的摆设之中。法国学者古莱在《印度支那安南的祭祀与宗教》一书中谈道："越南人心灵完全特殊的一点是没有进行认真的选择……他们承认所有的三教，然后让这三教相互汇集，相互掺合，无论在什么条件下，只要三教统一合并为一教，目的也就达到了。"[1] 可见深受中国传统宗教思想体系的影响，"三教合一"或是"三教同源"的思想自古至今，始终在越南人的文化思维中徘徊。

（二）强烈的民族精神和积极的入世精神

无论是高台教、和好教还是越南佛教，在这一时期的变迁过程都可以显示出这些宗教组织蕴藏着强烈的民族精神。高台教打着要统一世界宗教，建设一个精神强国的旗帜；和好教则是将"祖国恩"列入"修仁"的教义当中，一心想激发民志，挽救祖国沦落的悲惨命运；而越南佛教徒则挺身而出，不惜以牺牲信徒个体生命来唤醒民魂，反抗腐败的吴庭艳政权。这些行为都把民族精神宗教化，鼓舞和激励着越南民众的

---

[1] 转引自王金地《略述越南高台教的产生》，《印支研究》1984年第4期。

抗法和抗美斗志。

越南本土宗教有一个显著的特征：积极的入世精神。由于外国殖民者的侵略，国内南北分裂，政权更迭，战争不断，高台教与和好教从诞生之日起就具备明显的入世精神，它们是打着挽救民族命运的旗帜进行传播的。特别是在第二次世界大战后，高台教与和好教都有自己的武装力量，并且革命力量浩大。1946年时，和好教就有2万名士兵的军队。

但也正因为越南本土宗教与当时越南的政治和社会过于紧密的联系，同时缺乏严谨、深刻和完备的教义与组织，高台教与和好教的发展都具有明显的地域性，始终没有超越出越南及与其南部接壤的几个国家及地区，信仰人数也是呈现减少的趋势。

第四节　越南近现代艺术形式的转型

一　西方文化对越南现代美术产生的影响

（一）印度支那美术高等专科学校推动了越南现代美术的产生

1925年，法国画家维可多·达茹（Victor Tardieu）和越南画家南山（Nam Sơn）合作创立了印度支那美术高等专科学校。1925—1945年可以说是越南现代美术基础形成的一个时期，通过法国美术老师的教学，越南年轻一代的美术工作者自此接受了很多西方的绘画技巧，并把这些技巧运用到越南现代美术作品中。印度支那美术高等专科学校为越南培养了百余名绘画、建筑、雕刻和造型艺术方面的人才，包括苏玉云（Tô Ngọc Vân）、陈文谨（Trần Văn Cần）、裴春派（Bùi Xuân Phái）、杨碧连（Dương Bích Liên）和黎普（Lê Phổ）等，他们后来都成为越南当代著名的艺术大师。

当然，也有越南学者认为这个学校是法国殖民文化的侵略，因此不能过多强调其文化影响力，传统艺术仍然是推动越南造形艺术发展的主要动力。但不可否认的一点是：1996年，越南政府颁发的胡志明造型艺术奖7位获奖的艺术家全部都是从印度支那美术高等专科学校毕业的。现在，越南很多艺术研究人员都认为印度支那美术高等专科学校确实在越南现代美术史上留下了浓重的一笔。[1] 2001年3月，在20世纪越南美术学术研讨会上，越南美术协会主席——画家陈辉荧（Trần Huy Oánh）谈到印度支那美术高等专科学校在越南现代美术发展过程中的作用时指出，"虽然越南有传统艺术和一些宏伟的艺术成果，但绝大部分都是民间艺术。一直到有了印支美术高专（1925），它给（越南美术）带来了一种西方（美术）教育培养人才的方向和创作方法。越南开始形成一支创作队伍、一批有名有姓的优秀作品，换言之，形成了现代美术创作的根基"[2]。这个现象恰巧证明了殖民主义从来都是带有双重历史使命的。对此，一些欧洲学者也坦言："在传教士和军队后面，跟随而来（越南）的是教师、医生和艺术家们。"[3]

越南著名画家南山（1890—1973）也是在此期间受到法国文化艺术的影响。1923年，南山偶遇维可多·达茹，达茹认可南山的才能，将其送到法国巴黎学习美术，南山在巴黎学校里边学习边打工，其间了解了莫奈、毕加索等著名画家的绘画技巧。由于出生于河内的一个儒士家庭，从小受中国儒家文化的熏陶，成年后又受到法国文化的强烈影响，造就了南山独到的美术审美意识。南山在油画、丝绸画和木刻画方面颇有建树，他著有《中国绘画》，该书成为越南关于美术理论的第一本著作。他创作的画作《母亲》《一个爱国儒士》《乞丐》《红河边的米市》蜚声越南。除了绘画创作外，南山还倾注了很多精力于印度支那美术高等专科学校的绘画教学，南山强调在接受越南传统文化的同时学习西方文化，但要努力避免西方化，他认为只有回归传统才能跟上世界现代艺术的发展步伐。

（二）在法国文化影响下产生的越南美术派别

阮潘正（Nguyễn Phan Chánh，1892—1984），是印度支那美术高科专科学校的第一届学生，当时维可多·达茹认为他的资质不适合学习

---

[1] Hữu Ngọc, *Hội Họa Việt Nam Hiện Đại Thưở Ban Đầu*, Hà Nội: Nxb Thế giới.năm2009, tr.16. （［越］友玉主编：《越南现代绘画的初期》，世界出版社2009年版，第16页。）

[2] *Trước hết là giá trị con người, Tạp chí Văn hóa Nghệ Thuật*, Nxb Văn hóa-Thông Tin, Hà Nội,năm2008,tr143.（《首先是人的价值——文化艺术杂志》，文化通信出版社2008年版，第143页。）

[3] Catherine Noppe, Jean-Francois Hubert, *Art of Vietnam*, New York: Parkstore Press Ltd., 2003, p.183.

西洋美术，就劝他转向专门研究东方美术技法，并帮助他接触研究中国唐宋的绘画艺术，鼓励他在此基础上发展越南丝绸绘画艺术。中国的绢画非常吸引阮潘正，他认为这种画表现的是事物的灵魂，而不是单纯地对事物外表的模仿。阮潘正创作的丝绸画，将西方绘画技法与东方美术相结合，绘画笔法接近西方，但在颜色的使用上又倾向于中国绘画艺术的淡雅，画风质朴。他创造性地将棕色、黄色、淡灰色在光滑的绸缎上自然交融，来体现具有越南风情的画面，被称赞为"一种纯粹的越南艺术"。1931年，阮潘正在巴黎博览会上因为绢画《玩爷爷的格子游戏》名噪一时，也因为这种成功，阮潘正成为越南绢画的代表。其绢画作品《在池塘边洗蔬菜的年轻女子》也体现了东西方绘画技巧的结合，既使用西方绘画的笔法真实表现了越南农村女子的体态，又将东方审美意境与丝绸细腻柔和的底色完美地融合，画面洋溢着越南人村社生活中的特有的安静氛围。

继阮潘正后，黎普、阮祥邻、黎氏榴、梅秋、陈文谨、武高谈和梁春贰等都在从事油画的同时从事绢画的创作，这个团体创作出了很多蕴含着民族传统和精神的作品。如黎普的《沐浴》、黎氏榴的《母性》、武高谈的《两个朋友》、梅秋的《窗边的女子》等，他们多从越南妇女的面容、情绪、身型、头发、手臂等细节来表现越南的民族特色。也是由于丝绸的特点，绘画的对象呈现出如梦如幻的色彩，时而轻柔，时而温和，时而婉转，色彩有时简单有时复杂，表现手法有时具有民间特色，有时呈现古典主义。也正是在这些画家的努力下，越南绢画逐渐被认为是一种独特的流派，而不再被认为是中国绢画的支系。

越南磨漆画使用传统漆画艺术的色彩以及材料，比如黑漆、赭色漆做成胶状，黏着在器皿外部或画板上，用赭石、银箔、金箔和贝壳等材质在深色底漆上作画，多次打磨而成。自20世纪30年代后，一些在印度支那美术高专学习的画家开发了一些越南本土较常见的漆画新原料，比如蛋壳、螺壳和竹篾等，创作出这种具有本地特色的漆画艺术，"磨漆"艺术这个术语正是从那个时候才出现的。阮家志是越南第一个成功发明和运用新型绘画原料的人，尽管他完全使用的是西方现代绘画技巧，但他巧妙地将其与越南传统造型艺术——磨漆技法结合，创作了特有的越南磨漆画派。他的创作颠峰是于1940年创作了《还剑湖畔》和《春园》。其他的磨漆画家还有陈文谨、阮文己、阮司严、黎普、阮康、范后和陈光珍，这些画家的共同努力推动了越南独特的磨漆艺术向前发展。磨漆画常常描绘越南各地的寺院、亭子、桥、河、海和山等。陈文谨的《送哥赴考》主要描绘了村民送赶考人的情形，画中运用了传统的磨漆色，如朱红色、黑色和赭色。而另一些当代磨漆艺术家，如范德强、黎国禄、阮文桂、谢已和孟琼已经将磨漆画艺术上升为装饰艺术，颜色更为凝重。在越南胡志明市的统一宫内，现在还保存有一幅巨大的磨漆画《平吴大诰》，画面底色为赭色，以金箔和赭石作画打磨而成，画中人物众多，气势恢弘，常引发世界各地游客的赞叹。

虽然法国艺术家在越南努力地教授越南学生学习油画，但是他们从来没有认为越南人可以成功地运用油画原料，直到苏玉云（1906—1954）的出现。他1926年进入印度支那美术高等专科学校跟随达茹和英古依姆贝蒂（Inguimberty）学习，1931年就获得了印支殖民美术展的金奖。苏玉云坚信油画原料可以体现越南人的心魂。他绘画的主题主要是与"妇女相关"的题材、日常生活以及自然景观。他创作了很多关于下龙湾、香山寺、金边僧侣和在农田里耕作的农民的油画。他最经典的作品是"少女系列"：《少女与百合》《少女与莲花》《中午》《少女倚着柱》《晴天》等。他喜欢使用棕色、靛蓝色，并用光线的明暗来刻画少女身体的线条，以此来凸显生活的生机。苏玉云大胆和强烈的用色，受到现代越南美术界的推崇，被喻为越南油画界鼻祖。1939年，他进入印度支那美术高等专科学校担任美术老师，培养了大批的年青画家，如阮司严、阮创、裴春派、杨碧连、黄文锦、梅文贤和潘继安等，为推动越南现代美术的发展做出了积极的贡献。

（三）越南现代美术风格的演变

1945年以前，越南现代美术受到法国民主思想的强烈影响，很多文艺工作者都醉心于"自我"和"个人主义"。这一时期的越南美术作品也倾向于描绘一些脱离了人生与社会的"纯粹的美"，从空间和时间上都注重一种永久的美，陷入了"艺术是为艺术"的创作理念空间，如裴春派从纯美术角度创作了一些河内古街街景的画作。

但越南民主共和国成立后，在抗法和抗美战争如火如荼的年代里，受到社会现实的启发，这一时期的越南画家运用西方美术技法相继创作出了一批爱国作品。一些油画家的优秀作品也着力于表现当时的社会和经济情况，如刘文醒的《在阳光下的农村青年和马》、阮司严用白色与天蓝色的对比创作了《文庙的守卫》，阮创主要埋头于民族独立斗争题材的美术创作。著名作家苏玉云的作品在这一时期也发生了积极的转变，经常刻画一些英勇的战士和勤劳的农民，后期他还转向了越南民族美术作品——磨漆画的创作。

越南总书记长征在其《马克思主义与越南文化》一文中，曾经明确地指出："不应单方面地来看待法国文化对越南的影响，而否认法国文化中进步文化对越南的影响。历史上，被侵略者抵抗侵略者，但经常也从侵略者那里学到他们的长处。需要肯定的是，在法国殖民统治时期，我们学习到了一些关于科学研究、文学创作、绘画、音乐、戏剧、建筑等的思维和方法。使得我国明显地带有法国进步文化和艺术的印迹。"[1]

如今，磨漆画和油画已经成为越南美术中最普遍和最具民族文化特色的两种美术表现形式。在越南首都河内和南方胡志明市的很多热闹的街道都开设有画廊，均以出售描绘越南特色风情的油画为主，深受越南人民和外国游客的青睐。

二 西方建筑艺术对越南近现代建筑审美产生的影响

法国文化对越南产生的巨大影响，还表现在建筑艺术层面。1885—1953年，法国的建筑艺术对越南产生了深远的影响，"法国艺术家们把用砖石来建造永久大厦的概念，介绍给了这个只使用木头和其他一些相关建筑材料的（越南建筑）文化"[2]，使得越南近现代建筑呈现出明显的法式建筑风格。

（一）法式建筑风格的出现

19世纪90年代起，随着法国殖民统治的稳固，法国人开始在越南

---

[1] ［越］阮志贝主编：《在国际经济融合背景下的越南文化》，国家政治出版社2010年版，第106页。
[2] Catherine Noppe, Jean-Francois Hubert, *Art of Vietnam,* New York: Parkstore Press Ltd., 2003, p.183.

按照法式审美观建设城市，特别是在西贡、河内、大叻、海防、芽庄、南定、荣市、岘港、归仁、美寿和顺化等城市兴建了以政府、学校、军营、教堂、研究中心、医院诊所和娱乐休闲场所为主的一些法式建筑。

大叻城兴建于20世纪初，法国殖民当局保罗·多默（Paul Doumer）决定采纳医生亚历山大·冉新（Alexandre Yersin）的建议，将其于1893年探险发现的高原原始森林中的一个荒芜之地开辟为法国殖民者在印度支那地区的一个避暑胜地，1906年开始，大叻便按照现代城市预案的规划开始修建。法国殖民政府甚至曾经萌发过将其建为法属印度支那首都的想法，派出了很多知名的设计师对该城市的规划和建筑进行设计，法式建筑风格赋予了这个坐落于越南西原高原森林中的小城市一种奇特的魅力。曾获1904年意大利格兰特奖的法国著名设计师欧尼斯特·亨勃郎特（Ernest Hébrard，1875—1933）提出应利用该地的自然资源，围绕着湖泊、河流和山川建设不同的居民中心区和度假区。1930年，路易斯·乔治·皮尼欧（Louis Georges Pineau）延续了亨勃郎特的设计思维，充分考虑了当地的自然和气候因素，并且保持了从郎比昂山（Núi Lang Biang）角度俯看城市风貌的设想。直到今日，大叻的法式建筑群分布得错落有致，布局合理。无论是越南末代皇帝的保大行宫，还是永山女子修道院（Nhà thờ Domaine de Marie）、大叻尼古拉巴黎教堂（Nhà thờ chính tòa Thánh Nicôla Bari）（也因教堂顶有一公鸡，而被称为公鸡教堂）、大叻高等师范大学等，以及无数深受法式建筑风格影响新建的民居，站在该市的最高处放眼四周，整个城市就如同一位美丽的"沉睡于森林的公主"，确实有置身法国城市的错觉，因此也有20世纪欧洲建筑博物馆的美誉。

事实上，法国人在越南全境气候凉爽的地方都修建了避暑胜地，芽庄、岑山、涂山、沙巴、三岛和头顿等地方的法式建筑都如雨后春笋般出现。当然，受西方建筑艺术影响最深刻的还是越南南北部最大的两个都市——西贡与河内。

河内城内到处可见法式建筑，加上河内人高雅的生活方式，使河内素有东南亚"小巴黎"的称号。而西贡则由于西方建筑林立，人口稠密，繁华热闹，时尚现代而被称为"远东明珠"。法国建筑师克瑞斯汀·佩德拉霍尔（Christian Pedelahore）写有一篇关于论述越南首都河内建筑艺术的博士论文，名为《河内、对象、演员和空间的演变：建筑的杂糅和都市的多样化（1873—2000）》。在这篇论文中，作者强调了法国对河内近现代建筑的深刻影响。[1]

1873年，法国殖民军队攻打并破坏了河内皇城，之后又逐年恢复和重建河内城。1882年，由法国建筑师亨利·瑞伟艾尔（Henri Riviere）担任了河内城重建预案的设计师。一年以后，军队已经建设出一条连接皇城和殖民辖区的道路，法国人开始起草建设教堂的计划，一如在越南南方城市建设的模式。1885年，他们开始在皇城区里建设军事指挥区。这一期间的建设改变了河内原来的面目，扩大的法式街区形成了现在的三条主要街道：二征夫人街（Rollandes）、李常杰街（Carreau）和陈兴道街（Ganbetta）。

为了建设殖民政权的官邸，法国殖民者开辟了一块适合建设法式风格建筑的新地区，将法式建筑与周边环境自然协调地统一在一起。法国建筑师奥古斯特·亨利·维尔茹（Auguste Henri Vildieu），一个为殖民政权服务的法国建筑设计师，他倡导的新古典主义的建筑和装饰风格吸引了大家的注意。从1892年到1906年，维尔茹设计了河内邮电局、法国军队行府（1897年完成，位于李南帝街28号）、火炉监狱等。进入20世纪以后，他又设计了很多越南的雄伟建筑，包括最高法院、印度支那全权府（1901—1906年，位于雄王路）、北圻行统府（1911年完成，位于吴权路）。这些建筑明显带有拿破仑三世时期的法式建筑艺术风格，但它们细节丰富、明亮，又带有明显的洛可可式风格。[2]不论是有法式双重斜坡的屋顶、不规则的飞檐、爱奥尼克（Lonic style）壁柱、通向走廊的楼梯，还是带有特色的贝壳形屋顶的走廊，这样的建筑既可以适应当地高温多雨的气候特点，又使整栋建筑与周边环境都呈现出一种华丽柔和的美。

（二）法式建筑在越南的繁荣与"越化"现象

殖民时期法国建筑艺术在越南的发展高峰是河内大剧院的建造，这

---

[1] Hữu Ngọc, *Nghệ Thuật Kiến Trúc Việt Nam Hiện Đại*, Hà Nội: Nxb Thế giới, năm2009, tr.27.（［越］友玉主编：《越南现代建筑》，世界出版社2009年版，第27页。）

[2] 笔者按：洛可可式建筑风格（Rococo Style）是于18世纪20年代产生于法国并流行于欧洲的一种建筑风格，是在巴洛克式建筑的基础上发展起来的。洛可可一词由法语ro-caille（贝壳工艺）演化而来，原意为建筑装饰中一种贝壳形图案。洛可可风格的基本特点是追求华美和闲适。

是一座新古典主义风格的建筑，它使得法国殖民政权为此背负了十余年的财政重负。河内大剧院完成于1911年，这座建筑位于一个花园当中，建筑正面让人很容易联想到在巴黎的嘎纳影剧院，河内大剧院的阳台因为那些带有爱奥尼克和陶立克风格（Doric style）的柱子[1]而被分开。整座建筑呈长的日字形，看起来颇为壮观，基本找不到越南传统建筑风格的痕迹。大剧院的内饰也非常壮观，科林斯式的柱子之间还有一些装饰性的绘画，给人平衡、优雅与和谐的感觉。

20世纪20年代，法国建筑师欧尼斯特·亨勃郎特被指派为都市建筑与规划中心的负责人，开始扩建和革新殖民地建筑。作为一个都市的规划者，他起草了从全权府外到西湖南边的行政区的整体规划草案。他计划统一已有的各种行政官邸，并且增加和扩充新的城区，向西到达苏历河，东边到红河岸边。虽然这样的建设计划对于财力尚弱的法国殖民政权还来说还难以完全实现，但是这个草案直到20世纪40年代都是殖民政权城市建设的正式参考材料。可以说，从建筑艺术的角度来说，亨勃郎特是影响越南现代建筑风格形成的重要人物，经他设计建造了印度支那大学（1922—1926年，现为河内大学）、北圻财政厅（1925—1931年，现为越南外交部）和远东博物馆（Louis Finot Museum，1925—1932年，现为越南国家历史博物馆）。亨勃郎特汲取了中国、越南、高棉和法国的传统建筑艺术的精华，同时将建筑巧妙地与周边自然环境融合，创造了一种在具体历史地理环境下的建筑风格，我们称之为"印度支那建筑风格"。亨勃郎特是第一个把法国19世纪的新古典主义建筑风格与越南寺院建筑风格相结合的设计师，也是他第一次提出：与周围景观的融合比建筑物本身的细节更为重要。他考察了越南北方的很多寺院庙宇，研究越南传统建筑的支撑和安置原理，研究越南寺院房梁为什么能够支撑住较大较重的屋顶？越南佛寺的屋顶大而低，有着一个开阔的屋檐来保护内墙，这样别具一格的东方建筑的屋檐使越南佛寺展现出了脱俗的美丽姿态。亨勃郎特研究发现，越南寺院建筑里外有较多装饰细节的柱、

---

[1] 笔者按：爱奥尼柱、陶立克柱和科林斯柱源于古希腊，是希腊古典建筑的三种柱式。爱奥尼柱纤细秀美，柱头用卷涡装饰，富有曲线美，象征女性美。陶立克柱式形态简洁，雄健威武，象征男性美。科林斯柱式形态更复杂、更修长，上部是藤蔓似的卷涡，下面是曼妙的花纹，更具女性美。

梁和屋檐,他将很多越南传统建筑艺术的精华与法国建筑艺术的细节进行了结合。为了适应当地炎热的气候,亨勃郎特将法式建筑里的窗户的玻璃替换成防蚊的纱窗,增加窗户,以便散热和空气流通,并且开始使用越南建筑常用的砖和灰泥。他在法式建筑的一些枕梁上增加精巧的雕刻,因主梁较宽,于是他在上面装饰有汉字或方形纹饰。正是亨勃郎特这种对艺术强烈的兴趣与爱好,造就了越南现代建筑艺术中东、西方艺术的奇妙交响,也开辟了这种既有民族性又带有国际性的建筑风格,也被称为"批判地方主义"建筑风格。[1]

(三)城市建筑风格的变迁

由于受亨勃郎特建筑风格的影响,一些越南的达官显贵也开始聘用一些法国建筑设计师来为自己设计和建造私人别墅。于是,20世纪40年代,河内建造私人别墅蔚然成风。其中最值得一提的法国建筑师是阿契尔·克鲁兹(Arthur Kruze)。他曾任印度支那高等美术专科学校的校长,也是建筑学的教授,他成功地设计和完成了许多在潘庭冯街(Carnot)的私人别墅的建造,这一区域与全权府相邻,因此也可视为法国殖民政权官方建设计划中的一部分。他和乔治·卓伍(George Trouve)是印度支那银行(1930年完工,现在李太祖路49号)的指定建筑设计师。他们还设计了房地产信贷办公室的别墅。他们设计的法式建筑采用现代装饰艺术,庄重典雅、协调,同时也保持了东南亚建筑的一些特色,最突出的是在房屋的拐角处有三面墙朝外,与亨勃郎特建筑相比,有的地方较庄重,但有的地方又较简洁。

越南早期毕业于印度支那美术高等专科学校的本土建筑师,基本都接受过较好的法国艺术教育熏陶,在与欧洲新思想的接触交流中,他们喜欢研究欧洲的古堡建筑。但出于对越南人的歧视,当时的法国殖民当局并不允许越南建筑设计师参与行政官邸和公共设施的设计。于是这些越南建筑设计师都把自己的才能发挥在了私人别墅的设计与建筑上,也正是这些大量的实践,为印度支那美术高等专科学校建筑专业的发展,积累了很多新的实践技能,大大推动了现代越南建筑艺术的发展。

---

[1] Hữu Ngọc, *Nghệ Thuật Kiến Trúc Việt Nam Hiện Đại*, Hà Nội: Nxb Thế giới, năm2009, tr.9.([越]友玉主编:《越南现代建筑艺术》,世界出版社2009年版,第9页。)

越南的建筑师们设计和建造了100多座结合了新古典主义，又具有越南建筑特色的城市建筑。他们结合越南的自然地理环境，将屋檐的一部分向外大大延伸以便遮阳，楼梯有顶篷以便遮风挡雨，屋顶表面有弧度以便不积留雨水。他们仍然使用亚洲特有的灰泥和漆来装饰建筑物的外表。这些建筑物主要集中在南市区，如黎红丰街（罗马尼亚大使馆）、陈富路（新加坡大使馆和世界珍奇动物博物馆）、李常杰街（古巴大使馆和国家原子实验室）、陈兴道街（法国、印度和柬埔寨大使馆以及高龄老人俱乐部等）。用这样的方式，他们改变着河内传统的面貌，创造出了一个东西方建筑风格交融的城市。

在法国建筑艺术的影响下，越南城市居民的生活环境也发生了明显的变化，地板砖开始出现在很多公共场合，一些富裕家庭的卧室、厨房、阳台、卫生间和佣人房间内都习惯使用地板砖了。"越南的民居呈现出多彩的墙漆，更富几何形状，（对于欧洲人而言）透露着明显的亲切感。"[1]

1940年，日军占领了印度支那，但仍然让法国殖民政权维持到1945年3月。在日本占领期间，法国殖民政权的一些高层妄图进行"社会革新"，甚至想修建一些大工程来巩固和显示法国殖民当局的余威。法国设计师们尽力地将法式建筑风格与亨勃郎特建筑风格融合，由于这一历史背景，使得越南的现代建筑仍然保持了"纯越"式的弧形屋顶。

吴辉琼是这一时期毕业于印度支那高等美术专科学校的越南建筑设计师。他说："我认为我是一个地道的越南建筑师，但同时我也是一个有机会受到西方文明积极影响的人。我生于1918年，成长在一个儒学家庭，父亲是北江省一名县官的助理，家距河内50公里。我的母亲教我汉字，父亲在我十岁时去世，我跟随长兄四处迁移。1938年，出于兴趣爱好，我报考了印度支那高等美术专科学校，由于考分排名第6，而美术系只招5名学生，于是我就进入了建筑系，也正因为如此，将来我会成为一名建筑师。我在学校里没有太多的朋友，因为绝大多数的学生都出生名门……抗法战争爆发后，印度支那美术学校关门了，我们成了最后毕业

---

[1] Catherine Noppe, Jean-Francois Hubert, *Art of Vietnam*, New York: Parkstore Press Ltd., 2003, p.185.

的一批学生，后来我参加了抗法武装力量，并且担任了设计指挥所的任务。1954年，法军撤军后，我又担任了规划政府都市建筑规划的任务。1956年，我绘制了关于河内城市发展潜能的一份草图，包含了红河的东面。1990年后，河内的发展仍然是朝着这个方向扩大的。"[1]

1954—1975年，越南北方完全跟随苏联的重工业现代化模式，因此有很多大的建筑工程也受到了苏联工业建筑的影响，比如现在的建设部和工业部所在地，以及著名的胡志明主席陵。这一时期在越南南方也有部分建筑受到了美国建筑艺术的影响，比如宫廷酒店、国家图书馆（现为胡志明综合科学图书馆）和重建的统一宫等。

总的看来，近现代越南艺术工作者既是儒家思想与越南传统文化审美观念的传承者，也是深受法国文化正面影响的革新者；他们既是法属印度支那殖民文化教育下的产物，同时也是反抗殖民统治的革命者；他们使越南近现代的造形艺术发展呈现出了特有的东西方交融的斑斓色彩，这种来自文化心理和审美意识里的交融使得越南的美术、建筑和艺术事业绽放异彩。

三 从越南电影的发展变化中解读越南民族心理的变迁

文化研究具有鲜明的社会干预精神，关注当代永远是它的学术所向，[2]如果说近代越南曾经的"当代语境"指的是拉丁化越南语文学的出现和繁荣，那么对于现当代的越南，新媒体自然成为最具代表性的意象。这也是为什么笔者要选取越南电影来解读越南民族心理变迁的原因所在。

（一）早期越南电影与革命英雄情结

越南电影曾经受到苏联电影的强烈影响，有越南学者谈道："对于越南初生的电影业，苏联电影就像是一位'老师'，是（越南）做革命电影的标准。"[3]当时，越南的一批导演从苏联国家电影大学学成归国

---

[1] Hữu Ngọc, *Nghệ Thuật Kiến Trúc Việt Nam Hiện Đại*, Hà Nội: Nxb Thế giới, năm2009, tr.16.（［越］友玉主编：《越南现代建筑艺术》，世界出版社2009年版，第16页。）
[2] 陆扬：《跨学科的文化研究》，复旦大学出版社2008年版，第7页。
[3] Nguyễn Chí Bền, *Văn Hóa Việt Nam trong Bối Cảnh Hội Nhập Kinh Tế Quốc Tế*, Nxb Chính Trị Quốc Gia, năm2010, tr119.（［越］阮志本主编：《在融入国际经济背景下的越南文化》，国家政治出版社2010年版，第119页。）

后，大大地推动了越南电影的发展，那个时期越南电影在社会主义阵营国家的电影国际展播中还获得过奖项。从20世纪60年代到80年代末，越南的很多青年演员都在苏联留学，如范文科、裴廷鹤、彭珠等。那个时期拍摄了很多类型的电影，如故事片、资料片、动画片和科教片，其中很多都成为了越南人心目中的经典。70年代时，我国上海电影译制厂就曾翻译越南的优秀影片《前方的召唤》，该电影讲述了两个毕业于医科大学的大学生阿谦和阿辉，在面对抗美救国战争时，阿谦选择为革命奔赴前方，而阿辉则为名利财富留守后方。通过两种选择产生的不同境遇的对比，宣扬了新时代的知识分子只有投身于火热的革命斗争，人生的价值才能得到实现。在那些战争的岁月里，革命英雄主义的电影总是能让人清晰地感到苏联电影的影响，因此那个时代的越南影片也总是洋溢着崇高的共产主义道德价值观和牺牲精神。虽然在冷战的特殊背景下，革命题材的越南电影只被部分社会主义国家所知晓，但不可否认的是，那个时代的越南青年确实如同电影中的人物一样，充满着鼓舞人心、激励斗志的革命热情以及高涨的爱国主义精神。

（二）西方影像中的越南形象与越南本土电影的萎缩

越南真正作为电影题材得到世界范围的认知，并非因为越南电影的镜头，而是与西方摄制的关于越南题材的电影相关，这些电影反映了外国人眼中的越南印象。最早的越南题材的电影应该是美国于1978年拍摄的《猎鹿人》，该片反映了美国对越南战争的思考，影片中有对越南战场的直接描绘，但相对更注重探寻战争对人们身心的摧残。20世纪80—90年代，西方展现越南战争题材的电影里除了美国电影，开始出现法国人拍摄的越南题材影片。《印度支那》（译制名为《情证今生》）描述了在20世纪30年代初，在越南南方经营橡胶种植的法国军人遗孀女庄园主艾丽亚娜，收养了一名越南孤女作养女并取名为卡米尔。艾丽亚娜利用关系将曾与自己有过一段浪漫史的法国海军军官巴普蒂斯特调到越南南方，却不曾料想其爱上了养女卡米尔。两个年轻人为爱结合，并有了爱的结晶——艾蒂安纳。但巴普蒂斯特在印度支那战争中死去，而卡米尔放弃了随艾丽亚娜返回法国的生活，勇敢地参加了越南民族独立解放运动。最后，随着法国殖民者在越南抗法战争中的失败，艾丽亚娜带着外孙艾蒂安纳返回法国。本片获1993年奥斯卡最佳外语片和最佳女演员奖提名。美丽、温柔、善良、独立、勇敢的越南女性形象集中体现在卡米尔这一角色身上，并且将法国对越南文化、经济与社会的影响，在法国女庄园主艾丽亚娜、军官巴普蒂斯特和外孙艾蒂安纳的复杂关系、曲折故事及归宿中表现出来，越南人对法国人与文化的崇拜、依附、抗争和无奈的特殊心理展现无余。这一时期，西方拍摄的越南题材电影，大多展现了法属印度支那和美越战争时期，在越南这块土地上的殖民者、侵略者、法属印度支那居民、殖民经济、风土人情和自然风光等，成为世界了解越南及越南文化的一种重要视角。

20世纪80年代也是越南本土电影的黄金时代，当时越南全国有450多个电影院，还有上千个流动电影放映队。进入90年代后，随着电视进入越南家庭，而越南电影业制作、发行和放映体制并没有得到及时改革，本土电影仍然大多以革命英雄主义为主，因此市场日益萎缩。但究其根本原因，还是因为当代越南人开始关注个体心理的变迁、社会的改革、经济的发展和世界的变化，越南本土偏重革命性的影片已经无法满足越南人民日益增长的文化需求。

（三）越南电影的崛起与民族文化心理的混杂

20世纪90年代以来，越裔导演拍摄的几部优秀的越南电影异军突起，成为世界了解越南民族心理变迁的有效途径。它们是法籍越裔导演陈英雄的三部曲《青木瓜之味》（1993）、《三轮车夫》（1995）和《夏天的滋味》（2000），美籍越裔导演包东尼的《恋恋三季》（1999）和美籍越裔导演刘皇的《穿白色奥黛的女人》（2006）。当然，这也是一个颇具争议和值得玩味的文化现象，并非越南本土的导演，而是有着双重身份的海外越裔导演拍摄的越南电影，成为当代越南在世界范围内的影像代表。

1.越南民族审美意象和思维的集中演绎

上述几部越南电影表现了共同的"越南式"的民族审美意象，导演捕捉到独特的民族文化符号来体现越南的人、家庭和社会。《青木瓜之味》中的女主角阿梅，在一个典型的"越南式"家庭里干活，那里"摆设着精美陶瓷、木雕门窗、院落葱翠、蝉声蛙鸣、阳光柔和、热带果树……"而《恋恋三季》中,"穿着白色奥黛回眸一笑的越南女子,站立在漫天飞舞的红色凤凰花中;戴着传统斗笠坐着小船荡漾在荷花池中的采莲女;踩着三轮车穿梭在烈日下皮肤黝黑的三轮车夫"同样渲染出极具越南传统特色的审美意象。在《夏天的滋味》中"陈旧但优雅的法式建筑,明艳色彩的墙壁与木窗,植物和阳光营造出来的光影效果,碧绿潮湿的绿色藤蔓慵懒伸展,勤劳温婉的越南女子……"表现出法国文化对越南人从外显到内隐文化模式的影响,浪漫、优雅、慵懒的法越风情从影片中三姐妹的生活和思维方式中得到了完美阐释。

在这些越南电影里,越南不再是美国好莱坞电影里"血肉模糊的战场、大雨倾盆下的沼泽、遍地毒蛇猛兽的热带森林",越南也不再是法国电影里"满眼金发碧眼法国人的印度支那殖民地"。这些越南电影呈现给观众的正是十分符合越南民族审美思维的意象总集,是越南文化从传统到现代的一种视觉呈现。它们准确地描述了越南文化与当代世界不断交融、发展的面貌,一种带着东方式的神秘、西方式的跳动,带着向往发达世界的纯真亲切,也带着农业文明下的清新诗意,充满着东南亚国家市井文化喧嚣的视觉感受。

2.集中体现了文化与历史发展的内涵

《穿白色奥黛的女人》斥资约合2200万人民币,被称为越南电影史上最昂贵的电影。其拍摄时间长达5年,影片时代背景横跨抗法和抗美救国战争,电影时长近2个半小时。讲述了身为封建官僚家女仆的阿丹因无法忍受主人的折磨,和恋人驼背阿仔私奔。在一路向南寻找新生活的过程中,他们的爱情就像定情信物"槟榔"一样落地生根,枝繁叶茂。伴随着一个接一个出生的孩子、天灾和战争,苦难也无穷无尽。即使是在混乱卑微的生存状态中,阿丹仍然憧憬上学的女儿可以活得像穿白色奥黛(越南的传统服装,一般用丝绸制作)的女子般优雅而有尊严。没钱为孩子们买校服的阿丹忍痛把自己珍爱的白丝绸嫁衣改小,给年龄相仿的两个女儿轮流穿着上学。大女儿在朗读着关于"白色奥黛"的作文时被美国飞机丢下的炸弹炸死。阿丹为了再买件白色奥黛给小女儿,在洪水中想多捞木材卖,最终被急流卷走。阿仔为了在战火中抢救象征着阿丹生命的白色奥黛也丢失了性命。影片结尾时,阿丹的小女儿举着一家人珍藏的奥黛奔走在躲避美军猛烈战火的逃难人群中。影片中将最具越南意象的民族服装——"白色奥黛"如同一面民族精神的旗帜高举飞扬，表现了苦难的越南民众勇于抗争而又无比坚强的精神世界。影片运用恢弘的史诗般的叙事方式、具体的跌宕起伏的人物命运，表现了不同历史时期越南文化、社会和经济的变迁，表现了广大民众坚韧、吃劳耐劳和乐观向上的优秀品质，强烈地表达了渴望和平的反战情绪。

战争是影响越南文化与历史发展的一个重要因素，表现越南民族的心理变迁自然会联系到战争。《恋恋三季》没有直接描述越南战争的残酷，而是用三组不同职业、不同身份、不同年龄的人物的经历，着力表现越南人战后的现实生活。影片主要由三条线索组成：采莲卖花的姑娘和得麻风病致残的乡村诗人；贫困善良的三轮车夫和艳丽冷漠的烟花女子；在酒吧卖杂货的流浪儿童和赴越寻找女儿的美国老兵。这三条线索牵引出一幅20世纪80年代末到90年代初，越南革新开放刚刚开始时越南经济、社会和生活的丰富画卷。因为战后新生活的建设，每个人物都在经历着时代的洗礼。仍然活在封建传统村社里的诗人想寻回传统的东方诗意，生活在当代社会最底层的妓女梦想着过上有钱人的生活，富有爱心的三轮车夫想用自己力气与爱感化妓女回归正常的生活，美国老兵想找到当年与越南爱人生下的女儿并走出越战的阴影。虽然看似毫不相干的三条线索却通过唱着民谣的采莲女、古老宁静的村社与喧嚣忙碌的现代城市、鲜花和塑料荷花的市场竞争、街头奔波忙碌的三轮车夫、坐着三轮车去高级酒店接客的妓女、住在酒店的美国老兵等片断连接起来，使影片的内容紧扣越南历史文化变迁的线索，充分表达了从乡村到城市，从传统到现代，从战争到重建，从经济到道德，从越南到世界等不同方面的文化与历史变化的内涵。

3. 东西方双重文化身份与意识的杂糅

上述几部越南电影的导演均为海外越裔，他们本身就有一种东西方文化认知混杂的思维方式。因此在他们的视野和思维下产生的越南电影影像自然带有东西方文化认知的两面性，而且越南文化本身就是一种交融中内聚的文化，所以具有东西方文化思维的杂糅。这样的特点决定了海外越裔导演最能捕捉到代表越南文化意象的细节来展现越南民族的心理变迁。陈英雄就曾经说:"我在法国受教育,度过了目前人生中最长的一段时光,但是对我影响最大的不是法国文化本身,而是在法国,我可以接触到来自世界各地的文化——我喜欢美国的绘画,喜欢德国的音乐,喜欢日本的戏剧和文学,喜欢越南的当代文学和绘画,喜欢意大利的美食……所有这些都会在我的电影中有所体现。"[1]

包东尼就是在最"越南化"的影像中运用了西方文化中关注小人物命运的人本主义,甚至给电影里的每一个社会小人物都布置了实现梦想的结果,比如采莲女用年轻的手代替由于麻风病失去手指的诗人写下了他人生中最后的诗句;勤劳善良的三轮车夫用赢得的赛车奖金让他钟爱的女子在有着空调的高级酒店住了一夜;从美国来越南的老兵也终于找到了女儿。这样的安排明显是结合了好莱坞电影里最常见的"大团圆"美式结局。在《青木瓜之味》里,陈英雄则是把东方式的佛教轮回思想体现在法国文化影响的表面意象中,在青年钢琴作曲家浩仁弹奏的钢琴音乐声中,浩仁与穿着西式洋裙和高跟鞋的欧化知识女性之间爱情的生与灭,无不彰显着法国文化的存在。但是浩仁这样一个西方文化意象集聚的人物,最终却选择了最具东方审美意识的阿梅。"如果要用一种意象来表现这样一种东方式的循环与完满的话,也许可以借用《青木瓜之味》结尾的画面:镜头从女主角阿梅宠辱不惊的面庞上缓缓拉升,出现了一尊安详的佛陀——这样的圆满体现的是自然和谐、天人合一,以及由此带来的生存意义上的愉悦与完满,而不是那种'梦想成真'的现实圆满。"[2]

确实,在所有海外越裔导演拍摄的越南电影里,都将东西方文化认知和意识杂糅于电影内容、表象、细节与技巧上,让观众确实感受到真实的、富有魅力的、交融中发展的越南文化印象。

4.透露着越南民族在新时代下的文化认同与文化创造

《青木瓜之味》里蚂蚁、青蛙、鸣蝉、木瓜、蔬菜等的展示表达了越南人对东方文化的认同感,认同起源于稻作文化中对大自然的亲近,

---

[1] Ray of Light Vietnam's Tran Anh Hung Cyclos His Way to "Vertical"(http://www.Indiewire.com/people/int_Hung_TranAnh_010709, html).
[2] 王敏:《跨文化语境中的越南"海归"电影》,《戏剧艺术》2008年第4期。

与万物生灵的和谐。同时，外婆敲打的木鱼声、浩仁家摆设的佛陀像和他在纸上描绘的酷似阿梅面庞的佛像，都暗示着以佛教为代表的东方宗教思想文化特质仍然停留在现代越南人的内心深处，尽管表面看来他们明显受到西方文化和生活方式的影响。这种源于传统文化中"儒、释、道"的心理认知是稳固不变的。

  对社会文化面临向西方现代化转型的困惑，海外越裔导演在电影里并没有将西方文化的规范和价值观念强加于当代越南民族的文化心理上，同时也没有为避免完全陷入"西化"文化语境，而拒绝接受西方文化中的可取之处，他们多运用强调本土文化本质的手法来体现民族心理。影片中用富有东方哲学意蕴的"轮回"思想，对越南民众面对社会转型的徘徊做了剖析，表现了越南电影人对文化冲突的一种创新思考。《夏天的滋味》英文影片名The Vertical Ray of the Sun（直译为"阳光的直射"）。一般来说电影名应是最能表现影片主题的字眼，那么这个影片名意味着什么呢？在看完电影后，观众也许会体会到导演想传达出来的讯息："在阳光直射下的眩晕和恍惚——在经历现代化、全球化转型时，各种欲望充斥着原本落后但恬静的越南社会，当代越南人在貌似甜美的世俗气息中，内心激烈地彷徨与挣扎。"影片以母亲的祭日为引子，三姐妹在晚上聊天中发现被她们视为生活楷模的父母的感情曾出现过裂痕，这在她们心中隐隐投下了阴影。因为她们各自的情感生活都面临着考验。影片将慵懒甜蜜的少女小妹莲、刚刚步入婚姻殿堂但丈夫激情慢慢退却的二姐凯、由于关系冷漠已经背叛了婚姻的大姐苏和生命已经圆满结束的母亲聚集起来，用姐妹们和母亲各自不同的人生反映了一个女性人生中不同阶段的情感历程：初恋、婚姻、外遇和稳定的家庭。导演似乎暗示着越南女性在新社会中会遇到的情感历程和生命轨迹。影片在满是绿色的画面中，宁静平和地将生命中的误解、诱惑、背叛和决择都融化在生活当中，透露出悲喜交加的人生起伏最终也会归于平和的东方理念。这种叙述和表现方式暗示着阴阳的转化，生命的轮回和重叠，一种自生自灭的圆融思想。

  随着越南社会的进步与发展，更多的越南人开始关注社会心理的变化。据越南电影协会2001年6月的调查，目前越南观众最喜欢看的电影题材依次为社会心理片（占受调查人数48.38%）、喜剧片（占15.04%）、侦探片（占10.72%）、历史片（占9.64%）、武打片（占7.28%）、战争片（占6.98%）、戏曲片（占1.97%）。[1]社会心理片已经成为最受欢迎的影片，这预示着越南社会与民族正在经历着巨大的变革与转型，越南人的心理和思维都要在这种转型中寻找自己新的定位。

四　越南传统舞台艺术在现代社会的生命力

20世纪以来，法国的歌剧艺术无疑影响了越南舞台艺术的发展，越南现代音乐逐渐形成，钢琴、小提琴、大提琴等西洋乐器开始进入越南，催生了越南的现代歌剧和话剧。70—80年代，越南的舞台戏剧表演受到苏联古典戏剧表演艺术的深刻影响。那时一些苏联派出的文艺专家帮助越南文艺工作者提高表演艺术，在剧本编写和培训演员方面做了非常多的工作。特别是苏联的斯坦尼斯拉夫斯基（Stanislavski）舞台表演派在越南的话剧表演艺术上留下了明显的痕迹，现代改良剧应运而生。

但无论西方舞台艺术再怎样具有表现力，也无法掩盖越南民间传统舞台艺术的魅力。越南著名作家阮功欢在刻画其小说主人公男角"四下"时，对20世纪30年代越南民众热衷从剧有这样的一段描写："只要哪一个剧院请到从剧名角四下，人就爆满。因此每天河内居民在读报时，看到有四下要在哪出剧里扮丑角就怎么都要去看，如果有人去慢了，拿着钱又买不到票，就只好在剧院门外一个劲儿地抱怨'剧院太挤了'……晚上，剧院里的走廊下、楼梯上下、路中间，看上去成百上千的男男女女挤在一起，只为找个地儿可以观看表演。"可见越南传统舞台表演艺术对民众的吸引力。由于从剧的产生与中国戏曲有着直接关系，因此其人物的服饰和化妆与中国京剧有很多类似的地方，但经过越南民族的消化吸收，越南现代从剧表演艺术呈现出一些独特的特点。比如化妆油彩色调大胆粗犷，使得人物脸谱富有象征性：忠臣为红色，奸臣为杂色，虎将为"猛虎"纹，女伶为桃红，森林女神脸一半红一半绿等。80年代末，从剧在国外演出的活动中，曾引起世界各国舞台艺术界

---

[1]　杨然：《步入新世纪的越南电影》，《东南亚纵横》2002年第3期。

的关注，有许多外国戏剧艺术家因此慕名前往越南研究从剧，特别是从剧人物的服饰和化妆艺术。

嘲剧是与越南传统舞蹈艺术连接最紧密的舞台表演艺术，越南有学者认为："嘲戏，以它一种近乎贪婪的姿态，几乎把越南各个地域凡是它能吸收的民间舞蹈，都囊括到自己的舞蹈中来，然后经过或增删，或再塑造，丰富自己的舞蹈艺术。"[1]正因为嘲剧艺术不断地丰富与吸收，因此成为越南农村里最喜闻乐见的一种艺术形式。

越南革新开放以来，在政府主张大力发展越南民族文化特色方针的指引下，传统表演艺术越发得到大力扶持。从剧、嘲剧、改良剧、顺化宫廷音乐、官贺民歌、筹歌和水上木偶剧等传统艺术长盛不衰。特别是水上木偶剧，由于这种表演艺术形式主要是一种视觉和听觉艺术，在与世界文化交流的过程中越来越受到人们的喜爱，成为代表越南民族艺术的瑰宝。

现代水上木偶剧非常重视音乐伴奏和乐工伴唱，可以说音乐成为现代水上木偶剧成功吸引观众的重要因素。1963年，阮贵甲成为第一个又演奏、又唱歌和又讲解故事的人。1993年，水上木偶表演的进程逐步现代化，比如乐器表演者不再隐藏在舞台后，而是在池塘岸边，这样他们可以更好地与木偶表演进行配合。而且从乐器上来说，以前只有鼓、饶钹和号角，后来增加了笛子、胡琴、月琴、独弦琴和木梆等乐器，甚至有时还会用录音磁带来代替部分乐器表演。

2004年，越南文化学家友玉来到了有着水上木偶剧表演传统的陶蜀村，对当代越南人民对水上木偶剧的喜爱，他有着这样的描述："这是一个有着2000多村民，距河内约25公里的乡村。那天天上刚好下着蒙蒙细雨，但是村民们仍然挤满了池塘旁，有一边是用作舞台，池塘四周都是才刚刚插好秧苗的碧绿田野。乡村里经常会在春天的时候来举办活动和表演，而表演水上木偶的演员通常都不是专业人士，而仅仅只是这片村社里精通水上木偶表演的农民，而那些木偶也正是通过他们灵巧的双手刻制出来的。在水上木偶剧本里的人物，男女老少应有尽有，演员们表演时还哼唱着嘲剧和从剧里的故事，或者是一些民族英雄的故事，特

---

[1] 罗长山：《越南传统文学与民间文学》，云南人民出版社1999年版，第106页。

别喜爱歌颂那些抵抗外族侵略的民族英雄。水上木偶剧的人物在剧中种水稻、捕鱼、放鸭子……所有的观众当看到掉叔[1]时都忍俊不禁,通过观众的表情,可以看得出这种在越南已经有了上千年历史的表演艺术对于越南人民的吸引力。"

20世纪80年代越南革新开放以后,水上木偶剧的表演形式迅速恢复和繁荣,革新开放和市场经济成为刺激水上木偶文化发展的重要因素。传统的水上木偶剧是在农村的池塘里表演,而当代的水上木偶表演开始使用可移动的水池舞台,乡亭也做成了可移动的背景舞台,并定期为慕名而来的观众进行表演。还打破了表演人员只传男不传女的传统,女性艺人的加入把某些木偶角色柔美的特点表现得淋漓尽致。目前,河内有两个水上木偶剧团每天都在还剑湖畔的剧院进行表演,为了传播和宣扬越南民族文化特色,一场仅1美元的门票售价,但每天都会有8场以上的表演,场场座无虚席。那些栩栩如生、憨态可掬的木偶在技艺精湛的艺人手中,配合着独特的水景舞台,将越南稻作和村社文化下的生活场景表现得淋漓尽致,吸引了无数来自全世界特别是欧美西方国家的游客。水上木偶表演艺术无形中已经成为越南文化形象的名片。

有一位费城的美国女作家波彤(Borton)坦言,更能让她对越南文化产生心灵震撼的不是美国拍摄的越南题材电影,而是水上木偶剧的表演艺术。她说:"我听到了独弦琴的声音,这是一种上天赐予越南民族的礼物。当演奏者拨动了那根柔软独特的琴弦,牵动着听众思乡离愁的情愫。突然我仿佛看到了我留在越南的那些日子……水上木偶那些动作配合着歌词的节奏和传统的音乐,使得美国的观众也看得如痴如醉,也如同千年以来的越南人民喜爱祖辈流传下来的艺术一样……两只孔雀不慌不忙地打开雀屏和翅膀,迈着一直以来的吸引异性的舞步。而后它们潜下水去,但是当它们浮出水面的时候,鼓声响彻,一只蛋突然在两只孔雀中间升起,观众们笑得前仰后合,因为没有想到是这样的结果,突然蛋消失了,一只小孔雀破壳而出,虽然羽翼还颤抖着但已经准备翩翩起

---

[1] 笔者按:越南水上木偶剧中的一个人物,性格开朗,体形圆胖,袒胸露肚,走路大摇大摆,类似中国的弥勒形象,常逗得观众开怀大笑。他可以称之为水上木偶剧的灵魂,是连接表演者和观众的纽带。

舞了。"

为了保存和发展越南传统表演艺术，越南政府组织各地建立了民间艺术团体，并举行各种类型的比赛，这些团体经常深入农村或边远山区表演，丰富人民的娱乐生活。同时，政府还注意培养和挖掘传统表演艺术的潜力，培养民间艺术接班人，创新题材，用传统演绎现代，使得传统表演艺术在民间获得了强大的生命力。

第五节　胡志明思想与越南社会主义文化

近现代越南实现了从方块汉字到拉丁化越文的转变，改变了近两千年语音与文字双轨并行的局面，拉丁化越文的出现和激昂的民族精神推动着越南近现代文学、政论、新闻和传媒的发展。从文字到文学的改变引发民族思维的变化，越南文化的演变经历了从形式到本质的剧变。自此，有一个伟大的人物时常被人提及，因为他虽然精通汉字儒学，但仍然为推行拉丁化越南语不余遗力；为推进越南民族解放事业、民族文化的发展和维护独立的民族精神奉献了全部生命，因此也成为越南人民无比敬爱的革命领袖、文化名人——"胡伯伯"，同时也成为外国人认识当代越南民族精神和文化的一个典型形象。

一　胡志明思想的形成与发展

胡志明出生于一个传统的儒生家庭，母亲为越南儒学名士黄堂之后，父亲阮生敕（Nguyễn Sinh Sắc）曾参加科举考试中榜，[1]后曾在法国殖民机构内供职，但因不配合殖民当局被革职，此后靠行医为生。胡志明的家乡是越南中部的义安省，这里天灾频发，民众世世代代与自然灾害抗争，与生俱来具有革命反抗意识。阮生敕将胡志明送到顺化法—越双语东巴小学，然后转至国学（即学习儒学和汉字）学校。自幼在传统儒学教义和民族革命斗争环境中耳濡目染的胡志明，从少年时代就萌发了强烈的爱国主义精神与民主意识，"大约在13岁的时候，我第一次听

---

[1]　笔者按：那次考试有9人中榜（进士），13人中副榜，阮生敕第11名，而后来成为越南著名民主革命家的潘周桢第13名。

到自由、平等、博爱等法国词汇。我想了解法国文明，看看隐藏在这些词汇后面的是些什么东西"[1]。1911年，21岁的胡志明以厨师学徒的身份登上了法国拉杜什·特雷维尔号商船，他去过欧洲、非洲和美洲的许多国家务工，这一经历让胡志明认识到资本主义的本质："各地的资本主义都是残暴和不讲人道的，各地的工人阶级和劳动人民都遭受着野蛮的压迫和剥削。"[2]1917年，胡志明加入法国社会党，并创立了越南爱国者协会，不断向旅法越侨宣传民主革命思想。1918年，胡志明将名为《各民族权利》的请愿书寄到凡尔赛会议，要求法国承认越南的民主自由权、平等权和自决权，但始终没有得到法国殖民当局的任何承认，这使得胡志明意识到，"被压迫民族要想到真正的独立、自由，必须首先依靠本身的力量，越南人必须自己解放自己"。1919年第三（共产）国际诞生，列宁《民族和殖民地问题的提纲》对胡志明思想的形成也产生了巨大影响，胡志明曾谈道："列宁的提纲使我激动、兴奋、豁然开朗和充满信心。我高兴得热泪盈眶。独自坐在屋里，而我却想在许多群众面前那样大声疾呼：'被压迫和遭受痛苦的同胞们！这就是我们需要的东西，这就是我们的解放之路。'"[3]

1920年，胡志明还参与了法国共产党的筹建工作，并成为最早的法共党员之一。1923年，胡志明离开法国前往苏联，为苏联共产党的《真理报》和共产国际的《国际书信》撰写文章，其间更加深刻地领会了列宁思想和苏维埃制度及苏联共产党的建党经验。1924年，胡志明到达广州，在中国共产党的帮助下建立了越南革命青年同志会，并且在这里开展训练班，其讲稿被收集成《革命之路》一书，成为指导越南革命的著作。此时，胡志明思想已经初具雏形，胡志明认为"现在学说很多，主义很多，但最真正、最牢靠、最革命的主义是马列主义"[4]。可以说，马列主义正是在胡志明的努力下，传播到越南国内的。

---

[1] Trần Thái Bình, *Hồ Chí Minh- Sự hình thành một Nhân Cách Lớn,* Hà Nội: Nxb Trẻ, năm 2005, tr.31. （[越]陈太平：《胡志明——伟大人格的形成》，青年出版社2005年版，第31页。）
[2] 李家忠编译：《胡志明》，世界知识出版社2003年版，第7页。
[3] Trần Thái Bình, *Hồ Chí Minh- Sự hình thành một Nhân Cách Lớn,* Hà Nội: Nxb Trẻ,năm 2005, tr74. （[越]陈太平：《胡志明——伟大人格的形成》，青年出版社2005年版，第74页。）
[4] 李家忠编译：《胡志明》，世界知识出版社2003年版，第24页。

在世界各国工作和战斗的经历，使得胡志明思想明显具有将阶级斗争与民族斗争密切结合的意识，也使胡志明具备把爱国主义与无产阶级国际主义精神相融合的可能与能力。因此胡志明的人文思想也可以说是他的哲学思想。在深刻领会马克思关于改造世界的观点的基础上，胡志明特别关心人和人类的解放事业问题。在胡志明看来，"人并非泛泛、抽象的人，而是具体的人，首先是那些受尽蹂躏的自己的同胞，其次者是被压迫的勤劳的全人类，不分肤色、种族"……

胡志明推崇无产阶级国际主义精神，强调越南与中共、苏共以及共产国际的合作，于是他不辞辛苦地往返于中国与苏联之间，终于以高超的外交能力和良好的革命品质获得了两国共产党对越南革命的大力支持。胡志明研习了中国共产党的革命斗争特点，提出越南同样应进行政治和军事斗争密切结合的方针，推动革命运动。1945年9月2日，越南共产党夺取了河内政权，胡志明代表临时政府宣读了由他起草的《独立宣言》，向全世界宣告了越南民主共和国的诞生。

二 胡志明思想对越南选择社会主义文化范式的影响

1945—1954年，越南经历了8年抗法战争，绵长的战争严重影响着越南本就不堪一击的畸形殖民经济，但胜利的结果却鼓舞着越南进行民族解放和独立斗争的精神。抗法战争胜利后，胡志明迅速把越南北方建设成革命根据地，完成了土地改革。1958—1960年越南北方按照苏联社会主义的模式重建和恢复经济，在胡志明思想领导下的越共将越南北方推到一个社会主义范式下的发展时期。

胡志明始终强调"巩固和平、实现祖国统一，争取完全的民族独立，在全国实现民主"[1]，这不仅体现了胡志明思想中强烈的民族独立意识，同时也是胡志明思想成为越南民族统一意志象征的重要原因。胡志明表示："我们必须反对美帝国主义和越南南方政权永久分割我国国土的阴谋的斗争。"[2]正是在胡志明思想的影响下，即使是在法国殖民多

---

[1]《列宁主义和各被压迫民族的解放运动》，《胡志明选集》第3卷，越南外文出版社1963年版，第49页。
[2]《巩固和加强马克思列宁主义政党的一致性》，《胡志明选集》第3卷，越南外文出版社1963年版，第120页。

年的中心、美国资本主义制度强烈影响下的越南南方，也有大批人支持胡志明及其领导的共产党。虽然胡志明在解放南方期间没有亲自去过那里，但是胡志明思想和形象却深入南方。"山区的老人被敌人赶到集中营，临死之前还紧紧握住胡志明主席的像，嘱咐儿孙们要永远跟着胡志明主席战斗到底。南方少年为救部队而被敌人子弹射中倒下后，仍捂住胸口高呼：'胡主席万岁！'不屈的妇女面对敌人的枪口仍高呼：'胡主席在我们心里。'"在历经苦难的越南民众心中，只有依靠胡志明思想才可以打败强大的美帝国主义，实现国家统一。

作为把马列主义传播到越南的第一人，作为实现民族独立的领航者以及越南社会主义共和国的缔造者，无疑，胡志明的思想对近现代越南民族思维的形成，必然起到不可估量的引导作用。在"各国无产者和被压迫民族，团结起来"的口号下，越南民主共和国成立后开始与中国、苏联两国共产党建立起非比寻常的友谊，成为朝着社会主义范式发展阵营中一员。随着越南民主共和国在抗美战争中的胜利，社会主义范式从越南北方推至南方，越南文化的发展方向也走向社会主义文化范式。

三 胡志明思想对越南民族思维与价值观体系形成的影响

对社会主义越南而言，胡志明思想犹如毛泽东思想在新中国的地位，甚至有过之而无不及。一方面，这是由于在国破家亡、各种各样的救国运动失败的前提下，胡志明团结了国内外一切可能团结的力量，领导越南人民完成了和平建国、抗法抗美、南北统一等民族解放任务。另一方面，胡志明思想强调的是"以人民为本"的建国治国理念，其简朴、儒雅、谦逊、好学、亲切、坚毅、大公无私，把毕生的精力奉献给越南民族解放和独立事业的传奇人格，也成为社会主义文化建设范式下完美的道德楷模。总的来说，胡志明已经化身为社会主义越南国家的象征，胡志明思想也成为构建社会主义价值观体系的核心影响力。

20世纪90年代，越南刚刚迈入革新开放的新时期，武元甲将军就指出，"胡志明思想是马列主义在越南民族解放事业和新社会建设事业实践中的创造性运用，是马列主义的新发展"；同时还强调，"胡志明思想是一个体系，概括起来就是：为祖国谋独立和统一，为人民谋自由和民主，为全人类谋平等和幸福，为各民族谋和平和友谊，为时代文化和人文关系谋发展"[1]。

越南学界对胡志明思想体系的研究成果非常丰富，本书不再赘述，笔者仅从文化角度来分析胡志明思想对当代越南民众的思维模式和价值观仍然发生着持续影响力的几个主要方面。

(一) 对越南传统文化的继承与认可

虽然胡志明思想属于马列主义思想体系，但由于家庭和学校传统儒学教育的熏陶，胡志明继承了越南传统文化中大量关于儒释道等东方哲学思想的精华，越南民众都以他为榜样，以儒学"修身养性"[2]。

胡志明善于学习和借鉴中国儒学中的精华，他在融合共产主义理论和儒学思想时谈道："为什么共产主义在亚洲比欧洲更适合……原因是亚洲有和共产主义理想相吻合的盼望生活在大同社会的儒家思想。"[3]此外，胡志明在学习了孙中山三民主义对儒家思想的"忠""孝"二字的理解后，[4]在培养党员干部的道德修养和文化素质方面，提出了"仁""义""智""勇"等新的儒学内涵："党员干部要忠于党，孝于人民，'仁'意味着忠诚地爱和支持同志，反对任何不利于党和人民的事和物，不应该贪慕虚荣，拈轻怕重，不畏惧恶势力；'义'意味着考虑党的利益高于个人利益，要努力实现党员的义务与责任……'智'是指远离偏执与无知以保持思想的纯洁，正确地理解和评价他人，做有利于党的事，提倡正气，警惕邪恶；'勇'指的是有勇气做好事，承担责任，反对不道德的收入和荣誉，如果有必要可以为党牺牲奉献自己。"[5]这些党员干部"修身"的标准，直到现在也仍然为越南共产党奉为圭臬。

此外，胡志明创造性地将儒学与道家思想融入到越南革命实践中，

---

[1] 转引自[越]双成《胡志明思想的概念和体系》，谭志词译，《东南亚纵横》1995年第2期。
[2] Mai Quoc Lien, *Some Problems about Confucianism in Vietnam, Confucianism in Vietnam*, HoChiMinhcity: Vietnam national university-HoChiMinh city publishing House, 2002, p.125.
[3] [越]黎文伏：《儒家文化在胡志明道德观形成和发展过程中的影响》，《华人时刊》2014年第5期。
[4] 笔者按：孙中山先生曾指出把"忠君"理解为"忠于国"的思想："中国人至今所不能忘记的，首先是忠孝，次是仁爱，其次是信义，再次是和平。君主可以不要，忠字是不能不要的，如果说忠字可以不要，试问我们有没有国呢?我们的忠字可不可以用之于国呢?"
[5] Lương Duy Thứ, *The Confucian origin of Hồ Chí Minh's Idieas, Confucianism in Vietnam*, HoChiMinh city: Vietnam national university-HoChiMinh city publishing House, 2002, p.234.

将大量的"刚与柔、时与势、阴与阳、否与泰"等东方哲学思想与马列主义结合起来,来思考和领导越南的民族解放事业。胡志明指出:"法国殖民应该知道:越南人民并不想流血,越南人民爱好和平,但是,如果需要牺牲几百万战士,如果需要多少年抗战,以便维护越南的独立,使越南的子孙免做奴隶的话,那么,我们是会坚决牺牲的。"[1]他不仅获得了国内民众的支持,也成功斡旋于不同国际势力之间,最后形成了"以不变应万变、以柔克刚、以弱胜强、以寡敌众","以民族和国家生活中的实践和事件为尺度来衡量和调整思维和行动","以大团结为动力和力量,以动员、说服来达到团结一致"的军事和外交思想。当代越南政府采用的治国与外交思路中借力打力、以弱胜强、大国平衡外交等都明显带有胡志明思想的痕迹。

(二)对"以民为本"的阐释维系着当代越南民众对社会主义价值体系的信心

受法国民主主义和马列主义思想的影响,胡志明始终坚持"民富国强,只有人民富裕了,国家才能强盛"。关于新型民主国家,胡志明主张"一切权力属于人民、由人民管理、一切为了人民"。陈文饶教授指出:"把人民民主革命和社会主义革命紧密结合起来乃是胡志明思想的精髓所在。在胡伯伯看来,人民民主革命和社会主义革命只是一面旗帜,始终以国家和人民的利益为重。独立是社会主义建设的条件,只有建设社会主义才能巩固独立,这就是胡志明思想。"[2]

在风云变幻的国际局势下,苏联解体,东欧社会主义国家纷纷换旗易帜,而世界上还高举着社会主义红旗的国家所剩无几。越南,这个被法国殖民百年,又经历了南北分治近20年的国家,却出乎意料地仍然走在"社会主义"的建设道路上。细究下来,这与胡志明建国的理念具有很大关系。胡志明曾以"陈民先"的笔名写道:"在所有的革命理论中,孙逸仙主义是最适合越南的具体环境。孙博士的三民主义可以总结为:民族主义,一切民族的独立;民权主义,人民的自由;民生主义,

---

[1] 《在南部抗战初期的讲话》,《胡志明选集》第2卷,越南外文出版社1962年版,第25页。

[2] 1992年5月18日的越南《人民报》,转引自[越]双成《胡志明思想的概念和体系》,谭志词译,《东南亚纵横》1995年第2期。

人民的幸福和享受。"后来，胡志明把三民主义转化成为其思想体系中的"三个原则"，表达为："民族独立、民权自由和民生幸福。"因此，当代越南政府在制定社会主义文化建设方向时，就明确提出要以"人（民）"为中心，并指出从这种观点出发，才能真正地了解越南共产党关于文化、人民的认识与建设路子。胡志明思想中"以民为本"的理念在当代越南执政理念中得到坚持和延续。虽然，由于多方面的原因，与周边国家如中国、泰国、新加坡、马来西亚等相比，越南的经济发展相对迟缓，而且贪污腐败现象屡禁不止，很多越南民众对此深恶痛绝，尽管有人提出这是由于社会主义制度的问题，妄图以此推翻越南共产党的执政，但在越南始终还是有很多民众仍然对胡志明、共产党和社会主义怀有难以释怀的情感。2016年1月，越南共产党高层领导换届选举，原来呼声很高的革新派（部分学者也称其为"亲美派"）阮晋永总理在竞选越共总书记中输给了上一届总书记保守派（有学者也称其为"亲中派"）阮富仲，阮富仲以80%的投票率远远胜出。这样的结局也许是让世界，尤其是美国人无法理解的一种情怀，但它证明胡志明思想确实对维系越南民众对社会主义价值体系的信心发挥着持续的作用。

（三）"多元融合"的思维方式成为越南民族价值观体系的建构途径

胡志明思想的理论来源是多元的，他研究了越南国内各种革命斗争失败的教训，如勤王运动、维新运动、东游运动，也对世界上各种革命方法进行了大量的研究。在认识马列主义之前，胡志明还研究了儒学、佛教、道家和天主教的教义，并且熟知美国、英国和法国的民主主义革命，他坦言："我在苏联学到了一些党的建设的经验，在法国学到了反对资本主义的经验，在中国学到了反对殖民主义和封建主义的经验。"[1]胡志明创造性地将这些多元的思想理论发展为灵活、质朴和实用的胡志明思想。当然也有人曾经质疑过胡志明："你是什么呢？共产主义者抑或孙逸仙主义者？"对于这个询问，他回答道："孔子的学说有它的优

---

[1] Trần Thái Bình, *Hồ Chí Minh- Sự hình thành một Nhân Cách Lớn,* Hà Nội: Nxb Trẻ, năm 2005, tr.116页.（［越］陈太平：《胡志明——伟大人格的形成》，青年出版社2005年版，第116页。）

点：他的个人的道德。基督教有它的优点：高贵的仁爱。马克思主义有它的优点：它的辩证的工作方法。孙逸仙主义有它的优点：它适合于我们国家的条件和政策。孔子、基督、马克思和孙逸仙他们没有共同点吗？他们都想为人类谋幸福、为社会谋福利。如果他们今天还在世上，如果他们聚集在一起，我相信他们一定是好朋友那样相处得很完美的。我勉强做他们的小弟子。"[1]可以这样说，虽然马列主义和共产主义是胡志明思想追求的理论系统，但中越两国革命的相似性为胡志明吸收孙中山的新三民主义和中国共产党的建党治军理论，提供了可能性，使其成为胡志明思想理论系统的重要来源之一。

越南文化从传统到现代的演变进程中，"多元融合"的特点贯穿始终，每一个文化名人身上都不同程度地体现出"多元"的文化因子，而胡志明是其中突出而优秀的典型。联合国教科文组织大会在评价胡志明的文化事业时说："胡志明在诸多领域的重要贡献是越南人民上千年传统的结晶，他的思想体现了越南民族的本色，成为越南民族愿望的化身和增进相互了解思想的典型代表。"[2]

"一个活生生的榜样的价值远远胜于一百次宣传演说"，胡志明用其一生完美地阐释了这句话。伟人的力量、人格的魅力使胡志明思想体系形成后，成为一种巨大的政治和精神力量，推动着越南社会主义文化的建设与发展。同时，它也对在此价值体系影响下的越南民族思维留下了难以抹灭的印迹。按越南学者的说法，"胡志明思想体系已经成为整个越南民族共同的价值取向，全国人民都珍惜、维护和发扬它"[3]。

第六节　越南社会主义文化建设的方向与趋势

文化建设在社会主义建设中具有十分重要的地位。建设什么样的文化和怎样建设社会主义文化的问题，历来是落后国家在取得无产阶级政权后，从事社会主义建设伟大事业中所必须面对和解决的重要问题。自

---

[1]　[越]陈民先：《胡志明传》，张念式译，八月出版社1949年版，转引自张皓、[越]黎德黄《从认识吸收到践行：胡志明与孙中山的新三民主义》，《中共党史研究》2012年第7期。
[2]　[越]双成：《胡志明思想的概念和体系》，谭志词译，《东南亚纵横》1995年第2期。
[3]　同上。

1986年实行革新开放政策以来，越南共产党着手调整政治、经济和文化的辩证关系，强调"人"在文化建设中的重要地位，不断深化社会主义文化建设。同时，在不断学习和总结国内外社会主义文化建设的经验教训上，大力弘扬以爱国主义为核心的越南民族精神，逐步深入思考和构建符合时代特征的社会主义核心价值观，努力促使其成为推进社会主义文化建设的原动力。1998年7月，越共八届五中全会通过《建设和发展先进的具有浓郁民族本色的越南文化》的决议，成为越南社会主义文化建设进程中一个划时代的纲领性的文件，《决议》指出："文化是社会的精神基石，文化既是发展社会经济的目标，又是动力。""文化是社会精神生活中的必要需求，体现了国民和一个时代的发展水平。"[1]2011年1月召开的越南共产党十一届代表大会特别强调指出："具有先进的、浓郁的民族文化本色是越南社会主义的重要特征。"[2]这是继越共八届五中全会后对进一步凸显社会主义文化建设地位的又一重要表述。近年来，越南社会主义文化建设出现了四个比较突出的新特点。

一 把"人的完善"视为文化建设的出发点与落脚点，凸显"人"在文化建设中的主体地位

关于越南文化建设的出发点，早在越南刚刚建立民主共和国的时候，胡志明主席就说过"文化必须要为国民照明引路"，"如果国家独立了而人民不能享受幸福、自由，那么独立没有任何意义"。但由于1945—1975年，越南还在为国家和民族的独立与统一而奋斗，因此，制定的文化建设路线，更多的是以民族独立为核心，强调阶级划分，对民族文化中人文的层面不可能展开深层的挖掘。而在1975—1986年这一历史阶段，由于受冷战思维和苏联经济发展模式的影响，文化建设指导意见过于强调共产主义和人民集体性的内容，并且把非社会主义性质的文化都视为落后因素，对于"人"也并没有真正的重视，文化建设路线带

---

[1] Văn kiện Hội nghị lần thứ năm Ban Chấp hành Trung ương khóa VIII, Hà Nội: Nxb.Chính trị quốc gia,1998. (参见《越南共产党第八届五中全会会议文件》，国家政治出版社1998年版。)

[2] Văn kiện Đại hội đại biểu toàn Quốc lần thứ XI, Hà Nội: Nxb ChínhTrị Quốc Gia,2011. (参见《越南共产党第十一次代表大会文件》，国家政治出版社2011年版。)

有一定的片面性。

革新开放以来，越南共产党对文化建设的认识产生了重要的转变，指出要把越南文化建设成为富有民族特色的、现代的和人文的文化。越共六大报告指出："越南虽然以发展经济作为社会发展的重心，但并不以国民平均收入的增长作为单纯的目标，而把国富民强、社会公平、民主文明作为总的目标。其中，把文化建设提到一个新的高度：在提高生活水平的同时提高生活质量，把发展'全面完善'的人作为最高目标。"[1]近年来，越南共产党坚持以胡志明思想为指导，不断积极探索文化建设的发展路子，确定"以'人'为发展战略的中心，同时也作为发展的主体"，把"人的完善"视为文化建设的落脚点。越南胡志明国家政治学院的黄荣教授在谈到越南文化建设与人的关系时指出，"人既是创造文化的主体，又是这个创造过程中的产品。人与文化的关系是相互影响与作用的关系，这种关系在适应与改造自然环境的过程中显现出来，并得到逐步完善。也正是由于不断地拓展与完善这种关系，人类才可以在发展中保持平衡。从这种观点出发，才能真正地了解越南共产党关于文化、人的认识与建设路子"[2]。

革新开放以来，"人在文化创造中的主体地位"，在越南共产党关于社会主义文化建设的理论中不断得到肯定和发展。仅从越南语字面表达上来看，在文化建设理论中，"文化"与"人"的研究经常处于一个并列的关系被提及，即"文化与人问题研究"（Những vấn đề về văn hóa, con người）。也就是说从"人既是经济发展的动力，又是目标"，发展到"文化既是经济社会的精神基石又是动力"，"人"逐步深化为文化建设的出发点与落脚点，"人"的主体地位在文化建设思路中凸显。

革新开放以来，越南政府制定的关于政治、经济和文化发展战略的一系列决定，都非常重视"人"的发展与完善。《1991—2000年经济与社会发展和稳定战略》指出："发展的主要动力和目标就是源于人民，

---

[1] Đảng Cộng Sản Việt Nam, *Văn kiện Đại hội đại biểu toàn Quốc lần thứ VI*, Hà Nội: Nxb Sự thật.1986.（《越南共产党第六次代表大会文件》，国家政治出版社1986年版。）

[2] Tô Huy Rứa, Hoàng Chí Báo, *Nhìn Lại Quá Trình Đổi Mới Tư Duy lý luận của đảng 1986-2005*, Hà Nội:Nxb Lý luận chính trị, năm2005, tr.328.（［越］苏辉惹、黄志报：《党的革新思维理论进程回顾1986—2005》，政治理论出版社2005年版，第328页。）

为了人民；每个人、集体和全社会的利益都是有机地联系在一起的，其中，个人利益是直接的动力；把'人'放在经济—社会战略的中心位置。"《2001—2010年教育发展战略》强调："高质量的人力资源是推进工业化现代化事业的重要动力，是经济快速稳定增长的基本要素，所以可以把人力资源的培育视为越南工业化、现代化以及21世纪取得新发展的突破点，人的发展是国家的最高发展目标。"《关于批准到2020年文化发展战略的决定》也提出，"到2020年，越南文化发展的重心任务是建设全面发展的人。2020年文化发展的目标是：一切文化活动围绕着建设政治、思想、智慧、道德、体质、创造能力全面发展的越南人。他们遵守法律，具有团体意识、仁爱宽容之心，重情意，生活方式文明，家庭、团体和社会关系和谐"[1]。

同时，在实践"以人为本"和"人的全面完善"方面，越南政府把"社会化""家庭化"作为具体的实现路径，大力组织"社会化"的文化活动来丰富人民生活，改善人民的文化生活环境，培养健康文明的生活方式，达到人的全面完善。2011年10月12日，越南政府总理第1780号令出台，批准了《关于到2015年（定向至2020年）在工业区建设工人文化生活提案》。提案中强调，"在工业区搞好工人文化生活的目标是要建立一种经常性的文化体育活动体制；建设一种健康、和谐、稳定和进步的企业文化氛围；建设健康的工人文明生活方式，形成效率高、质量好的工作作风；逐步改善和提高工人的物质和精神生活，对建设稳定的企业产生积极影响。为达到这一目标，政府要求要定向地逐步地发展文化体育系统；开展文体活动，建设和完善由省市工会组织的'达标文明企业'称号的评价体系；建立和完善工人公认的文明健康生活方式；组织全国范围内的'文明企业'的评选，以鼓舞个人与集体在该活动的出色表现"[2]。2011年越共十一大继续提倡，"大力开展'建设越南家庭'活动，发挥并提升越南人民的传统文化价值观，以便教育年轻

---

[1] Quyết định 581/QĐ-TTg năm 2009 "*phê duyệt chiến lược phát triển văn hóa đến năm 2020 do Thủ tướng Chính phủ ban hành*"（2009年越南政府总理决议：《关于批准到2020年文化发展战略的决定》，http://tamvietluat.com/van-ban-luat.html。）

[2] Phê duyệt Đề án xây dựng đời sống văn hoá công nhân ở các khu công nghiệp.（《批准在工业区建设工人文化生活提案》，http://www.cpv.org.vn/cpv/Modules/News/NewsDetail.aspx。）

一代"。2011年10月21日,越南文体部还颁布了《关于获得"文明家庭"和"文明居民区"称号的标准、程序、手续、档案等细节规定的通知》,将人的全面完善要求再次具体化、明确化。

二 积极建构国家历史与文化体系,全面打造越南民族本色文化

为应对全球化和经济一体化趋势,越南把全面打造民族本色文化作为社会主义文化建设的一个根本任务。越南共产党对"先进的具有浓郁民族特色的民族文化本色"中"先进性"的解释为:"先进是指爱国与进步,主要内容是民族独立和社会主义理想。在马列主义、胡志明思想的指引下,为了全人类,为了人民的幸福,使个人在集体、社会和自然环境中,全面、自由、丰富与和谐地发展"[1]。

随着现代数字通信传媒技术的迅猛发展,西方的工业文明和其他一些强势的外来文化冲击着越南的民族文化本色观。为了在共性中突出个性,淡化经济发展迟缓的压力,越南政府着力激昂民族精神,重溯民族文化源头,寻找民族传统文化的再生点。事实上,自20世纪90年代末开始,越南文化界和学术界就不断开展历史与当代文化互动的理论研究与探索,时刻警惕外来强势文化的同化,渲染以"村社文化"为基色的民族文化观,从语言表述上拉近越南与东南亚地区的文化相似性,全面淡化与中国文化的趋同感,塑造一个具有独特的浓郁民族特色的越南社会主义文化形象。

越南著名文化学家潘玉在《越南文化本色》一书中指出:"稻作文化、村社文化是越南文化本色的重要组成部分。水稻种植就意味着在缺水时要引水灌溉,水太多时要挖渠排水,引水和排水都要经过别人的田地,这样的环境,一个单独的家庭是无法自己种植的,因此必须团结起所有的人组成一个共同体,即全村组织起来协调权利,所以村社组织与文化更加稳定。村社文化要求平等公正,歌颂男女爱情、劳动精神,此

---

[1] *Văn kiện Hội nghị lần thứ năm Ban Chấp hành Trung ương khóa VIII*, Hà Nội: Nxb.Chính trị quốc gia,1998.(《越南共产党第八届五中全会会议文件》,国家政治出版社1998年版,第55—56页。)

外，其中还包含了民主和社会主义的很多要素。"[1]在这里，村社文化已被合理地解读为越南民族文化选择社会主义范式的重要基色，同时也是完全不同于中国麦作农业文明的突出特点。越南当代著名的文化学者陈玉添教授在对"雒越"中的越字进行分析时指出，"'粤'字中保留了为斧子象形的'丂'记号，此外，其中还以米部首来补充意义，即指种植水稻居民的重要特征。汉字'越'中也有斧子的踪迹：这就是'戉'这个偏旁部首。卫聚贤在《吴越释名说》一书中曰：'越则是意味斧子的钺。在黄河流域新石器遗址中未发现斧子，而（斧）是由古时候居住在浙江地区的百越民族族所发明的。上古的越字是斧子的象形文字。越国因生产斧子故以其为名，越南文化的原始空间位于南亚人种所居住的区域。可以把它视为北边最远到扬子江，南边到越南中北部。在这个地区，一年中有春夏秋冬分明的四季。这里是水稻种植业的发源地，同时也是驰名的东山铜鼓之发源地。这也是传说中的鸿庞氏建国之疆界"[2]。文中将中华文化空间机械地定于中原黄河流域，从而巧妙地用文化空间大于国家行政划分的学术观点来模糊越南京族与百越民族同源于华南的历史，反之却将鸿庞氏（即传说中的雄王）建国疆界扩张到了华南地区。

为了激发民族主义意识，去除对外来文化的敬畏心理，树立起具有浓郁民族特色的文化审美观，潘玉先生宣扬越南文化艺术创作的主题对象都是一些与劳动人民日常生活相联系的，具体的、简单的事物，比如水牛、猪、榕树、水井、渔船等，反映的都是劳动人民简朴的审美情趣，相比起中国文化艺术的博大精深，越南的艺术表现形式相对要真实和质朴得多，更符合当代的时代审美。这样的学术探索，显然是以美化民族文化特色为基础的，作为构建民族文化特色的一种方法，这无可厚非，但刻意对比中华民族文化的"博大精深"，以凸显越南文化的"真实质朴"，却暴露出越南民族对中华文明"敬与畏"的矛盾认知心理与历史情结。

为了积极构建国家历史文化体系，当代越南政府大力推进国家建设和民族源起等历史文化知识的大众普识化进程。在接受了越南历史研究

---

[1] Phan Ngọc, *Bản Sắc Văn Hóa Việt Nam*.Hà Nội: Nxb Văn Học, 2002.tr36.（［越］潘玉：《越南文化本色》，文学出版社2002年版，第36页。）

[2] Trần Ngọc Thêm, *Cơ Sở Văn Hóa Việt Nam*.Hà Nội: Nxb Giáo Dục, 1999, tr30.（［越］陈玉添：《越南文化基础》，教育出版社1999年版，第30页。）

协会分派的任务后，阮维馨副教授出版了关于雒越文化研究项目的成果《雒越文明》。作者将研究重点放在为雒越文化"正本清源"上，第一章名为"在中国古史中的雒越人"，作者用100余页的篇幅对中国古史中存在的"雒""骆""越""粤""于越""西瓯"和"雒越"等说法做了详尽的分析，指出"无论哪一个'越'都只是一个意思——都是用汉字对本地越人的音译"[1]，从而强调灿烂的雒越文化源于"越（南）人本地"，这才是面对程度高于自身的中国汉唐和近代法国两种文明，越南仍然没有被完全同化的真正原因。雒越文化是一种越南本色文化，是推动越南民族发展的动力，作者以此鼓舞越南的民族精神。该书出版后在越南的各大书店掀起了销售热潮，电视台甚至组织专栏节目对此书进行宣传，大大推动了雒越文明的大众普识化进程。

三 弘扬爱国主义和时代精神，建构社会主义道德核心价值体系

近年来，面对风云变幻的国际形势和艰巨繁重的革新开放任务，传承、学习、吸纳、融合与创新成为文化建设一种不可逆转的趋势，文化逐渐被视为越南民族凝聚力和创造力的重要源泉。建构具有时代精神的、以社会主义道德核心价值体系为内核的民族文化成为越南文化建设的根本任务。

越共八届五中全会通过《建设和发展先进的具有浓郁民族本色的越南文化》的决议，把越南社会主义道德核心价值体系视为越南文化本色观的内核，把"浓厚的爱国主义、民族自强意志、团结精神、仁爱、宽容、重情义、重道德、勤劳、富有劳动创造性、处理事物的灵活性、生活的简朴性"等特点视为越南各族人民在建国、卫国战争中培育出来的统一的、稳定的价值体系。《决议》还对践行这套核心价值体系做出了具体的要求："一是有爱国主义精神，民族自强精神，为民族独立和社会主义奋斗的精神，有为国家脱离贫困落后的奋发意志，有为和平、民族独立、民主和社会进步事业献身与全世界人民团结的精神。二是有为集体、团结、共同利益奋斗的精神。三是有健康的生活方式、文明的行为方式、勤俭、忠实、仁义、遵纪守法、有保卫和改善生态环境的意

---

[1] Nguyễn Duy Hinh, *Văn Minh Lạc Việt*, Hà Nội: Nxb văn hóa thông tin, 2004, tr.113.（［越］阮维馨：《雒越文明》，文化通信出版社2004年版，第113页。）

识。四是认真劳动、恪尽职守,有纪律、有创造性、有效率地为个人、家庭、集体和社会服务。五是经常学习,提高理解力、专业水平、审美意识和体力水平。"[1]

但是面对物质利欲的诱惑,西方个人主义和生活方式的泛滥,越南传统美好的道德价值体系也面临着被轻视、被遗忘的危机。2004年,在越共九届五中全会上,总理潘文凯曾提出:"我们在那些源于个人主义的社会弊端面前不应该犹豫,比如滥权、渎职、贪名贪利,向钱看,无视道德和法律;不诚实、不坦诚、弄虚作假、摇摆不定等现象。"[2]作为一个发展中的社会主义国家,越南的文化建设面临着许多必须解决的问题:一是越南的文化产品和产业由于缺乏竞争优势,很难打入发达国家市场;二是经济全球化给构建和发展越南社会主义道德核心价值体系造成威胁。但如果不积极主动地与国际接轨,就会被抛出世界民族发展的轨道。因此如何处理好继承优秀传统文化和吸收世界民族文化精华的关系,怎样传承和巩固越南社会主义道德核心价值体系,才能让越南民族文化屹立于世界民族文化之林,就成为越南共产党在社会主义文化建设中思考的重要问题。

在以大力弘扬爱国主义为核心的民族精神和以革新开放为背景的时代下,越南主张宣扬把社会主义道德核心价值体系的教育融入国民教育、文化生活建设和党的建设全过程,贯穿在革新开放、工业化和现代化建设的各领域,加强在新时期对胡志明思想理论的研究和宣传,始终坚持马克思主义和胡志明思想的指导地位,坚定社会主义方向,践行胡志明道德榜样。越南政府提出,"教育的基本任务与目标是为了教育和培养一批拥有越南社会主义道德核心价值观(如民族独立精神、社会主义理想……)的一代人"[3]。2004年,越共九届九中全会决议中强调:"要加强管理,完善机制和政策,加强生活、文化和文明方式的建设,

---

[1] *Văn kiện Hội nghị lần thứ năm Ban Chấp hành Trung ương khóa VIII*,Hà Nội:Nxb.Chính trị quốc gia,1998.(《越南共产党第八届五中全会会议文件》,国家政治出版社1998年版,第55—56页。)

[2] Báo Nhân Dân, ngày 13-6-2004.(越南《人民报》2004年6月13日。)

[3] Tô Huy Rứa,Hoàng Chí Báo.*Nhìn Lại Quá Trình Đổi Mới Tư Duy lý luận của đảng 1986-2005*, Hà Nội:Nxb Lý luận chính trị, tr 363([越]苏辉惹、黄志报:《党的革新思维理论进程回顾(1986—2005)》,政治理论出版社2005年版,第363页。)

构建新的生活和社会价值观,以此作为国家快速稳定发展的基础和动力。"[1]2007年,越共十大强调,要着重培养青年、大学生、中小学生关于理想和生活方式的价值观,提升智力水平,增强道德意识和文化本领。同时,要加强国家对文化的管理,完善稳定的政策机制和财政机制。2011年,越共十一大报告进一步提出,"在推进工业化和现代化进程以及与世界接轨的时期,总结和建构越南人的价值观体系"[2]。

越南教育界与学术界也就怎样构建越南人的价值观体系做了一系列研究,努力将研究成果融入国民教育当中,从1991年至今,与这个主题相关的国家级科研项目就有6项,比如由胡士贵教授主持的"越南价值观的相关问题"(2006)、由范德盛教授主持的"在革新和融合时期保持和发挥越南传统价值观作用"(2010)、由陈玉添教授主持的"构建越南民族的价值观体系"(2013)……这些课题都致力于将越南文化与越南民族心理、价值观取向紧密地联系在一起,突出民族意识,鼓励爱国主义,结合时代精神,宣扬继承美好优秀的越南传统文化,摒弃那些不符合越南文化本色的社会弊端,构建新型的社会主义价值观体系。

四 政治、经济和文化协调统一,把"全民性文化运动"视为加强文化建设的有效途径

文化不能独立于政治与经济之外,而是要建立在政治与经济基础之上,反作用于政治与经济。没有哪一种经济的进步是没有文化的参与的,而经济的繁荣也必然会影响到文化的发展,因此经济的增长必须与社会的进步同步。文化既是社会经济发展的动力又是其发展的目标。经济发展与社会进步既可以互相促进也可能相互牵制。1986年召开的越共六大提出:"文化革新与发展经济同步,我们要积极地、坚决稳妥地开展各种关于发展新社会、建设新文化和新人民的活动,要努力建设一个

---

[1] Dương Phú Hiệp, *Nghiên Cứu Văn Hóa và Con Người Việt Nam Hiện Nay*, Hà Nội: Nxb Chính trị quốc gia,2010.tr34. ([越]杨富协主编:《当代越南的人与文化研究》,国家政治出版社2010年版,第34页。)

[2] *Văn kiện Đại hội đại biểu toàn Quốc lần thứ XI*, Hà Nội: NXB ChínhTrị Quốc Gia, 2011. ([越]《越南共产党第十一次代表大会文件》,国家政治出版社2011年版。)

具有浓郁民族特色的社会主义文化与文艺事业。"[1]2004年召开的越共九届十中全会进一步指出："经济和文化是发展的两条腿，我们不能一条腿长，一条腿短，不能只考虑发展社会的物质（经济）基础，而不考虑发展社会的精神（文化）基础。必须要把文化建设任务与经济建设（中心任务）、党建工作（关键任务）紧密结合起来，保证文化与经济同步发展，形成社会牢固的精神基础。"2006年召开的越共十大强调：越南要"继续深入发展具有浓郁民族特色的先进文化，让文化发展与经济社会发展更加紧密、协调，使文化真正深入社会生活的每一个领域"[2]。2011年召开的越共十一大强调："全面和协调地发展各文化领域，既要发扬本民族优秀文化价值，又要能吸收人类文化的精华，处理好经济与文化的关系，以便文化真正成为社会的精神基石，成为经济社会发展和融入国际的动力。"[3]

近年来，越南特别注重利用文化外交为经济和政治外交开路，发展与其他国家，如与美、英、日和东盟国家的文化交流，积极主动地成为国际社会值得信赖的朋友和合作伙伴。1986年之前，越南只与近20个国家有文化合作交流关系，而现在，越南已经与50多个国家建立了文化合作与交流关系。2009年是越南的"文化外交年"，越南在中国、老挝、缅甸、马来西亚、俄罗斯、英国、日本、南非、委内瑞拉、巴西、西班牙、瑞典、意大利、美国等国以及国内积极举办了系列专题文化和国际文化交流活动，对外大力弘扬民族文化本色，再配合政治互访与经贸往来，积极塑造良好的国际形象。2011年，越共十一大报告再次强调，"加大向世界宣传越南文化、艺术、国家与越南人民形象的力度。扩大在文化、传媒等领域的合作范围，增强对外宣传的活动效果。在国外建设一批越南文化中心以及越南文化对外宣传中心，把政治外交与经济外

---

[1] *Văn kiện Đại hội đại biểu toàn Quốc lần thứ VI*, Hà Nội: NXB Sự thật.1986.（《越南共产党第六次代表大会文件》，国家政治出版社1986年版。）

[2] *Văn kiện Đại hội đại biểu toàn Quốc lần thứ X*, Hà Nội: NXB ChínhTrị Quốc Gia, 2006.（《越南共产党第十次代表大会文件》，国家政治出版社2006年版。）

[3] *Văn kiện Đại hội đại biểu toàn Quốc lần thứ XI*,Hà Nội: NXB ChínhTrị Quốc Gia,2011.（《越南共产党第十一次代表大会文件》，国家政治出版社2011年版。）

交和文化外交结合起来"[1]。

另外,通过发动和组织群众性活动、项目、运动和竞赛来实践政府对文化的管理职能,也是越南共产党关于社会主义文化建设理论实践的一种有效途径。2009年5月6日,越南政府出台《关于批准到2020年文化发展战略的决定》。该决定指出:"制定到2020年文化发展战略,旨在将党关于发展文化的观点、路线具体化、体制化,确立主要的目标、任务和措施,在工业化、现代化和融入国际时期,逐步实施建设具有浓郁民族特色先进文化。"[2]事实上,自2000年越南出台《关于颁行开展"全民团结建设文化生活"运动的计划之决定》起,该运动就被确定为最能体现越南社会主义文化建设特点的、广泛的社会化群众性运动。活动具体内容为:树立好人好事、先进典型;建设文明家庭;全民团结建设居民区;建设文化乡村、文化街区;建设文明单位、企业;全民以伟大的胡伯伯为榜样活动;推广学习、劳动和创造活动。2009年,越南全国再次掀起以"学习和践行胡志明关于提高责任意识、全心全力服务祖国、服务人民的思想和道德榜样"为主题的运动,运动持续在全国各级部门、各机关单位、党员干部以及各阶层人民范围内开展。2009年8月20日,越南祖国阵线中央常委会在河内隆重举行第三次全国"全民团结建设居民区文化生活"运动典范代表表彰大会。国家主席阮明哲参加大会并发表讲话。讲话中指出,越南全国42个省建起了128个文化点,那些文化活动环境特别困难的乡村,已转变为建设文化家庭、文化乡村的亮点。[3]2011年,越共十一大报告中再次强调,"切实有效地深化'全民团结建设文化生活'活动;在家庭、居民区、机关、单位与企业中搞好文化生活建设,使文化价值观渗透进生活的方方面面,并体现在社会与个人的生活、工作和日常关系中,坚决杜绝各种毒害人民群众的产品。在婚丧嫁娶和庙会庆典等仪式中营造出文明的生活方式,坚决杜绝腐败、暴力、浪费的现象,坚决打击危害公共秩序、卖淫、贩毒以及赌博等行

---

[1] *Văn kiện Đại hội đại biểu toàn Quốc lần thứ XI*, Hà Nội: NXB ChínhTrị Quốc Gia,2011.(《越南共产党第十一次代表大会文件》,国家政治出版社2011年版。)

[2] Quyết định 581/QĐ-TTg năm 2009 "*phê duyệt chiến lược phát triển văn hóa đến năm 2020 do Thủ tướng Chính phủ ban hành*"(2009年越南政府总理决议:《关于批准到2020年文化发展战略的决定》, http://tamvietluat.com/van-ban-luat.html。)

[3] 古小松:《2010年越南国情报告》,社会科学文献出版社2011年版,第146页。

为"。对此，越南黄荣教授曾评价说："越南社会主义文化建设是一个复杂的过程，分为高度与广度两个层面。广度上的建设，就是要在农村、乡、镇、街道、城市推行一种社会化的群众性文化生活，以便于广泛地吸引群众参加各种文化生活，从而提高民智。同时，也更能体现人民在（文化）创造中当家作主的权力、审美与价值观。（群众性的文化活动）是民族文化中的一部分。"[1]

面对长期的战争遗留问题，越南政府也认识到经济发展才是越南民族文化生存与发展的基础，指出："经济与文化是密切相关的，如果缺少文化基石，经济是不会自己发展的，文化也不是经济的被动产物，只有把文化与经济结合起来发展的文化才是能动的、有效率和稳固的。"[2]因此越共十一大报告强调："要继续发展越南先进的文艺事业，发展具有民族特色、民主、人文并且真实、深刻反映国家创新事业、民族历史以及人民生活的现代化文化事业。"革新开放以来，随着经济的繁荣，越南的文化艺术创作得到了新的发展。文化艺术的创作日益丰富和多样化，很多文学作品已经以历史、革命、抗战、革新事业为主题，生动地再现了越南历史与社会生活。2011年10月14日，阮进勇总理还签署了政府总理第1783号决定，对2011年的优秀文学艺术创作拟发放胡志明奖项和国家奖项，其中，胡志明奖项是2亿越盾（相当于7万元人民币），国家奖项为1.2亿越盾（相当于4万元人民币）。[3]

越南政府日益把民族文化视为民族的灵魂。越南文化学者邓警卿谈道："一个民族与另一个民族的区别，首先就是看民族文化遗产的区别，其中包括物质和精神文化的遗产。"[4]《关于批准到2020年文化发展

---

[1] Tô Huy Rứa, Hoàng Chí Báo,*Nhìn Lại Quá Trình Đổi Mới Tư Duy lý luận của đảng 1986-2005*, Hà Nội:Nxb Lý luận chính trị, tr.347.（[越]苏辉惹、黄志报等：《党的革新思维理论进程回顾（1986—2005）》，政治理论出版社2005年版，第347页。）

[2] Trần Quốc Vượng, *Cơ Sở Văn Hóa Việt Nam*, Nxb Giáo Dục,Hà Nội,2008.tr280.（[越]陈国旺：《越南文化基础》，教育出版社2008年版，第280页。）

[3] *Về mức tiền thưởng kèm theo Giải thưởng Hồ Chí Minh và Giải thưởng Nhà nước về văn học, nghệ thuật năm 2011*（《关于2011年文学艺术的胡志明奖项和国家奖项》，http://www.cpv.org.vn/cpv/Modules/News/NewsDetail.aspx。）

[4] Dương Phú Hiệp, *Nghiên Cứu Văn Hóa và Con Người Việt Nam Hiện Nay*,Nxb .,Hà Nội: Nxb Chính trị quốc gia.2010, tr.153.（[越]杨富协主编：《当代越南的人与文化研究》，国家政治出版社2010年版，第153页。）

战略的决定》也强调,到2020年文化发展的中心任务是建设全面发展的人;建设文化生活和文化环境;保存和弘扬民族文化遗产;保存和弘扬少数民族文化;发展文学和艺术事业;发扬宗教信仰的文化价值和道德功能;加强大众传媒工作;加强和主动进行文化的国际合作与交流;完善文化体制和设施等。实际上,越南政府也极其重视深入挖掘和保护各种物质与非物质文化遗产。迄今,越南共有10个文化遗产和自然景观被联合国教科文组织列入世界文化或自然遗产名录。顺化宫廷雅乐、西原锣钲、官贺民歌、筹歌等被列为世界非物质文化遗产。顺化古城、下龙湾、美山圣地遗址、会安古镇、升龙皇城、风雅—格邦国家公园被列为世界物质遗产。此外,越南还有两个被联合国教科文组织公认的世界文化景观遗产——阮朝木版和升龙文献进士碑。对此,越共十一大政治报告强调,"努力完善并严格落实关于知识产权保护、发挥民族物质文化与非物质文化遗产价值的相关法律规定。将发展文化、文艺以及保护与开发文化遗产的任务同对外宣传及服务业发展紧密结合起来,旨在公众中大力弘扬民族文化价值"[1]。

自2002年起,越南制定了国祭日来祭祀"雄王",全国大大小小的城镇、村社也都组织雄王信仰祭祀活动,公祭雄王日逐渐成为越南民族的大型节日,其重要性仅次于国庆。2009年越南还颁布了关于"祭雄祖日纪念各代雄王仪式"的指导文件,将越南全国都拉入到由雄王符号和信仰建立的认同体系中来,并且启动了申报其为世界非物质文化遗产的进程。2011年,传说起源于"雄王时代"的"春歌"艺术被联合国教科文组织列入《急需保护的非物质文化遗产》名录,2012年雄王祭祖也获得联合国教科文组织的正式承认,越南政府还对祭祀雄王的仪式程序进行了统一。

总体看来,当代越南全力打造得具有浓郁特色的民族文化显现出国家化、合法化、全民化和国际化的趋势和特点。

---

[1] *Văn kiện Đại hội đại biểu toàn Quốc lần thứ XI*.Hà Nội: NXB ChínhTrị Quốc Gia,2011.(《越南共产党第十一次代表大会文件》,国家政治出版社2011年版。)

结　语

从影响一个国家发展的内源与外源角度来分析，越南文化的演变经历了三个大的历史阶段。一是史前文化阶段。这是古越人本地文化特征的形成时期，是使越南文化区别于印度或中华文明的一个重要时期。二是越南传统文化的形成阶段。这是与中国传统文化发生深刻接触与交融的时期，这也是决定越南民族心理和思维模式形成的重要时期。三是近现代文化的断裂与转型阶段。在这一时期，越南文化摒弃了汉字和汉字文学，走向拉丁化越南语文学创作，受到以法国文化为主的西方文化的巨大影响。在抗法战争胜利后，越南被迅速卷入世界冷战格局。美国撑腰的吴庭艳政权与以苏联、中国为盟友的社会主义政权间的较量，实质上成为东西方政治制度与文化模式发生的交锋。抗美战争的胜利，推动了越南民族选择社会主义文化发展范式的决心。这一时期越南文化的流变充分体现了东西方文化的碰撞与融合。

新石器时代后期，越南的本地文化受到生产力发展水平较高的华南地区史前文化的影响，使地理区域上相连的越南北部地区生产力快速提高。文明程度始终都是由生产力发展水平来决定的，随着生产力的大幅提高，北部红河平原的东山文化的文明程度逐渐超过了中南部的沙茨文化和南部的奥埃文化，这为越南北部率先从部落联盟转化为国家前形态奠定了基础。同时，东山居民开启了越南稻作文化和农耕文明的序幕，创造了神秘丰富的青铜文化，形成了以村社和部落联盟为组织结构的史前居民社会。这是一种带有古越人特征的史前文明，带着对生殖繁衍的渴望，形成了一种以万物崇拜、女阴崇拜和祖先崇拜为主的宗教信仰，逐渐确立了以天地、山水和阴阳二元对立统一的本地稻作文化思维方式。越南史前文化阶段不仅为越南进入封建社会奠定了丰富的经济基础，也为接受中国封建社会的政治和经济制度以及中国传统文化的影响创造了前提。当然，文化并不是政治和经济的消极产物，文化可以对政治与经济的形成和发展产生重要的影响。正因为本地东南亚史前文化特征的存在，使得越南没有始终臣服于中国封建政权的集权统治。尽管北属强大的中国封建王朝千余年，但该地区不断爆发起义和抗争，这种时断时续的抗争汇聚成一种离心力，安南于10世纪时独立于中国封建王朝之外，建立起独立的封建政权。

文化与政治经济存在着辩证的关系，马克思说过"不是人们的意识决定人们的存在，而是人们的社会存在决定人们的意识"。在建立了独立的封建王朝后，越南的封建统治者有了选择文化发展方向的权力，但并没有立刻创立一套属于本民族的思想文化体系来统治管理人民，相反，却积极主动地借用了以儒家思想为核心的中国封建道德秩序和文化。如果说北属时期，中越之间的文化交流多为所谓的"强迫性"文化输入，那么10世纪以后，越南封建统治者对强盛的中华文化的亲近与学习则是一种"自愿"的借鉴与融合。儒、释、道三派长驱直入，在越南文化中深深扎下了根，对越南民族心理和思维产生了至深至远的影响。这是一种耐人寻味的文化传播现象：吸收和借鉴中华传统文化，不仅迎合了越南统治阶层建立封建集权统治的一种需要，也符合当时越南的社会发展状况。在以农业为主的封建社会里，农村组织和家庭经济占有重要的地位，"家庭经济制度发生，产生了生产的分配及管理者——家长，家庭每个成员都服从家长，于是孝悌为天经地义，消灭了一切个性，社会既然有了约束的必要，于是道德也就产生了。在封建社会，是以大小贵族和农奴、佃农等人层层累积而成的，是一个极繁重、充满压迫的生产机器，要维持这种强制性的劳动组织，需要各种尊卑的名分和温情的欺罔，所以忠君爱主、仁慈恭顺成为道德要求"[1]。仅就文化内核的传统思想形态和价值观念而言，古代越南当属亚洲儒家文化圈内受中国文化浸润最深的国家，受中国儒释道深刻影响，越南形成了以"忠、孝、仁、义、礼、智、信"为主的社会道德标准，同时产生了强烈的爱国主义和民族精神。

---

[1] 中外名人研究中心编：《马克思主义哲学导读》，上海人民出版社1990年版，第448页。

同样属于农业经济,同样是封建社会,长期使用同样的文字,同源异流的民族族群决定了越南与中国文化交流与融合的深度与广度。古代越南移植了中国封建王朝的政治官僚制度,借鉴了中国选拔人才的科举制度,形成了牢固的中央集权型封建统治秩序;以大乘佛教禅宗为主,融合道教多神信仰的理念,结合原始宗教信仰而产生了集城隍信仰、人神信仰、女阴崇拜和祖先崇拜等多种宗教信仰为一体的高台教与和好教。从文字、文学、宗教、建筑、雕刻、美术、工艺到表演艺术等各个层面无不受到中华文化的强烈影响。从传统文化的产生、形成、发展与演变进程来看,无论越南承认与否,古代中国始终是越南模仿、学习和交流的主要对象。就越南的历史文化传统而言,与多元的外来文化交融,内聚而后内化始终是越南文化的一个特点,在这种多元文化结构中,无疑中国占据一个相当重要的位置。越南的文化结构,可以说就是始终在"交融与内聚"的循环中建构。可以说,从中国而来的儒家文明种子,在越南文化的土壤中生根、发芽、开花、结果,与当地的文化因子共同生长,形成一种颇具特色的文化景观。

　　19世纪末,越南进入了法属殖民时期,伴随着这一时期殖民地政治和经济的发展,越南占统治地位的主流文化也是殖民地文化。马克思在探究殖民主义的作用时曾经说:"英国在印度要完成双重的使命:一个是破坏性的使命,即消灭旧的亚洲式的社会;另一个是建设性的使命,即在亚洲为西方式的社会奠定物质基础。"[1]法国对越南文化的影响也充分印证了这一点。出于宗教传播和殖民统治的需要,西方传教士在越南创造了音形一致的拉丁化拼音文字,在法国殖民统治者的推广下,越南人民认可并使用了拉丁化拼音文字。此外,法国的天主教、民主思想、文学、建筑、美术和电影艺术都对越南产生了深入、持久的影响。当然,在建设的同时,破坏性也不可避免,在法国殖民统治的推动下,越南摒弃了已经使用近两千年的汉字和自己民族创造的喃字,文字的转变造成了文化演变过程中某种程度的断裂,这对越南文化的传承与发展造成了难以弥补的缺憾。

---

[1] [德] 马克思:《不列颠在印度统治的未来结果》,《马克思恩格斯选集》第2卷,人民出版社1976年版,第70页。

20世纪，伴随着资本主义阵营与社会主义阵营的全方位的争夺，两种完全不同的文化发展模式对越南南北两个地区产生了深刻的影响。惨烈和绵长的战争侵蚀和摧毁着越南人民创造的文明成果，但也磨炼着越南人民坚韧的意志。1975年越南南北统一后，伴随着北方社会主义的胜利，苏联以重工业为主的现代化经济发展模式成为越南经济社会发展的方向，也使后来的越南社会主义文化发展陷入了僵化的困境。

冷战格局的结束、苏联的解体和中国的改革开放为越南的社会主义建设提供了经验与借鉴。21世纪的经济一体化和全球化为世界各国文化的繁荣发展提供了前所未有的契机，同时也对每个国家的文化传统构成潜在的威胁。面对复杂多变的世界格局，越南共产党高举社会主义旗帜，坚持维护国家文化安全，努力提高文化在综合国力中的地位，努力构建雒越民族"本地源起说"，强化民族文化独立意识。以建设具有浓郁的越南民族本色文化为目标，社会主义文化建设的理论和实践逐步深化，努力使越南民族文化呈现出一个崭新和富有竞争力的形象。

总体来看，越南文化演变的整个过程都始终面临外源文化的强烈影响与冲击，对于这些强大的外源文化，越南民族始终处于一种抗争、交流、模仿、吸纳、融合与内化的过程中。可以说有三组明显的作用力与反作力在越南文化流变的进程中一直存在：一是抗争与交融；二是断裂与延续；三是多元与内聚，它们持续不断，此消彼长地形成一种越南文化特征，推动着国家与民族的历史进程。

美国文化学家鲁思·本尼迪克特曾提出："各种文化具有各自特定的民族心理和民族精神，特定的文化支配特定的行动和思维方式，而人类文化学则应侧重研究二者之间的内在联系，即文化结构对民族人格的整塑和影响上。"[1]交融中内聚的越南文化特征逐渐孕育出越南民族一种多元而复杂的心理结构。劳伦斯·哈里森指出："心理模式是影响人们行为方式的基本信念。文化是一个更广泛的、宏观层次上的变量，心理模式则是微观层次上的变量。心理模式适用于个人和人群，而且是可识别的和可变的。文化反映的是个人心理模式的总和，反过来又影响

---

[1] 参见［美］鲁思·本尼迪克特《菊花与刀》，晏榕译，光明日报出版社2005年版。

着个人所具有的心理模式的类型。二者相连系于一个不断深化的体系之中。"[1]可见,越南民族的心理模式或者称为国民性格也会反过来影响越南国家和文化发展的方向。

越南文化学家陈玉添在比较民族性格与民族文化价值体系时,谈到两者的区别:"民族文化价值体系只包含那些好的价值体系,而民族性格则可以包含那些非价值性的东西。"[2]受农业文明和中国道家思想的深刻影响,"越南人的世界观建立在一种包罗万象的宇宙观之上,即宇宙创造了两个最原始的力量——阴与阳。这种根本的范式支配着越南人的整个世界,使越南人对世界的认知,制度的运行,从家庭到国家等任何事情都会因此成为一种模式和坐标。建立在这种统一的宇宙观和秩序观基础之上,这种范式为越南人提供了一种观察视角、一种处理事情的模式、一种固有的宇宙观。"[3]一般来说,越南人的心理模式和行为方式很少出现极端的表现,"阴性"元素呈显性模式。但很具讽刺意义的是,受地缘政治的巨大影响,当强烈的民族主义爆发或亡国危机意识出现时,越南人常会打破"阴性"模式的框架,"保卫国家和民族独立"会占据越南人思维的支配地位,"阴文化"思维会因此出现转化,个别时候甚至会出现一些较为极端的行为方式,也就是世人常言的越南民族"好战"的阳性风格。具体地说,在民族文化影响下的越南国民性格呈现以下几个主要特点:

第一,灵活且务实的行为方式。水是阴阳文化中极具阴性特征的一个元素,越南人尤其钟爱水,认为水是一种无形的物质,不会在最高的地方停留也不会在最低的地方止步。[4]越南俗语也道,"在瓜里就圆,在筒里则长,跟着佛走披袈裟,随着鬼跑穿纸衣",就充分体现了其对

---

[1] 转引自[美]塞缪尔·亨廷顿等主编《文化的重要作用——价值观如何影响人类进步》,程克雄译,新华出版社2003年版,第410页。

[2] Trần Ngọc Thêm, *Những vấn đề văn hóa học lý luận và ứng dụng*, TP.HCM: Nxb văn hóa-văn nghệ, 2013, tr99.([越]陈玉添:《文化学问题:理论与应用》,文化文艺出版社2013年版,第99页。)

[3] Neil Jamieson, *Understanding Vietnam*, Berkeley and Los Angeles: University of California Press,1995, p.13.

[4] Trần Ngọc Thêm, *Cơ Sở Văn Hóa Việt Nam*, Hà Nội: Nxb Giáo Dục.1999, tr.316.([越]陈玉添:《越南文化基础》,教育出版社1999年版,第316页。)

"无形"思维的认同，表现出越南人灵活且务实的行为方式和处事原则。

受地缘政治及其他的影响，中国、印度、法国、日本和美国几个国家的兴衰起伏都映射在越南民族发展的历史上，至今不能消弭。越南文化没有在长久的战争中消亡，而是在重建中不断适应和融合其他不同的外源文化。对待西方文化，越南民族从恐惧、回避、禁止、接受、思索，最后积极选择和融合。对拉丁化越文，绝大部分越南人都会自豪地认同为"国语字"，他们说这样的文字很科学、容易学、容易记，完全不介意该文字是由西方传教士创制，而并非越南本民族所创造。

灵活务实的行为方式还影响到越南的对外政策。当代，越南不断在大国的夹缝中寻找自己的生存和发展空间。革新开放后，越南跟着中国改革开放的步伐，引进外资盯着日本、欧洲，军事合作拉着美国和俄罗斯，地区间的势力平衡则立足于东盟。越南人特别快地适应了革新开放和市场经济规律，以讲求实效的生活方式和工作态度，大踏步地进行着社会主义市场经济建设。虽然法国与越南之间有着近一个世纪的殖民与反殖民抗争历史，但是为了争取发展空间和更多的外国资金，越南仍然高调地加入法语国家联盟。尽管美国在越南本土发动了越南近代历史上最惨烈的战争，战争的后遗症在这片国土上尚未治愈，越南就已经和美国谈论军事合作的事宜。

但由于过于灵活与务实，越南文化发展进程中也存在着明显的局限性。要发展首先要生存，面对不同强势文化的冲击，灵活与务实的价值取向限制了越南创造特别深刻的思想理论体系的能力，越南民族当然不乏博学者，但交融中内聚的文化思维始终使越南没有一个属于本民族原创的宗教思想和哲学体系。

此外，越南俗语"一筐道理也比不上一点人情"，体现了越南人对法律和规则的"随意"态度。在越南，人际关系相比法律更为重要，人治高于法治，人际关系成为影响仕途升迁的关键，严重的腐败问题难以解决，甚至外国投资在越南经营的成功都要依赖于与本地人的人际关系，无疑这些都会对其经济发展造成一定的障碍。

第二，既自卑又自信的心理结构。由于长期受中国文化的影响，越南封建王朝的官僚体制、教育体制和人才选拔制度较东南亚地区同一时期的国家要完善。儒释道思想互为补充、互为完善，不但丰富和振兴了越南的民族意识和爱国精神，也极大地促进了越南文化的进步和提高，巩固和发展了越南的封建中央集权制度，使得越南在李、陈、黎、阮朝时期一度成为中南半岛的"文献之邦"和军事强国。李朝时期曾经攻陷过宋朝时期的邕州，而陈朝时期数次抵御住元朝的扩张。与此同时，"华夷秩序"的思想也深深地融入越南民族意识之中。古代时期，越南封建王朝自信为"大国"，努力构建以越南为中心的"亚宗藩关系"。1334年，陈明宗亲征哀牢时，在今义安省留有摩崖《纪功碑》。《大越史记全书》对该碑文记载道："乙亥（1335年）季秋，帝（陈明皇）亲率六师巡于西鄙，占城国世子、真腊国、暹国及蛮酋道臣、葵禽、车勒、新附杯盆蛮酋道声、车蛮诸部，各奉方物，争先迎见。"[1]可见，在封建王朝时期，越南对周边东南亚国家已经表现出必胜的自信心。在法属印度支那时期，法国殖民者以越南为殖民统治中心，分而治之的殖民政策使越南的这种"亚宗藩意识"转化为地区中心意识而扭曲地扩大了。

1975年，抗美救国战争胜利，虽然越南是在中国、苏联以及社会主义阵营力量的大力支持下，打败了世界头号军事强国。但是战胜美国的"自信心"作祟，越南居然产生了要"号称世界第三军事强国"的梦想，20世纪70年代末柬埔寨内部政局动乱，红色高棉组织执行极端的灭绝政策，越南出兵"援助"柬埔寨，其后驻军柬埔寨20年。其间，中越关系恶化，中国停止了对越南的经济援助，中越边境纷扰不断。驻柬军队的大量开支既是越南经济发展的沉重负担，同时也迫使大量的越南军人长期留守柬埔寨，留下难忘的战争疮痍。由于丧失了"为民族自由独立而战"的光环，越南还受到世界多方经济制裁，经济和社会发展再陷战争泥潭。

总的来看，在与中华文化交融的过程中，越南民族逐渐形成既学习又防备，既仇视又接纳的矛盾心理。这种矛盾纠结的心理结构造成了越

---

[1] ［越］吴士连：《大越史记全书·本纪》卷9，日本宫内文学兼东京大学影印本，明治甲申十七年（1884）。

南对中国潜在的抵触和警惕,"自卑"使其形成了强烈的危机意识,而"自信"又让其把中国当成区域内的假想敌,形成了强烈的防范意识。对华矛盾心态已经成为越南自卑与自信心理结构的外显特征之一,也自然成为其国民性格的一部分。长期学习和借鉴中国文化,使得越南在面对中国这个最大的近邻时,大部分时间都表现出敬畏和仰慕,所以古代越南各朝向中国谨修藩邦之礼。与此同时,在强大的封建王朝时期,越南自信的民族精神又使其也自认为"南国山河南帝居",与北国抗衡的"南国"心态油然而生;因此,近代,越南一方面向中国学习民主革命经验和共产主义思想,另一方面又鄙视这个衰败的"北方帝国";当代,越南一方面把中国当成社会主义建设的好榜样,另一方面用传统的疑惧心理观察着"崛起的中国",这些都是越南国民性格中自卑又自信的矛盾性体现。中越文化之间特殊而深刻的联系,引领得好,文化同源的特征将会成为推进中越传统友谊的重要纽带,但只要越南盲目地否定两国民众与文化的深刻接触与融合,刻意强调两国文化的"差异"性而趋避"同源"性,并以此作为增强其民族"自信心"的源动力,就将形成中越友好进程中的暗礁险滩。

第三,传统的儒家道德观念,既浪漫又乐观的生活态度。 融合了中华儒家思想,越南民族也把"礼、义、仁、智、信、勇"作为传统道德的标准,形成了具有本地特色的"儒学"特征。此外,儒家思想提升和强化了越南民族的爱国主义精神。爱国主义已经内化为越南人最明显的传统道德观念。"在争取民族独立、国家统一和建设国家的漫长斗争中,爱国主义已经形成并且镌刻于所有越南人的身心,成为越南人一种特别的品质,这种存在像一种道德、一种传统,爱国思想成为一种推进越南历史发展的强大动力。"[1]

国内外文化学者都曾经对越南的国民性格做出了一些评价。陶维英认为,越南民族记忆力好,偏向艺术和直觉,好学,能吃苦,喜文章,喜忍让,敢于牺牲,少梦想,善于模仿、适应和宽容。而美国文化学者

---

[1] Trần Đình Hượu, *Nho giáo và văn học Việt Nam Trung cận đại*, Hà Nội: Nxb văn hóa thông tin,1995,tr400.([越]陈庭佑:《儒学和越南近现代文学》,文化通信出版社1995年版,第400页。)

弗莱兹佐伊（Falazzoli）也认为，越南人特别浪漫和多愁善感；具有强烈地保持优良品质的意识，不能以任何形式丢面子；礼貌、幽默，言谈举止细心体贴，使相处的氛围不再粗鲁和沉重；但谨小慎微，优柔寡断；还具有非常灵活、可以适用于所有场合的适应能力；拥有可以填海般的勤劳。[1]越南民族无论经历了多少战乱和苦难，家庭成员间习惯轻声细语，街道上熙熙攘攘，路边各色小吃店、咖啡馆里总是不缺享受生活的客人。凡到春节，家家户户都要放上几株桃花或梅花增添喜气，还剑湖畔总是拥挤着吹呼雀跃的人群，仰头望向盛放礼花的星空，祈福新春。这是笔者从多年与越南人的接触中能感受到的越南民族最突出的性格特征之一——乐观向上。

越南是典型的以稻作经济为基础的农业国家，村社成为人们的生活和精神家园。人们生活以家为基础，儿孙服从长辈，孝道成为最重要的道德品质。越南人重亲情与乡情，对待乡亲就如同一家人。越南文化重现实轻来世，重视繁衍后代继承祖先事业，喜为子孙留福。越南文化喜平静惧改变，越南人向往自然质朴的生活，和谐的家庭，亲密的人际关系，但不喜欢追求高远和超乎寻常的幸福。在家庭关系中妇女地位远比男性重要，在社会中喜欢稳定胜过发展，在社会关系中看重情感胜过理智。其实正是这些既带有传统儒学思想精华又具有东南亚文化本地特色，浪漫而又乐观的生活态度被一些越南和欧美的文化学者称为"阴"文化心理。

第四，交融中内聚的文化思维。有学者对越南文化做了这样一个整体性的概括："如果暂且把史前文化的和平文化和北山文化放在一边，那么公元后的越南文化是由南亚文化、印度文化、中国文化和西方文化等一系列文化融合而成的。但是如果把越南文化视作中国文化中一个区域的分支，那是过于简单和不可取的。尽管越南文化非常大地受到了中国文化的影响，但是从越南文化的构成因子来看，还是被确认具有印度文化的元素。不可否认的是，在中国文化对越南文化产生影响的时候，越南已经受

---

[1] Trần Ngọc Thêm, *Những vấn đề văn hóa học lý luận và ứng dụng*, TP.HCM: Nxb văn hóa-văn nghệ, 2013, tr194.（转引自［越］陈玉添《文化学问题：理论与应用》，文化文艺出版社2013年版，第194页。）

到了印度文化的影响，但是在越南文化的底层具备古代东南亚文化特征，也具备百越后裔的同源文化特征，这些文化特征在一些山区的少数民族身上还有所保留。无论怎样，这种底层的文化积淀都不可置疑地为现代越南人的语言风俗习惯、社会组织、艺术和信仰等方面染上了特有的底色。无论是接受西方文化还是中国文化，我们把这些多样化的元素打造成我们自己特色的文化。"[1]这很好地表达了越南民族性格当中交融与内聚的文化思维。因此，越南著名的文化学家陈国旺也认为，越南文化是一种"不拒绝的文化"，导致"越南人很少有宗教精神，也不会痴迷于什么辩证哲学"[2]。

美国人类学家林顿曾经说："每一个民族文化独立发明的比例只不过占10%，而90%是由传播因素获得的。"[3]中国文化、印度文化、法国文化、苏联文化和美国文化，这些外源文化在越南文化中交流融汇，越南文化的演变历程见证着越南与其他同源或异质文化历经了2000多年的交流、融合、重构和发展。当然，越南民族文化的交融从来不是一种简单的接收过程，而是各种外来文化因子与本地文化调适、融合和内化的过程。从整个国家和民族的文化变迁过程来看，在本民族创造的基础上，大量融合进如此多元的文化元素，世界上并不多见。这些同源的或者异质的文化奇妙地交融与内聚于越南这块土地上，呈现出五彩斑斓的当代越南文化特色。

---

[1] Nguyen Khac Kham, *An Introduction to Vietnamese Culture,* Tokyo: The Centre for East Asian Cultural Studies，Tokyo Press CO.LTD., 1967，p.95.

[2] Trần Ngọc Thêm chủ biên," *Một số Vấn đề về Hệ Giá trị Việt Nam trong Giai Đoạn Hiện tại",* TP. HCM: Nxb Đại Học quốc gia, năm2015, tr197. （转引自[越]陈玉添主编《关于当代越南价值观的一些问题》，国家大学出版社2015年版，第197页。）

[3] 转引自童恩正《文化人类学》，上海人民出版社1989年版，第279页。

主要参考文献

(一)越文文献

[1] Chu Quang Trứ, *Văn hóa Việt Nam-nhìn từ mỹ thuật*, Hà Nội: Viện Mỹ Thuật-Nxb Mỹ Thuật, 2002. （［越］朱光直：《越南文化——来自美术的视角》，美术出版社2002年版。）

[2] Dương Phú Hiệp, *Nghiên Cứu Văn Hóa và Con Người Viet Nam Hiện Nay*, Hà Nội: Nxb Chính trị quốc gia, năm2010, tr.69,71,81. （［越］杨富协主编：《当代越南的人与文化研究》，国家政治出版社2010年版）。

[3] Đặng Đức Siêu, *Sổ tay văn hóa Việt Nam*, Hà Nội: Nxb Xuất bản lao động, 2005. （［越］邓德超：《越南文化手册》，劳动出版社2005年版）。

[4] Đào Duy Anh, *Việt Nam văn hóa sử cương*, Hà Nội: Nxb Văn Hóa Thông Tin, 2006.（［越］陶维英：《越南文化史纲》，文化通信出版社2006年版）。

[5] Đào Duy Anh, *Nghiên cứu văn hóa và ngữ văn*, Trịnh Bá Đĩnh tuyển chọn, Hà Nôi: Nxb Giáo Dục, 2005. （［越］陶维英：《文化和语言文学研究》，郑播挺选编，教育出版社2005年版）。

[6] Đào Duy Anh, *Lịch sử Việt Nam từ nguồn gốc đến thế kỷ XIX*, (2 tập), Hà Nội: Nxb Thông Tin, 2002. ［越］陶维英：《从起源到19世纪的越南历史》（上、下册），文化通信出版社2002年版］。

[7] Đỗ Hoài Tuyên: *Chùa Việt Nam tiêu biểu*, Hà Nội: Nxb tôn giáo.2011. （［越］杜怀宣主编：《越南名寺》，越南宗教出版社2011年版）。

[8] Đỗ Hoàng Linh, *Luận bàn về cổ học*, Hà Nội: Nxb Văn Hóa thông tin, 2008.（［越］杜黄灵：《东方古学探讨》，文化通信出版社2008

年版）。

[9] Đinh Gia Khánh, *Văn hoá dân gian Việt Nam trong bối cảnh Đông Nam Á*, Hà Nội: Nxb Khoa Học xã Hội, 1993.（［越］丁家庆：《在东南亚背景下的越南民间文化》，社会科学出版社1993年版）。

[10] Phạm Duy Đức, *Giao lưu văn hóa đối với sự phát triển văn hóa nghệ thuật ở Việt Nam hiện nay*, Hà Nội: Nxb Chính Trị Quốc Gia, 1996.（［越］范唯德：《文化交流与当今越南文化艺术的发展》，国家政治出版社1996年版）。

[11] Phạm Văn Đấu, *Những nền văn hóa khảo cổ ở Việt Nam*, Hà Nội: Nxb Văn hóa Thông tin, 2006.（［越］范文斗等：《越南的考古文化》，文化通信出版社2006年版）。

[12] Phan Ngọc, *Bản Sắc Văn Hóa Việt Nam*, Hà Nội: Nxb Văn Học, 2002.（［越］潘玉：《越南文化本色》，文学出版社2002年版）。

[13] Phan Ngọc, *Văn hóa Việt Nam, cách tiếp cận mới*, Hà Nội: Nxb Văn Học. 2004.（［越］潘玉：《越南文化——一种了解的新方式》，青年出版社1999年版）。

[14] Phan Kế Bình, *Việt Nam Phong Tục*, Hà Nội: Nxb Văn Hóa thông tin, 2005.（［越］范继炳：《越南风俗》，文化通信出版社2005年版）。

[15] Phan Huy Lê Chủ biên, *Lịch sử Việt Nam*, Nxb ĐHGD, 1991.（［越］潘辉黎主编：《越南历史》，国家大学出版社1991年版）。

[16] Hà Văn Tấn(chủ biên), *Khảo cổ học Việt Nam*, Tập I, Nxb KHXH, Hà Nội, 1998.（［越］何文进主编：《越南考古学》第一集，社会科学出版社1998年版）。

[17] Hà Văn Tấn(Chủ biên), *Khảo cổ học Việt Nam*, Tập II, Hà Nội: Nxb Khoa học xã hội, 1999.（［越］何文进主编：《越南考古学》第二集，社会科学出版社1999年版）。

[18] Hoàng Văn Hành, *Từ Điển Từ Vựng Tiếng Việt Thường Dùng*, Hà Nội: Nxb Khoa Học xã Hội, tr.5.（［越］黄文行：《常用汉越词素词典》，社会科学出版社1991年版）。

[19] Huỳnh Công Bá, *Lịch sử Văn Hóa Việt Nam*, Húe: Nxb Thuận Hóa,

2008.（［越］黄工柏：《越南文化历史》，顺化出版社2008年版）。

[20] Hữu Ngọc, *Hội Họa Việt Nam Hiện Đại Thưở Ban Đầu*, Hà Nội: Nxb Thế giới.năm2009, tr.16.（［越］友玉主编：《越南现代绘画的初期》，世界出版社2009年版）。

[21] Hữu Ngọc, *Nghệ Thuật Kiến Trúc Việt Nam Hiện Đại*, Hà Nội: Nxb Thế giới, năm2009.（［越］友玉主编：《越南现代建筑》，世界出版社2009年版）。

[22] Lê Quang Thiêm, *Văn hóa với sự phát triển của xã hội Việt Nam theo định hướng xã hội chủ nghĩa*, Hà Nội: Nxb chính trị quốc gia. 1998.（［越］黎光添：《社会主义越南的文化和发展》，国家政治出版社1998年版）。

[23] Lê Văn Siêu, *Việt Nam văn minh sử lược khảo*, Hà Nội: Nxb Xuất bản lao động, 2003.（［越］黎文超：《越南文明史略考》，劳动出版社2003年版）。

[24] Nguyễn Chí Bền chủ biên, *Văn Hóa Học*, Nxb Viện văn hóa-Thông Tin, Hà Nội: 2007.（［越］阮志本：《文化学》，文化通信出版社2007年版）。

[25] Nguyễn Duy Hinh, *Tư tưởng Phật giáo Việt Nam*, Nxb Khoa học xã hội năm 1996, tr180-181.（［越］阮维馨：《越南佛教思想》，社会科学出版社1996年版）。

[26] Nguyễn Tài Cẩn, *Giáo trình lịch sử ngữ âm tiếng Việt*, Hà Nội,Nhà xb Giáo Dục,1997.（［越］阮才谨：《越语语音史》，教育出版社1997年版）。

[27] Nguyễn Tài Thư, *Nho học và Nho học ở Việt Nam*, Viện Triết học, Trung tâm KHXH&NV quốc gia,1997.（［越］阮才书：《儒学和越南的儒学》，越南国家人文社科中心哲学院出版社1997年版）。

[28] Nguyễn Văn Tài, *Ngữ âm tiếng Mường qua các phương ngôn*, Luận án Phó tiến sĩ Ngôn ngữ học, Hà Nội, Viện Ngôn Ngữ Học, UBKHXH Việt Nam. 1982.（［越］阮文才：《在方言中的芒语语音》，语言学博士学位论文，越南社会科学大学语言学院，1982年）。

[29] Nguyễn Hữu Quỳnh, *Ngữ pháp tiếng Việt*, Hà Nội, Nxb Từ Điển Bách Khoa Việt Nam, 2001.（［越］阮友琼：《越南语语法》，越南百科词典出版社2001年版）。

[30] Nguyễn Thúy Nga, *Thiền uyển tập anh*, Bản dịch của Ngô Đức Thọ, Phân viện ngiên cứu Phật học.Nxb Văn học,Hà Nội 1990.（《禅苑集英》，佛学研究分院、文学出版社1990年版）。

[31] Trần Quốc Vượng, *Cơ Sở Văn Hóa Việt Nam*, Hà Nôi: Nxb Giáo Dục, 2008.（［越］陈国旺：《越南文化基础》，教育出版社2008年版）。

[32] Trần Quốc Vượng, *Văn hoá Việt Nam, tìm tòi và suy ngẫm*, Hà Nội: Nxb Văn hóa dân tộc, 2000.（［越］陈国旺：《越南文化，探寻与沉思》，民族文化出版社2000年版）。

[33] Trần Ngọc Thêm, *Cơ Sở Văn Hóa Việt Nam*, Hà Nội: Nxb Giáo Dục, 1999.（［越］陈玉添：《越南文化基础》，教育出版社1999年版）。

[34] Trần Ngọc Thêm, *Những vấn đề văn hóa học lý luận và ứng dụng*, TP.HCM: Nxb văn hóa-văn nghệ, 2013, tr194.（［越］陈玉添：《文化学问题：理论与应用》，文化文艺出版社2013年版）。

[35] Trần Ngọc Thêm chủ biên," *Một số Vấn đề về Hệ Giá trị Việt Nam trong Giai Đoạn Hiện tại*",TP.HCM: Nxb Đại Học quốc gia, 2015.（［越］陈玉添主编：《关于当代越南价值观的一些问题》，国家大学出版社2015年版）。

[36] Trần Đình Hượu, *Nho giáo và văn học Việt Nam Trung cận đại*, Hà Nội: Nxb văn hóa thông tin,1995.（［越］陈庭佑：《儒学和越南近现代文学》，文化通信出版社1995年版）。

[37] Tô Huy Rứa, Hoàng Chí Báo, *Nhìn Lại Quá Trình Đổi Mới Tư Duy lý luận của đảng 1986-2005*, Hà Nội: Nxb chính trị quốc gia, 2005.［越］苏辉惹、黄志报：《党的革新思维理论进程回顾（1986—2005）》（第2册），政治理论出版社2005年版]。

[38] Trần Thái Bình, *Hồ Chí Minh- Sự hình thành một Nhân Cách Lớn*, Hà Nội: Nxb Trẻ, năm 2005.（［越］陈太平：《胡志明——伟大人格的形

成》，青年出版社2005年版）。

[39] Trần Văn Bính, *Văn hóa xã hội chủ nghĩa, Hà Nội: Nxb Chính Trị Quốc Gia*, 1995.（［越］陈文炳主编：《社会主义文化》，国家政治出版社1995年版）。

[40] Trần Trọng Kim, *Việt Nam Sử Lược*, Nxb Văn Hóa Thông Tin, năm 2002, tr27.（［越］陈重金：《越南史略》，文化通信出版社2002年版）。

[41] Trung tâm nghiên cứu khảo cổ học tại TP.HCM, *Một số vấn đề khảo cổ học ở miền Nam Việt Nam*, Hà Nội: Nxb khoa học xã hội, 1997, tr.338-352.（［越］胡志明市考古研究中心：《越南南方的一些考古学问题》，社会科学出版社1997年版）。

[42] Trường Chinh, *Về văn hóa và nghệ thuật*, Hà Nội: Nxb Chính tri quốc gia,1986,,tr99.（［越］长征：《文化艺术》，国家政治出版社1986年版）。

[43] Trương Hữu Quýnh, *Đại Cương Lịch Sử Việt Nam*, 3 tập, Hà Nội: Nxb Giáo Dục Việt Nam, 2011.（［越］张友炯：《越南历史大纲》（第3册），教育出版社2011年版）。

[44] Trần Văn Giàu, *Sự phát triển của tư tưởng ở Việt Nam từ thế kỷ XIX đến các mạng tháng tám*, tập I,II, Hà Nội: Nxb Khoa học xã hội, 1973.（［越］陈文饶：《十九世纪至八月革命前越南思想的发展》（上、下册），社会科学出版社1973年版）。

[45] Trần Nhật Vy, *Chữ quốc ngữ：130 năm thăng trầm*, Tp.HCM: Nxb Văn Hóa-Văn Nghệ, 2013.（［越］张日微：《国语字：130年沉浮》，文化文艺出版社2013年版）。

[46] *Trước hết là giá trị con người, Tạp chí Văn hóa Nghệ Thuật*, Hà Nội: Nxb Văn hóa-Thông Tin, năm2008.（《首先是人的价值——文化艺术杂志》，文化通信出版社2008年版）。

[47] *Văn kiện Đại hội đại biểu toàn Quốc lần thứ VI*, Hà Nội: Nxb Sự thật. 1986.（《越南共产党第六次代表大会文件》，国家政治出版社1986年版）。

[48] *Văn kiện Đại hội đại biểu toàn Quốc lần thứ VII*, Hà Nội. Nxb Sự thật, 1991. (《越南共产党第七次代表大会文件》，事实出版社1991年版）。

[49] *Văn kiện Đại hội đại biểu toàn Quốc lần thứ VIII*, Hà Nội. Nxb Chính Trị Quốc Gia. 1996. (《越南共产党第八次代表大会文件》，国家政治出版社1996年版）。

[50] *Văn kiện Đại hội đại biểu toàn Quốc lần thứ IX*, Hà Nội: Nxb ChínhTrị Quốc Gia. 2001. (《越南共产党第九次代表大会文件》，国家政治出版社2001年版）。

[51] *Văn kiện Đại hội đại biểu toàn Quốc lần thứ X*, Hà Nội: Nxb ChínhTrị Quốc Gia. 2006. (《越南共产党第十次代表大会文件》，国家政治出版社2006年版）。

（二）英文文献

[1] Ann Crawford, *Coustoms and Culture of Vietnam*, Tokyo: the Charles E.Tuttle Co.Inc.of Rutland,1966.

[2] Neil Jamieson, *Understanding Vietnam*, Berkeley and Los Angeles: University of California Press, 1995.

[3] Carlyle A.Thayer, Ramses Amer, *Vietnamese Foreign Policy in Transition,* Singapore: Institute of Southeast Asian Studies, 1999.

[4] Catherine Noppe, Jean-Francois Hubert, *Art of Vietnam*, New York: Parkstore Press Ltd, 2003.

[5] *Confucianism in Vietnam*, Vietnam national university-HoChiMinh city publishing House, 2002.

[6] D.R.SarDesai, *Vietnam:The Struggle for National Identity*, Colorado: Westview Press Ltd, 1992.

[7] Fred R.Von Der Mehden, *Religion and Modernization in Southeast Asia*, New York: Syracuse University Press, 1986.

[8] Keith Griffin, *Economic Reform In Vietnam*, California: University of California, Macmilian Press Ltd, 1998.

[9] Nguyen Khac Kham, *An Introduction to Vietnamese Culture*, Tokyo: The centre for East Asian Cultural Studies, Tokyo: printed by Tokyo Press CO.LTD.,1967.

[10] Samuel L.Popkin, *The Rational Peasant the Political Economy of Rural Society in Vietnam*, Berkeley and Los Angeles: University of California Press, 1979.

[11] Shaun Kingsley Malarney, *Culture, Ritual and Revolution in Vietnam*, Honolulu: University of Hawai'i Press, 2002.

[12] Yao Sou Chou, *House of Glass:Culture,Modernity, and the State in Southeast Asia*, Singapore: Institute of Southeast Asian Studies, 2001.

（三）汉译文献

［1］［英］爱德华·泰勒：《原始文化》，连树声译，上海文艺出版社1992年版。

［2］［日］白石昌也：《越南政治、经济制度研究》，毕世鸿译，云南大学出版社2006年版。

［3］［越］陈辉燎：《越南人民抗法八十年史》，范宏科等译，生活·读书·新知三联书店1960年版。

［4］［英］D.G.E.霍尔：《东南亚史》，中山大学东南亚历史研究所译，商务印书馆1982年版。

［5］［美］戴维·波普诺：《社会学》，刘云德、王戈译，辽宁人民出版社1987年版。

［6］［澳］芬斯顿主编：《东南亚政府与政治》，张锡镇等译，北京大学出版社2007年版。

［7］［法］G.赛代斯：《东南亚的印度化国家》，蔡华、杨保筠译，商务印书馆2008年版。

［8］［越］胡志明：《胡志明选集》（共三卷），越南外文出版社1962—1963年版。

［9］［美］鲁思·本尼迪克特：《菊花与刀》，晏榕译，光明日报出版社2005年版。

[10][越]阮鸿峰：《越南村社》，梁红奋译，文庄校，云南省东南亚研究所1983年版。

[11][越]阮攸：《金云翘传》，黄轶球译，人民文学出版社1959年版。

[12][新]尼古拉斯·塔林主编：《剑桥东南亚史》第一册，贺圣达等译，云南人民出版社2003年版。

[13][新]尼古拉斯·塔林主编：《剑桥东南亚史》第二册，王士录等译，云南人民出版社2003年版。

[14][越]潘嘉纣：《越南手工业发展史初稿》，何廷庆译，商务印书馆1959年版。

[15][英]帕默尔：《语言学概论》，李荣等译，商务印书馆1983年版。

[16][越]文新等：《雄王时代》，梁红奋译，梁志明校，越南科学出版社1976年版。

[17][美]约翰·F.卡迪：《战后东南亚史》，姚楠等译，上海译文出版社1982年版。

[18][越]越南社会科学委员会编著：《越南历史》，北京大学东语系越南语教研室译，北京人民出版社1977年版。

[19][英]R.H.罗宾斯：《普通语言学导论》，申小龙等译，复旦大学出版社2008年版。

[20][美]塞缪尔·亨廷顿：《文明的冲突与世界秩序的重建》，周琪等译，新华出版社2002年版。

[21][美]塞缪尔·亨廷顿等主编《文化的重要作用——价值观如何影响人类进步》，程克雄译，新华出版社2003年版。

[22][越]陶维英：《越南古代史》，刘统文，子钺译，商务印书馆1976年版。

（四）汉文文献

1. 学术专著与文集

[1]陈修和：《中越两国人民的友好关系和文化交流》，中国青年出

版社1957年版。

[2] 车越乔主编：《越文化实勘研究论文集》（二），科学出版社2008年版。

[3] 戴可来、于向东：《越南》，广西人民出版社1998年版。

[4] 范宏贵：《越南民族和民族问题》，广西民族出版社1992年版。

[5] 范宏贵等：《越南语言文化探究》，民族出版社2008年版。

[6] 郭明：《中越关系演变40年》，广西人民出版社1992年版。

[7] 高明士：《东亚教育圈形成史论》，上海古籍出版社2003年版。

[8] 顾伟列：《中国文化通论》，华东师范大学出版社2005年版。

[9] 古小松：《越南的社会主义》，人民出版社1995年版。

[10] 郭振铎、张笑梅：《越南通史》，中国人民大学出版社2001年版。

[11] 古小松：《越南国情报告》（2010），社会科学文献出版社2010年版。

[12] 何成轩：《儒学南传史》，北京大学出版社2000年版。

[13] 贺圣达：《东南亚文化发展史》，云南人民出版社1996年版。

[14] 何平：《中南半岛民族的渊源与流变》，民族出版社2006年版。

[15] 祁广谋：《越语文化语言学》，解放军外语音像出版社2006年版。

[16] 中外名人研究中心编：《马克思主义哲学导读》，上海人民出版社1990年版。

[17] 罗长山：《越南传统文化与民间文学》，云南人民出版社2000年版。

[18] 梁焙炽：《香港大学所藏木鱼书叙录与研究》，香港大学亚洲研究中心1978年版。

[19] 刘志强：《越南古典文学"四大名著"》，世界图书出版公司2010年版。

[20] 陆扬主编：《文化研究概论》，复旦大学出版社2008年版。

[21] 李家忠编译：《胡志明》，世界知识出版社2003年版。

[22] 刘玉珺：《越南汉喃古籍的文献学研究》，中华书局2007

年版。

[23] 陆凌霄：《越南汉文历史小说研究》，民族出版社2008年版。

[24] 梁志明：《东南亚历史文化与现代化》，香港社会科学出版社2003年版。

[25] 梁志明等：《古代东南亚历史与文化研究》，昆仑出版社2006年版。

[26] 潘一禾：《文化与国际关系》，浙江大学出版社2005年版。

[27] 孙衍峰：《越南语人际称谓研究》，外文出版社2009年版。

[28] 王光远等：《百越民族发展演变史》，民族出版社2007年版。

[29] 王力：《汉越语研究》，载《龙虫并雕斋文集》，中华书局1980年版。

[30] 王士录：《当代越南》，四川人民出版社1992年版。

[31] 颜其香等：《中国孟高棉语族语言与南亚语系》，中央民族大学出版社1993年版。

[32] 于向东等主编：《东方著名哲学家评传·越南卷》，山东人民出版社2000年版。

[33] 于在照：《越南文学史》，军事谊文出版社2001年版。

[34] 张岱年等主编：《中国文化概论》，北京师范大学出版社2003年版。

[35] 张加祥等：《越南文化》，文化艺术出版社2001年版。

[36] 张秀民：《唐宰相安南人姜公辅考》，载《中越关系史论文集》，台北文史哲出版社1992年版。

[37] 朱耀廷：《中国传统文化通论》，北京大学出版社2005年版。

2. 汉文古籍

[1]（清）毕沅：《续资治通鉴》，线装书局2009年版。

[2]（晋）陈寿：《三国志》，（宋）裴松之注，崇文书局2010年武传点校本。

[3]（清）大汕：《海外纪事》，中华书局2008年余思黎点校本。

[4]（宋）范晔：《后汉书》，中华书局2010年标点本。

[5]（唐）房玄龄：《晋书》，中华书局1974年标点本。

[6][越]范廷虎：《雨中随笔》，越南考古研究所影印本。

[7][越]高能徵：《安南志原》，法国远东学院订刊版，河内1931年发行。

[8]（后晋）刘昫：《旧唐书》，中华书局1975年标点版。

[9]（宋）李昉：《太平广记》，中华书局1986年标点版。

[10]（宋）乐史：《太平寰宇记》，中华书局2007标点本。

[11]《论语》，上海古籍出版社2004年金良年译注本。

[12][越]黎崱：《安南志略》，中华书局2008年武尚清点校本。

[13]（宋）孟元老：《东京梦华录注》，中华书局1982年邓之诚评注版。

[14]《孟子》，上海古籍出版社2004年金良年译注本。

[15][越]潘辉注：《历朝宪章类志》，越南国家图书馆藏本。

[16][越]潘清简：《钦定越史通鉴纲目》，越南建福元年(1884)影印版，越南国家图书馆藏本。

[17]（汉）司马迁：《史记》，岳麓书社2010年韩兆琦评注版。

[18]（元）脱脱：《宋史》，中华书局1977年版。

[19][越]吴士连：《大越史记全书》，日本国宫内文学兼东京大学影印本，明治甲申十七年（1884）。

[20]《岭南摭怪等史料三种》，中州古籍出版社1991年戴可来等校点本。

[21][越]佚名：《越史略》，商务印书馆1936年董文渊校对本。

[22][越]张登桂：《大南实录》，载许文堂、谢奇懿编《大南实录清越关系史料汇编》，台北"中央研究院"2000年版。

3. 汉文学术论文：

[1]陈伟龄：《越南影像：走不出的后殖民记忆》，《当代电影》2005年第4期。

[2]陈文：《越南黎朝时期的社学和私塾——兼论中国古代基层教

育制度对越南的影响》，《东南亚研究》2007年第5期。

［3］冯超：《论越南高台教产生的原因》，《南洋问题研究》2005年第4期。

［4］黄敏：《科举制度在越南的嬗变及其对越南文化的积极影响》，《解放军外国语学院学报》2003年第6期。

［5］蒋国学：《词在越南未能兴盛的原因探析》，《解放军外国语学院学报》2004年第5期。

［6］祁广谋：《越南民间传说〈媚珠—仲始〉解读——兼论越族先民的审美崇尚和生态观念》，《东南亚纵横》2005年第5期。

［7］雷慧萃：《越南和好教初探》，《解放军外国语学院学报》2004年第2期。

［8］李连广：《论南越吴庭艳政权的倒台及其对美国冷战政策的影响》，《武汉大学学报》（人文科学版）2011年第5期。

［9］罗文青：《越南文化中的历史情结》，《东南亚纵横》2005年第10期。

［10］聂槟：《外来文化在越南的传播与融合》，《东南亚纵横》2003年第12期。

［11］石宝洁：《越南高台教及其文化内涵初探》，《东南亚研究》2001年第3期。

［12］孙衍峰：《儒家思想在越南的变异》，《解放军外国语学院学报》2005年第4期。

［13］谭志词：《十八世纪岭南与越南的佛教交流》，《世界宗教研究》2007年第3期。

［14］［越］吴德盛：《越南古代服饰风貌试描》，罗长山摘译，《民族艺术》1995年第4期。

［15］王金地：《略述越南高台教的产生》，《印支研究》1984年第4期。

［16］王敏：《跨文化语境中的越南"海归"电影》，《戏剧艺术》2008年第4期。

［17］王文光等：《从同源走向异流的越南百越系民族》，《世界

[18] 谢群芳：《越南饮食俗语蕴涵的社会文化》，《东南亚研究》2007年第2期。

[19] 熊煜：《谈越南的陶瓷艺术》，《中外工艺美术》2003年第1期。

[20] [越] 严翠恒：《越语音系及其与汉语的对应关系》，博士学位论文，北京大学，2006年。

[21] 余富兆：《越南当代文学创作中的民间精神》，《解放军外国语学院学报》2011年第1期。

[22] 于向东：《越南思想和哲学发展史研究之我见》，《郑州大学学报》（哲学社会科学版）2001年第3期。

[23] 杨然：《步入新世纪的越南电影》，《东南亚纵横》2002年第3期。

[24] 于在照等：《试论越南民族在文化上的交融性》，《广西民族大学学报》（哲学社会科学版）2007年第4期。

[25] 钟逢义：《越赋纵横》，《解放军外国语学院学报》1995年第4、5期。

[26] 赵维平：《从中越音乐的比较看越南宫廷音乐初期史的形成》，《音乐艺术》1999年第1期。

[27] 张秀民：《唐代安地文学史资料辑佚》，《印支研究》1983年第1期。

[28] 张皓、[越] 黎德黄：《从认识、吸收到践行：胡志明与孙中山的新三民主义》，《中共党史研究》2012年第7期。

（五）网站

[1] 越南文化网，http://www.vietnam-culture.com/

[2] JSTOR学术杂志网站，http://www.jstor.org/

[3] 越南《文化报》，http://www.baovanhoa.vn/

[4] 越南《人民报》，http://www.nhandan.org.vn/

[5] 越南学网站，http://www.viethoc.org/

［6］越南语言文学网站，http://khoavanhoc-ngonngu.edu.vn/

［7］越南外交部网站，http://www.mofa.gov.vn/

后　　记

　　《交融与内聚：越南文化流变的多维透视》书稿始撰于2010年，时作时辍，至今日付梓，已经足足6个年头。该书稿是在2013年1月完成的博士论文稿《融合中发展：越南文化演变研究》基础上，修改、补充、完善而成。

　　8年前的初秋，几番周折的我终于握着录取通知书，踏上云南大学金灿灿的银杏大道，迈入了攻读世界史博士研究生的行列。兴奋之余，忐忑接踵而至。非史学的学科背景，仅靠外语资料收集方面占些优势，使自己在撰写博士论文之初常常冥思苦索，辗转难寐。怀揣着求知的初衷和克服困难的执着，我只有脚踏实地，从头开始。几年来，我努力学习和研读学理书籍，对相关史料一遍又一遍地阅读分析，对缺少理论分析的习惯一次又一次地纠正。忆当年，数不尽的挑灯夜战，伏案疾书；时而雀跃，时而苦恼，食不甘味；忧喜参半，边思边写，不觉间书房里竟也堆得满眼的书了。这部书稿的完成可谓伴随着我个人和生活的艰苦蜕变。

　　"长风破浪会有时，直挂云帆济沧海"，2012年我申报的"百年来越南中国观演变研究"国家社科基金青年项目获准立项。欣喜之余，喜讯更多地转化为一股鞭策我行走于治学道路的动力。2013年获国家留学基金委博士后高级访问学者项目资助，我于2014年1月赴越南开始了长期的田野调查。一年多来，在亲身感触越南文化的同时，我不断走访寻常百姓和专家学者，越南人对中国形象的认知促使我反思中国对越南文化的认知。中国人对越南文化知晓全面吗？越南本国学者对其民族文化的思考和评价，我们又是否可完全地"拿来"呢？

　　带着对这些问题的思考，我认真分析文献，深入田野调查，从一个中国学者的角度，努力客观地表述越南文化的流变及其与民族性格的关联。书稿完成后，2015年6月，通过云南省社会科学规划办组织专家匿名评审，获该年度云南省优秀哲社著作称号并给予出版资助，在中国社会科学出版社申请出版并核准。

就内心而言，我力求真实展现越南文化的源起、发展、流变及现状，将越南与中国、印度、法国、苏联和东南亚等国的文化交融的历史与现状客观地展现出来。一方面让普通读者通过该书稿了解越南文化的真实面貌，了解越南与中华文化间无法割裂的深刻渊源；另一方面也为业内同行把握越南文化流变历程提供一个大体框架。由于学力有限，书稿中难免疏漏失当，抛砖引玉，总是聊胜于无。

在书稿面世之际，我要特别感谢恩师何平先生将我收入门下，因势利导，授之以渔，不断引导我加强学理思维，提升学术素养。在我攻读博士学位的荏苒光阴里，何平先生孜孜不倦的学术追求、实事求是的治学精神，为我树立了标杆和榜样！

感谢云南省社科院的贺圣达先生！贺先生是我博士论文开题和答辩委员会的主席，作为享誉海内外的东南亚文化史专家，贺先生细致地对书稿中存在的问题和不足提出了宝贵的指导和建议，我受益非浅。

感谢云南师范大学科研处周智生教授！周老师将我吸收为由其主持的一项国家社科基金特别委托项目课题组的骨干成员，压担子，教方法，他超群的学理思维和治学态度，引导我在治学之路沿着正确的方向，一步一个脚印地前行。

感谢越南国家大学下属胡志明市人文社科大学应用文化学中心主任陈玉添教授！在我赴越做博士后期间，他睿智、幽默的治学风格，关于越南民族价值体系的一系列研究成果，给予我很多启示。陈老师惠赐部分私人藏书，充实了书稿中关于越南历史文化的参考资料。

感谢范宏贵、于在照、孙衍峰、李晨阳、马勇、祁广谋、余富兆、何跃、王士录、古小松、吕朝义等教授对本书稿提出的宝贵意见和建议！感谢云南大学越南籍博士同学黄侠、陈英德，以及许多帮助过我的越南学者及友人！通过你们我更加真实地感受、触碰到鲜活的越南文化！感谢云南师范大学历史行政学院、外国语学院和华文学院的各位领导和同仁一直以来的鼓励和支持！感谢熊世平老师以及罗音、张玲、张红梅三位研究生在对书稿细致阅读后提出的感想和发现的错漏。

感谢父母，使我一直以来懂得做人的基本原则，养成乐观上进的生活态度，终生受益！感谢婆婆，分担家务，照看孩子，公公常对书稿提出宝贵意见！感谢爱人付出大量的精力和时间陪伴孩子，支持我追求学术的梦想，偕手相伴，风雨同舟！

此外，本书稿的面世得到了国家社会科学规划办、国家留学基金委、云南省社会科学规划办的赞助，在此表示衷心感谢！本书的出版还得到了中国社会科学出版社的热情支持，特别是策划编辑吴丽平老师精心审稿，责任编辑刘芳博士删裁繁芜，刊改漏失，谨表诚挚谢意！

杨　健

2016年4月3日

于春城众和东苑龙山书斋